# 교육평가

EDUCATIONAL EVALUATION (3rd ed.)

| 권대훈 저 |

학지사

『교육평가』 2판이 출간된 지 어느새 8년이란 세월이 지났다. 출간 직후 보니 미흡한 점이 이곳저곳 눈에 띄어 편치 않았는데 차일피일 미루다가 이제야 개정을 하게 되었다.

이번 개정작업에서는 교육평가 분야에서 다루고 있는 주요 내용을 망라하되 독자들이 이해하기 쉽도록 서술하려는 초판 및 2판의 목표를 지키기 위해 나름대로 힘썼다. 이러한 목표를 달성하기 위해 국내외의 대표적인 측정 및 평가 문헌들을 분석하여 포괄적으로 내용을 구성했으며, 독자들이 읽고 이해하기 쉬운 책이 되도록 나름대로 최대한의 노력을 기울였다.

이 책은 교육평가 분야에서 다루고 있는 주제들을 포괄할 수 있도록 모두 14개의 장으로 구성하였다. 이번 개정작업에서는 전체 14개 장의 배열 순서를 전면 조정했다. 각 장에서 다룬 내용은 교육평가의 성격(제1장), 교육평가의 유형(제2장), 교육평가의 기초통계 개념(제3장), 신뢰도(제4장), 타당도(제5장), 출제절차(제6장), 선택형 문항의 작성(제7장), 서답형 문항의 작성(제8장), 시험의 편집, 실시 및 채점(제9장), 문항분석(제10장), 수행평가(제11장), 성적판정(제12장), 정의적 특성의 평가(제13장), 평가모형(제14장)이다. 이번 개정작업에서는 단순히 각 장의 순서를 바꾼 데 그치지 않고, 각 장별로 내용을 하나하나 검토하여 수정·보완하고, 2판의 내용 중에서 상당 분량의 내용을 삭제했다.

이 책은 독자들이 교육평가 분야의 주요 개념 및 방법들을 정확하게 이해한 다음 그것을 교육현장에 적용할 수 있도록 하기 위해 교육평가에 관련된 주제들을 가능하면 상세하게 다루었다. 또 독자들이 주요 내용을 일목요연하게 파악하도록 도움을 주기 위해 많은 사항을 도표로 정리했고, 보기와 사례도 다양하게 삽입했다. 주요 개념에는 독자의 이해를 돕기 위한 방편으로 한문과 영어를 병기했다.

　이번 개정작업에서는 2판으로 공부를 한 학생들의 의견을 중점적으로 반영했다. 학생들이 모호하다고 지적한 부분은 명료하게 바꾸고, 어렵다고 한 부분은 쉽게 고치고, 부족하다고 말한 부분은 보충하고, 중복된다고 지적한 부분은 삭제했다. 읽기 쉬운 책이 되도록 하기 위해 본문의 서술순서를 바꾼 부분도 적지 않다. 개정작업을 하면서 오류와 미흡한 부분을 줄이고자 노력했으나 여전히 부족한 면이 적지 않을 것이다. 미비한 점은 앞으로 수정하고 보완해 나갈 생각이다.

　이 책을 처음 출간하는 과정과 개정하는 과정에서 많은 분의 도움을 받았다. 초판과 2판의 원고를 읽고 수정하는 데 기꺼이 도움을 준 학생들, 초판이나 2판으로 공부하면서 개정에 필요한 피드백을 제공해 준 학생들에게 특별히 고맙다는 말을 전한다. 또 교정 과정에서 오류를 바로잡고 가독성을 높이는 데 큰 도움을 준 안동대학교 교육공학과 학부 재학생(장은아, 정다정, 김미진, 조수진, 박혜지, 백선민)과 대학원에서 수학하고 있는 권순형 선생에게 감사를 표한다. 이들의 예리한 지적은 오류를 바로잡고 가독성을 높이는 데 적지 않은 도움이 되었다. 아울러 이 책의 출간을 맡아 주신 학지사 김진환 사장님과 까다로운 요구에도 불구하고 좋은 책을 만들기 위해 힘써 주신 학지사 관계자 여러분께 감사의 말씀을 전한다.

2016년 2월
저자 씀

### 제1장

# 교육평가의 성격

| | 제1절 | 교육평가의 의미 |
|---|---|---|
| 교육평가의 성격 | 제2절 | 교육평가의 역할과 용도 |
| | 제3절 | 교사의 평가역량 |
| | 제4절 | 교육평가의 영역 |
| | 제5절 | 컴퓨터를 활용한 평가 |

 **학습목표**

- 평가의 개념을 정의한다.
- 교육평가의 기본 가정을 열거한다.
- 평가와 측정, 검사, 사정의 개념을 비교한다.
- 교육평가의 형성적 역할과 총괄적 역할을 비교한다.
- 교육평가의 용도를 기술한다.
- 학생평가에 관한 교사의 역량을 열거한다.
- 교육평가의 주요 영역을 열거 · 설명한다.
- 컴퓨터를 교육측정 및 평가에서 어떻게 활용할 수 있는가를 기술한다.

　　교육현장에서는 실로 다양한 형태의 평가활동이 수시로 이루어지고 있다. 교사들은 업무의 상당 부분을 평가에 관련된 활동에 사용하고 있으며, 학생들은 평가에서 좋은 결과를 얻기 위해 엄청난 노력을 하고 있다.

　　교육평가는 교육장면에서 합리적인 의사결정을 내리는 데 도움을 준다. 교수-학습과정에서 교육평가는 교사가 수업을 계획하고, 수업의 내용과 방법을 개선하며, 수업의 효과를 판단할 수 있는 정보를 제공한다. 학생에게 교육평가는 학습동기를 높여 학습을 촉진하고, 학업성취도에 관한 정보를 제공한다. 또 교육평가의 결과는 선발이나 배치 등과 같은 행정적인 결정을 내리기 위한 기초정보를 제공한다.

　　교육현장에서 평가활동이 없으면 아마도 교육이 제대로 이루어지지 않을 것이다. 교수-학습과정에서 평가를 하지 않을 경우 교사는 적절한 수업을 계획할 수 없고, 수업이 제대로 진행되고 있는지 알 수 없으며, 수업이 효과가 있는지 판단할 수 없을 것이다. 교육평가를 하지 않으면 상당수의 학생들은 아예 수업에 관심을 기울이지 않을 것이다.

　　이 장에서는 교육평가의 성격을 이해하기 위해 (1) 교육평가의 의미, (2) 교육평가의 역할과 용도, (3) 교사의 평가역량, (4) 교육평가의 영역, (5) 컴퓨터를 활용한 평가에 관해 살펴본다.

## 제1절 　 교육평가의 의미

　　교육평가는 교육현장에서 이루어지는 보편적인 활동이다. 이 절에서는 교육평가의 개념과 기본 가정을 소개한 다음, 평가와 비슷한 의미로 사용되고 있는 유사개념을 소개한다.

### 1. 교육평가의 개념

　　본질적으로 평가(評價, evaluation)는 특정 대상의 가치를 판단하여 의사결정에 도움을 주기 위한 활동이다.[1] 평가의 가장 본질적인 속성은 가치판단(value judgment)

---

[1] 평가라는 용어는 다의(多義)적인 개념으로 접근방식에 따라 다양하게 정의되고 있다. 교육평가에 관한 대표적인 대안적 정의로는 '교육목표가 실제로 달성된 정도를 결정하는 과정'이라고 보는 목표달성모형의 정의와 '의사결정을 내리기 위해 정보를 수집 · 제공하는 과정'이라고 보는 의사결정모형의 정의를 들 수 있다. 이에 관한 설명은 제14장 평가모형에 소개되어 있다.

이다. 평가과정에서는 자료를 수집하기도 하지만 그것은 어디까지나 가치판단을 내리기 위한 기초자료로 활용하기 위한 것이다. 어원으로 볼 때도 평가는 평가대상[평가대상이 사람일 경우 피평가자(evaluee)라고 하고, 평가대상이 프로그램이나 수업일 경우 evaluand라고 한다]에 가치를 부여한다는 의미를 갖고 있다.

가치판단은 평가를 측정이나 연구와 같은 활동과 구분해 주는 본질적인 특성이다. 측정(measurement)은 일정한 법칙에 따라 대상의 속성에 수치를 부여하는 과정으로 가치판단이 배제되어 있거나 최소화되어 있다. 또 연구(research)는 현상을 기술하거나 변수 간의 관계를 검증하여 일반화할 수 있는 지식을 산출하기 위한 가치중립적인 활동이다. 요컨대, 평가는 가치지향적인 활동이지만 측정이나 연구는 가치중립적인 활동이라는 점에서 구분된다.

평가대상의 가치를 판단하는 활동으로서 교육평가는 크게 두 가지 의미로 사용되고 있다(Worthen, Borg, & White, 1993).

넓은 의미에서 교육평가는 평가대상(프로그램, 조직, 수업, 프로젝트, 교육과정 등)의 가치, 질, 효과, 유용성을 판단하는 과정을 뜻한다. 교육평가의 대상은 학생은 물론 교사, 수업, 교육과정, 교육정책, 교육환경 등 교육에 관련된 모든 것을 망라한다. 교육평가에서는 평가하려고 하는 대상의 가치와 질을 판단하기 위한 기준을 설정하고, 측정을 통해 자료를 수집한 다음 평가대상의 가치와 질을 판단하는 데 주안을 둔다.

좁은 의미에서 교육평가는 학생들의 학업성취 혹은 상태에 관해 질적인 판단을 내리는 과정을 의미한다. 학교현장에서 교사들이나 학생들은 교육평가를 이러한 의미로 사용하고 있다. 즉, 학교현장에서 교육평가는 주로 학생들의 학업성취도를 질적으로 판단하여 성적을 평가하는 행위를 뜻한다. 학업성취도를 판단하기 위한 교육평가의 목적은 학생들의 학업성취도를 단순히 기술하는 데 그치는 것이 아니라 학업성취도가 어느 정도 우수한지, 수업을 어느 정도 이해했는지를 질적으로 판단하는 데 있다.

## 2. 교육평가의 기본 가정

학생을 대상으로 하는 교육평가가 전제하고 있는 주요 가정은 다음과 같다.

첫째, 심리적 및 교육적 구인은 실제로 존재하고 있으며 측정할 수 있다. 구인(構因, construct)이란 간단히 말하면 검사가 측정하려고 하는 특성을 말하는데, 교육에서는 학업성취가 가장 중요한 구인이다. 학업성취(academic achievement)란 수업이 지향하는 지식, 기능, 태도를 학습한 정도를 뜻한다. 지능, 인지전략, 학습동기, 학습태도, 흥미도 중요한 구인이다. 교육평가는 이러한 구인이 존재하고 있고, 나아가 구인을 측정할 수 있다고 가정한다. Thorndike(1874~1949)는 이 가정을 "존재하는 모든 것은 일정한 양(量, amount)으로 존재한다. 양으로 존재하는 것은 무엇이든 측정할 수 있다(Whatever exists, exists in some amount, and anything that exists in amount can be measured)."라는 말로 집약했다. Thorndike의 이 말은 교육 및 심리측정운동을 촉발시킨 동인으로 작용했다.

둘째, 구인을 측정할 수 있지만, 완벽하게 측정할 수는 없다. 구인을 완벽하게 측정할 수 없는 근본적인 이유는 측정에 오차(error)가 포함되기 때문이다. 모든 측정에는 정도의 차이가 있지만 측정오차가 포함되므로 완벽한 측정은 존재하지 않는다. 그러므로 검사점수나 면접점수와 같은 측정결과를 완벽한 것으로 간주하는 일이 없어야 한다.

셋째, 구인은 다양한 방법으로 측정할 수 있다. 예컨대, 학업성취는 시험을 비롯하여 과제물, 관찰, 면접, 포트폴리오와 같은 다양한 방법으로 측정할 수 있다. 그런데 구인을 측정하기 위한 방법은 제각기 고유한 장점과 단점을 갖고 있으므로 가장 적합한 방법으로 평가해야 한다.

넷째, 교육평가에서는 다양한 정보를 활용해야 한다. 특정 구인을 측정하는 데에는 다양한 방법이 사용될 수 있고, 측정방법은 각기 장점과 단점을 갖고 있으므로 평가를 할 때는 다양한 방법으로 수집한 정보를 종합적으로 고려해야 한다. 그러므로 특정 방법으로 측정한 정보에 근거하여 중요한 판단이나 결정을 내리는 것은 바람직하지 않다.

다섯째, 교육평가는 합리적인 의사결정을 내리는 데 도움을 준다. 교육평가를 하는 근본적인 이유는 평가가 합리적인 의사결정에 도움을 준다고 가정하기 때문이다. 여기서 의사결정이란 성적평가, 자격부여, 선발 및 분류, 수업의 효과에 관한 결정 등을 말한다. 예컨대, 대학에서 임의로 신입생을 선발하는 것보다 내신성적 및 수능시험성적을 기준으로 신입생을 선발하는 것이 훨씬 합리적이다. 이것은 평가가 합리적인 의사결정에 도움을 준다는 것을 나타낸다.

여섯째, 교육평가는 교육 및 사회 전반에 긍정적인 효과를 미친다. 평가를 하지 않는 상황을 상정해 보자. 평가를 하지 않고 의사자격증이나 운전면허증을 부여하면

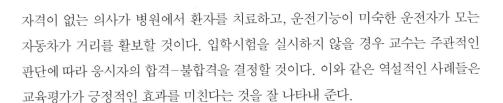

자격이 없는 의사가 병원에서 환자를 치료하고, 운전기능이 미숙한 운전자가 모는 자동차가 거리를 활보할 것이다. 입학시험을 실시하지 않을 경우 교수는 주관적인 판단에 따라 응시자의 합격-불합격을 결정할 것이다. 이와 같은 역설적인 사례들은 교육평가가 긍정적인 효과를 미친다는 것을 잘 나타내 준다.

### 3. 교육평가의 유사개념

평가와 비슷한 의미로 사용되고 있는 대표적인 개념으로는 측정, 검사, 사정을 들 수 있다. 이러한 개념과 평가를 비교해 보면 평가의 개념을 명료화하는 데 도움이 된다.

### 1) 측 정

측정(測定, measurement)이란 일정한 법칙에 따라 사람이나 대상의 속성에 수치를 부여하는 과정이다(Stevens, 1946). 즉, 측정은 사람이나 대상의 속성을 수량적으로 기술(記述, quantitative description)하는 과정이다. 저울로 몸무게를 재거나 자로 키를 재고, 시험에서 몇 점을 얻었는가를 계산하는 것은 측정이다.

측정이 일정한 법칙에 따라 이루어진다는 것은 사람이나 대상의 속성에 수치를 부여하는 절차가 규정되어 있다는 것을 뜻한다. 단, 엄밀한 의미에서 사람이나 대상의 속성은 측정할 수 있으나, 사람이나 대상 자체는 측정할 수 없다. 그러므로 학생의 지능은 측정할 수 있으나 학생은 측정할 수 없고, 책상의 길이는 측정할 수 있으나 책상은 측정할 수 없다.

측정은 단순히 수치를 부여하는 과정이므로 가치판단이 배제되어 있거나 최소화되어 있다. 측정은 일정한 법칙에 따라 수치를 부여하지만, 그 수치에 관해 가치판단은 하지 않는다. 이에 반해 평가는 측정을 통해 수집한 자료에 가치판단을 내리는 활동이다. 그러므로 시험을 실시하여 채점하는 과정은 측정이고, 점수를 일정한 기준에 따라 판정하여 성적(A, B, C, D, E, F)을 부여하는 것은 평가에 해당된다. 평가는 검사점수와 같은 객관적인 자료에 근거하여 이루어질 수도 있고, 인상과 같은 주관적인 판단에 따라 이루어질 수도 있다. 일반적으로 측정은 평가에 포함된다. 그래서 흔히 측정 및 평가라고 한다.

## 2) 검 사

검사(檢査, test)는 심리적 특성을 측정하기 위한 도구 혹은 체계적 절차를 뜻한다. 검사는 문항전집에서 추출하여 구성한 문항 혹은 문제의 표본이므로 검사점수는 문항전집의 점수를 추론하는 기능을 한다. 가령, 20문항으로 구성된 수학시험은 2,000문항으로 구성된 문항전집에서 추출하여 구성된 표본이므로 수학시험의 점수는 문항전집의 점수를 추론하기 위한 정보를 제공한다.

학교에서 학생들의 성취도를 측정하기 위해 사용되고 있는 검사는 흔히 시험 혹은 고사(考査)라고 한다. 척도(尺度, scale)라는 용어도 시험불안척도(test anxiety scale)에서와 같이 검사와 같은 의미를 갖고 있다.

검사는 측정도구이므로 측정이나 사정보다는 좁은 의미를 갖고 있다. 그래서 검사를 사용하지 않아도 얼마든지 측정을 할 수 있지만 검사를 실시할 때는 반드시 측정이 이루어진다. 예컨대, 교사가 학생을 관찰하여 수업태도에 점수를 매기는 행위는 측정이지만 검사를 사용하지는 않는다. 검사는 측정이나 사정과정에서 도구로 사용된다.

## 3) 사 정

사정(査定, assessment)은 개인 혹은 대상의 특성을 추론하기 위해 정보를 수집하는 체계적 절차를 말한다(AERA et al., 1999). 국내 평가문헌에서는 사정을 총평(總評) 혹은 전인적 평가(全人的 評價)라고 부르는 경우도 있다. 사정에서는 시험이나 검사를 비롯하여 관찰, 면접, 행동기록 등 다양한 방법으로 자료를 수집·종합한다. 대학에서 신입생을 선발하기 위해 내신성적, 수능시험점수, 논술고사점수, 면접고사점수, 자기소개서 등 다양한 자료를 수집하여 종합하는 것은 사정에 해당된다.

사정과 평가의 관계는 꽤 복잡하다. 엄밀한 의미에서 볼 때 사정은 다양한 자료를 수집·종합하는 데 치중하는 과정이고, 평가는 가치판단을 하는 데 치중하는 과정이다. 따라서 학생에 관한 자료를 다양한 방법으로 수집·종합하는 것은 사정이다. 그러나 사정은 학생의 상태에 관해 판단을 하지 않는다. 학생의 상태에 관해 가치판단을 하면 비로소 평가가 이루어진다. 요컨대, 사정은 자료를 수집해서 종합하는 과정이고, 평가는 사정과정에서 수집된 자료에 관해 가치판단을 하는 과정이다. 학생에 관한 교육적 결정은 평가결과에 근거하여 이루어진다. 이렇게 보면 평가는 사정-평가-의사결정으로 이루어진 3단계 과정에서 중간단계에 해당된다고 할 수 있다(Hanna & Dettmer, 2004).[2]

[그림 1-1] 🔀 측정 · 사정 · 평가 · 결정의 관계

### 4) 검사, 측정, 사정, 평가의 관계

지금까지 살펴본 검사, 측정, 사정, 평가의 관계를 명료화하기 위해 진료의 사례를 들어 보자. 환자가 기침을 하고, 콧물을 흘리며, 재채기를 하고, 눈이 충혈되었다고 하자. 의사는 병을 진단하기 위해 혈압계로 혈압을 재고 온도계로 체온을 잰다. 이때 혈압계와 온도계는 검사에, 혈압을 재고 체온을 재는 행위는 측정에 해당된다. 혈압과 체온을 측정한 자료를 종합하는 과정은 사정이다. 마지막으로 의사는 체온, 혈압, 문진결과 등을 종합적으로 고려하여 판단을 한다. 그것이 평가다.

교육에서도 거의 같은 과정이 적용된다. 학교에서는 학생들에게 중간고사와 기말고사를 실시하고, 과제를 부과한다. 이때 중간고사, 기말고사, 과제는 검사에 해당된다. 중간고사, 기말고사, 과제를 실시하여 채점하는 과정은 측정이고, 측정결과를 종합하는 과정은 사정이다. 마지막으로 각종 자료를 종합하여 성적을 판정하는 과정은 평가가 된다.

---

2) 최근 외국 문헌에서는 평가와 사정을 엄격히 구분해서 사용하고 있다. 이에 따르면 평가(evaluation)는 프로그램, 교육과정, 정책, 조직과 같은 추상적인 실체를 대상으로 하는 행위를, 사정(assessment)은 학생이나 교사와 같이 사람을 대상으로 하는 행위를 의미한다. 이러한 용례(用例)를 엄격하게 따를 경우 학생의 성취도나 상태에 관해 가치판단을 하는 과정은 평가가 아니라 사정이라고 불러야 한다. 그렇지만 우리의 경우 평가라는 용어가 고착되어 있어 사정이라고 바꾸어 부르기가 쉽지 않다. 언어는 자의적인 성질을 지니고 있지만 일단 고착되면 임의로 바꾸기 힘들다. 수행평가(performance assessment)도 'evaluation'이 아니라 'assessment'이지만 수행평가로 통용되고 있다. 이 책에서 사용하는 평가의 의미는 assessment에 가깝다고 할 수 있지만, 사정과 평가를 구분하지 않고 사용한다.

## 제2절 ✏ 교육평가의 역할과 용도

### 1. 교육평가의 역할

평가의 역할은 크게 형성적 역할과 총괄적 역할로 구분된다.

**형성적 역할**(形成的 役割, formative role)은 진행 중에 있는 교육활동이나 프로그램을 개선·수정·보완하는 데 필요한 정보를 수집·제공하는 역할을 의미한다. 이러한 역할을 수행하기 위해 실시되는 평가를 형성평가라고 한다. Stufflebeam(1971)은 형성적 기능을 하는 평가를 의사결정에 도움을 주기 위한 전향적 평가(proactive evaluation)라고 명명했다.

형성평가를 실시하는 이유는 자명하다. 교육활동이 끝났을 때 교육이 효과가 없을 경우 그것을 보완할 수 있는 시간적인 여유가 없기 때문이다. 교수-학습장면에서 형성평가는 수업과정을 점검하고, 계획대로 학습이 이루어지고 있는가를 확인하여 교사 및 학생에게 피드백을 제공하기 위한 목적으로 실시된다. 형성평가의 결과는 교사에게 즉시 피드백되어 수업방법이나 자료를 수정·보완하기 위한 용도로 활용되고, 학생에게 피드백되어 학습동기를 유발하고 학습을 촉진한다.

프로그램을 개발하는 과정에서도 형성평가는 중요한 기능을 한다. 프로그램 개발 과정에서 형성평가를 실시하는 것은 프로그램 개발이 종료되기 전에 프로그램의 하자를 발견해서 수정·보완하기 위함이다. 형성평가는 프로그램의 미비점을 수정·보완하는 데 필요한 정보를 제공하므로 프로그램을 개발하는 과정에서 형성평가 정보를 적절하게 활용할수록 양호한 프로그램을 개발할 확률이 높아진다.

**총괄적 역할**(總括的 役割, summative role)은 프로그램이 종료된 후 프로그램의 효과와 질을 최종적으로 판단하는 역할을 말한다. 이러한 역할을 하는 평가를 총괄평가라고 한다. 총괄평가의 결과는 성취도 판정, 책무성(accountability) 판단, 자격부여, 선발 등과 같은 중요한 목적으로 활용된다. 총괄평가는 Stufflebeam이 말하는 소급적 평가(retroactive evaluation)에 해당된다. 일정 기간의 교육이 끝난 후 학생들의 성취도를 판단하기 위해 실시되는 기말고사나 학년말고사는 총괄평가에 해당된다.

Stake는 "요리사가 음식을 맛보는 행위는 형성평가에 해당되고, 손님이 음식의 맛을 보는 행위는 총괄평가에 해당된다."라고 하여 두 평가의 차이점을 적절하게 비유했다.

한편, 교육평가의 역할을 형성적 역할과 총괄적 역할로 양분하는 것은 평가의 다양한 역할을 지나치게 단순화시키고 있다는 지적도 있다. 그래서 **심리사회적 기능**(psycho-social function: 평가활동이 피평가자의 주의를 환기시키고 동기를 유발하는 기능)과 **행정적 기능**(administrative function: 상급자가 권위를 행사하기 위해 하급자를 평가하는 권한행사 기능)을 평가의 또 다른 기능으로 간주하기도 한다.

## 2. 교육평가의 용도

교육장면에서 실시되는 교육평가는 관련 당사자들에게 다양한 용도로 활용될 수 있는 정보를 제공한다. 교육평가의 용도를 몇 가지 들어보자.

- 학생들은 자신의 성취도가 어느 정도인지 알 수 있다.
- 교사들은 학생들이 교육목표를 어느 정도 성취했는가를 확인할 수 있다.
- 학부모는 자녀들이 학교생활에 제대로 적응하고 있는가를 판단할 수 있다.

교육평가는 다음에 제시되어 있는 것처럼 교육장면에서 다양한 의사결정을 하는데 필요한 정보를 제공한다.

### 1) 수업 관련 의사결정

교사는 수업에 관련하여 다양한 결정을 하는데, 교육평가는 교사가 수업장면에서 다음과 같은 의사결정을 하는 데 도움을 준다.

- 수업을 시작하기 전에 학생들의 출발점행동(수업목표에 도달하는 데 필요한 기초지식이나 기능)을 확인하여 교육목표를 설정하고 수업을 계획하는 데 도움을 준다.
- 학생 개개인의 강점과 약점을 진단하는 데 도움을 준다.
- 수업이 진행 중일 때 학생들이 교육목표를 달성하고 있는가를 확인하고, 수업의 내용이나 방법을 개선할 수 있는 정보를 제공한다.
- 수업이 끝났을 때 학생들이 교육목표를 어느 정도 달성했는가, 즉 수업이 어느 정도 효과가 있었는지에 관한 정보를 제공한다.

## 2) 학습촉진 및 학습동기 유발

교육평가는 학생들에게 무엇을 정확하게 알고 있고, 무엇을 제대로 모르고 있는가에 관한 피드백을 제공함으로써 학습을 촉진한다. 또 교육평가는 학생들에게 교육목표를 분명하게 전달해 주고, 학습동기를 높이며, 주의를 집중시키는 기능을 한다. 일반적으로 학생들은 (1) 시험이 다가오면 평소보다 더 열심히 공부하고, (2) 시험에 출제될 확률이 높은 내용을 중점적으로 학습하며, (3) 문항형식에 맞추어 공부한다.

## 3) 성적판정

교육평가는 성적을 판정하는 데 필요한 정보를 제공한다. 학생들의 성취도를 판단하여 성적을 평가하는 것은 교육평가의 가장 중요한 기능이다. 성적은 상대적으로 평가할 수도 있고, 절대적으로 평가할 수도 있다.

## 4) 선발 및 정치에 관한 결정

교육평가는 선발·정치·분류에 필요한 정보를 제공한다. 선발(selection)이란 학교나 회사에서 지원자의 합격 여부를 결정하는 것을 말한다. 교육평가는 입학시험이나 입사시험과 같은 선발상황에서 지원자의 합격 여부를 결정하는 데 필요한 정보를 제공한다. 한편, 정치(定置, placement)는 학생들을 특정 학급이나 프로그램에 분류·배치하는 결정을 말한다. 중학교와 고등학교에서 선행지식의 정도를 기준으로 학생들을 수준별 학급으로 분류하는 것이 정치의 사례가 될 수 있다. 교육평가는 학생들을 특정 프로그램이나 학급에 정치하는 데 필요한 정보를 제공한다.

## 5) 자격부여

교육평가는 인증 혹은 자격부여(certification)에 필요한 정보를 제공한다. 즉, 교육평가는 소정의 지식이나 기능을 구비한 학생들의 졸업 여부를 결정하고, 자격이나 면허를 부여하는 데 필요한 정보를 제공한다.

## 6) 상담 및 생활지도에 관한 결정

교육평가는 상담이나 생활지도에 필요한 정보를 제공한다. 교육평가는 학생들이 자기 자신을 객관적으로 이해하고, 능력이나 흥미에 가장 부합되는 진로나 직업을 선택하는 데 필요한 정보를 제공한다. 지능검사, 적성검사, 성격검사, 흥미검사가 이러한 용도로 활용된다.

### 7) 프로그램과 정책에 관한 결정

교육평가는 프로그램이나 정책에 관해 의사결정을 하는 데 필요한 정보를 제공한다. 단, 프로그램이나 정책에 관한 의사결정은 학생 개개인에게 직접적인 영향을 주지는 않는다.

우선 교육평가는 교육 프로그램, 수업, 교육과정의 효과와 질을 판단하기 위한 정보를 제공한다. 가령, 교육평가는 외국어교육 프로그램이 학생들의 어학능력을 향상시켰는지를 판단하거나 영재교육 프로그램이 소기의 성과를 거두었는지를 판단할 수 있는 정보를 제공한다.

나아가 교육평가는 교육정책을 결정하는 데 필요한 정보를 제공한다. 여기서 정책은 학교·지역·국가 수준에서 이루어지는 각종 행정적 결정을 말한다. 예컨대, 전국학력평가에서 학생들의 기초학력이 예상보다 낮았다면 그 결과에 근거하여 기초학력을 높이기 위한 교육정책을 수립할 수 있다. 또 국제학력비교평가에서 우리나라 학생들의 과학성취도가 선진국에 비해 낮은 수준으로 판명되었을 경우 그 결과에 근거하여 국가수준에서 과학교육을 강화하기 위한 교육정책을 수립할 수 있다. 학교 수준에서도 교육에 관한 정책적 결정을 할 수 있다. 어떤 고등학교에서 신입생들을 대상으로 실시한 기초학력평가에서 다른 학교에 비해 수학기초학력이 매우 낮게 나타났다면 수학기초학력을 신장시키기 위한 정책을 수립할 수 있다.

## 제3절 교사의 평가역량

학교에서 교사는 평가활동을 수행하는 주체이므로 평가를 제대로 수행·관리할 수 있는 역량과 소양을 갖추어야 한다. 교사가 갖추어야 할 평가역량을 제시하면 다음과 같다(American Federation of Teachers, National Council on Measurement in Education, & National Education Association, 1990).

평가방법 및 절차를 제작·개발할 수 있는 역량  교육현장에서 평가는 대부분 교사가 제작한 평가방법 및 절차를 통해 이루어진다고 해도 지나친 말이 아니다. 따라서 교사는 성취도검사를 비롯하여 각종 평가방법을 계획하고 제작할 수 있는 지식과 기능을 갖추어야 한다. 아울러 교사는 자신이 제작한 평가방법의 질을 판단할 수 있는 소양도 갖추어야 한다.

평가방법 선정 역량  교육장면에서는 다양한 평가도구가 활용되는데, 교사가 모든 평가도구를 제작할 수는 없다. 예컨대, 표준화학력검사, 지능검사, 성격검사 등은 교사가 직접 제작할 수 없다. 이러한 상황에서 교사는 전문가들이 제작한 검사 혹은 평가절차 중에서 가장 적절하고 유용한 정보를 제공할 수 있는 것을 선택할 수 있는 역량을 갖추어야 한다.

평가 실시·채점·해석 역량  교사는 평가를 실시·채점·해석할 수 있는 역량을 구비해야 한다. 또한 평가결과를 해석하는 데 필요한 기초통계 개념(집중경향, 변산도, 상관, 백분위, 표준점수)과 심리측정학적 개념(신뢰도, 타당도, 측정오차)을 정확하게 이해해야 한다.

평가결과 활용 역량  교사는 평가결과를 적절하게 활용하여 학생, 수업, 교육과정, 교육정책 등에 관해 적절한 결정을 할 수 있는 역량을 구비해야 한다. 평가를 하는 근본적인 목적은 평가결과를 활용하여 교육을 개선하는 데 있다.

성적판정 및 보고 역량  교사는 공정하고 타당한 절차에 따라 성적을 판정할 수 있는 지식과 소양을 구비해야 한다. 그리고 교사는 평가결과를 학생, 학부모, 기타 관련 인사들에게 적절한 방식으로 보고할 수 있어야 한다. 평가결과를 제대로 보고하려면 평가에 관련된 용어들을 숙지하고, 평가결과를 보고하는 다양한 방식을 정확하게 이해하며, 평가결과의 의미와 함의를 설명할 수 있어야 한다.

도덕 및 윤리적 소양  교사는 비윤리적이거나 불법적이고 부적절한 평가방법과 평가정보 활용을 인지하고 그에 대처할 수 있는 역량을 갖추어야 한다. 교사는 평가가 자신이 갖고 있는 윤리적 및 법적 표준과 일치되도록 노력해야 하고, 다른 사람들이 적절하지 못한 평가를 할 경우 그것을 시정하기 위한 조치를 취할 수 있어야 한다. 흔히 발생하고 있는 교사의 평가부정행위는 교사의 도덕 및 윤리적 소양이 극히 중요하다는 것을 시사한다.

## 제4절 🖱 교육평가의 영역

교육평가의 대상은 학생을 비롯하여 교직원, 교육 프로그램, 교육과정, 수업 프로그램, 교육시설, 조직 및 기관, 교육정책, 교육환경 등 교육에 관련된 모든 것을 망라한다. 그러므로 평가대상을 기준으로 할 때 교육평가의 구체적인 영역은 일일이 열거할 수 없을 정도로 다양하다. 교육평가의 구체적인 영역은 평가대상이 학생일 경우에는 학생평가, 평가대상이 프로그램일 경우에는 프로그램평가, 평가대상이 수업일 경우에는 수업평가라고 한다. 최근 평가에 대한 관심이 고조되면서 교육평가의 영역은 급속도로 확장되고 있다. 이 절에서는 교육평가의 다양한 영역 중에서 (1) 학생평가, (2) 교원평가, (3) 프로그램평가, (4) 교육과정평가, (5) 수업평가, (6) 학교평가, (7) 메타평가를 간략히 소개한다.

### 1. 학생평가

학생평가(student evaluation)는 학생들의 성취도나 상태를 판단하기 위한 평가를 말한다. 교육의 궁극적인 표적대상은 학생이므로 학생평가는 전통적으로 교육평가의 가장 중요한 영역을 차지해 왔고, 앞으로도 그럴 것이라고 생각된다.

오래전부터 많은 사람은 교육평가를 학생평가와 동일시하여 교육평가라고 하면 으레 시험을 출제해서 채점하고 성적을 평가하는 작업을 연상하는 경향이 있다. 그러나 학생은 평가대상의 하나에 불과하므로 엄밀한 의미에서 학생평가는 교육평가의 부분집합이다. 따라서 시험을 출제해서 실시하고 성적을 평가하는 활동이 교육평가의 중요 부분을 차지하고 있음은 분명하나, 그것은 어디까지나 교육평가의 일부에 불과하다는 사실에 유의해야 한다.

학생평가의 하위영역은 평가하고자 하는 학생 특성의 성질에 따라 인지적 평가, 정의적 평가, 심동적 평가로 구분할 수 있다. 인지적 평가(cognitive evaluation)는 지식, 사고과정, 인지능력을 대상으로 하는 평가를 가리킨다. 학교에서 실시되고 있는 시험을 위시하여 지능검사, 적성검사, 인지전략검사 등이 인지적 평가에 해당된다. 현재 학교에서는 인지적 영역의 평가(특히, 성취도를 평가하기 위한 시험)가 절대 우위를 차지하고 있어 교사와 학생들은 교육평가와 성취도평가를 사실상 동일시하고 있다.

정의적 평가(affective evaluation)는 흥미, 태도, 동기, 가치관과 같은 정의적 특성에 관한 평가를 말한다. 한편, 심동적 평가(psychomotor evaluation, 심체적 평가)는 운동 기능이나 신체조작능력에 관한 평가를 가리킨다. 실험장치 조작기능, 악기 연주기능, 외국어를 말하는 기능을 대상으로 하는 평가가 심동적 평가에 해당된다.

## 2. 교원평가

"교육의 질은 교사의 질을 능가할 수 없다."라는 말이 회자되고 있을 정도로 교사는 교육에서 중추 역할을 한다. 교사는 교육을 담당하는 주체이므로 교사의 자질과 전문성은 학생들의 학습에 큰 영향을 미친다. 교사의 자질과 전문성이 교육에 큰 영향을 미친다면 교사의 자질과 전문성을 마땅히 평가해야 한다. 현재, 교원들을 대상으로 하여 실시되고 있는 교원근무평정제와 교원능력개발평가를 간략하게 소개한다.

### 1) 교원근무평정제

교원들은 교육공무원승진규정에 명시되어 있는 교원근무평정제(흔히 '근평'이라고 약칭하고 있음)에 근거하여 평가를 받고 있다.

교사의 근무성적평정(100점 만점)은 자질 및 태도에 대한 평정과 근무실적 및 수행능력에 대한 평정으로 나뉜다. 자질 및 태도(20점)는 (1) 교육자로서의 품성(10점)과 (2) 공직자로서의 자세(10점)로 구분되며, 근무실적 및 수행능력(80점)은 (1) 학습지도(40점), (2) 생활지도(20점), (3) 교육연구 및 담당업무(20점)로 나뉜다. 근무성적평정은 매년 12월 31일을 기준으로 이루어진다.

교사의 근무성적평정점은 (1) 평정자(교감)가 100점 만점으로 평정한 점수를 30%로 환산한 점수, (2) 확인자(교장)가 100점 만점으로 평정한 점수를 40%로 환산한 점수, (3) 동료교사들이 100점 만점으로 평정한 점수를 30%로 환산한 다면평가점수를 합산하여 100점 만점으로 산출한다. 다면평가자는 평가대상 교원의 근무실적, 근무수행능력 및 근무수행태도를 잘 아는 동료교사 3인 이상으로 근무성적의 확인자가 구성한다.

교사의 근무성적평정은 상대평가로 평정하는데, 구체적으로 수(95점 이상) 30%, 우(90점 이상 95점 미만) 40%, 미(85점 이상 90점 미만) 20%, 양(85점 미만) 10% 이하로 평정한다.

교감·장학사·교육연구사에 관한 평정은 자질 및 태도에 관한 평정과 근무실적에 관한 평정으로 구성된다. 자질 및 태도는 (1) 교육자로서의 품성과 (2) 사명의식으로 나뉘며, 근무실적은 (1) 교육지도·관리, (2) 교원지도·관리, (3) 사무관리 및 교육연구로 나뉜다. 교감·장학사·교육연구사의 근무성적의 평정점은 평정자의 평정점을 50%로 환산하고, 확인자의 평정점을 50%로 환산하여 100점 만점으로 산출한다.

교원근무평정제는 평가목적이 전보나 포상과 같은 인사관리에 한정되어 있으며, 평정항목이 포괄성이 낮고 추상적이어서 교사의 자질과 전문적 능력을 제대로 평가하지 못한다는 지적이 많다.

### 2) 교원능력개발평가

현재 국·공·사립 초·중·고 및 특수학교에 재직하고 있는 모든 교원(교장, 교감, 교사)은 교원능력개발평가를 받고 있다. 교원능력개발평가의 목적은 다음과 같다. 첫째, 교원의 전문성을 진단하고 평가결과에 근거하여 교사의 능력개발을 지원함으로써 학교교육의 질을 향상시킨다. 둘째, 교원과 학생·학부모 간의 의사소통을 증진하여 교육에 대한 구성원들의 만족도를 향상시켜 공교육에 대한 신뢰를 높인다. 교원능력개발평가에 관한 개략적인 내용은 〈표 1-1〉에 제시되어 있다.

## 3. 프로그램평가

프로그램평가(program evaluation)는 프로그램의 가치, 질, 유용성을 판단하기 위해 체계적으로 자료를 수집하는 과정을 말한다. 프로그램평가의 대상은 당연히 프로그램인데, 프로그램은 어떤 목적을 달성하기 위해 체계적으로 계획된 장기적인 활동을 뜻한다.

**표 1-1** 교원능력개발평가의 개요

| 구 분 | | 주요 내용 |
|---|---|---|
| 평가대상 | | 초등, 중등 및 특수 학교 교원(보건, 영양, 사서, 상담 등 비교과교사 포함), 계약제 교사(강사, 기간제, 원어민, 영어회화 전문강사)도 원칙적으로 실시 |
| 평가시기 | | 매년 1회 이상 실시 |
| 평가유형 | 동료교원평가 | 교장 또는 교감 중 1인, 수석교사 또는 부장교사 1인을 포함한 동료교원 3인이 평가 |
| | 학생만족도 조사 | 교사의 직접 지도를 받은 학생(초1~3학년 제외)이 평가 |
| | 학부모만족도 조사 | 교원의 지도를 받은 학생의 학부모가 평가 |
| 평가영역 | 교 사 | 학습지도(3개 요소, 12개 지표)와 생활지도(2개 요소, 6개 지표). 비교과교사는 학생지원을 평가함 |
| | 교 장 | 학교경영(4개 요소, 8개 지표) |
| | 학교경영 | 학교경영(3개 요소, 6개 지표, 시설 및 예산 요소 제외) |
| 평가문항 | | 평가영역별로 5단계척도 2~5문항으로 구성(단위학교에서 선택 가능함) 학생 만족도조사는 자기서술식 평가 포함(통계처리는 제외함) |
| 평가방법 | | 온라인평가를 원칙으로 함 |
| 평가관리 | | 교육청 및 학교에 교원능력개발평가관리위원회 설치(교원, 학부모, 외부 전문가, 교육청 관계자 등 5인 이상 11인 이내로 구성) |
| 결과통보 | | 개별교원에게 평가결과를 통보하고, 단위학교의 평가결과를 공시함 |
| 결과활용 | | 평가결과에 따라 맞춤형 연수, 학습연구년제 등 실시 |

우리 사회의 각 분야에서는 매우 다양한 프로그램이 운영되고 있다. 교육 분야에서는 어학교육 프로그램, 컴퓨터교육 프로그램, 영재교육 프로그램, 학위수여 프로그램 등 다양한 프로그램을 운영하고 있다. 기업체나 사회단체에서도 신입사원교육 프로그램, 직무능력향상 프로그램, 환경보호 프로그램, 에너지보존 프로그램, 금연 프로그램 등 다양한 프로그램을 운영하고 있다.

프로그램의 가치, 유용성, 질을 판단하기 위한 프로그램평가의 문제를 예시하면 다음과 같다.

- 영재교육 프로그램은 의도한 목표를 어느 정도 달성했는가?
- 직무능력개발 프로그램을 이수한 직원들의 직무수행능력이 향상되었는가?

• 새로운 교육 프로그램은 기존의 교육 프로그램보다 더 우수한가?

프로그램평가의 대상은 프로그램이므로 학생이나 교원을 대상으로 하는 평가와 확연히 구분된다. 프로그램평가에서도 학생들의 성취도에 대한 자료나 교원에 대한 자료를 수집할 수 있지만, 그러한 자료를 이용하여 학생이나 교직원에 관해 가치판단을 내리는 데 목적이 있는 것이 아니라 프로그램의 질, 장점, 가치를 판단하는 데 목적이 있다. 즉, 프로그램평가에서는 학생들의 성취도에 관한 자료를 프로그램 판단을 위한 근거자료로 활용한다. 그래서 학생들의 성취도가 높다는 것은 프로그램이 효과가 있다는 것을 나타내는 증거로 해석된다. 프로그램평가의 모형은 제14장에 소개되어 있다.

## 4. 교육과정평가

교육과정평가(curriculum evaluation)는 교육과정의 일부 혹은 전체의 가치, 질, 장점을 체계적으로 판단하는 과정이다. 교육과정을 어떻게 정의하는가에 따라 교육과정평가는 교육과정 설계, 수업과정, 수업자료, 교육목표, 교사의 효과, 학습환경, 교육과정 정책, 자원, 교육의 성과를 평가대상으로 할 수 있다. 교육과정을 평가하는 목적으로는 교육과정이 의도하는 목적을 달성하고 있는가를 확인하고, 교육과정이 계획대로 운영되고 있는지를 점검하며, 교육과정을 개선하기 위한 정보를 수집하려는 것 등을 들 수 있다.

교육과정은 교육의 질에 영향을 미치는 결정적인 요인이므로 교육이 제대로 이루어지려면 양질의 교육과정을 구성 · 운영해야 한다. 교육과정에 하자(瑕疵)가 있을 경우 교사와 학생들이 아무리 열심히 노력하더라도 교육활동은 제대로 된 성과를 내기가 어렵다. 그러므로 국가, 교육청, 각급 학교 등 교육과정을 운영하는 주체는 교육과정을 지속적으로 평가하여 교육과정의 질을 판단하고 교육과정을 개선하기 위해 노력해야 한다.

교육과정평가는 교육과정 산출평가와 교육과정 프로그램평가로 구분된다(Alkin, 1990). 교육과정 산출평가(curriculum product evaluation)는 교수요목, 강의요목, 교과서와 같은 산출물을 대상으로 하는 평가를 말한다. 교육과정 프로그램평가(curriculum program evaluation)는 운영 중인 교육 프로그램에 관한 평가를 뜻한다.

교육과정평가는 여러 수준에서 이루어질 수 있다. 국가수준의 교육과정평가는 교육과정의 질을 전반적으로 높이기 위한 교육정책을 수립하는 데 도움을 주고, 국가수준에서 운영되는 교육과정의 존속 혹은 폐지 여부를 결정하기 위한 근거를 제공한다. 학교수준의 교육과정평가는 교육목표, 교육과정 내용, 교수방법, 교육시설, 교직원 선발 및 교육과 같이 교육과정의 어떤 측면을 어떻게 개선할 것인가에 관한 정보를 제공한다.

## 5. 수업평가

수업평가(instruction evaluation)는 수업의 질과 효과를 판단하는 과정이다. 프로그램을 넓은 의미에서 정의할 경우 수업평가는 프로그램평가의 하위영역이라고 할 수 있다.

수업평가의 가장 중요한 기능은 수업 중 수업의 문제점을 보완함으로써 수업을 개선하기 위한 정보를 수집하고, 수업이 종료된 후 수업의 효과와 질을 최종적으로 판단하는 데 있다. 수업을 하기 전에 상황요인과 투입요인에 관한 평가결과를 바탕으로 적절한 수업의 내용과 방법을 계획하고, 교사와 학생들이 수업에서 바람직한 방향으로 행동하도록 자극하는 것도 수업평가의 부차적인 기능이다. 수업을 평가하기 위한 자료는 교사 자신, 학생, 동료교사 등 다양한 원천으로부터 수집할 수 있으나, 최근에는 학생을 수업평가(강의평가)의 가장 중요한 평가주체로 간주하고 있다.

현재 대부분의 대학에서 실시되고 있는 강의평가는 수업평가의 하위영역이다. 강의평가에서는 주로 수업준비도, 수업목표의 명료성, 수업방법의 적절성, 수업의 난이도, 교재 및 참고자료의 적절성, 평가 및 과제의 공정성, 교수의 열정, 교수-학생 관계의 적절성과 같은 항목을 기준으로 강의의 질을 평가하고 있다. 강의를 평가하는 주체는 물론 강의를 수강하는 학생들이다. 학생들은 학기말에 수강과목의 강의가 적절했는가에 대해 평가하고 있다.

강의평가는 도입 당시 적지 않은 반발도 있었고 상당한 우려가 제기되기도 했지만, 강의의 질을 개선하는 데 기여했다는 긍정적인 평가를 받고 있다. 단, 대부분의 강의평가는 학업성취도와 같은 수업의 성과가 아니라 수업 중 교수의 행동과 같은 수업의 과정만 평가하고 있으므로 '강의의 전체'를 평가하지 못한다는 점에 유의해야 한다. 엄밀한 의미에서 볼 때 강의의 질을 판단하기 위한 가장 중요한 준거는 수업 중의 행동이 아니라 학생들의 성취도라고 할 수 있다. 그러므로 수업(강의)의 질을 제대로 판단하려면 수업이 제대로 진행되었는가에 관한 자료는 물론 학생들의 성취도가 어느 정도 향상되었는가에 관한 자료를 종합적으로 고려해야 할 것이다.

## 6. 학교평가

학교평가(school evaluation)는 학교를 대상으로 하는 평가를 의미한다. 학교는 교육이 실제로 이루어지는 장(場)이므로, 교육이 제대로 이루어지려면 학교가 본연의 역할을 해야 한다. 학교가 제대로 역할을 하고 있는지 판단하고 교육의 질을 개선하려면 마땅히 학교의 질과 적합성을 평가해야 한다.

현재 우리나라에서는 초·중등학교와 대학을 대상으로 학교평가를 실시하고 있는데, 대학평가가 초·중등학교평가보다 먼저 실시되었다. 초등학교와 중등학교를 대상으로 하는 평가는 한국교육개발원이 주관하는 국가주도의 학교평가와 시·도교육청이 주관하는 학교평가로 구분할 수 있다. 초·중등학교를 대상으로 하는 평가는 1997년에 개정된 「초·중등교육법」에 근거하여 실시되고 있다.

한편, 대학평가에서는 평가목적에 따라 조직, 교직원, 학생, 교육과정, 수업, 행정 및 재정, 교육시설과 같은 영역 중에서 전부 혹은 일부를 평가할 수 있다. 즉, 대학평가는 대학 전체를 평가할 수도 있고, 단과대학이나 전공학과를 평가할 수도 있다. 대학종합평가를 주관하고 있는 한국대학교육협의회(2006)는 대학평가의 목적을 (1) 대학교육의 수월성 제고, (2) 대학경영의 효율성 제고, (3) 대학의 자율성 신장, (4) 대학의 책무성 향상, (5) 대학 간의 협동성 진작, (6) 대학 재정지원 확충에 두고 있다. 우리나라에서 대학평가는 1970년대에 중앙정부의 주도로 실시되었으며, 1982년부터 대학의 자율적인 평가로 전환되었다. 현재 실시되고 있는 대표적인 대학평가로는 한국대학교육협의회가 주관하여 실시하고 있는 대학종합평가 및 학과평가를 들 수 있다. 중앙일보에서도 대학종합평가와 학과평가를 실시하여 그 결과를 지상에 공개하고 있다.

## 7. 메타평가

메타평가(meta-evaluation)란 '평가에 관한 평가(evaluation about evaluation)', 즉

평가의 유용성, 실용성, 윤리·기술적 적합성에 관한 정보를 수집·제공·활용하는 평가를 뜻한다. 이때 메타평가의 대상이 된 평가를 일차적 평가(primary evaluation)라고 하고, 메타평가를 이차적 평가(secondary evaluation)라고 한다.

평가의 질을 높이려면 평가의 질과 적합성도 평가해야 한다. 왜냐하면 모든 평가의 결과는 예외 없이 관련 당사자들에게 큰 영향을 주기 때문이다. 예컨대, 성적은 학생 개개인의 일생을 좌우할 만큼 강력한 영향력을 행사하고, 교원평가의 결과는 해당 교사에게 커다란 영향을 준다. 이러한 사실을 감안하면 평가의 전체 과정과 결과는 '완전무결'해야 한다.

그런데 평가를 하는 사람이 아무리 도덕적으로 고결하고 기술적인 측면에서 유능하며 평가를 계획·실시하는 과정에서 세심하게 주의를 기울인다고 하더라도 '완전무결'한 평가는 불가능하다. 왜냐하면 평가목표 설정, 평가방법 선택, 평가도구 제작, 평가자료 수집, 평가결과 해석 등 전반적인 평가과정에서 평가를 하는 사람의 개인적인 주관이나 편견, 그리고 오류가 개입될 소지가 있기 때문이다. 그러므로 엄밀한 의미에서 보면 '완전무결'한 평가란 존재하지 않는다. 오히려 우리 주변에는 부적절한 평가도구를 사용하여 아무런 근거가 없는 결과를 그럴듯하게 포장한 평가보고서가 쏟아지고 있다. 학교에서도 양호도(良好度)가 낮거나 오류를 포함하고 있는 시험문제가 상당수에 달하고 있다. '불량한 평가'에 근거해서 중요한 의사결정을 내릴 경우 그 부작용은 매우 심각할 것이다.

평가의 형성적 역할과 총괄적 역할을 고려할 때 메타평가는 형성적 메타평가와 총괄적 메타평가로 구분할 수 있다. 형성적 메타평가(formative meta-evaluation)는 평가를 계획·실시하는 과정에서 평가자에게 피드백을 제공함으로써 평가활동을 개선하는 데 목적을 둔 전향적인 형태의 메타평가를 의미한다. 반면에 총괄적 메타평가(summative meta-evaluation)는 평가활동이 종료된 후 그 평가의 장단점을 총체적으로 판단함으로써 관련 당사자들에게 평가의 질에 대한 정보를 제공하기 위한 목적으로 수행되는 메타평가를 말한다.

물론 메타평가도 완벽한 것이 아니기에 제한점을 가질 수 있다. 이러한 제한점을 극복하려면 일회의 메타평가로 끝날 것이 아니라 '메타평가에 대한 평가'를 실시하여 더욱 완전한 평가가 되도록 해야 할 것이다.

## 제5절 🔍 컴퓨터를 활용한 평가

20세기의 교육측정 및 평가 분야의 가장 괄목할 만한 동향은 정보통신기술의 눈부신 발전에 영향을 받아 컴퓨터가 문항작성, 문항은행 구축, 검사제작, 검사실시, 결과분석 등 교육측정 및 평가의 전반적 과정에서 본격적으로 활용되고 있다는 점이다. 측정에서 컴퓨터를 활용하는 수준은 [그림 1-2]에 제시된 바와 같이 연속선으로 나타낼 수 있다(Hartman, 1986).

[그림 1-2] 🌲 심리검사에서의 컴퓨터 관여도

측정 및 평가에서 컴퓨터를 활용할 수 있는 수준을 간략하게 살펴본다.

**자료저장 장치로 활용하는 수준**　컴퓨터를 활용하면 수많은 문항과 방대한 평가자료를 효과적으로 저장·관리할 수 있다. 컴퓨터의 자료저장 기능은 문항은행을 구축·관리하는 데 도움을 준다. **문항은행**(問項銀行, item bank or question bank)은 흡사 도서관에 분류되어 있는 책과 같이 문항들을 체계적으로 분류·저장해 놓은 체제를 말한다[문항들을 아무 체계 없이 단순히 모아 놓은 것은 문항저장함(item pool)이라고 한다]. 문항은행은 검사를 제작할 때 문항을 인출하기 위해 문항들을 보관해 놓은 저장고로 이해하면 된다.

컴퓨터가 보편화되기 전에는 문항을 카드에 기록하여 저장했는데, 이 방식은 많은 문항을 저장할 수 없을 뿐만 아니라 저장된 문항을 인출하기가 어렵다는 근원적인 한계를 갖고 있다. 컴퓨터는 이러한 문제점을 일거에 해결할 수 있다. 컴퓨터는 수많은 문항을 저장할 수 있고, 필요한 문항을 쉽게 검색·인출할 수 있으므로 효과적으로 문항은행을 구축·관리할 수 있다.

문항은행이 효과적으로 활용되려면 문항에 관한 다음 정보를 저장해야 한다.

(1) 문항을 구성하는 지시문, 지문, 문두, 선택지, 그래픽
(2) 문항내용, 교과내용, 행동수준 등 문항을 검색할 수 있는 핵심어
(3) 문항의 심리측정학적 특성(문항곤란도, 문항변별도), 문항 사용횟수, 문항 사용 일시

문항은행에 저장된 이러한 정보는 검사를 제작하는 과정에서 일정 조건을 충족시키는 문항을 선택하는 데 도움을 주고, 문항의 질을 높이기 위한 정보로 활용된다. 예컨대, 특정 문항의 곤란도나 변별도에 문제가 있을 경우 그 문항을 수정하거나 삭제할 수 있다.

검사를 실시하는 수준　　컴퓨터를 이용해서 검사를 실시하는 것은 컴퓨터를 자료저장 매체로 활용하는 것보다 더 높은 수준이다. 컴퓨터를 이용하여 검사를 실시하는 방식은 컴퓨터화 검사, 컴퓨터 적응검사, 연속적 측정이 있다. **컴퓨터화 검사**(computerized testing)는 집단용 지필검사를 컴퓨터를 통해 실시·채점·분석함으로써 측정과정을 자동화시킨 방식이다. **컴퓨터 적응검사**(computerized adaptive testing)는 컴퓨터를 활용하여 피검사자의 문항반응에 근거하여 다음에 제시하는 문항을 선택·조정하는 소위 개별화 검사방식이다. **연속적 측정**(continuous measurement)은 교육과정 속에 검사를 삽입하여 시간경과에 따른 성취도의 역동적인 변화양상을 계속적으로 그리고 비개입적(unobtrusively)으로 측정하는 방식이다. 연속적 측정은 학습과정에서 수시로 검사를 실시하여 성취도의 변화양상을 파악하려는 접근이다.

검사결과를 해석·보고하는 수준　　컴퓨터로 검사를 실시하는 것보다 더 높은 수준은 컴퓨터가 검사결과를 해석·보고하는 수준이다. 일반적으로 검사결과를 해석하는 것은 전문가의 몫으로 간주되어 왔으므로 컴퓨터에 의한 검사결과 해석이 적절한가는 논란의 여지가 있지만, 현재 컴퓨터가 검사결과를 해석하고 서술적으로 보고하는 방식은 상당히 일반화되어 있다. 그래서 검사결과 보고서만 보면 전문가가 작성한

것인지 아니면 컴퓨터가 작성한 것인지 구분하기가 사실상 어려운 경우가 적지 않다.

　검사결과에 근거하여 적절한 처방을 하는 수준　측정 및 평가에서 컴퓨터를 활용하는 최상위 수준은 컴퓨터가 검사결과를 해석한 결과에 근거하여 적절한 처치·치료·프로그램을 결정하는 지능적 측정이다. 즉, **지능적 측정**(intelligent measurement)은 지식기반 컴퓨팅과 추론과정을 이용해서 검사결과를 지능적으로 채점·해석하고, 그 결과에 따라 학생 및 교사에게 처방을 하는 접근을 말한다(Bunderson, Inouye & Olsen, 1989). 지능적 측정은 컴퓨터가 검사결과에 따라 적절한 프로그램이나 처치를 처방해 주는 것을 말한다. 단, 연속적 측정이나 지능적 측정이 교육장면에서 본격적으로 활용되자면 컴퓨터 하드웨어와 소프트웨어의 혁신적 발전이 전제되어야 한다.

### 주요개념

| | | | |
|---|---|---|---|
| 평가 | 측정 | 검사 | 사정 |
| 형성적 역할 | 총괄적 역할 | 학생평가 | 인지적 평가 |
| 정의적 평가 | 심동적 평가 | 교원근무평정제 | 교원능력개발평가 |
| 프로그램평가 | 교육과정평가 | 수업평가 | 학교평가 |
| 메타평가 | 문항은행 | 컴퓨터화 검사 | 컴퓨터 적응검사 |
| 연속적 측정 | 지능적 측정 | | |

### 요약정리

1. 교육평가는 평가대상의 가치를 판단하여 의사결정에 도움을 주기 위한 과정이다. 또 관점에 따라 교육평가는 (1) 교육목표가 달성된 정도를 결정하는 과정이나, (2) 의사결정을 내리기 위해 정보를 수집·제공하는 과정으로 정의되기도 한다.

2. 교육평가는 교육적으로 중요한 구인이 존재하고 있고 그것을 측정할 수 있으나 측정과정에 오차가 작용한다고 가정한다. 또 구인은 다양한 방법으로 측정할 수 있으므로 평가과정에서는 다양한 정보를 활용해야 한다고 가정한다. 나아가 교육평가는 합리적인 의사결정에 도움을 주며, 교육 및 사회 전반에 긍정적인 영향을 미친다고 가정한다.

3. 평가와 유사한 의미로 사용되는 개념으로는 측정, 검사, 사정이 있다. (1) 측정은 일정한 법칙에 따라 대상의 속성에 대해 수치를 부여하는 과정으로 가치판단이 배제되어 있으며, 평가과정의 일부로 포함된다. (2) 검사는 심리적 특성을 측정하기 위한 도구 혹은 절차를 의미한다. (3) 사정은 개인에 대한 의사결정을 내리기 위해 다양한 방

법으로 자료를 수집하고 종합하는 과정을 뜻한다.

4. 교육평가의 형성적 역할은 진행 중에 있는 교육활동을 개선하거나 보완하는 데 필요한 정보를 수집하여 제공하는 역할을, 총괄적 역할은 프로그램이 종료된 후 그것의 효과를 최종적으로 판단하는 역할을 말한다.

5. 학생을 대상으로 하는 평가는 (1) 교사가 수업 관련 의사결정을 하고, (2) 학생들의 학습을 촉진하고 동기를 유발하며, (3) 성적을 판정하고, (4) 선발 및 정치에 필요한 정보를 제공하며, (5) 자격부여에 필요한 정보를 제공하고, (6) 상담 및 생활지도에 필요한 정보를 제공하며, (7) 프로그램과 교육정책에 관한 결정을 하는 데 필요한 정보를 제공한다.

6. 교사는 평가활동을 수행하는 주체이므로 제대로 평가를 할 수 있는 역량을 갖추어야 한다. 구체적으로 교사는 (1) 적절한 평가방법 및 평가절차를 개발 혹은 선택한 다음 실시·채점·해석할 수 있고, (2) 평가결과를 활용하여 적절한 결정을 할 수 있으며, (3) 학생의 성적을 타당한 방식으로 평가한 후 적절한 방식으로 전달할 수 있고, (4) 부적절한 평가방법과 평가정보 오용(誤用)에 대처할 수 있는 역량을 갖추어야 한다.

7. 교육평가의 영역은 평가대상에 따라 다양하게 분류할 수 있다. (1) 학생평가는 학생의 인지적 특성, 정의적 특성, 심동적 특성을 대상으로 하는 평가를 말한다. (2) 교원평가는 교원의 전문성을 판단하기 위한 평가를 뜻한다. (3) 프로그램평가는 프로그램의 가치와 유용성을 판단하기 위한 평가를 의미한다. (4) 교육과정평가는 교육과정의 질, 효과, 가치를 판단하기 위한 평가를, (5) 수업평가는 수업의 질과 효과에 대해 판단을 하는 과정을 가리킨다. (6) 학교평가는 학교의 질을 체계적으로 판단하여 학교교육의 질을 개선하기 위한 평가를 말한다. (7) 메타평가는 평가의 질과 적합성을 판단하기 위한 평가를 지칭한다.

8. 컴퓨터는 측정 및 평가의 전반적인 과정에 활용될 수 있다. 컴퓨터를 활용하면 방대한 자료를 저장할 수 있고, 문항은행을 효과적으로 구축·관리할 수 있으며, 검사실시의 효율성과 정확성을 높일 수 있다. 컴퓨터화 검사는 컴퓨터를 통해 검사를 실시·채점·분석함으로써 측정과정을 자동화시킨 방식을 말한다. 컴퓨터 적응검사는 컴퓨터를 활용하여 피검사자의 문항반응에 따라 다음에 제시하는 문항을 선택·조정하는 검사방식이다. 연속적 측정은 성취도의 변화양상을 계속적으로 파악하려는 접근을, 지능적 측정은 컴퓨터가 측정결과를 해석한 결과에 근거하여 적절한 처방을 하는 접근을 말한다.

제2장

# 교육평가의 유형

```
                  ┌─── 제1절 │ 규준지향평가와 준거지향평가
                  │
  교육평가의       ├─── 제2절 │ 정치평가 · 진단평가 · 형성평가 · 총괄평가
    유형          │
                  ├─── 제3절 │ 최대수행검사와 전형적 수행검사
                  │
                  └─── 제4절 │ 표준화검사와 교사제작검사
```

 **학습목표**

- 규준지향평가의 목적, 방법, 용도를 설명한다.
- 준거지향평가의 목적, 방법, 용도를 설명한다.
- 정치평가 · 진단평가 · 형성평가 · 총괄평가를 비교한다.
- 최대수행검사와 전형적 수행검사를 비교한다.
- 속도검사와 역량검사를 비교한다.
- 표준화검사와 교사제작검사를 비교한다.

교육장면에서는 실로 다양한 유형의 평가 혹은 검사를 통해 자료를 수집하는데, 평가 혹은 검사의 유형은 기준에 따라 매우 다양한 방식으로 분류할 수 있다. 예를 들어, 교과영역에 따라 성취도검사는 국어시험, 영어시험, 수학시험 등으로 구분되고 측정하려고 하는 특성에 따라 지능검사, 적성검사, 성격검사 등으로 구분된다.

이 장에서는 다양한 평가 혹은 검사의 유형 중에서 (1) 규준지향평가와 준거지향평가, (2) 정치평가 · 진단평가 · 형성평가 · 총괄평가, (3) 최대수행검사와 전형적 수행검사, (4) 표준화검사와 교사제작검사를 소개한다.

## 제1절 💿 규준지향평가와 준거지향평가

검사 혹은 시험에서 얻은 점수는 그 자체로는 아무 의미가 없으므로 원점수(原點數, raw score)라고 한다. 원점수가 의미를 가지려면 적절한 기준에 비추어 해석해야 한다. 원점수는 어떤 방식으로 해석하는가에 따라 다른 정보를 제공한다. 이를 예시해 보자.

학생 A의 영어시험점수가 70점이라고 할 때 그 의미는 다음과 같이 다섯 가지 방식으로 해석할 수 있다.

(1) 다른 학생들의 평균점수가 60점이라면 성적이 우수하다. 이 경우 다른 학생들의 점수에 비교하여 학생 A의 점수를 해석했는데, 이러한 해석을 규준지향해석이라고 한다.

(2) 최저성취표준이 80점이라면 성적이 매우 낮다. 이 경우 학생이 도달해야 할 성취표준에 비추어 해석했는데, 이러한 해석을 준거지향해석이라고 한다.

(3) 과거 영어시험점수가 40점이라면 성적은 매우 우수하다. 이 경우 과거 성취도에 비추어 원점수를 해석했는데, 이러한 해석을 성장지향해석이라고 한다.

(4) A의 지능지수가 145라면 성적이 매우 낮다. 학생의 능력(지능)에 비추어 원점수를 해석했으므로 능력지향해석을 했다.

(5) A가 공부를 열심히 했다면 성적이 매우 낮다. 이 경우 학생이 기울인 노력의 정도를 기준으로 원점수의 의미를 해석했는데, 이러한 해석을 노력지향해석이라고 한다.

원점수가 같더라도 어떤 기준에 비추어 원점수를 해석하는가에 따라 의미가 상당히 달라진다는 것을 알 수 있을 것이다. 평가유형은 원점수를 해석하는 방법 혹은 해석하기 위한 기준의 성질에 따라 규준지향평가와 준거지향평가로 구분된다. 규준지향평가는 원점수를 상대적인 기준인 '규준(norm)'에 비추어 해석하는 평가를, 준거지향평가는 원점수를 절대적인 기준인 '준거(criterion)'에 비추어 해석하는 평가를 가리킨다.

## 1. 규준지향평가(상대평가)

규준지향평가(規準指向評價, norm-referenced evaluation, 규준참조평가)는 개인의 점수를 다른 사람들의 점수와 상대적으로 비교하여 해석하는 평가방식이다. 쉽게 말하면 규준지향평가는 다른 사람들과 상대적으로 비교하여 성적을 판정하는 평가를 말한다. 그래서 규준지향평가를 **상대평가**(相對評價)라고 한다.

규준지향평가에서는 개인의 원점수를 비교하기 위한 비교집단을 규준집단이라 하고, 규준집단의 점수를 규준이라고 한다. **규준**(norm)[1]은 규준집단의 점수분포에서 계산된 통계치로 표시되며, 가장 흔히 사용되고 있는 규준은 평균이다. 수능시험에서 규준집단은 수능시험에 응시한 전체 학생이고, 전체 응시자의 수능시험점수가 규준이다. 또 다른 예로 키나 몸무게를 비교하기 위한 또래집단이 규준집단이고, 또래집단의 평균 키나 몸무게가 규준이다. 규준은 점수를 상대적으로 해석할 수 있는 잣대가 된다. 점수를 규준에 비추어 해석한다는 것은 규준집단과 비교하여 상대적 위치와 서열을 결정한다는 것을 의미한다. 규준은 상대적인 성질을 갖고 있으므로 규준에 비추어 점수를 해석하는 평가를 상대평가라고 한다. 규준지향평가(상대평가)로 실시되는 수능시험에서는 학생이 얻은 원점수를 규준집단과 상대적으로 비교하여 다음과 같이 해석한다.

• A의 수능시험등급은 1등급이다(응시자 중 상위 4% 이내에 해당된다는 정보를 갖고

---

1) 규준과 표준은 완전히 다른 개념이다. 규준은 규준집단의 평균적인 수행이나 상태를 나타내지만, 표준(standard)은 도달하려고 의도하는 성취수준을 뜻한다. 다시 말하면 규준은 현상을 기술한 것인데 비해, 표준은 달성해야 할 상태를 기술한다. 예를 들면, 한국 미혼 여성들의 실제 평균체중은 규준이고, 이상적인 체중은 표준이다.

있다).

- B의 수능시험점수 백분위는 80이다(수능시험 응시자 중에서 B보다 점수가 낮은 학생들이 80%라는 의미를 갖고 있다).

규준지향평가의 전형적인 특징인 동시에 단점은 원점수가 같더라도 규준에 따라 평가결과가 달라진다는 것이다. 시험점수가 80점이라고 할 때 평균이 85점이면 성적이 낮다고 해석되지만, 평균이 60점이라면 성적이 높다고 해석된다. 마찬가지로 A가 1,200개의 어휘를 구사한다고 할 때 나이가 1세라면 언어능력이 탁월하다고 해석되지만, 20세라면 언어장애가 있다고 해석된다.

규준지향평가의 결과는 다른 사람들보다 상대적으로 더 잘하는지 아니면 못하는지에 관한 정보만 갖고 있을 뿐, '무엇을 어느 정도 잘하는가?'라는 절대적인 성취수준에 관한 정보는 갖고 있지 않다. 규준지향평가의 결과를 표시하는 방식은 다음과 같다.

(1) 5단계 상대평가: 전체 집단을 원점수가 높은 순서대로 10%, 20%, 40%, 20%, 10%로 나눈 다음 각각 A, B, C, D, F로 평가하는 방식.

(2) 9단계 상대평가: 전체 집단을 원점수가 높은 순서대로 4%, 7%, 12%, 17%, 20%, 17%, 12%, 7%, 4%로 나눈 다음, 순서대로 1에서 9까지 등급을 부여하는 방식(제3장 참조).

(3) 백분위: 전체 집단에서 특정 점수 이하의 점수를 받은 사례들이 차지하는 백분율로 표시하는 방식(제3장 참조).

(4) 표준점수: 원점수가 평균과 다른 정도를 표준편차 단위로 표시한 점수(제3장 참조).

(5) 학년규준점수(grade-equivalent score): 원점수가 몇 학년 몇 개월의 평균과 같은지를 나타낸 점수. 예컨대, 학년규준점수 3.5는 원점수가 3학년 5개월의 평균과 같다는 것을 뜻한다.

(6) 연령규준점수(age-equivalent score): 원점수가 어느 연령집단의 점수와 같은지를 나타낸 점수. 예컨대, 정신연령이 5세라는 것은 지적 수준이 5세 아동들의 평균과 같다는 것을 뜻한다.

## 2. 준거지향평가(절대평가)

준거지향평가(準據指向評價, criterion-referenced evaluation, 준거참조평가)는 개인의 점수를 절대적인 성취수준에 비추어 해석하는 평가방식이다(여기서 준거의 의미는 준거타당도에서의 준거의 개념과 다르다. 제5장 참조). 준거지향평가는 영역지향평가, 내용지향평가, 목표지향평가, 표준지향평가라는 용어로 불리고 있다.

개인의 점수를 다른 학생들과 비교하여 상대적으로 해석하는 규준지향평가와 달리, 준거지향평가는 점수를 절대적으로 해석하기 때문에 **절대평가**(絕對評價)라고 한다. 점수를 절대적으로 해석한다는 것은 무엇을 어느 정도 알고 있고, 무엇을 어느 정도 할 수 있는가에 비추어 점수를 해석한다는 것을 말한다. 준거지향평가의 결과를 몇 가지 예시하면 다음과 같다.

- A는 구구단을 정확히 암송할 수 있다.
- B는 교육목표를 90% 달성했다.
- C는 문법을 90% 정확하게 이해한다.

준거지향평가의 하위유형으로는 영역지향평가, 목표지향평가, 숙달검사가 있다.

**영역지향평가**(domain-referenced evaluation)는 구체적인 영역(지식, 기능, 행동)의 성취수준을 판단하기 위한 평가를 의미한다. 문법의 이해수준을 재기 위한 평가는 영역지향평가에 해당된다. 영역지향평가는 구체적으로 정의된 내용영역을 대표할 수 있는 문항들로 구성된다. 예컨대, 중학교 수준의 문법을 측정하기 위한 영역지향평가는 전체 1,000개의 문항 중에서 무작위로 표집한 50문항으로 구성된다. A가 이 검사에서 40문항에 정답을 했다면 이 결과에 근거하여 A는 전체 문항 중 80%의 문항에 정답을 할 것이라고 해석한다(혹은 전체 문항 중 무작위로 표집한 40문항으로 구성된 검사에서 대략 80%의 문항에 정답을 할 것이라고 추정한다).

**목표지향평가**(objective-referenced evaluation)는 교육목표를 도달한 정도에 비추어 점수를 해석하는 평가방식이다. 학교에서 실시되는 절대평가는 교육목표에 도달한 정도를 평가하고 있으므로 목표지향평가에 해당된다. 목표지향평가는 교육목표를 달성한 정도를 측정할 수 있는 문항으로 구성된다. 목표지향평가는 교육목표가 한 개인 경우 교육목표 도달 여부(도달-미달)에 비추어 해석하고, 교육목표가 여러 개 있는 경우 도달한 교육목표의 백분율(%)에 비추어 해석한다. 예컨대, 학생 B가 교육목표에 도달한 정도를 측정하기 위해 출제한 20개의 문항으로 구성된 시험에서 16문항에 정답을 했다면 교육목표에 도달한 정도가 80%라고 해석한다.

숙달검사(mastery test)는 목표지향검사를 실시한 다음 분할점수(cutting score)를 기준으로 개인을 목표 도달−미달로 분류하기 위한 용도로 사용되는 검사를 말한다. 분할점수는 최저성취표준을 나타내므로 점수가 분할점수보다 높으면 합격(도달)으로 판정하고, 점수가 분할점수보다 낮으면 불합격(미달)으로 판정한다. 운전면허시험이 숙달검사의 전형적인 사례라고 할 수 있다. 운전면허 필기시험은 운전에 필요한 기초소양과 지식을 갖고 있는가를 확인하기 위한 시험인데, 70점 이상이면 합격으로 판정하고 70점 미만이면 불합격으로 판정한다.

요컨대, 준거지향평가는 '무엇을 어느 정도 할 수 있는가?'에 비추어 개인의 점수를 해석한다. 준거지향평가의 결과는 절대적인 성취수준에 관한 정보를 갖고 있지만, 다른 사람들에 비해 상대적으로 어느 정도 잘하는가에 관한 정보는 갖고 있지 않다. 준거지향평가의 결과를 보고하는 방식은 다음과 같다.

(1) 정답률(백분율): 시험에 출제된 문항 중 정답을 맞춘 문항들의 백분율(%)로 표시하는 방식(예: 20문항 중 16문항에서 정답을 맞췄을 때 80으로 표시하는 방식)

(2) 도달−미달 분류: 분할점수를 기준으로 하여 도달−미달(합격−불합격)로 분류하는 방식

(3) 5단계 절대평가: 성취표준에 근거하여 정답률이 90% 이상이면 A, 80∼89%이면 B, 70∼79%이면 C, 60∼69%이면 D, 60% 미만이면 F를 주는 방식

(4) 기능이나 지식을 기술하는 방식: 수행할 수 있는 구체적인 지식이나 기능을 구체적으로 기술하는 방식(예: 구구단을 외울 수 있다)


## 3. 대안적 평가방식

교육현장에서는 검사점수를 상대적으로 해석하는 규준지향평가와 절대적으로 해석하는 준거지향평가가 가장 널리 사용되고 있다. 이 평가유형과 다른 대안적 해석유형으로는 성장지향평가, 능력지향평가, 노력지향평가를 들 수 있다.

### 1) 성장지향평가

성장지향평가(growth-referenced evaluation)는 현재의 성취수준을 과거의 성취수준과 비교하여 해석하는 평가를 말한다. 따라서 이 평가에서는 학생의 현재 성취수준이 과거 성취수준보다 더 높으면 좋은 성적을 부여한다. 성장지향평가는 과거에 비해 어느 정도 성장하고 진보했는가를 파악하고자 할 때 유용하다.

그렇지만 사람들은 성적을 성취수준과 동일시하고 있으므로 진보나 향상 정도를 기준으로 성적을 줄 경우 성적의 의미를 왜곡시킬 소지가 있다. 또 성장지향평가를 할 경우 학생들이 좋은 성적을 받기 위해 사전검사에서 일부러 틀릴 소지가 있다. 통계적인 측면에서는 진보 혹은 향상 정도를 나타내는 차이점수(사후검사의 점수-사전검사의 점수)의 신뢰도가 낮다는 문제점이 있다. 차이점수의 신뢰도를 높이려면 현재 성취도검사와 과거 성취도검사의 신뢰도가 모두 높아야 하고, 현재 성적과 과거 성적 사이의 상관이 낮아야 한다. 그렇지만 일반적으로 성취도검사는 신뢰도가 낮고, 현재 성적과 과거 성적은 상관이 높기 때문에 차이점수의 신뢰도는 낮은 경향이 있다.

성장지향평가는 이와 같은 문제점이 있으므로 형성평가와 같이 비교적 영향력이 낮은 평가에 국한해서 사용하고, 규준지향평가나 준거지향평가의 보조적인 방법으로 활용하는 것이 좋다. 영향력이 큰 평가에서는 규준지향평가나 준거지향평가를 하는 것이 바람직하다.

### 2) 능력지향평가

능력지향평가(ability-referenced evaluation)는 점수를 학생의 능력수준에 비추어 해석하는 평가를 말한다. 능력지향평가에서는 점수가 같다고 하더라도 능력이 낮은 학생이 능력이 높은 학생보다 더 높은 성적을 받는다.

능력지향평가는 다음과 같은 문제점이 있다. 첫째, 능력을 명확하게 규정할 수 없다는 제한점이 있다. 둘째, 능력지향평가를 하려면 능력을 정확히 측정해야 하는데, 능력을 정확하게 측정하기가 어렵다는 문제점이 있다. 교사들은 학생들의 능력수준을 막연하게 짐작하고 있을 뿐 능력에 관한 객관적인 정보가 부족한 경우가 많다. 표준화학력검사로 능력을 측정할 수도 있으나, 표준화학력검사의 점수는 (1) 너무 일반적이고, (2) 성취도에 관한 상대적인 정보는 제공할 수 있으나, 특정 학생이 무엇을 어느 정도 성취했는가에 관한 정보를 제공하지 못하며, (3) 학생의 배경·동기·성적의 영향을 받는다는 문제점이 있다. 셋째, 능력지향평가는 학생의 능력이 변화되지 않는다고 가정하고 있으나, 이 가정에도 오류가 있다.

### 3) 노력지향평가

노력지향평가(effort-referenced evaluation)는 노력의 정도를 기준으로 점수를 해석하는 평가유형이다. 노력지향평가에서는 점수에 관계없이 열심히 노력한 학생이 높은 성적을 받게 된다. 최선을 다했으므로 평가결과에 만족한다는 말은 노력지향평가의 논리를 반영한다.

그런데 노력지향평가의 결과는 노력의 정도만 나타낼 뿐 성취도를 나타내지 못하므로 성적의 의미를 왜곡시킬 소지가 있다(일반적으로 성적은 성취도를 나타낸다). 따라서 노력지향평가를 할 경우에는 성취도와 노력에 대해 별도로 성적을 주는 것이 합리적이다.

## 4. 규준지향평가와 준거지향평가의 비교

규준지향평가와 준거지향평가는 (1) 기본 가정, (2) 평가목적, (3) 평가대상의 성질, (4) 평가방법, (5) 일반화가능성, (6) 측정도구의 특성, (7) 용도 등이 다르다.

### 1) 기본 가정

규준지향평가는 개인차가 보편적이고 클수록 평가에 도움이 된다고 가정하는데, 이를 통계적으로 정규분포에 관한 가정이라고 한다. 이러한 가정에 입각한 규준지향평가는 입학시험이나 입사시험과 같은 선발적 교육체제의 근간을 이루고 있다. 이에 반해 준거지향평가는 적절한 교육적 노력을 하면 누구라도 일정 수준 이상의 성취를 할 수 있다는 발달적 교육관을 전제한다. 이를 통계적으로 부적 편포(negatively skewed distribution, 낮은 점수를 받은 사례들이 적고 높은 점수를 받은 사례들이 많은 오른쪽으로 치우친 분포, 제3장 참조)에 관한 가정이라고 한다. 준거지향평가에서는 개인차가 교육실패에서 기인한다고 간주한다.

**표 2-1** 규준지향평가와 준거지향평가의 비교

| 규준지향평가 | | 준거지향평가 |
| --- | --- | --- |
| 선발적 교육관(정규분포) | 기본 가정 | 발달적 교육관(부적 편포) |
| 개인의 점수를 다른 사람들의 점수와 상대적으로 비교하여 서열 또는 순위 판정(개인차 변별) | 평가목적 | 구체적인 지식이나 기능의 성취수준 확인, 교육목표의 도달도 확인, 개인을 목표도달-미달로 분류 |
| 일반적이고 포괄적인 지식이나 기능. 특정 목표나 기능을 측정하기 위한 문항수가 상대적으로 적다. | 평가대상의 성질 | 매우 구체적이고 한정된 지식이나 기능. 특정 목표나 기능을 측정하기 위한 문항수가 상대적으로 많다. |
| 상대적 위치 비교 | 평가방법 | 개인의 성취수준 판정 혹은 분할점수에 따라 도달-미달 분류 |
| 신뢰도 중시. 문항곤란도가 중간 수준인 문항을 선정하고, 너무 쉽거나 너무 어려운 문항은 배제 | 측정도구 | 내용타당도 중시(내용영역 혹은 목표와 부합되는 문항 선정). 문항곤란도는 본질적인 고려사항이 아님 |
| 선발, 분류, 배치: 입학시험, 심리검사 | 용 도 | 확인, 교정, 개선: 자격고사 |
| 백분위(PR): 백분위 80은 전체 집단의 80%가 그보다 낮은 점수를 받았음을 나타낸다. | 예 시 | 정답률(%): 정답률 80%는 전체 교육목표의 80%에 도달했음을 나타낸다. |
| 광범위한 영역의 지식 혹은 기능 평가 가능, 개인차 변별 | 장 점 | 교육목표에 부합되는 평가 가능, 경쟁 완화 |
| 상대적 위치정보만 제공하며 낮은 성적을 받는 학생들이 반드시 존재함. 경쟁을 심화시킬 수 있음 | 단 점 | 교육목표를 명료화하고, 수행표준을 설정하기가 어려움. 일반적인 지식이나 기능 측정 곤란 |

## 2) 평가목적

규준지향평가는 개인들의 상대적 위치와 서열을 결정하는 데 목적이 있다. 응시생들의 성적을 9등급으로 판정하는 대학수능시험이 규준지향평가의 전형적인 사례가 된다. 반면에 준거지향평가는 (1) 실제로 무엇을 어느 정도 할 수 있는가를 확인하고, (2) 평가결과에 따라 개인을 목표 도달-미달로 분류하며, (3) 수업의 효과를 확인하기 위한 목적으로 실시된다.

## 3) 평가대상의 성질

규준지향평가는 일반적이고 포괄적인 지식이나 기능에 주안을 두지만, 준거지향평가는 매우 구체화된 지식이나 기능에 초점을 둔다. 준거지향평가의 점수는 내용이나 교육목표에 비추어 직접 해석되므로 평가하려고 하는 내용이나 교육목표를 세분화해야 한다.

## 4) 평가방법

규준지향평가는 개인들의 점수를 상대적으로 비교하여 성적을 평가한다. 그 결과 성적은 절대적인 성취수준이 아니라 다른 학생들의 점수에 따라 결정된다. '다른 사람의 불행은 나의 행복의 원천'이라는 말은 상대평가의 논리를 극명하게 나타낸다. 규준지향평가에는 성적을 부여하는 백분율이 정해져 있다. 예컨대, 수능시험에서 1등급은 전체 응시자의 4%, 2등급은 7%로 정해져 있다. 규준지향평가는 학생수가 많고 개인차가 클 때 사용하는 것이 좋다.

준거지향평가는 교육목표를 달성한 정도(정답률)에 근거하여 성적을 판단한다. 가령, 교육목표 달성도가 90% 이상이면 A, 80%에서 90% 미만이면 B를 부여한다. 준거지향평가에서는 성적을 부여하는 백분율이 정해져 있지 않으므로 모든 학생에게 A를 줄 수도 있고, 반대로 모든 학생에게 F를 줄 수도 있다.

전형적인 규준지향평가방법과 준거지향평가방법은 다음과 같다.

**표 2-2** 규준지향평가와 준거지향평가의 성적평가방식 비교

| 성 적 | 규준지향평가(상대평가) | 준거지향평가(절대평가) |
| --- | --- | --- |
| A | 상위 10% 이내 | 교육목표 90% 이상 달성 |
| B | 상위 11~30% 이내 | 교육목표 80~89% 달성 |
| C | 중위 40% | 교육목표 70~79% 달성 |
| D | 하위 11~30% 이내 | 교육목표 60~69% 달성 |
| F | 하위 10% 이내 | 교육목표 60% 미만 달성 |

〈표 2-2〉에 제시되어 있는 것처럼 규준지향평가와 준거지향평가는 성적의 의미와 성적을 평가하는 방식이 다르다.

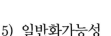

### 5) 일반화가능성

규준지향평가의 결과는 규준집단에 의해 결정되는 상대적인 특징을 갖고 있으므로 평가결과를 다른 집단으로 일반화하기가 어렵다. 그러나 준거지향평가(영역지향평가)에서는 일반화가 본질적인 특성으로 검사결과를 전체 영역으로 일반화하여 해석한다. 준거지형평가에서는 시험정답률이 80%일 경우 문항전집에서의 정답률도 80%일 것이라고 해석한다.

### 6) 측정도구의 특성

규준지향평가는 평가하려는 특성이 비교적 안정된 성질을 지니고 있다고 보고 신뢰도를 강조한다. 또 개인차 변별이라는 평가목적을 달성하기 위해 문항곤란도가 중간 정도인 문항을 선호하며, 개인차를 변별하는 데 전혀 도움이 되지 않는 극히 쉬운 문항이나 어려운 문항을 제외한다. 반면 준거지향평가는 내용타당도를 높이기 위해 문항과 목표의 합치여부를 중시하고, 문항의 곤란도 수준에는 그다지 개의치 않는다. 또 규준지향평가는 평가범위가 넓기 때문에 하나의 교육목표나 기능을 측정하기 위해 소수의 문항만 출제하지만, 준거지향평가는 평가범위가 좁기 때문에 하나의 교육목표 혹은 기능을 측정하기 위해 다수의 문항을 출제한다.

### 7) 용 도

규준지향평가는 주로 선발 · 분류 · 배치 등의 용도로 사용된다. 준거지향평가는 구체적인 영역의 성취도를 확인하고 교육목표를 제대로 달성해 가지 못할 경우 교정 · 개선하기 위한 용도로 사용된다.

## 5. 규준지향평가와 준거지향평가의 관계

검사만 보고 그것이 규준지향평가인지 준거지향평가인지 알 수 있을까? 알 수 없다. 자나 저울이 규준지향평가인지 준거지향평가인지 판단할 수 없는 것과 같다. 규준지향평가와 준거지향평가는 검사의 유형이 아니라 검사점수를 해석하는 방식을 말한다. 따라서 검사나 문항만 보고 그것이 규준지향평가인지 아니면 준거지향평가인지 알 수 없다. 규준지향평가와 준거지향평가는 측정영역의 성질, 문항의 곤란도

수준, 평가의 양호도를 판단하는 기준(신뢰도와 타당도)이 다르지만, 검사나 문항만 보고 그것이 규준지향평가인지 아니면 준거지향평가인지 결코 알 수 없다.

그렇다면 검사점수는 한 가지 방식으로만 해석해야 하는가? 아니다. 앞에서 언급한 것처럼 검사점수는 어떤 기준을 사용하는가에 따라 여러 가지 방식으로 해석할 수 있다. 예컨대, 키·몸무게·혈압은 상대적으로 해석할 수도 있고, 절대적으로 해석할 수도 있다. 시험점수도 상대적으로 해석할 수도 있고, 절대적으로 해석할 수도 있다. 또 성장지향평가는 과거에 비해 개선된 정도에 비추어 점수를 해석하고, 능력지향평가는 능력수준에 비추어 점수를 해석하며, 노력지향평가는 노력의 정도를 기준으로 점수를 해석한다. 검사점수는 어느 한 가지 방식으로 해석하는 것보다 여러 가지 방식으로 해석하는 것이 더 바람직하다. 수학시험의 정답률이 80%이며, 그것은 백분위 70에 해당한다고 해석하는 것이 어느 한 방식으로만 해석하는 것보다 훨씬 더 유용한 정보를 제공한다.

규준지향평가와 준거지향평가 중에서 어느 평가가 더 우수한가? 상황에 따라 다르다. 규준지향평가와 준거지향평가는 용도와 적용상황이 완전히 다르다. 규준지향평가는 상대적인 위치를 확인하려는 상황에서 적합하고, 준거지향평가는 절대적인 성취수준을 확인하려는 상황에서 적절하다. 적용범위로 볼 때 규준지향평가는 준거지향평가보다 훨씬 다양한 상황에 적용된다. 검사유형을 최대수행검사와 전형적 수행검사로 구분할 때 규준지향평가는 최대수행검사와 전형적 수행검사에 모두 적용될 수 있다(제3절 참조). 성취도검사의 경우 규준지향평가는 광범위한 영역의 지식이나 기능을 평가하기 위해 활용된다. 또 적성, 지능, 성격과 같은 특성은 본질적으로 규준지향평가로 측정된다. 이에 반해 준거지향평가는 주로 최대수행검사에 적용된다. 성격검사나 태도검사와 같은 전형적 수행검사에 준거지향평가를 적용하는 것은 사리에 맞지 않는다.

일각에서는 규준지향평가가 상대적 위치에 관한 정보만 제공하고 경쟁을 심화시키기 때문에 바람직하지 않다고 주장하기도 한다. 그렇다면 규준지향평가는 바람직하지 않은 평가방식인가? 절대로 그렇지 않다. 규준지향평가의 논리는 우리의 삶에 깊숙이 자리 잡고 있다. 사람들은 아이의 키가 큰지 아니면 작은지를 또래의 키와 비교하여 판단하고, 잘살고 못사는가를 다른 사람들과 비교하여 판단한다. 이 세상은 서로 경쟁하면서 살아가고 있으며 그 누구도 경쟁을 없앨 수 없다. 학생이나 학부모도 절대적인 의미에서 교육목표에 도달한 정도보다는 상대적인 서열이나 순위에 더 관심이 많다. 그러므로 상대적 우열을 가려야 할 상황에서는 부작용이 있더라도 반드시 규준지향평가를 해야 한다. 규준지향평가는 학생들을 분류하거나 선발해야 할 상황에서 적절한 평가방식이다. 수많은 지원자 중에서 일정 인원을 선발해야 할 대학입시나 입사시험에서는 반드시 규준지향평가를 해야 한다.

반면 절대적인 성취수준을 평가해야 할 상황에서는 반드시 준거지향평가를 실시해야 한다. 준거지향평가는 교육목표를 달성한 정도를 확인하려고 하거나 교육의 효과를 판단하려는 상황에서 적절하다. 의사자격시험이나 운전면허시험과 같이 일정한 성취기준을 충족시키고 있는가를 판단하여 자격을 부여해야 할 경우에도 준거지향평가가 적절하다.

규준지향평가와 준거지향평가는 모두 유용한 정보를 제공한다. 규준지향평가는 상대적 위치에 관한 정보를, 준거지향평가는 지식이나 기능의 절대적인 성취수준에 관한 정보를 제공한다. 상대적 위치에 관한 정보와 절대적 성취수준에 관한 정보는 모두 유용하다.

결론적으로 규준지향평가와 준거지향평가는 평가목적과 용도가 다르므로 적용상황이 다르다. 따라서 어떤 평가유형이 더 바람직하다는 주장은 단견(短見)이다. 평가의 적합성은 이분법적 논리가 아니라 용도에 비추어 판단해야 하며, 목적과 상황을 감안해서 적절한 평가를 해야 한다.

우리나라 교육평가를 역사적인 측면에서 볼 때 1950년대 초반까지는 '임의평가의 시기'에 해당된다. 임의평가란 객관적인 평가기준 없이 교사의 주관적인 판단에 따라 이루어지는 평가를 말한다. 임의평가에서는 평가기준이 교사나 과목마다 다르며, 같은 과목이라고 하더라도 교사에 따라 다르다. 1950년대 초반부터 1970년대 초반까지는 상대평가의 시기로, 상대평가의 방법과 원리가 널리 보급되었고 상대평가의 논리에 근거하여 각종 표준화검사도 활발하게 제작되었다. 1976년부터 절대평가라는 명칭으로 도입된 준거지향평가는 상대평가의 폐단을 인식하게 하고 준거지향평가의 중요성을 인식하도록 기여한 측면이 있다. 그 후 상대평가가 전면적으로 실시되다가 최근에는 상대평가의 폐단을 해결하기 위해 성취평가제란 이름으로 준거지향평가를 전면적으로 도입하였다. 또 교육부에서는 2018학년도 대학수능시험부터 영어영역의 평가방식을 현재의 9단계 상대평가방식에서 절대평가방식으로 전환하기로 결정한 바 있다.

## 제2절 🔹 정치평가 · 진단평가 · 형성평가 · 총괄평가

수업과정에서 평가가 수행하는 기능을 기준으로 할 때 평가형태는 정치평가, 진단평가, 형성평가, 총괄평가로 구분할 수 있다. 수업과 관련한 평가의 네 가지 기능은 다음과 같다.

| 수업 전 | 수업 중 | 수업 후 |
|---|---|---|
| (1) 학생들의 개인차를 확인하여 최적의 수업을 계획한다(정치평가). | (2) 학습진전도를 점검한다(형성평가).<br>(3) 지속적인 학습곤란의 원인을 진단한다(진단평가). | (4) 성취도를 판단한다(총괄평가). |

이 절에서는 정치평가, 진단평가, 형성평가, 총괄평가를 간략하게 소개한다.

### 1. 정치평가(배치평가)

정치평가(定置評價, placement evaluation)는 수업의 적절한 출발점을 결정하기 위해 수업을 하기 전에 실시되는 평가로, 흔히 배치평가라고 한다. 정치평가는 학생들의 개인차에 적극적으로 대처하려는 평가활동이다.

수업을 하기 전 학생들의 개인차는 상상하는 것보다 훨씬 크다. 가령, 수업을 받는 데 필요한 기초지식도 제대로 갖추지 못한 학생들이 있는가 하면, 수업에서 다루려고 하는 내용을 이미 알고 있는 학생들도 있다. 대학진학의 불안감을 해소하기 위해 학원가에서 선행학습이 활개치고 있는 사실을 잘 알고 있을 것이다. 선행학습을 한 학생들은 수업 전에 수업내용을 이미 이해하고 있다.

이와 같이 수업 전에 학생들의 개인차가 엄연히 존재하는데도 불구하고 개인차가 없다고 전제하고 모든 학생에게 같은 내용을 같은 방식으로 획일적으로 수업하면 수업이 제대로 효과를 나타낼 수 없다. 기초지식이 없는 학생들은 수업을 제대로 이해하지 못해 좌절할 것이고, 수업내용을 이미 이해한 학생들은 권태로움에 몸부림칠 것이다. 이러한 상황에 적절하게 대처하려면 학생들의 개인차 수준을 확인한 다음 개인차에 맞는 소위 맞춤수업을 해야 한다. 정치평가는 학생들의 개인차 특성을 고려하여 적절한 수업을 제공함으로써 수업효과를 극대화하는 데 목적이 있다.

정치평가의 기능은 구체적으로 다음과 같다. 첫째, 학생들이 교육목표를 달성하는 데 필요한 선수지식과 기능을 충분히 습득했는가를 확인한다. 이러한 기능을 하는 평가를 구체적으로 준비도 검사(readiness test)라고 한다. 둘째, 수업을 시작하기 전에 학생들이 교육목표를 이미 달성했는가를 확인한다. 만약 학생들이 수업에서 다루려고 하는 지식과 기능을 이미 습득했다면 심화학습을 해야 한다. 셋째, 적절한 수업방식을 확인하기 위해 학생들의 여러 가지 특성(선행지식, 적성, 흥미, 동기 등)을 확인한다.

요컨대, 정치평가는 수업을 하기 전에 학생들의 상태를 확인하여 최적의 수업을 실시하기 위한 목적으로 실시된다. 정치평가는 이러한 목적을 달성하기 위해 선행성적 기록, 사전검사점수, 자기보고식 검사점수, 관찰결과 등을 활용한다.

## 2. 진단평가

진단평가(診斷評價, diagnostic evaluation)는 지속적인 학습실패의 원인을 정확하게 규명하여 그것을 교정하기 위한 계획을 수립하는 데 목적을 둔 평가를 말한다. 그러나 넓은 의미에서 진단평가는 앞에서 언급한 정치평가를 포함하는 의미로 사용되기도 한다.

학생이 학습에 계속 실패할 경우 진단평가를 실시하여 구체적으로 어떤 영역에서 어떤 문제가 있는지 정확하게 진단해야 한다. 진단은 그 자체가 목적이 아니라 적절한 교육내용과 방법을 선정하는 데 도움을 주려는 것이다. 환자를 제대로 치료하려면 정확한 진단이 선행되어야 하는 것과 마찬가지로, 학생을 잘 가르치려면 학생의 강점과 약점을 정확하게 진단해야 한다.

수업 중에 실시되는 진단평가는 형성평가와 유사한 것처럼 보이지만 양자는 분명하게 구분된다. 진단평가는 수업방법이나 자료의 개선으로는 교정되지 않는 지속적인 학습결함, 환경요인, 신체적 및 정서적 문제를 확인하여 그러한 문제를 해결하기 위한 대책을 수립하는 데 목적이 있다. 반면 형성평가는 수업자료 및 방법을 개선함으로써 학습을 촉진하는 데 목적이 있다. 치료행위에 비유할 때 형성평가가 단순한 학습문제에 대한 응급처치라면, 진단평가는 응급처치로는 치유되지 않는 문제의 근원을 탐색하려는 행위로 볼 수 있다. 따라서 진단평가는 형성평가에 비해 더 포괄적이며 상세하다.

진단평가를 하는 데는 특별히 제작된 각종 진단용 검사와 다양한 관찰방법 등이 활용된다.

## 3. 형성평가

형성평가(形成評價, formative evaluation)는 수업이 진행되고 있는 상황에서 학습진전도를 수시로 점검·확인하여 학생 및 교사에게 피드백을 제공하기 위한 목적으로 실시되는 평가를 말한다. 다시 말하면 형성평가는 수업 중 학생 및 교사에게 피드백을 제공함으로써 학습을 촉진하고 수업을 개선하기 위한 목적으로 실시되는 평가를 일컫는다.

형성평가가 학생에게 제공하는 피드백은 학습에 성공했을 때는 강화를 제공하고, 학습에 실패했을 때는 구체적인 학습오류를 확인할 수 있도록 도움을 준다. 구체적으로 형성평가는 (1) 학습속도를 개별화하고, (2) 학습동기를 높이며, (3) 학습곤란을 진단해서 교정한다. 형성평가가 교사에게 제공하는 피드백은 수업방법이나 수업절차를 개선할 수 있는 정보를 제공함으로써 궁극적으로 학습을 극대화하는 데 기여한다.

형성평가는 교육목표를 제대로 달성해 가고 있는가를 수시로 점검하는 활동이므로 준거지향평가로 실시하는 것이 원칙이다. 형성평가가 의도한 기능을 제대로 수행하려면 (1) 가급적이면 자주 실시하는 것이 바람직하고(형성평가의 횟수와 성취도는 비례한다), (2) 평가결과를 학생들에게 즉시 피드백 해 주어야 하며, (3) 평가결과를 최종 성적에 반영하지 않는 것이 좋다.

형성평가에는 교사가 출제한 시험, 관찰방법 등이 활용된다. 학교에서 형성평가는 5분 고사, 퀴즈, 쪽지시험과 같은 이름으로 불리고 있다.

## 4. 총괄평가(총합평가)

총괄평가(總括評價, summative evaluation)는 일련의 활동이나 프로그램이 종료된 후 그 효과와 적합성을 최종적으로 판단하기 위한 목적으로 실시되는 평가활동을 뜻한다. 이를 총합평가(總合評價)로 부르기도 한다. 일정 기간의 수업이 끝난 다음 성취도를 판단하고 수업의 효과를 판단하기 위해 실시되는 시험은 총괄평가에 해당된다. 일선 학교에서 흔히 실시되고 있는 학기말시험이나 학년말시험이 총괄평가의 대표적인 사례라고 할 수 있다.

총괄평가의 기능은 구체적으로 (1) 성적을 평가하고, (2) 특정 분야의 자격이나 면허를 부여하며, (3) 장래 성취도를 예측할 수 있는 근거를 제공하고, (4) 집단 간의 성취도를 상호 비교할 수 있는 토대를 제공하며, (5) 수업이 진정으로 효과가 있는가를 판정하는 것이다.

형성평가와는 달리 총괄평가는 비교적 장기간에 걸친 학습성과를 총체적으로 나타내 준다는 점에서 매우 중요한 의미를 갖는다. 나아가 총괄평가의 결과는 입학시험이나 자격시험과 같이 개인에게 커다란 영향을 미치는 의사결정을 할 때 중요한 기초자료로 활용된다. 따라서 총괄평가의 용도로 사용하려고 하는 검사나 시험은 출제와 관리에 각별히 유의해야 한다. 시험출제의 측면에서 총괄평가는 형성평가에 비해 출제범위가 훨씬 넓기 때문에 전체 영역에서 골고루 출제해야 한다. 총괄평가는 규준지향평가로 실시될 수도 있고 또 준거지향평가로 실시될 수도 있다.

정치평가, 진단평가, 형성평가, 총괄평가의 특징을 비교하면 〈표 2-3〉과 같다.

**표 2-3** 정치평가 · 진단평가 · 형성평가 · 총괄평가의 비교

|  | 정치평가 | 진단평가 | 형성평가 | 총괄평가 |
|---|---|---|---|---|
| 기능 | 수업 전 개인차를 확인하여 수업의 출발점 결정, 집단배치, 수업계획 | 지속적인 학습장애의 원인 확인 및 교정 | 피드백 제공으로 학습 촉진, 교수방법 개선 | 성적평가, 자격부여, 수업효과 확인 |
| 실시 시점 | 수업 전 | 수업 중 필요시 | 수업 중 수시 | 수업 후 |
| 측정 내용 | 선수필수지식, 교육목표 달성 여부, 기타 개인차 특성 | 학습장애의 원인 | 교육목표 달성 여부 | 교육목표 표본 |
| 문항 수준 | 출발점행동(쉬움)/목표에 따라 다름 | 쉬움 | 목표에 따라 다름 | 다양한 수준 |

## 제3절 ❖ 최대수행검사와 전형적 수행검사

검사는 측정하려고 하는 특성의 성질에 따라 최대수행검사와 전형적 수행검사로 구분된다.

**최대수행검사**(最大遂行檢查, maximum performance test, 최대능력검사)는 최대한 노력했을 때 '무엇을 어느 정도 잘할 수 있는가?' 즉, 능력의 상한계(上限界)를 측정하기 위한 검사를 말한다. 최대수행검사에 포함된 문항에는 '정답'과 '오답'이 있으며, 높은 점수를 받기 위해 최대한 노력하도록 동기를 유발한다. 주로 능력이나 성취도를 측정하기 위한 용도로 사용되는 최대수행검사는 분류기준에 따라 성취도검사와 적성검사로 구분되기도 하고, 속도검사와 역량검사로 구분되기도 한다.

**성취도검사**(achievement test)는 수업에서 다룬 지식이나 기능을 어느 정도 획득했는가를 재기 위한 검사를 말하는데, 현재 시점에서의 성취도를 확인하기 위한 용도로 사용된다. 학교에서 실시하는 대부분의 시험은 성취도검사에 해당된다. 적성검사(aptitude test)는 일반적으로 전반적인 삶의 경험을 통해서 형성된 인지능력과 기능을 재기 위한 검사로, 미래의 성취도를 예측하기 위한 용도로 사용된다.

**속도검사**(speed test)는 수행속도의 차이를 측정하기 위한 검사로, 누구나 정답을 할 수 있는 매우 쉬운 문항으로 구성되는 대신 시간을 엄격하게 제한한다. 속도검사는 시간을 제한하므로 원칙적으로 모든 학생이 모든 문항에 답할 수 없다. 시간을 엄격하게 제한한 상태에서 실시하는 타자검사가 속도검사의 사례에 해당된다. 역량검사(power test)는 모든 학생이 모든 문항을 풀어 볼 수 있도록 충분한 시간을 준 다음 어느 수준의 문항에 정답을 할 수 있는가를 측정하려는 검사를 말한다. 역량검사에서는 문항이 곤란도 순으로 배열되어 있어 어떤 학생은 시간을 아무리 많이 주더라도 모든 문항에 정답을 할 수 없다. 문항을 곤란도 순으로 배열한 추리력검사가 역량검사에 해당된다.

한편, **전형적 수행검사**(典型的 遂行檢查, typical performance test or typical response test)는 대표적인 특성 혹은 행동을 재기 위한 검사, 즉 '평소 무엇을 하는가?' 혹은 '무엇을 하려고 하는가?'를 측정하기 위한 검사를 말한다. 최대수행검사와 달리 전형적 수행검사의 문항에는 정답이나 오답이 없다. 전형적 수행검사는 가장 대표적인 반응을 측정하는 데 목적이 있으므로 평소 무엇을 하고 있는지 혹은 어떤 생각이나 느낌을 갖고 있는지를 측정한다. 흥미검사, 태도검사, 성격검사가 전형적 수행검사에 속한다.

# 제4절 표준화검사와 교사제작검사

검사는 표준화 유무를 기준으로 표준화검사와 교사제작검사로 구분된다.

표준화검사(標準化檢查, standardized test)는 전문가들이 제작하고 표준화된 방식으로 실시·채점·해석하는 검사를 말한다. 표준화검사라고 부르는 것은 표준절차에 따라 검사를 실시·채점·해석하기 때문이다. 표준화(standardization)의 목적은 모든 학생에게 동일한(균일한) 검사조건을 유지하는 데 있다. 그래서 표준화검사는 모든 지역이나 학교에서 같은 조건에서 같은 방식으로 실시되고 해석된다.

일반적으로 표준화검사는 전문가들이 제작하며, 신뢰도와 타당도를 높이기 위해 제작과정에서 여러 차례의 시행과 개정작업을 거친다. 규준지향 표준화검사는 표준화과정에서 모집단을 대표할 수 있는 표본(표준화 표본, standardization sample)에 검사를 실시하여 수집한 자료로 규준을 작성한다. 규준이란 표본에서 실시한 검사결과를 통계적으로 요약한 것을 말한다. 좋은 규준을 작성하자면 대표성을 갖춘 표본에서 자료를 수집해야 한다. 규준은 백분위, 학년규준점수, 표준점수 등으로 표시되며, 특정 학생의 점수를 다른 학생들의 점수와 비교하기 위한 잣대가 된다.

교육이나 심리학에서 표준화검사는 상거래 혹은 과학에서 사용하고 있는 표준단위나 척도와 같은 기능을 한다. 상거래에서는 킬로그램, 근, 리터 등과 같은 단위가 모든 상점에서 같다. 그래서 어떤 상점에서 구입하더라도 쇠고기 한 근의 무게는 같다. 만약 상점마다 나름대로 무게를 정의하여 다른 단위를 사용한다면 우리는 쇠고기 한 근이 다른 가게에서 구입한 쇠고기 한 근과 같은지 절대로 알 수 없을 것이다. 이와 같이 표준화검사는 동일한 검사조건에서 같은 검사를 치른 학생들의 점수를 상호 비교할 수 있는 근거를 제공한다. 표준화검사의 종류는 어떤 특성을 측정하려고 하는가에 따라 표준화학력검사, 표준화지능검사, 표준화성격검사, 표준화흥미검사 등 매우 다양하다. 이에 관한 구체적인 내용은 지면관계로 다루지 않았으니 관심 있는 독자는 전문서를 참조하기 바란다.

표준화학력검사는 모든 학교에 공통적인 교육목표 혹은 학습성과를 측정한다. 그러므로 표준화학력검사가 없으면 상이한 학급 혹은 학교 학생들의 성취도와 능력을 서로 비교할 근거가 전혀 없다. 예를 들어, A학교에서 중학교 2학년 학생들을 가르치는 수학교사와 B학교에서 중학교 2학년 학생들을 가르치는 수학교사가 각자 중간시험을 출제했다고 할 때 두 시험은 출제범위, 문항형식, 문항수준, 문항수, 시험시간,

문항의 통계적 특성, 신뢰도 등이 서로 다를 것이므로 A학교 학생들의 수학성적을 B학교 학생들의 수학성적과 비교할 수 있는 근거가 없다.

거의 대부분의 표준화검사는 전문출판사에서 출판 · 보급하고 있다. 또 대부분의 표준화검사는 규준지향검사로 제작된다. 단, 모든 표준화검사가 규준지향적인 해석을 하는 것은 아니다. 상업적으로 판매되고 있는 준거지향 학력검사와 일부 성격검사는 표준조건에서 실시하지만 규준을 제공하지는 않는다.

**표 2-4** 표준화학력검사와 교사제작검사의 비교

| 표준화학력검사 | 구 분 | 교사제작검사 |
| --- | --- | --- |
| 전문가 | 제작자 | 교사 |
| 모든 학생에게 공통적이고 일반성이 높은 목표 | 목표의 일반성 | 특정 학급에 한정되는 목표 |
| 모든 학생이 공통으로 학습한 내용 | 출제범위 | 특정 학급에서 학습한 내용 |
| 문항이 고정되어 있어 임의로 추가 · 삭제 · 수정할 수 없음 | 문 항 | 필요시 문항을 추가 · 삭제 · 수정할 수 있음 |
| 전문가가 결정하며, 검사요강에 제시된 방식을 엄격히 준수해야 함 | 실시 및 채점 | 교사가 결정하며, 필요할 경우 조정할 수 있음 |
| 전문가가 제작한 규준이 있음 | 규 준 | 규준이 없음, 교사가 학급 내에서 규준을 작성할 수는 있음 |
| 신뢰도나 타당도와 같은 검사의 질을 판단할 수 있는 정보가 있음 | 검사의 질 | 교사가 검사의 질을 판단함 |

한편, **교사제작검사**(teacher-made test)는 학생들의 성취도나 특성을 측정하기 위해 교사가 비공식적으로 제작한 검사를 말하는데, 비표준화검사 혹은 학급검사(classroom test)라고 부른다. 교사가 출제한 중간고사, 기말고사, 학생들의 수업만족도를 측정하기 위해 제작한 설문지, 학생들의 교우관계를 측정하기 위해 제작한 설문지 등이 교사제작검사에 해당된다.

교사제작검사는 출제범위, 문항형식, 배점, 검사실시 조건, 채점 기준 및 방식이 교사마다 다르다. 일반적으로 교사제작검사는 규준이 없고, 신뢰도나 타당도와 같은 정보를 제공하지 않으므로 검사의 질을 판단하기가 어렵다.

## 주요개념

| | | | |
|---|---|---|---|
| 원점수 | 규준지향평가(상대평가) | 규준 | 준거지향평가(절대평가) |
| 영역지향평가 | 목표지향평가 | 숙달검사 | 성장지향평가 |
| 능력지향평가 | 노력지향평가 | 정치평가(배치평가) | 진단평가 |
| 형성평가 | 총괄평가(종합평가) | 최대수행검사 | 속도검사 |
| 역량검사 | 전형적 수행검사 | 표준화검사 | 교사제작검사 |

## 요약정리

1. 교육평가의 유형은 기준에 따라 다양한 방식으로 분류할 수 있다. 원점수를 해석하는 방식에 따라 평가의 유형은 규준지향평가와 준거지향평가로 구분된다.

2. 규준지향평가는 원점수를 다른 사람들과 상대적으로 비교하여 해석하는 평가방식으로, 흔히 상대평가라고 한다. 규준이란 규준집단의 전형적인 수행을 나타내며, 원점수를 상대적으로 해석할 수 있는 잣대 역할을 한다.

3. 규준지향평가의 결과는 절대적인 성취수준이 아니라 상대적인 위치에 관한 정보만 제공하는 제한점이 있다.

4. 준거지향평가는 무엇을 어느 정도 할 수 있는가를 기준으로 원점수를 해석하는 평가방식으로, 절대평가라는 용어로 통용되고 있다. 준거지향평가는 영역지향평가(구체적인 영역의 성취수준을 판단하기 위한 평가), 목표지향평가(교육목표를 달성한 정도를 확인하기 위한 평가), 숙달검사(분할점수를 기준으로 개인을 목표 도달−미달로 분류하기 위한 검사)를 포함한다.

5. 준거지향평가는 무엇을 어느 정도 할 수 있는가라는 절대적인 성취수준에 관한 정보를 제공한다.

6. 성장지향평가는 과거에 비해 진보한 정도를 기준으로 점수를 해석하며, 능력지향평가는 능력수준에 비추어 점수를 해석한다. 노력지향평가는 노력의 정도에 비추어 점수를 해석한다.

7. 규준지향평가와 준거지향평가는 (1) 기본 가정, (2) 평가목적, (3) 평가대상의 성질, (4) 평가방법, (5) 일반화가능성, (6) 측정도구의 특성, (7) 용도가 다르고 각기 장단점이 있다. 두 유형의 평가는 상호보완적인 관계가 있다.

8. 수업에서의 기능적인 역할을 기준으로 할 때 평가는 정치평가, 진단평가, 형성평가, 총괄평가로 구분된다. 정치평가(배치평가)는 적절한 수업을 계획하기 위해 수업을 하기 전에 개인차를 확인하기 위해 실시되는 평가를 말한다. 진단평가는 수업 도중 지속적인 학습실패의 원인을 규명하여 그것을 해결하기 위한 대책을 수립하기 위해 실시되는 평가를 말한다.

9. 형성평가는 수업이 진행되고 있는 상황에서 학생들이 교육목표를 제대로 달성하고 있는가를 수시로 점검하여 피드백을 제공함으로써 학습을 촉진하고, 수업의 내용과 방법을 개선하기 위한 평가를 말한다. 총괄평가(총합평가)는 수업이 끝났을 때 수업의 효과나 학습의 정도를 최종적으로 확인하기 위해 실시되는 평가를 말한다.

10. 최대수행검사는 최대한 노력했을 때 무엇을 어느 정도 잘할 수 있는가를 측정하기 위한 검사를 말한다. 성취도검사나 적성검사가 최대수행검사에 해당된다. 속도검사는 쉬운 문항으로 구성하되 시간을 엄격하게 제한하는 검사를, 역량검사는 다양한 곤란도의 문항을 제시한 다음 어느 수준의 문항을 해결할 수 있는가를 측정하기 위한 검사를 말한다. 한편, 전형적 수행검사는 개인의 대표적인 특성, 즉 평소 무엇을 하고 있고 무엇을 하려고 하는가를 측정하기 위한 검사를 가리킨다.

11. 표준화검사는 전문가들이 제작하고 표준화된 방식으로 실시·채점·해석하는 검사를 말한다. 표준화검사는 교사가 제작한 검사와 대비된다.

# 교육평가의 기초통계 개념

 **학습목표**

- 명명척도, 서열척도, 동간척도, 비율척도를 비교한다.
- 평균, 중앙치, 최빈치를 정의하고, 자료에서 평균, 중앙치, 최빈치를 구한다.
- 범위, 사분범위, 표준편차, 분산을 정의하고, 자료에서 범위, 사분범위, 표준편차, 분산을 구한다.
- 정적 편포와 부적 편포의 특징을 비교한다.
- 정규분포의 특징을 기술한다.
- 백분위를 정의하고, 자료에서 백분위를 구한다.
- Z 점수, T 점수, 스테나인을 정의하고, 자료에서 Z 점수, T 점수, 스테나인을 구한다.
- 상관을 정의하고, 자료에서 적률상관계수를 구한다.

평가과정에서 수집된 자료를 유용하게 활용하려면 자료를 목적에 맞도록 체계적으로 요약·분석하고, 정확하게 해석해야 한다. 평가과정에서 수많은 자료를 수집했더라도 자료를 체계적으로 조직하고 해석하지 않으면 아무런 의미가 없다.

자료를 분석하는 방법은 **양적 분석**(量的 分析, quantitative analysis)과 **질적 분석**(質的 分析, qualitative analysis)으로 대별할 수 있다. 평가를 할 때는 평가목적과 수집된 자료의 성질에 따라 어느 한 가지 방식으로 자료를 분석할 수도 있고, 두 가지 방법을 병행할 수도 있다. 이 장에서는 자료를 양적으로 분석하는 데 필요한 기초적인 통계 개념을 소개한다.

이 장에 제시된 내용은 평가과정에서 수집한 자료를 분석하고 해석하는 데 관련되므로 책의 뒷부분에서 다룰 수도 있다. 그렇지만 평가의 이론과 방법에는 다양한 통계 개념이 상당수 포함되어 있어 통계적인 기초지식이 없으면 평가의 이론과 방법을 제대로 이해하기가 어렵다. 이러한 점을 감안해서 이 책에서는 통계의 기초개념을 이 장에서 미리 다루었다는 점을 밝혀 둔다. 이 책의 독자들은 통계에 관한 배경지식이 거의 없을 것으로 생각되므로 이 책의 내용을 전반적으로 이해하려면 이 장에서 다룬 통계의 기초개념을 숙지해야 한다는 점에 유의하기 바란다.

이 장에서는 교육평가에 관련된 기초통계 개념으로 (1) 측정수준(척도), (2) 분포의 특징, (3) 정규분포와 백분위 및 표준점수, (4) 상관계수에 관해 소개한다.

## 제1절 ✎ 측정수준(척도)

행동과학에서는 측정과정에서 얻은 자료의 수리적 성질을 **측정수준** 혹은 **척도**(尺度, scale)라고 한다. 측정과정을 통해 수집한 수치는 측정수준 혹은 척도에 따라 매우 다른 정보를 갖고 있다. A의 번호가 70번이고, B의 석차가 70등이며, C의 시험성적이 70점이고, D의 체중이 70킬로그램이라고 하자. 이 수치들이 모두 같은 정보를 갖고 있는 것처럼 보이지만, 사실은 다른 정보를 갖고 있다.

자료의 측정수준은 어떤 수리적 정보를 포함하고 있는가에 따라 명명척도, 서열척도, 동간척도, 비율척도로 구분된다(Stevens, 1946). 통계방법은 자료의 수리적 성질에 따라 달라지기 때문에 측정수준을 정확하게 이해해야 한다.

## 1. 명명척도

명명척도(命名尺度, nominal scale) 혹은 명목척도(名目尺度)는 측정대상을 상호배타적인 범주로 분류하는 자료를 말한다. 남자를 1, 여자를 2로 표시하거나 강의법을 1, 토론법을 2, 개별학습법을 3으로 표시할 때 이 자료들이 명명척도에 해당된다. 전화번호, 학번, 등번호도 명명척도에 해당된다.

명명척도는 단순히 분류의 기능만 갖고 있고, 수치가 임의적인 성질을 갖고 있으므로(남자를 2, 여자를 1로 표시해도 된다) 가감승제를 할 수 없으며, 각 범주의 빈도만 구할 수 있다.

## 2. 서열척도

서열척도(序列尺度, ordinal scale)는 순위 혹은 상대적 중요성에 관한 정보를 갖고 있는 자료를 말한다. 시험점수를 기준으로 학생들을 1등, 2등, 3등 등으로 순서를 매길 때 이 자료는 서열척도에 해당된다.

순위에 관한 정보를 갖고 있는 서열척도는 명명척도보다 더 높은 측정수준이지만 여전히 수리적인 조작이 제한된다. 왜냐하면 서열척도는 측정치 사이의 순위는 정할 수 있으나 측정치 사이의 동간성이 없기 때문이다. 동간성이란 측정치 사이의 간격이 동일한 성질을 의미한다. 서열척도는 동간성이 없으므로 1등과 2등의 간격이 3등과 4등의 간격과 같다고 할 수 없다. 그로 인해 서열척도 자료에서는 가감승제가 불가능하다. 예컨대, 어떤 학생이 수학시험에서 1등을 하고 영어시험에서 2등을 했다고 할 때 전체 3등을 했다고 하거나, 평균 1.5등을 했다고 할 수 없다.

## 3. 동간척도

동간척도(同間尺度, interval scale) 혹은 등간척도(구간척도)는 측정치 사이의 크기 혹은 간격이 동일한 자료를 가리킨다. 시험점수(50점, 60점)나 온도(10℃, 20℃)가 동간척도에 해당된다. 이 척도의 특징은 동간성을 갖고 있다는 것이다. 10℃와 20℃의 차이는 30℃와 40℃의 차이와 같다고 할 수 있으므로 동간성을 갖고 있다.

그러나 동간척도는 절대영점(absolute zero point: 측정하고자 하는 대상이 전혀 존재하지 않는 상태)이 없고 임의영점(arbitary zero point)을 갖고 있다는 내재적인 제한점이

있다. 그래서 수학시험에서 80점을 받은 학생이 60점을 받은 학생보다 잘한 정도(20)
는 60점을 받은 학생이 40점을 받은 학생보다 잘한 정도(20)와 같다고 할 수 있지만,
수학시험점수가 80점인 학생이 40점인 학생보다 수학실력이 두 배 더 높다고는 할
수 없다.

## 4. 비율척도

비율척도(比率尺度, ratio scale)는 분류, 순위, 동간성은 물론 절대영점을 모두 가지
고 있는 자료를 가리킨다. 무게, 길이, 가격, 소득, 용돈, TV 시청률이 비율척도에 해
당된다. 비율척도에 해당되는 자료는 가감승제를 자유롭게 할 수 있다. 단, 교육장면
에서 비율척도에 해당되는 측정치는 거의 없다.

앞의 네 가지 척도 중에서 명명척도가 가장 적은 정보를 갖고 있고, 비율척도가 가
장 많은 정보를 갖고 있다. 이 척도들은 위계관계를 이루기 때문에 상위수준의 척도
는 하위수준의 척도가 가진 정보를 포함한다. 네 가지 측정수준이 포함하고 있는 정
보를 제시하면 〈표 3-1〉과 같다.

**표 3-1　측정수준의 관계**

| 정보 | 명명척도 | 서열척도 | 동간척도 | 비율척도 |
|---|---|---|---|---|
| 분류 | ○ | ○ | ○ | ○ |
| 순위 | × | ○ | ○ | ○ |
| 동간성 | × | × | ○ | ○ |
| 절대영점 | × | × | × | ○ |

〈표 3-1〉에 제시되어 있는 것처럼 비율척도가 가장 많은 정보를 갖고 있고, 명명
척도가 가장 적은 정보를 갖고 있다.

평가과정에서 수집한 자료를 분석하는 통계방법은 측정수준(척도)에 따라 달라진
다는 사실에 유의해야 한다. 명명척도나 서열척도 자료에서는 평균이나 표준편차를
구할 수 없다. 평균이나 표준편차를 구하려면 자료의 측정수준이 동간척도나 비율척
도가 되어야 한다.

# 제2절 ✈ 분포의 특징

분포의 특징을 나타내는 통계량으로는 (1) 집중경향(대푯값), (2) 변산도(분산도), (3) 편포도(왜도), (4) 첨도(용도)를 들 수 있다.

## 1. 집중경향(대푯값)

방대한 자료는 하나의 수치로 요약하면 매우 편리하다. **집중경향**(集中傾向, central tendency) 혹은 중심경향은 분포를 대표하는 가장 전형적인 점수로, 수많은 점수를 하나의 수치로 요약한다. 평균, 중앙치, 최빈치가 대표적인 집중경향이다.

### 1) 평균

**평균**(平均, Mean: M, 산술평균)은 자료에 포함되어 있는 모든 점수를 합한 값을 사례수로 나눈 값이다.

> **보기**
>
> 자료 [1 2 3]의 평균을 구해 보자.
>  1. 점수를 더한다: 1+2+3＝6
>  2. 앞에서 구한 합을 사례수로 나눈다: 6/3＝2

평균은 모든 점수의 영향을 받는다. 평균은 집중경향 중에서도 가장 안정성이 높고, 수리적 조작이 용이하므로 널리 사용되고 있다. 단, 점수분포에 극단치(점수분포에서 다른 점수들보다 극단적으로 높거나 낮은 점수)가 있을 경우 평균은 집중경향으로 적절하지 않다.

### 2) 중앙치

**중앙치**(中央値, Median: Mdn)는 점수들을 크기 순서로 배열했을 때 전체 사례를 상하 50%로 균등하게 양분하는 점수를 말한다. 정규분포에서 중앙치는 백분위 50에 대응되는 점수가 된다.

점수분포에서 중앙치를 구하는 방법은 사례수(N)가 홀수일 경우와 짝수일 경우가 다르다. 점수들을 크기 순서로 배열했을 때 사례수가 홀수일 경우에는 (N+1)/2번째 점수가 중앙치가 된다(예시 1). 반면에 사례수가 짝수일 경우에는 N/2번째 점수와 (N/2)+1번째 점수의 중간값이 중앙치가 된다. 그러므로 사례수가 짝수일 경우에는 점수분포에서 실제로 존재하지 않는 점수가 중앙치가 될 수도 있다(예시 2).

> 예시 1: 자료 [1 2 3]에서 중앙치는 두 번째 점수이므로 2가 된다.
> 예시 2: 자료 [1 2 3 4]에서 중앙치는 두 번째 점수(2)와 세 번째 점수(3)의 중간값이므로 2.5가 중앙치다.

중앙치는 쉽게 계산할 수 있고, 점수의 크기가 아니라 사례수의 영향을 받기 때문에 점수분포가 편포(한 방향으로 치우친 분포)를 이루거나 분포에 극단치가 있는 경우에 평균보다 더 적합하다. 또 중앙치는 개방분포(open-ended distribution: 최저점수 혹은 최고점수를 알 수 없는 점수분포. 예컨대, 90점 이상 7명으로 정리된 분포)에서는 평균보다 더 적합하다. 하지만 중앙치는 평균보다 안정성이 낮고, 수리적 조작이 제약되기 때문에 널리 사용되지는 않는다.

### 3) 최빈치

최빈치(最頻値, Mode: Mo)는 분포에서 빈도가 가장 많은 점수, 즉 가장 전형적인 점수를 가리킨다.

> 자료 [2 6 8 9 9 9 10]에서 최빈치는 9다.

정규분포에서는 최빈치가 하나뿐이다. 인접한 2개 점수의 빈도가 가장 많으면서 빈도가 동일할 경우 최빈치는 두 점수를 평균한 값이다. 점수분포에 따라 최빈치는 여러 개 존재할 수도 있다. 인접하지 않은 두 점수의 빈도가 가장 많을 경우에는 최빈치는 2개가 된다. 단, 점수분포에서 모든 점수의 빈도가 같을 때는 최빈치가 존재하지 않는다.

최빈치는 쉽게 계산할 수 있고, 극단치의 영향을 받지 않는다는 장점이 있으나, 사례수가 적을 때는 안정성이 떨어진다는 단점이 있다.

### 4) 집중경향의 비교

평균, 중앙치, 최빈치는 서로 다른 정보를 갖고 있다. 평균은 점수분포의 균형을 유지하고($\sum(X - M) = 0$, 평균을 기준으로 한 편차의 합은 0이다), 중앙치는 점수분포를 균등하게 양분하며, 최빈치는 점수분포에서 가장 전형적인 점수를 나타낸다.

평균은 집중경향 중에서 안정성이 가장 높다. 이것은 같은 검사를 같은 집단에 반복 실시하여 구한 평균 차이가 중앙치 차이나 최빈치 차이보다 더 작다는 것을 뜻한다. 평균은 이러한 장점이 있기 때문에 집중경향 중에서 가장 널리 활용되고 있다.

적절한 집중경향을 선택하려면 자료의 수리적 특성(즉, 측정수준)을 반드시 고려해야 한다. 평균을 구하려면 동간척도나 비율척도와 같이 자료가 동간성을 갖고 있어야 한다. 그러므로 서열척도나 명명척도에서는 평균을 구할 수 없다. 백분위도 동간성이 없으므로 백분위 평균을 구하는 것은 적절하지 않다. 자료가 서열척도일 경우에는 중앙치가 적절한 집중경향이다. 자료가 동간성도 없고 서열도 매길 수 없는 명명척도일 경우 평균이나 중앙치를 구할 수 없으므로 최빈치가 적절한 집중경향이다. 대학 신입생 집단에서 출신지역 평균이나 중앙치를 구하는 것은 아무 의미가 없다. 이 경우에는 어느 지역 출신 학생이 가장 많은지를 나타내는 최빈치를 구해야 한다.

또 점수분포의 형태에 따라 적절한 집중경향은 달라진다. 자료가 정규분포를 이룰 경우에는 평균, 중앙치, 최빈치가 일치하므로 어느 것을 구해도 무방하다. 그렇지만 자료가 편포를 이룰 경우 평균은 집중경향으로 적절하지 않다. 즉, 평균은 편포도의 영향을 크게 받기 때문에 시험이 너무 쉬워 높은 점수를 받은 학생들이 많거나, 반대로 시험이 너무 어려워 낮은 점수를 받은 학생들이 많을 경우에는 적절하지 않다. 점수분포에 극단치가 있을 경우에는 중앙치가 평균보다 더 적절하다.

요컨대, 적절한 집중경향을 선택할 때에는 집중경향의 성질, 분포형태, 변수의 측정수준 등을 감안해야 한다. 평균, 중앙치, 최빈치는 각기 성질과 용도가 다르기 때문에 어느 것이 가장 적합한가라는 질문은 우문(愚問)에 지나지 않는다.

| 유식한 장군 | 장군이 군사를 이끌고 진격을 하다가 강을 만나게 되었다. 장군은 강에 대해 잘 몰랐지만 평균의 개념은 '겨우' 이해하고 있었다. 그는 인근의 주민에게 강의 평균 깊이가 어느 정도 되는지 물어보았다. 주민은 머리를 갸우뚱 기울이다가 하는 수 없이 '평균 1미터'라고 말했다. '강의 평균이 1미터에 불과하다니.' 장군은 지금껏 망설인 자신이 한없이 부끄러웠다. 속마음을 떨쳐 버리려는 듯 장군은 도강을 명령했다. 결국 대부분의 군사들이 익사했다. 강의 수심은 평균 1미터에 불과했지만, 가장 깊은 곳의 수심은 5미터였기 때문이다. |
|---|---|
| 통계학자 | 미국에서 공화당원, 민주당원, 통계학자 세 사람이 토끼사냥을 나갔다. 수풀 속에서 토끼가 황급히 뛰쳐나왔다. 공화당원이 먼저 총을 쏘았다. 아쉽게도 총알은 토끼 왼쪽 1미터에 있는 나무를 맞추었다. 그러자 민주당원은 그럴 줄 알았다는 듯이 앞으로 나서서 토끼를 향해 총을 쏘았다. 이번에는 총알이 토끼 오른쪽 1미터에 있는 돌을 맞추었다. 공화당원과 민주당원은 마주 보며 쓴웃음을 지었다. 그 순간 통계학자가 느닷없이 "토끼에 명중했잖아."라고 환성을 지르면서 토끼를 주우러 달려 나갔다. "평균으로 보면 명중이지." |

## 2. 변산도(분산도)

변산도(變散度, variability) 혹은 분산도는 점수들이 흩어져 있는 정도, 즉 점수들이 서로 다른 정도를 하나의 수치로 요약한 것을 말한다. 변산도가 클수록 점수들이 흩어져 있고 이질적이다. 집중경향은 분포에 관해 모든 정보를 제공하지 않는다. 머리는 뜨거운 솥에, 다리는 냉장고에 넣고 있는 사나이가 평균적으로 쾌적하다고 말하는 것은 집중경향의 한계를 잘 나타낸다. 예를 들어 보자.

• 분포 A: 19 20 25 32 39 　　• 분포 B: 2 3 25 30 75

분포 A와 분포 B의 평균은 모두 27이고, 중앙치는 25이므로 집중경향이 같다. 그렇지만 분포 A에서는 점수들이 평균을 중심으로 모여 있지만, 분포 B에서는 점수들이 상당히 흩어져 있으므로 분포 A보다 분포 B가 더 이질적이다. 따라서 분포의 특성을 정확하게 파악하자면 변산도를 반드시 고려해야 한다. 변산도를 나타내는 지수로는 (1) 범위, (2) 사분범위, (3) 표준편차, (4) 분산이 있다.

## 1) 범 위

범위(範圍, range: R)는 최댓값과 최솟값의 차이를 가리킨다. 최댓값이 90점이고 최솟값이 10점이라고 할 경우 범위는 80이다(R＝90-10＝80).

범위는 쉽게 계산할 수 있으나, 2개 점수만 이용해서 구하므로 극단치의 영향을 받고, 결과적으로 안정성이 낮다. 또 범위는 집단크기에 비례하여 커지기 때문에 집단의 크기가 다를 경우 범위를 제대로 비교하기 어렵다.

## 2) 사분범위

사분범위(四分範圍, inter-quartile range)는 백분위 75에 대응되는 점수($Q_3$)에서 백분위 25에 대응되는 점수($Q_1$)를 뺀 점수(즉, $Q_3 - Q_1$)를 가리킨다(백분위는 제3절 참조). 사분범위는 백분위 75보다 큰 점수나 백분위 25보다 작은 점수의 영향을 전혀 받지 않으므로 범위와 달리 극단치의 영향을 받지 않는다는 장점이 있어 개방분포의 변산도 지수로 적절하다. 단, 사분범위는 표준편차에 비해 안정성이 낮고 수리적 조작이 제한된다는 단점이 있다. 한편, 준사분범위(semi-interquartile range)는 사분범위를 2로 나눈 값을 뜻한다. 준사분범위는 사분편차(quartile deviation)라고 부르기도 한다.

## 3) 표준편차와 분산

표준편차(標準偏差, standard deviation: S)는 '평균을 기준으로 점수들이 평균적으로 다른 정도'를 나타낸다. 모집단의 표준편차는 다음 공식으로 계산한다[통계학에서는 모집단의 표준편차를 $\sigma$ (sigma)로 표기하고 표본의 표준편차를 S로 표기하지만, 이 책에서는 모두 S로 표기했다].

$$S = \sqrt{\frac{\sum (X - M)^2}{N}} = \sqrt{\frac{\sum x^2}{N}}$$

이 공식에서 X는 원점수, M은 평균, N은 집단의 사례수, $x$는 편차 (X-M)이다. 표준편차를 제곱한 값은 분산(分散, variance)이라고 하는데, 교육 분야에서는 분산을 변량(變量)이라고 부르기도 한다.

표준편차를 구할 때 편차 (X-M)을 제곱하는 것은 편차의 합이 항상 0이 되기 때문이다. 예를 들어, 자료 [1 2 3]에서 평균은 2, 편차는 [-1 0 +1]이므로 편차를 합하면 0이 된다(-1 + 0 + 1=0). 또 편차는 점수들이 서로 다른 정도를 제대로 나타내지 못한다는 문제가 있다. 앞의 자료에서 점수 1이 평균(2)과 다른 정도와 점수 3이 평균(2)과 다른 정도는 실제로 같지만, 편차에서는 부호가 정반대로 되어 있어 점수들이 다른 정도를 왜곡하고 있다. 편차를 제곱하면 편차의 부호가 모두 양수가 되므로 이 문제가 해결된다. 표준편차를 구할 때 편차의 합이 아니라 편차제곱의 합을 구하는 이유가 여기에 있다. 단, 편차를 제곱하면 단위가 달라지므로 달라진 단위를 원래 단위로 환원하기 위해 제곱근을 구한다.

---

자료 [1 2 3]에서 표준편차를 구해 보자(평균=2).

1. 편차제곱의 합을 구한다.

$$(1-2)^2 + (2-2)^2 + (3-2)^2 = (-1)^2 + 0^2 + 1^2 = 2$$

2. 편차제곱의 합을 사례수로 나눈 다음, 제곱근을 구한다. $S = \sqrt{\dfrac{2}{3}}$

---

표준편차는 값이 클수록 점수들이 이질적이고, 반대로 값이 작을수록 점수들이 동질적이라는 것을 뜻한다. 표준편차는 변수가 연속변수이고 정규분포를 이룰 때 변산도를 나타내는 지수로 적절하다. 표준편차는 안정성이 높고, 수리적 조작이 쉽기 때문에 널리 사용되고 있다. 반면 표준편차는 극단치의 영향을 받기 때문에 분포가 편포를 이룰 때는 적합하지 않고, 질적 변수(명명척도나 서열척도)에서는 구할 수 없다. 또 표준편차는 계산이 복잡하다는 것이 흠이다.

[그림 3-1]은 평균과 표준편차(혹은 분산)에 따른 분포형태를 제시하고 있다. 그림 A는 평균이 같지만 표준편차가 다른 분포를 나타내고 있다. 분포 a가 분포 b보다 이질적이라는 것을 쉽게 알 수 있다. B는 표준편차가 같지만 평균이 다른 분포를 나타내고 있다. 분포 c보다 분포 d의 평균이 더 크다. C는 평균과 표준편차가 같지만 형태가 다른 분포를 나타내고 있다.

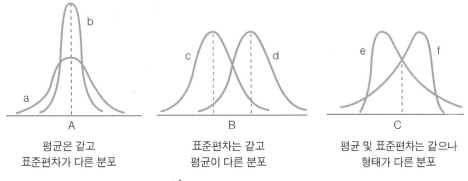

| A | B | C |
|---|---|---|
| 평균은 같고<br>표준편차가 다른 분포 | 표준편차는 같고<br>평균이 다른 분포 | 평균 및 표준편차는 같으나<br>형태가 다른 분포 |

[그림 3-1] 🌲 평균과 표준편차에 따른 분포형태

## 3. 편포도(왜도)와 첨도(용도)

### 1) 편포도(왜도)

좌우대칭을 이루는 정규분포와 달리, **편포도**(偏布度, skewness or asymmetry)는 분포형태가 오른쪽 혹은 왼쪽으로 치우쳐 있는 비대칭분포(nonsymmetrical distribution)를 의미한다. 이를 왜도(歪度)라고 부르기도 한다. 편포도를 그림으로 나타내면 [그림 3-2]와 같다. 편포는 치우친 방향에 따라 정적 편포와 부적 편포로 구분된다.

**정적 편포**(positive skewness)는 [그림 3-2]의 (a)와 같이 낮은 점수들이 많고 높은 점수들이 적어 왼쪽으로 치우친 분포인데, 매우 어려운 시험에서 이러한 분포형태가 나타난다. **부적 편포**(negative skewness)는 (c)와 같이 낮은 점수들이 적고 높은 점수들이 많아 오른쪽으로 치우친 분포를 말한다. 매우 쉬운 시험에서는 점수분포가 부적 편포를 이룬다. 편포의 형태는 분포의 꼬리가 향하는 방향의 부호와 일치한다는 것을 기억하면 혼동을 일으키지 않는다. 정적 편포는 분포의 꼬리가 +방향에 있고, 부적 편포는 분포의 꼬리가 -방향에 있다. 편포의 형태는 사분위의 상대적 크기를 기준으로 판단할 수도 있다. 분포형태와 집중경향의 관계는 다음과 같다.

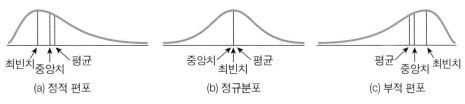

| (a) 정적 편포 | (b) 정규분포 | (c) 부적 편포 |
|---|---|---|
| 최빈치 중앙치 평균 | 중앙치 최빈치 평균 | 평균 중앙치 최빈치 |

[그림 3-2] 🌲 분포형태와 집중경향의 관계

정규분포에서는 평균, 중앙치, 최빈치가 일치한다. 편포에서 평균은 꼬리 방향에 위치하고, 중앙치는 평균과 최빈치 사이에 위치한다. 그러므로 세 가지 집중경향의 관계는 정적 편포에서는 최빈치＜중앙치＜평균이고, 부적 편포에서는 평균＜중앙치＜최빈치다. 분포형태가 정적 편포나 부적 편포를 이룰 경우 왜 그러한 분포가 나타났는가를 면밀하게 검토해야 한다.

분포형태는 평가와 긴밀한 관련을 맺는다. 상대평가(규준지향평가)는 원칙적으로 정규분포를 가정한다. 반면 절대평가(준거지향평가)는 부적 편포를 가정한다.

### 2) 첨도(용도)

분포의 모양이 뾰족한 정도를 **첨도**(尖度, kurtosis) 혹은 **용도**(聳度)라고 한다. 첨도에 따라 분포는 고첨도(leptokurtic distribution, 'lepto'는 'slender'를 의미함. 분포 a), 중첨도(mesokurtic distribution, 'meso'는 'intermediate'를 의미함. 분포 b), 저첨도(platykurtic distribution, 'platy'는 'flat'을 의미함. 분포 c)로 구분된다. 편포도와 마찬가지로 실제 자료에서 첨도를 계산하는 경우는 거의 없다.

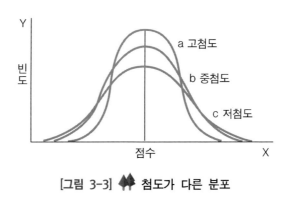

[그림 3-3] 🎄 첨도가 다른 분포

## 제3절 🧭 정규분포, 백분위, 표준점수

### 1. 정규분포

정규분포(正規分布, normal distribution) 혹은 **정상분포**는 좌우대칭을 이루는 종(鐘)모양의 분포를 말한다. 정규분포에서는 당연히 평균, 중앙치, 최빈치가 일치한다. 정규분포에서는 중간으로 갈수록 사례들이 밀집해 있고, 중간에서 벗어날수록 사례들이 감소한다. 정규분포의 전체 면적(확률)은 1.0인데, 이를 백분율로 환산하면 100%다. 이론적인 정규분포는 [그림 3-4]와 같이 나타낼 수 있다.

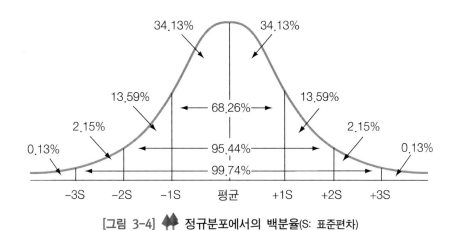

[그림 3-4] 🌲 정규분포에서의 백분율(S: 표준편차)

　정규분포의 가장 중요한 특징은 면적비율이 평균과 표준편차에 따라 결정된다는 것이다. [그림 3-4]에 제시되어 있는 것처럼 정규분포에서는 전체 사례 중에서 평균을 중심으로 ±1S의 범위에 약 68%, ±2S의 범위에 약 95%, ±3S의 범위에 약 99.7%가 분포한다.

　그러므로 어떤 개인의 점수가 평균과 같다고 할 경우 정규분포에서 그보다 점수가 더 높은 사람들은 50%가 된다. 또 정규분포에서 어떤 개인의 점수가 평균보다 +1 표준편차가 높다고 할 때 전체 집단에서 그보다 점수가 더 낮은 사람들은 약 84%가 된다(50%+34%=84%). 반대로 어떤 개인의 점수가 평균보다 -1 표준편차 낮다고 할 경우 정규분포에서 그보다 점수가 낮은 사람들은 약 16%가 된다. 표준편차가 정수가 아닐 경우 정규분포의 면적비율은 통계학 문헌의 부록에 제시되어 있는 수표를 이용해서 찾으면 된다.

　무수한 자연현상과 사회현상은 정규분포에 근접하는 확률분포를 이루기 때문에 정규분포는 가장 중요한 확률분포로 널리 활용되고 있다. 키, 몸무게, 지능지수, 시험점수 등 거의 대부분의 신체적 특성 및 심리적 특성은 정규분포를 이루는 것으로 알려져 있다. 따라서 측정 및 평가 분야에서 정규분포는 수많은 개념을 설명하는 토대가 된다.

## 2. 백분위

백분위(百分位, percentile rank: PR)는 특정 점수 이하의 점수를 얻은 사람들이 전체에서 차지하는 백분율(%)을 말한다[백분위는 특정 점수를 포함하는 급간(계급, interval)의 중간값 이하의 점수를 받은 사람들의 백분율로 정의되기도 한다. 따라서 백분위를 계산하고 해석하자면 먼저 백분위의 정의를 확인해야 한다]. 영어시험에서 70점의 백분위가 80이라는 것은 80%의 학생들이 70점 이하의 점수를 받았다는 것을 뜻한다. 학생들의 90%가 70점 이하의 점수를 받았다고 할 경우 70점의 백분위는 90이다. 정규분포에서 중앙치의 백분위는 당연히 50이다. 사분위가 분포를 4등분하고 십분위가 분포를 10등분하는 것과 같이, 백분위는 분포를 100등분한다.

백분위는 전체를 100등분했을 때 상대적 위치를 나타내므로 상대평가에서 흔히 사용되며 해석이 매우 쉽다는 장점이 있다. 가령, A라는 학생이 수능시험 응시자 6,328,270명 중 1,898,481등을 했다고 하면 상대적 위치가 어느 정도인지 쉽게 짐작이 되지 않는다. 그런데 그의 백분위가 70이라고 하면 전체 응시자 중 70%가 그보다 수능점수가 낮다는 것을 쉽게 알 수 있다.

### 사분위와 십분위

- 사분위(四分位, quartiles: $Q$)는 분포를 25%씩 4등분한다. 따라서 제1사분위($Q_1$)는 백분위 25, 제2사분위($Q_2$)는 백분위 50(혹은 중앙치), 제3사분위($Q_3$)는 백분위 75에 각각 대응된다. 백분위와 마찬가지로 사분위는 그 점수 이하에 해당되는 사례들의 백분율을 나타낸다. 예를 들면, 제1사분위는 그 점수 이하에 25%의 사례들이 있다는 것을 뜻한다. 그러므로 60점이 제1사분위에 해당한다는 것은 전체에서 25%의 사례가 60점 이하의 점수를 받았다는 것을 나타낸다.
- 십분위(十分位, deciles)는 정규분포를 10등분한다. 따라서 제1십분위는 백분위 10에 해당되고, 제7십분위는 백분위 70에 해당된다.

분포에서 특정 점수의 상대적 위치를 나타내는 백분위는 정답백분율과 전혀 다른 개념이다. 정답백분율(percentage correct)은 전체 문항 중에서 정답을 한 문항의 백분율을 나타낸다. 따라서 정답백분율이 80이라는 것은 출제된 문항 중에서 80%의 문항에 정답을 했음을 뜻한다. 또 백분위는 백분위수와 다르다는 사실에 유념해야 한다. **백분위수**(percentile score)는 특정 백분위에 해당되는 원점수를 말한다. 영어시험에서 70점의 백분위가 80이라고 할 때 백분위수는 70점이 된다.

백분위를 특정 점수가 포함된 급간의 중간값 이하의 점수를 받은 사람들의 백분율로 정의했을 때 백분위를 구하는 절차는 다음과 같다.

(1) 점수들을 최고점에서 최하점의 순서로 배열하여 빈도분포표를 작성한다.
(2) 백분위를 구하려는 점수에 해당하는 사례들의 백분율을 반으로 나눈다.
(3) 백분위를 구하려는 점수보다 낮은 점수를 받은 사례들의 백분율을 구한다.
(4) 앞의 2단계와 3단계에서 구한 백분율을 더한 다음 반올림한다.

**표 3-2** 백분위 계산절차(예시)

| 점 수 | 빈 도 | 누가빈도 | 백분율 | 백분율/2 | 그 점수보다 낮은 백분율 | 백분위 |
|---|---|---|---|---|---|---|
| 50 | 3 | 30 | 10 | 5 | 90 | 95 |
| 48 | 3 | 27 | 10 | 5 | 80 | 85 |
| 46 | 6 | 24 | 20 | 10 | 60 | 70 |
| 45 | 6 | 18 | 20 | 10 | 40 | 50 |
| 44 | 3 | 12 | 10 | 5 | 30 | 35 |
| 43 | 3 | 9 | 10 | 5 | 20 | 25 |
| 40 | 3 | 6 | 10 | 5 | 10 | 15 |
| 38 | 3 | 3 | 10 | 5 | 0 | 5 |

앞의 자료에서 46점의 백분위를 구하는 절차는 다음과 같다.

(1) 46점을 받은 사례들의 백분율은 20이므로 반으로 나누면 10이다.
(2) 46점보다 더 낮은 점수를 받은 점수의 사례들의 백분율은 60이다.
(3) 그러므로 46점의 백분위는 70이다(10+60=70).

백분위의 성질을 정확하게 이해하려면 [그림 3-5]에 제시되어 있는 정규분포와 백분위의 관계를 꼼꼼하게 따져 보아야 한다.

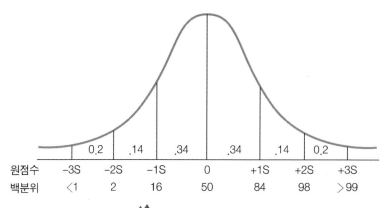

| 원점수 | -3S | -2S | -1S | 0 | +1S | +2S | +3S |
|---|---|---|---|---|---|---|---|
|  | 0.2 | .14 | .34 | .34 | .14 | 0.2 |  |
| 백분위 | <1 | 2 | 16 | 50 | 84 | 98 | >99 |

[그림 3-5] 🌲 정규분포와 백분위(S: 표준편차)

백분위는 계산하기 편리하고 쉽게 이해할 수 있어 널리 활용되고 있다. 그렇지만 백분위는 서열척도로 동간성이 없으므로 점수의 상대적 위치에 관한 정보는 제공할 수 있지만, 점수들이 실제 어느 정도 차이가 있는가에 관한 정보를 제공할 수 없다는 단점이 있다. 그 이유는 정규분포에서는 중간 부분에 대부분의 사례들이 몰려 있지만, 분포의 양극단으로 갈수록 사례들이 감소하기 때문이다. 그로 인해서 분포의 중간 부분에서는 실제 점수 차이가 작아도 백분위 차이가 크지만, 분포의 양극단으로 갈수록 실제 점수 차이가 커도 백분위 차이는 작아진다. 예를 들어, 정규분포에서 백분위 40과 백분위 50의 실제 점수 차이는 백분위 20과 백분위 30의 점수 차이보다 훨씬 작고, 백분위 20과 백분위 30의 점수 차이는 백분위 1과 백분위 10의 점수 차이보다 훨씬 작다. 반대로 백분위 1과 백분위 2의 실제 점수 차이(혹은 백분위 98과 백분위 99의 점수 차이)는 백분위 50과 백분위 51의 실제 점수 차이보다 훨씬 크다. 이러한 관계를 Z 점수로 설명하면, 평균(Z=0)과 Z=+1.0의 백분위 차이는 무려 34이지만(84-50=34), Z=+1.0과 Z=+2.0의 백분위 차이는 14(98-84=14)에 불과하다(Z 점수는 제3절 참조). 요컨대, 분포의 중간 부분에서는 백분위 차이가 크더라도 실제 점수 차이는 작지만, 분포의 극단에서는 백분위 차이가 작더라도 실제 점수 차이는 크다. 또 백분위는 동간성이 없으므로 평균을 계산하는 것은 의미가 없다는 점에 유의해야 한다.

앞에서 설명한 사실을 감안할 때 다음에서 고딕으로 된 진술은 겉으로 보기에 정확한 것 같지만 실은 틀린 것이다.

(1) A의 수학성적 백분위는 학년초 50에서 학년말 60으로 높아졌고, B의 수학성적 백분위는 학년초 89에서 학년말 99로 높아졌다. 그러므로 두 학생의 성적은 같은 정도 향상되었다. 정규분포에서 백분위 50과 60의 점수 차이는 1/3 표준편차에 불과하지만, 백분위 89와 99의 점수 차이는 2 표준편차에 가깝다. 분포의 중간에는 대부분의 사례들이 모여 있으므로 점수 차이가 1~2점에 불과해도 백분위가 크게 달라지지만, 분포의 극단으로 갈수록 점수 차이가 크더라도 백분위는 크게 바뀌지 않는다. 따라서 A보다 B의 수학성적이 더 많이 향상되었다고 할 수 있다.

(2) A의 백분위는 84, B의 백분위는 98, C의 백분위는 99.9다. 그러므로 A와 B의 점수는 큰 차이가 있지만 B와 C의 점수는 별로 차이가 없다. 정규분포에서 A와 B의 점수 차이와 B와 C의 점수 차이는 모두 1 표준편차다. 따라서 A와 B의 점수 차이는 B와 C의 점수 차이와 같다.

## 3. 표준점수

2개 분포가 정규분포를 이룬다고 하더라도 평균과 표준편차가 서로 다르면 상대적 위치를 비교하기가 쉽지 않다. 예를 들어, 수학시험점수 및 영어시험점수가 모두 정규분포를 이룬다고 하더라도 A의 수학시험점수가 50점이고 영어시험점수가 70점이라는 정보만으로는 어느 과목의 점수가 상대적으로 더 높은지 알 수 없다. 이 경우 점수가 각 점수분포의 평균과 다른 정도를 표준편차 단위로 표시하면 상대적 위치를 쉽게 비교할 수 있다. **표준점수**(標準點數, standard score)는 원점수가 정규분포의 평균과 다른 정도를 표준편차 단위로 표시한 값이다. 표준점수는 점수의 상대적 위치에 관한 정보를 제공한다. 가장 일반적으로 사용되고 있는 표준점수는 Z 점수와 T 점수다. 편차지능지수와 스테나인도 표준점수의 일종이다.

### 1) Z 점수

Z 점수는 원점수(X)가 평균(M)과 다른 정도를 표준편차(S) 단위로 나타낸 것이다. 따라서 Z 점수는 다음과 같이 정의된다.

$$Z = \frac{X - M}{S}$$

Z 점수는 편차(X–M)를 표준편차로 나눈 값이다. Z 점수는 원점수가 평균보다 크거나 작은 정도를 표준편차 단위로 표시한 값이므로, 정규분포에서 점수의 상대적인 위치에 관한 정보를 제공한다. [그림 3–6]은 정규분포에서 Z 점수에 대응되는 면적 비율을 나타내고 있다.

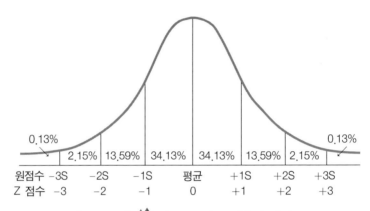

[그림 3–6] 정규분포와 Z 점수의 관계

[그림 3–6]에 제시되어 있는 것처럼 Z 점수가 0이라는 것은 원점수가 평균과 같다는 것을, Z 점수가 0보다 크면 원점수가 평균보다 더 높다는 것을, Z 점수가 0보다 작으면 원점수가 평균보다 더 낮다는 것을 의미한다. 그러므로 Z 점수가 +1.0이라면 점수가 평균보다 1 표준편차 더 높다는 것을, Z 점수가 –1.0이라는 것은 점수가 평균보다 1 표준편차 더 낮다는 것을 나타낸다. 뒤의 〈표 3–3〉에 제시되어 있는 자료에서 보면 네 과목 중에서 영어성적의 Z 점수가 +2.0으로 가장 높고, 국어성적의 Z 점수가 –1.0으로 가장 낮다. 그러므로 상대적으로 영어성적이 가장 높고(백분위 98), 국어성적이 가장 낮다(백분위 16). 정규분포에서 Z 점수와 백분위의 관계는 [그림 3–7]과 같이 나타낼 수 있다.

요컨대, 분포들이 평균과 표준편차가 다르면 원점수의 상대적 위치를 파악하기가 쉽지 않지만, 원점수를 Z 점수로 변환하면 상대적 위치를 쉽게 파악할 수 있다. Z 점수는 T 점수나 편차지능지수와 같은 표준점수를 도출하는 토대가 된다.

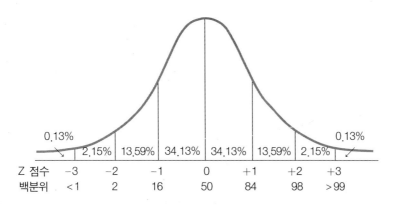

[그림 3-7] 정규분포에서 Z 점수와 백분위의 관계

## 2) T 점수

Z 점수는 소수점 이하의 값을 가질 수 있고, 더구나 음수(−)의 값을 취할 수 있다는 단점이 있다. T 점수는 이러한 문제점을 극복하기 위해 Z 점수를 선형이동시킨 것이다. T 점수는 Thorndike를 존경하는 의미에서 T 점수라고 명명했다고 한다. T 점수는 다음과 같이 정의된다.

$$T = 10Z + 50$$

T 점수는 Z 점수에서 소수점을 없애기 위해 10을 곱하고, 음수의 값을 없애기 위해 50을 더한 값이다. 따라서 원점수가 평균과 같을 때 T 점수는 50이고, 원점수가 평균보다 1 표준편차 클 경우 T 점수는 60이다. Z 점수와 마찬가지로 T 점수는 상대적 위치에 관한 정보를 제공한다. 원점수를 Z 점수와 T 점수로 변환하는 방식을 예시하면 다음 〈표 3-3〉과 같다.

**표 3-3  Z 점수와 T 점수의 계산**

| 과 목 | 점 수 | 평 균 | 편 차 | 표준편차 | Z 점수 | T 점수 |
|-------|-------|-------|-------|----------|--------|--------|
| 국 어 | 60 | 65 | −5 | 5 | −1.0 | 40 |
| 영 어 | 60 | 50 | 10 | 5 | +2.0 | 70 |
| 수 학 | 70 | 65 | 5 | 10 | +0.5 | 55 |
| 사 회 | 60 | 55 | 5 | 5 | +1.0 | 60 |

〈표 3-3〉에서 영어시험점수의 상대적 위치가 가장 높고, 국어시험점수의 상대적 위치가 가장 낮다는 것을 쉽게 알 수 있다.

정규분포에서 T 점수와 Z 점수 및 백분위의 관계는 [그림 3-8]과 같이 나타낼 수 있다.

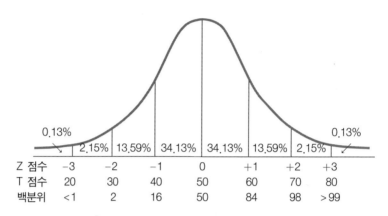

[그림 3-8] 🔺 정규분포에서 T 점수와 Z 점수 및 백분위의 관계

### 3) 편차지능지수

편차지능지수(deviation intelligence quotient: IQ)는 표준점수의 일종으로 Z 점수를 평균이 100, 표준편차가 15(혹은 16)가 되도록 변환시킨 것이다. 편차지능지수는 다음과 같이 정의된다.

$$IQ = 15Z + 100$$

따라서 편차지능지수 100은 평균과 같다는 것을, 편차지능지수가 100보다 낮으면 평균보다 낮다는 것을 뜻한다. 반면, 편차지능지수가 100보다 높으면 평균보다 높다는 것을 의미한다. 그러므로 편차지능지수 115는 지능지수가 평균보다 1 표준편차가 높고, 따라서 백분위 84에 해당된다는 것을 의미한다.

정규분포에서 IQ와 Z 점수 및 T 점수, 그리고 백분위의 관계는 [그림 3-9]와 같이 나타낼 수 있다.

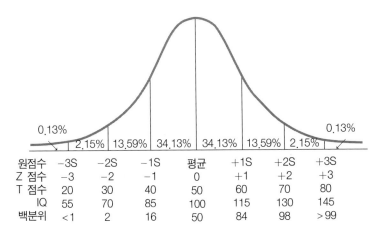

[그림 3-9] 🔺 정규분포에서 IQ와 Z 점수, T 점수, 백분위의 관계

## 4) 스테나인(구분척도)

스테나인(stanine: standard nine-point score, 9개 범주를 가진 표준점수)은 정규분포를 .5 표준편차 너비로 9개 부분으로 나눈 다음, 순서대로 1부터 9까지 부여한 점수를 말한다. 따라서 스테나인 5는 정규분포의 평균을 중심으로 ±.25 표준편차 범위에 해당된다는 것을 의미한다. 국내문헌에서는 스테나인을 구간척도(九間尺度) 혹은 구분척도(九分尺度)라고 부르기도 한다. 정규분포에서 스테나인에 해당하는 면적비율과 Z 점수 및 T 점수의 관계는 [그림 3-10]과 같다.

[그림 3-10]에 제시되어 있는 것처럼 스테나인 점수 1은 집단에서 최하위 4% 이내

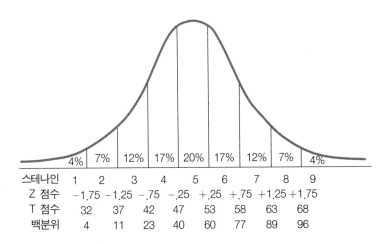

[그림 3-10] 🔺 정규분포에서 스테나인, Z 점수, T 점수의 관계

에 해당된다는 것을, 스테나인 5는 중간 부분 20%에 해당된다는 것을 나타낸다. 단, 수능시험에서는 스테나인 점수를 거꾸로 부여하고 있다. 즉, 1이 가장 높고, 9가 가장 낮은 방식으로 수능등급을 부여하고 있다.

스테나인은 이해하기가 쉽고, 수리적인 조작이 용이하며, 점수의 범위를 나타내므로 평균을 계산할 수 있다는 장점이 있다. 스테나인은 미세한 점수 차이의 영향을 적게 받는다는 장점도 있다. 예컨대, 백분위 45에 대응되는 점수와 백분위 55에 대응되는 점수를 스테나인으로 표시하면 모두 5가 된다. 백분위 45와 백분위 55는 큰 차이가 있는 것처럼 보이지만 정규분포의 중간 부분에서 실제 점수 차이는 별로 크지 않다. 또 원점수를 스테나인 점수로 변환하면 원점수의 분포가 편포를 이룰 경우에도 정규분포로 바뀐다. 반면, Z 점수 분포나 T 점수 분포는 원점수의 분포형태를 변화시키지 않는다. 즉, 원점수의 분포가 편포를 이룰 때는 Z 점수나 T 점수로 변환하더라도 분포형태가 바뀌지 않는다.

반면에 스테나인은 단점도 있다. 우선 스테나인은 9개의 점수만 사용하므로 상대적 위치를 정밀하게 표현하기 어렵다. 또 스테나인은 경계선에 위치하는 사소한 점수 차이를 과장할 수 있다는 문제점이 있다. 예컨대, 수능시험에서 백분위 88에 대응되는 점수의 스테나인 점수는 3이지만, 백분위 89에 대응되는 점수의 스테나인 점수는 2다. 점수 차이가 별로 없는데도 수능시험의 등급이 바뀐 셈이다. 원점수를 스테나인으로 변환하면 정보가 상실된다는 문제점도 있다. IQ를 스테나인으로 표시하면 IQ가 127보다 더 높은 사람들의 스테나인 점수는 모두 9가 되고, IQ가 73보다 낮은 사람들의 스테나인 점수는 모두 1이 된다. 현재 수능시험점수는 스테나인으로 상대적 위치를 표시하고 있다.

## 제4절 ✧ 상관계수

### 1. 상관의 의미

상관(相關, correlation)이란 두 변수가 서로 관련된 정도, 정확하게 말하면 변수 X의 값이 변화함에 따라 변수 Y의 값이 변화하는 정도를 뜻한다. 상관의 정도는 상관계수(correlation coefficient)로 표시된다. 상관계수를 구하려면 같은 집단에서 2개 변수에 관한 자료를 모두 수집해야 한다. 같은 반에 국어시험과 영어시험을 실시했다면 두 시험점수 사이의 상관계수를 구할 수 있다.

상관계수의 종류는 여러 가지가 있으나, 여기서는 Pearson의 적률상관계수(積率相關係數, product-moment correlation coefficient)를 주로 다룬다. Pearson의 적률상관계수는 상관의 이론정립에 크게 기여한 Karl Pearson(1857~1936)의 이름을 따서 명명한 것이다. 상관계수의 종류는 두 변수의 성질에 따라 매우 다양하지만, 상관계수라고 하면 적률상관계수를 가리킬 정도로 적률상관계수는 대표적인 상관계수다. 적률상관계수는 두 변수가 모두 (1) 연속변수이고, (2) 정규분포를 이루며, (3) 선형관계에 있을 때 적용된다. [그림 3-11]에 제시된 산포도(散布度, scatter-plot, 산점도)는 변수 사이의 상관관계의 방향과 정도를 시각적으로 나타낸다.

상관의 방향은 변수 X와 변수 Y의 관계의 방향에 따라 정적 상관(正的 相關, positive correlation)과 부적 상관(負的 相關, negative correlation)으로 구분할 수 있다. 정적 상관은 두 변수가 비례 관계, 즉 변수 X의 값이 증가함에 따라 변수 Y의 값이 증가하는 관계에 있음을 의미하며, 양(陽)의 상관이라고 부르기도 한다. 지능지수가 높을수록 성적도 높은 경향이 있으므로 지능지수와 성적은 정적 상관이 있다. 부적 상관은 두 변수가 반비례 관계, 즉 변수 X의 값이 증가함에 따라 변수 Y의 값이 감소하는 관계

| 상관계수 | 선형관계 | 산포도 |
|---|---|---|
| +1.00 | 완전 정적 상관 | 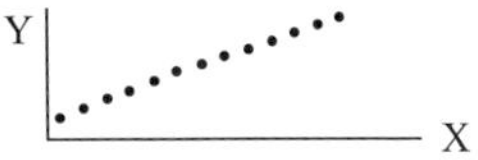 Y / X |
| +.50 | 보통 정적 상관 |  Y / X |
| .00 | 상관관계 없음 | 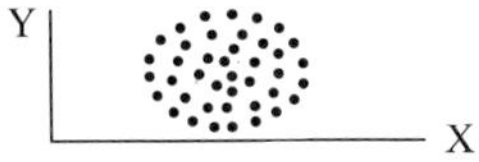 Y / X |
| -.50 | 보통 부적 상관 |  Y / X |
| -1.00 | 완전 부적 상관 | 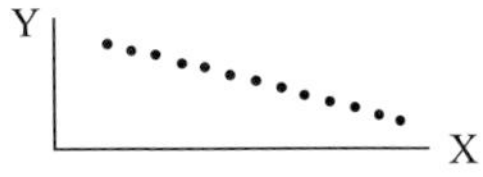 Y / X |

[그림 3-11] 산포도: 상관의 정도와 방향

에 있음을 의미하며, 음(陰)의 상관이라고 부르기도 한다. 결석횟수가 증가할수록 학업성적은 낮은 경향이 있으므로 결석횟수와 성적은 부적 상관이 있다. 상관계수는 r로 표시하며, 상관계수의 범위는 −1.0에서 +1.0이다. 단, 상관계수의 크기는 부호가 아니라 절댓값으로 결정된다는 점을 유의해야 한다. 따라서 r=−.90이 r=+.80보다 상관이 더 높다.

적률상관계수는 다음의 공식으로 구하면 된다.[1]

$$r = \frac{\sum(X - M_X)(Y - M_Y)/N}{S_X S_Y}$$

앞의 공식에서 $M_X$는 변수 $X$의 평균, $M_Y$는 변수 $Y$의 평균, $S_X$는 변수 X의 표준편차, $S_Y$는 변수 Y의 표준편차, N은 전체 사례수를 나타낸다.

이제 상관계수를 구해 보자. 〈표 3-4〉에 제시되어 있는 자료는 10명의 학생들을 대상으로 조사한 학습시간(X)과 시험점수(Y)를 나타낸 것이다. 이 자료에서 구한 적

표 3-4 학습시간(X)과 시험점수(Y) 간의 적률상관계수

| 학 생 | $X$ | $Y$ | $X - M_X$ | $Y - M_Y$ | $(X - M_X)(Y - M_Y)$ |
|---|---|---|---|---|---|
| 1 | 5 | 60 | −2 | −15 | 30 |
| 2 | 10 | 95 | 3 | 20 | 60 |
| 3 | 3 | 70 | −4 | −5 | 20 |
| 4 | 9 | 80 | 2 | 5 | 10 |
| 5 | 8 | 95 | 1 | 20 | 20 |
| 6 | 10 | 85 | 3 | 10 | 30 |
| 7 | 4 | 50 | −3 | −25 | 75 |
| 8 | 6 | 65 | −1 | −10 | 10 |
| 9 | 7 | 60 | 0 | −15 | 0 |
| 10 | 8 | 90 | 1 | 15 | 15 |
| 합계 | 70 | 750 | 0 | 0 | 270 |
| 평균 | 7 | 75 | | | |
| 표준편차 | 2.33 | 15.33 | | | |

$$r = \frac{\sum(X - M_Y)(Y - M_X)/N}{S_X S_Y} = \frac{270/10}{2.33 \times 15.33} = .756$$

---

[1] 통계학에서는 표본의 상관계수를 r, 모집단의 상관계수를 그리스 문자 $\rho$(rho)로 표시한다.

률상관계수는 $r = .756$인데, 이것은 학습시간이 증가할수록 시험점수가 높다는 것을 뜻한다.

| 상관의 방향과 속담 | |
|---|---|
| 정적 상관 | • The early bird catches the worm. (기상시간과 성공)<br>• A stitch in time saves nine. (꾸물거림과 비용)<br>• There's no fool like an old fool. (어리석음과 나이) |
| 부적 상관 | • Faint heart never won fair maiden. (소심증과 연애성공률)<br>• An apple a day keeps the doctor away. (사과소비와 질병)<br>• You can't teach an old dog new tricks. (나이와 학습능력) |

상관계수를 해석할 때는 다음에 유의해야 한다.

(1) 상관계수는 변수 X가 변수 Y를 어느 정도 정확하게 예측할 수 있는가를 나타낸다. 상관계수는 절댓값이 클수록 변수 X가 변수 Y를 더 정확하게 예측한다.

(2) 상관계수는 인과관계를 의미하지 않는다. 변수 X와 변수 Y가 높은 상관이 있다고 할 때 인과관계의 방향에 대한 개연성은 세 가지가 있다. 즉, ① 변수 X가 변수 Y의 원인으로 작용했을 수도 있고, ② 반대로 변수 Y가 변수 X의 원인으로 작용했을 수도 있으며, ③ 변수 X와 변수 Y 사이에 제3의 변수 Z가 작용했을 수도 있다. 따라서 두 변수 사이에 상관이 있다고 해서 그것을 인과관계를 나타내는 것으로 해석하는 오류를 범하지 말아야 한다. 12세기 초반 북유럽의 도시를 조사한 결과에 따르면 황새수(X)와 신생아수(Y) 사이에는 정적 상관이 있었다고 한다. 이를 인과관계로 보아 "황새가 애를 물고 온다."고 해석하면 아주 재미있다(서양에서는 황새가 갓난아기를 물고 온다고 하고, 우리는 다리 밑에서 주워 왔다고 말한다). 실상은 황새가 굴뚝에 둥지를 트는 경향이 있기 때문에 이러한 관계가 나타난 것이다. 황새가 둥지를 틀 수 있는 굴뚝이 많다는 것은 사람이 살고 있는 집이 많다는 것(즉, 인구가 많다)을 뜻한다. 사람이 많을수록 신생아도 많이 태어난다. 결국 도시의 인구가 많기 때문에 황새수와 신생아수 간에 상관이 높은 현상이 관찰된 것이다.

(3) 변수 X가 변수 Y의 변량 혹은 분산을 설명하는 정도는 결정계수(決定係數,

coefficient of determination), 즉 상관계수 r을 제곱한 값으로 나타낼 수 있다. 상관계수가 .70이라고 하면 결정계수는 .49이므로 변수 X가 변수 Y를 49% 설명한다고 해석하면 된다.

## 2. 상관계수의 종류

상관계수의 종류는 두 변수의 측정수준에 따라서 달라진다. 두 변수 사이의 상관계수를 계산하는 방식을 측정수준을 기준으로 구분해서 제시하면 〈표 3-5〉와 같다. 상관계수의 종류와 적용상황을 간단히 설명한다.

**표 3-5** 상관계수의 종류

| | | X 변수 | | |
|---|---|---|---|---|
| | | 명명척도 | 서열척도 | 동간·비율척도 |
| Y 변수 | 명명 척도 | 사분상관계수($r_t$) | | |
| | | $\phi$(파이) 계수 | | |
| | | 유관계수(C) | | |
| | 서열 척도 | | 등위상관계수($r_s$) | |
| | 동간· 비율 척도 | 양류상관계수($r_{pb}$) | | 적률상관계수($r_{xy}$) |
| | | 양분상관계수($r_{bis}$) | | |

(1) Pearson의 적률상관계수(Pearson product-moment correlation coefficient)는 두 변수가 모두 동간척도이거나 비율척도일 때 적용되는 상관계수다. 수학시험성적과 영어시험성적 사이의 상관계수를 구하려고 할 때는 적률상관계수를 적용해야 한다.

(2) 등위상관계수(等位相關係數, rank correlation coefficient)는 두 변수가 모두 서열척도일 경우 적용되는 상관계수다. 등위상관계수는 수학시험성적의 순위와 영어시험성적의 순위 사이의 상관계수를 구하고자 할 때 적용된다.

(3) 양류상관계수(兩類相關係數, point-biserial correlation coefficient) 혹은 점이연상관계수는 성별(남, 여)과 같이 원래 명명척도에 해당되는 이분변수(X)와 동간

척도 혹은 비율척도에 해당하는 변수(Y) 사이의 상관을 구하려고 할 때 적용된다. 성별(남, 여)과 시험총점 간의 상관계수는 양류상관계수로 구할 수 있다.

(4) 양분상관계수(兩分相關係數, biserial correlation coefficient) 혹은 이연상관계수는 원래 동간척도나 비율척도이지만 인위적으로 두 개 범주로 나눈 변수(X)와 동간척도 혹은 비율척도에 해당하는 변수(Y) 사이의 상관을 구할 때 적용된다. 대학입학시험 합격-불합격과 고등학교 졸업성적 간의 상관계수를 구하려고 할 때는 양분상관계수가 적합하다.

(5) 사분상관계수(四分相關係數, tetrachoric correlation coefficient)는 동간척도나 비율척도이지만 인위적으로 두 개 범주로 구분한 두 변수 사이의 상관을 구하는 방식이다. 지능지수를 기준으로 상위집단과 하위집단으로 구분하고 학업성적을 상위집단과 하위집단으로 구분했을 때, 지능지수와 학업성적 사이의 상관은 사분상관계수로 계산된다.

(6) $\phi$ 계수(phi coefficient)는 두 변수가 모두 명명척도일 때 적용되는 상관계수 계산공식이다. $\phi$ 계수는 성별(남, 여)과 문항반응(정답, 오답) 사이의 상관계수를 구하고자 할 때 적용된다.

(7) 유관계수(類關係數, contingency coefficient)는 두 변수가 모두 2개 이상의 범주로 구분되어 있을 경우 상관을 구하기 위해 적용되는 방식이다. 예를 들어, 유관계수는 학력(초졸, 중졸, 고졸, 대졸)과 사회계층(상, 중, 하) 사이의 상관을 구할 때 적용된다.

## 주요개념

| | | | |
|---|---|---|---|
| 측정수준(척도) | 명명척도 | 서열척도 | 동간척도 |
| 비율척도 | 집중경향(대푯값) | 평균 | 중앙치 |
| 최빈치 | 변산도(분산도) | 범위 | 사분범위 |
| 표준편차 | 분산(변량) | 편포도(왜도) | 첨도(용도) |
| 정규분포 | 백분위 | 사분위 | 십분위 |
| 표준점수 | Z 점수 | T 점수 | 편차지능지수 |
| 스테나인(구분척도) | 상관 | 정적 상관 | 부적 상관 |
| 적률상관계수 | 결정계수 | | |

**요약정리**

1. 측정수준(척도)은 명명척도, 서열척도, 동간척도, 비율척도로 구분된다. 측정수준에 따라 포함하고 있는 수리적 정보가 다르며, 그에 따라 통계방법이 제약된다.

2. 분포형태는 집중경향, 변산도, 편포도, 첨도에 따라 달라진다. 집중경향(대푯값)이란 분포의 점수들을 대표하는 점수를 말한다. 평균, 중앙치, 최빈치가 집중경향으로 흔히 사용된다. 평균은 모든 점수를 합한 값을 사례수로 나눈 값이다. 중앙치는 분포를 상하 50%로 균등하게 양분하는 점수를, 최빈치는 분포에서 사례수가 가장 많은 전형적인 점수를 가리킨다.

3. 변산도(분산도)는 점수들이 흩어져 있는 정도를 나타낸다. 변산도를 나타내는 통계량으로는 범위, 사분범위, 표준편차, 분산 등이 있다. 범위는 최댓값과 최솟값의 차이를 말하고, 사분범위는 제3사분위에 대응되는 점수와 제1사분위에 대응되는 점수의 차이를 말한다. 표준편차는 분포의 평균을 기준으로 점수들이 평균적으로 차이가 있는 정도를 의미한다. 분산(변량)은 표준편차를 제곱한 값이다.

4. 편포도(왜도)는 분포가 치우친 정도, 첨도(용도)는 분포의 형태가 뾰족한 정도를 의미한다.

5. 정규분포는 자연과학과 사회과학에서 가장 중요한 확률분포로 널리 활용되고 있다. 정규분포는 좌우대칭을 이루고, 평균과 표준편차에 따라 면적비율이 결정된다.

6. 백분위는 특정 점수 이하의 점수를 받은 사람들이 전체에서 차지하는 백분율을 의미한다. 또 백분위수는 특정 백분위에 대응되는 원점수를 뜻한다.

7. 표준점수는 원점수가 평균과 다른 정도를 표준편차 단위로 표시한 변환점수를 말한다. 표준점수에는 Z 점수, T 점수, 편차지능지수, 스테나인 등이 있다. (1) Z 점수는 원점수를 평균이 0, 표준편차가 1이 되도록 변환시킨 점수를 말한다. (2) T 점수는 Z 점수를 평균이 50, 표준편차가 10이 되도록 변환시킨 것이다. (3) 편차지능지수는 Z 점수를 평균이 100, 표준편차가 15가 되도록 변환시킨 점수다. (4) 스테나인은 정규분포를 9개 부분으로 나눈 다음 1부터 9까지 점수를 부여한 것이다.

8. 상관이란 변수 X의 값이 변화함에 따라 변수 Y의 값이 변화하는 정도를 의미하며, 상관의 정도는 상관계수로 표시된다. 상관의 방향은 정적 상관과 부적 상관으로 구분된다. 상관계수를 구하는 방식은 변수의 성질에 따라 다르다. 가장 일반적으로 사용되고 있는 상관계수는 두 변수가 모두 동간척도 이상이고, 정규분포를 이룰 때 적용되는 적률상관계수다.

제**4**장

# 신뢰도

- 제1절 신뢰도의 의미
- 제2절 신뢰도 추정방법
- 제3절 신뢰도 계수의 해석
- 제4절 신뢰도에 영향을 주는 요인
- 제5절 측정의 표준오차

신뢰도

 **학습목표**

- 타당도, 신뢰도, 객관도, 실용도의 의미를 비교한다.
- 관찰점수, 오차점수, 진점수의 관계를 설명한다.
- 신뢰도를 정의한다.
- 측정오차를 정의하고, 신뢰도와의 관계를 설명한다.
- 신뢰도를 추정하기 위한 방법(검사–재검사 신뢰도, 동형검사 신뢰도, 반분신뢰도, 문항내적 합치도, 평정자 신뢰도, 분류일관성 지수)을 비교한다.
- 신뢰도 계수에 영향을 주는 요인들을 열거·설명한다.
- 측정의 표준오차의 개념과 용도를 설명한다.

　　평가결과는 학생 개개인의 성적을 판정하고, 학생의 강점과 약점을 확인하고, 수업을 계획하고, 학생들을 선발·분류하고, 자격을 부여하고, 미래의 성취도를 예측하며, 교육 프로그램의 효과를 확인하는 등 다양한 용도로 활용된다. 그런데 평가결과가 제대로 활용되려면 반드시 일정한 질적 요건을 갖추어야 한다. 이것은 자동차가 경제성·내구성·안전성·편의성·디자인과 같은 요건을 충족시켜야 하는 것과 같은 이치라고 할 수 있다. 평가의 양호도(良好度)를 판단하기 위한 질적 요건으로는 타당도·신뢰도·객관도·실용도를 들 수 있다.

(1) **타당도**(妥當度, validity): 측정하려고 의도한 특성을 충실하게 재고 있는 정도
(2) **신뢰도**(信賴度, reliability): 검사점수가 일관성과 안정성이 있는 정도
(3) **객관도**(客觀度, objectivity): 채점에 채점자의 주관이 작용하지 않는 정도
(4) **실용도**(實用度, usability): 검사를 실시·채점·해석·활용하는 데 소요되는 시간 및 비용에 관련된 효율성

　　타당도는 측정하려고 의도한 특성을 어느 정도 충실하게 재고 있는가를 뜻하는 개념이다(제5장 참조). 신뢰도는 검사점수가 일관성이 있는 정도를 가리킨다. 객관도는 채점의 일관성, 즉 여러 채점자의 채점결과가 일치하는 정도를 뜻한다. 같은 답안지를 채점하도록 했을 때 2명의 채점자가 같은 점수를 준다면 객관도가 높지만, 한 채점자가 80점을 주고 다른 채점자가 30점을 준다면 객관도가 낮다. 이러한 점에서 객관도를 **검사자 신뢰도**(tester's reliability)라고 부르기도 한다(제2절 참조).

　　한편, 실용도는 검사를 실시·채점·해석·활용하는 데 소요되는 시간, 노력, 비용을 포괄하는 개념이다. 타당도·신뢰도·객관도가 아무리 높더라도 실시하고 채점하는 과정에서 시간과 노력이 많이 소요된다면 좋은 평가방법이라고 할 수 없다. 그러므로 좋은 평가는 앞에서 살펴본 타당도·신뢰도·객관도와 같은 이론적인 요건을 갖추어야 할 뿐만 아니라 실용도가 높아야 한다. 실용도가 높은 평가는 다음과 같은 특징을 갖고 있다.

(1) 쉽게 실시할 수 있다. 즉, 특별한 전문성을 갖추지 않은 사람이라도 검사를 실시할 수 있고, 지시사항이 간단명료하며, 하위검사들의 수가 적다.
(2) 채점이 쉽다. 실용도가 높은 검사는 쉽고 빠르고 정확하게 채점할 수 있다.

(3) 검사결과를 쉽게 해석하고 활용할 수 있다. 검사결과를 해석하고 활용하는 것이 어려우면 실용도가 낮다.

(4) 검사를 실시·채점·해석·활용하는 데 비용, 시간, 노력이 적게 소요된다. 신뢰도와 타당도가 아무리 높더라도 비용이 많이 들고, 시간이 많이 소요되며, 노력이 많이 요구되면 양호한 검사라고 할 수 없다.

이 장에서는 신뢰도의 의미를 살펴본 다음, 신뢰도를 추정하는 방법을 소개한다. 그리고 신뢰도 계수를 해석하는 방식과 신뢰도에 영향을 미치는 요인, 그리고 측정의 표준오차를 살펴본다.

# 제1절 ✎ 신뢰도의 의미

## 1. 신뢰도의 개념

신뢰도(信賴度, reliability)는 검사점수들이 일관성(consistency)과 안정성(stability)이 있는 정도(반대로 변동성이 낮은 정도)를 뜻한다. 검사점수들의 일관성과 안정성이 높다는 것은 같은 조건에서 여러 차례 검사를 실시했을 때 검사점수들이 일치한다는 것을 말한다. 예를 들어, 혈압계로 수축기 혈압을 3회 측정했을 때 혈압이 모두 120이 었거나 같은 수학시험을 3회 실시했을 때 점수가 모두 80점이었다면 측정결과의 일관성과 안정성이 높으므로 신뢰도가 높다. 반면 혈압계로 수축기 혈압을 3회 측정했을 때 혈압이 각각 180, 120, 150이었거나 같은 수학시험을 3회 실시했을 때 점수가 각각 40점, 80점, 60점이었다면 측정결과의 일관성과 안정성이 낮으므로 신뢰도가 낮다.

이상적인 측면에서는 같은 조건에서 검사를 여러 차례 실시했을 때 검사결과가 완벽하게 일치해야 한다. 그러나 검사결과는 다양한 요인의 영향을 받기 때문에 같은 검사라고 하더라도 검사를 실시할 때마다 검사결과가 어느 정도 달라진다. 즉, 혈압계로 아침에 잰 혈압과 저녁에 잰 혈압이 다르고, 같은 영어시험을 일주일 간격으로 실시했을 때 점수가 다르다.

검사를 실시할 때마다 검사점수가 달라지는 것은 측정오차가 작용하기 때문이다.

측정오차(測定誤差, measurement error)[1]는 측정의 변동성을 유발하는 요인을 말한다. 모든 측정에는 정도의 차이는 있지만 반드시 측정오차가 포함되어 있는데, 측정오차는 크기나 방향을 전혀 예측할 수 없는 완전히 우연적인 방식으로 점수에 영향을 미친다. 교육 및 심리 측정의 경우 신체적 및 정신적 상태, 검사환경, 과제특성, 채점자 등 수많은 요인이 측정오차로 작용한다. 측정오차로 인해서 같은 혈압계로 여러 차례 잴 때마다 혈압이 다르고, 같은 코스를 달릴 때마다 기록이 다르며, 같은 시험이라도 칠 때마다 점수가 달라진다. 측정오차는 검사점수의 일관성을 떨어뜨리는 한편 변동성을 유발하여 신뢰도를 저해한다.

신뢰도는 측정이 갖추어야 할 중요한 요건이다. 검사를 실시할 때마다 검사점수가 상당히 다르다면 그 검사의 점수는 측정하려고 하는 특성을 제대로 측정한다고 보기가 어려우므로 쓸모가 없다. 혈압을 잴 때마다 혈압이 크게 다르다면 혈압계로 잰 결과가 혈압을 제대로 잰다고 보기가 어렵다. 그러므로 평가에서는 검사점수의 신뢰도가 높다는 것을 입증해야 한다.

신뢰도 분석의 핵심은 검사점수의 일관성이 어느 정도인지(반대로 검사점수의 비일관성, 즉 변동성이 어느 정도인지)를 분석하는 데 있다. 신뢰도는 검사 자체의 성질이 아니라 검사점수의 성질이라는 점에 유의해야 한다. 우리는 저울, 혈압계, 수학시험, 지능검사와 같은 검사로 측정한 결과가 일관성이 있는지만 알 수 있을 뿐, 검사가 일관성이 있는지는 절대로 알 수 없다. 그러므로 신뢰도란 검사의 일관성이 아니라 특정 조건에서 실시한 검사점수들이 일관성이 있는 정도를 뜻한다.

마지막으로 측정 및 평가에서 신뢰도는 일상적인 의미의 신뢰도와 의미가 다르므로 혼동하지 말아야 한다. 일상적인 의미의 신뢰도는 긍정적인 의미로 사용되므로

---

1) 넓은 의미에서 측정오차는 체계적 오차와 무작위오차로 대별된다. 체계적 오차(systematic error)는 검사가 측정하려고 하는 특성과 관련이 없는 요인들이 점수에 일관된 방식으로 영향을 미치는 오차를, 무작위오차(무선오차, random error)는 완전히 우연적이고 예측할 수 없는 방식으로 점수에 작용하는 오차를 말한다. 고장 난 저울은 체중에 일관된 방식으로 영향을 주므로(즉, 고장 난 저울의 경우 모든 사람의 체중에 같은 방향과 같은 크기의 오차를 유발한다) 체계적 오차를 유발한다. 반면 무작위오차는 크기와 방향을 전혀 예측할 수 없는 완전히 우연적인 방식으로 작용하므로 + 방향으로 작용할 수도 있고, - 방향으로 작용할 수도 있다. 시험의 경우 추측, 채점 오류, 검사조건의 변화, 기분의 일시적 변동 등이 무작위오차를 유발한다.

체계적 오차와 무작위오차는 측정의 질에 상이한 영향을 미친다. 체계적 오차는 측정의 일관성(즉, 신뢰도)에는 영향을 주지 않지만 타당도를 떨어뜨린다. 이에 반해 무작위오차는 측정의 일관성(즉, 신뢰도)과 타당도를 저하시킨다. 이 장에서 측정오차는 무작위오차를 뜻하는 의미로 사용한다.

신뢰도가 높으면 바람직하다고 간주된다. 반면 측정 및 평가에서 신뢰도는 긍정적이
거나 부정적인 의미를 함축하지 않고 무엇을 재든 간에 관계없이 측정결과가 일관성
이 있는 정도만 지칭한다(검사가 측정하려고 의도하는 특성을 충실하게 재는 정도는 타당
도라고 하는데, 다음 장에서 다룬다). 그래서 검사가 전혀 엉뚱한 것을 재더라도 측정결
과가 일관성이 있으면 신뢰도가 높다고 한다. 혈압계로 혈압을 잴 때마다 일관성 있
게 100이 더 높게 나왔다면 일상생활에서는 그 결과를 신뢰할 수 없지만, 측정의 관
점에서 보면 일관성이 높으므로 신뢰도가 매우 높다고 하는 것은 이러한 차이를 반영
한다.

## 2. 고전적 검사이론의 신뢰도 개념

앞에서 살펴본 것처럼 신뢰도는 검사점수들이 일관성과 안정성이 있는 정도를 가
리킨다. 신뢰도의 개념을 더 분명하게 이해하기 위해 고전적 검사이론에서 신뢰도를
어떻게 정의하는지 살펴보자.

고전적 검사이론(classical test theory)은 관찰점수(X)가 진점수(T)와 오차점수(E)의
합으로 구성되어 있다고 가정한다.

$$X = T + E$$

관찰점수(觀察點數, observed score: X)는 개인이 검사에서 얻은 원점수(raw score)를
말한다. 어떤 학생이 수학시험에서 80점을 받았다면 관찰점수는 80점이다. 관찰점
수에는 정도의 차이가 있지만 무작위오차가 작용한다. 무작위오차로 인해서 관찰점
수는 진점수보다 더 높을 수도 있고, 진점수보다 더 낮을 수도 있다.

진점수(眞點數, true score: T)는 일관성 있는 점수를 말한다. 진점수는 측정오차가
전혀 작용하지 않는 조건 — 문항이 완벽하고, 채점오류도 전혀 없으며, 이상적인 조
건에서 검사를 실시하고, 정서상태가 정상적인 상태 — 에서 얻을 수 있는 점수라고
할 수 있다. 개인마다 진점수는 다르다. 이는 사람마다 체중이나 지능이 다른 것과 같
다. 그런데 진점수라는 용어는 오해의 소지를 갖고 있다. 여기서 말하는 진점수는 검
사가 측정하려고 하는 특성을 완벽하게 재는 점수가 아니라, 측정오차의 영향을 받
지 않은 일관성 있는 점수라는 것을 뜻한다. 실제 진점수는 결코 알 수 없는 가설적인
점수이므로 통계적으로 추정해야 한다. 통계적으로 진점수는 개인에게 같은 검사를

반복 실시할 때 얻을 수 있는 점수들의 평균(혹은 기댓값)으로 정의된다.

오차점수(誤差點數, error score: E)는 완전히 우연적인 요인, 즉 무작위오차의 영향을 받은 점수를 뜻한다. 오차점수는 완전히 우연적인 요인에 의해 결정된다. 모든 측정에는 정도의 차이는 있지만 무작위오차가 필연적으로 개입된다. 관찰점수에서 오차점수가 차지하는 비가 작을수록 관찰점수는 진점수에 근접한다. 오차점수가 전혀 작용하지 않으면 관찰점수는 진점수와 같다. 오차점수가 유리하게 작용하면 관찰점수는 진점수보다 높고, 불리하게 작용하면 관찰점수가 진점수보다 낮아진다.

관찰점수, 진점수, 오차점수의 관계는 분산(표준편차의 제곱)으로 나타내면 유용하다. 오차점수는 (1) 완전히 우연적으로 작용하고, (2) 진점수와 상관이 없다는 고전적 검사이론의 기본 가정에 따라 관찰점수 분산($S_X^2$)은 다음과 같이 진점수 분산($S_T^2$)과 오차점수 분산($S_E^2$)의 합으로 분할할 수 있다.

$$S_X^2 = S_T^2 + S_E^2$$

관찰점수 분산은 점수들의 전체 분산이고, 진점수 분산은 무작위오차의 영향을 받지 않은 일관성 있는 점수들의 분산이며, 오차점수 분산은 무작위오차의 영향을 받은 일관성 없는 점수들의 분산이다. 이때 신뢰도(信賴度, reliability)는 관찰점수 분산에서 진점수 분산이 차지하는 비로 정의된다.

$$r_{XX} = \frac{S_T^2(\text{진점수 분산})}{S_X^2(\text{관찰점수 분산})}$$

신뢰도를 $r_{XX}$로 나타내는 것은 대부분의 경우 신뢰도 계수가 상관계수(r)로 추정되기 때문이다. 아래 첨자 XX는 같은 검사를 두 번 실시하거나 두 검사가 같은 특성을 측정한다는 것을 나타낸다.

신뢰도의 개념에서 알 수 있는 것처럼 관찰점수 분산에서 진점수 분산이 차지하는 비가 클수록 신뢰도가 커진다. 그러므로 신뢰도가 .90이라는 것은 관찰점수 분산에서 진점수 분산이 90%, 오차점수 분산이 10%를 차지한다는 것을 뜻한다. 신뢰도의 최댓값은 1.0이다. 이 경우 관찰점수 분산은 모두 진점수 분산과 같다.

앞의 공식은 다음과 같이 변환할 수 있다.

$$r_{XX} = \frac{S_T^2}{S_X^2} = \frac{S_X^2 - S_E^2}{S_X^2} = 1 - \frac{S_E^2}{S_X^2}$$

관찰점수 분산에서 오차점수 분산이 차지하는 비가 작을수록 신뢰도가 커진다는 것을 알 수 있다.

신뢰도의 이론적 범위는 0에서 1.0이다. 이상적인 측정의 경우 관찰점수 분산은 진점수 분산과 같은데, 이 경우 오차점수 분산은 0이므로 신뢰도는 최대(1.0)가 된다. 반대로 관찰점수 분산이 오차점수 분산과 같을 경우 신뢰도는 최소(0)가 된다. 즉, 신뢰도가 전혀 없는 측정의 경우 진점수 분산이 0이므로 신뢰도는 0이 된다. 이는 모든 점수가 완전히 우연적인 요인에 의해 결정된다는 것을 의미한다. 신뢰도는 1.0에 가까울수록 바람직하다. 신뢰도가 높다는 것은 검사점수의 일관성이 높다는 것을 뜻하고, 반대로 신뢰도가 낮을수록 무작위오차가 많이 작용한다는 것을 뜻한다.

## 제2절 🕹 신뢰도 추정방법

일반적으로 신뢰도는 상관계수를 이용하여 추정하는데, 상관계수로 표시되는 신뢰도를 **신뢰도 계수**(信賴度 係數, reliability coefficient)[2]라고 한다. 신뢰도를 '추정'하는 것은 절대적인 의미의 정확한 신뢰도는 결코 알 수 없기 때문이다. 신뢰도 계수는 상관계수로 표시되므로 상관계수와 같은 방식으로 해석하면 된다. 따라서 신뢰도 계수가 높다는 것은 검사점수에서 일관성 있는 점수가 높고 측정오차가 적게 작용한다는 것을 뜻한다. 신뢰도를 추정하는 방식을 간단하게 요약하면 다음과 같다.

(1) 검사-재검사 신뢰도: 동일한 검사를 같은 집단에 2회 실시하여 얻은 점수 간의 상관

(2) 동형검사 신뢰도: 같은 집단에 두 가지 동형검사를 실시하여 얻은 점수 간의 상관

(3) 내적 합치도(내적 일관성)

　　1) 반분신뢰도: 한 검사를 두 하위검사로 나누어서 구한 하위검사 점수 간의 상관

---

2) 신뢰도 계수는 같은 검사를 2회 실시하거나 동형검사를 실시하여 얻은 검사점수 사이의 상관계수로 표시되지만, 타당도 계수는 검사점수(X)와 외적 준거(Y) 사이의 상관계수로 표시된다.

2) 문항내적 합치도: 검사를 구성하는 문항들에 대한 반응의 일관성

(4) 평정자 신뢰도(채점자 신뢰도): 두 사람의 채점자가 채점한 결과 간의 일치도

(5) 분류일관성 지수: 두 가지 검사를 실시한 결과(혹은 동일한 검사를 2회 실시하여 얻은 결과)에 근거한 분류결정(도달-미달)의 일치도

신뢰도를 추정하는 방식에 따라 각기 다른 측정오차가 작용하기 때문에 어떤 방식으로 신뢰도를 추정하는가에 따라 신뢰도 계수가 달라진다는 점에 유의할 필요가 있다. 신뢰도를 추정하는 방식을 구체적으로 살펴본다.

## 1. 검사-재검사 신뢰도

검사-재검사 신뢰도(檢査-再檢査 信賴度, test-retest reliability)는 검사 X를 일정 시간간격을 두고 같은 집단에 2회 실시하여 얻은 두 검사점수 사이의 상관계수를 뜻한다. 수학시험을 같은 학생집단에 일주일 간격으로 2회 실시하여 얻은 두 검사점수 간의 상관계수를 구했다면 수학시험의 검사-재검사 신뢰도가 된다. 검사-재검사 신뢰도를 구하는 절차는 다음과 같다.

1. 검사 X를 특정 집단에 실시한다.
2. 일정 시간간격을 두고 검사 X를 같은 집단에 다시 실시한다.
3. 2회 실시한 검사점수 사이의 적률상관계수를 구한다.

검사-재검사 신뢰도는 검사를 2회 실시했을 때 점수들이 안정성이 있는 정도를 나타내므로 안정성 계수(安定性 係數, coefficient of stability)라고 한다. 검사-재검사 신뢰도는 검사결과를 시간차원으로 일반화할 수 있는 정도, 즉 2회 실시한 검사결과가 일치하는 정도를 나타낸다. 따라서 검사-재검사 신뢰도가 높을 경우 2회 실시한 검사결과가 일치한다고 해석하면 된다. 검사-재검사 신뢰도가 높다는 것은 첫 번째 검사에서 높은 점수를 받은 사람들이 두 번째 검사에서도 높은 점수를 받았고, 첫 번째 검사에서 낮은 점수를 받은 사람들이 두 번째 검사에서도 낮은 점수를 받았음을 나타낸다.

검사-재검사 신뢰도에는 검사를 2회 실시하는 시간간격이 측정오차로 작용한다.

구체적으로 검사-재검사 신뢰도는 검사를 2회 실시하는 시간간격이 짧을수록 높아진다. 검사-재검사 신뢰도를 구할 때 어느 정도의 시간간격이 적정한가에 관한 원칙은 없지만, 일반적으로 성취도와 같이 쉽게 변화될 수 있는 특성을 재는 검사에서는 시간간격을 며칠에서 몇 주로 하는 것이 좋다. 그렇지만 지능과 같이 쉽게 변화될 수 없는 특성을 재는 검사는 시간간격이 1년 정도 되어도 무방하다.

검사-재검사 신뢰도의 가장 큰 문제점은 검사를 같은 집단에 2회 실시하기가 어렵다는 점이다. 그래서 학교시험에서 검사-재검사 신뢰도를 구하는 것은 사실상 불가능하다. 검사-재검사 신뢰도의 두 번째 문제점은 검사를 2회 실시하는 시간간격이 너무 짧으면 기억효과로 인해 첫 번째 검사의 결과와 재검사의 결과가 사실상 일치하므로 검사-재검사 신뢰도를 과대추정한다는 점이다. 따라서 시간간격이 너무 짧을 경우 검사-재검사 신뢰도를 해석할 때 유의해야 한다. 반대로 시간간격이 너무 길면 첫 번째 검사에 관한 기억이 희미해지고, 새로운 학습활동으로 인해 검사-재검사 신뢰도가 낮아질 수 있다(연습 효과가 작용한다).

## 2. 동형검사 신뢰도

동형검사 신뢰도(同型檢査 信賴度, equivalent or parallel-form reliability)는 두 가지 동형검사를 같은 집단에 거의 동시에 실시하여 얻은 두 검사점수 사이의 상관계수를 뜻한다. 동형검사란 문항의 표현은 다르지만 측정내용, 문항곤란도, 문항수 등이 사실상 같은 검사를 가리킨다. 비유컨대, 두 개의 10센티미터 자(尺)는 서로 동형검사가 된다. 따라서 두 개의 10센티미터 자로 책상의 길이를 각각 잰 다음 측정결과의 일치도를 상관계수로 표시하면 동형검사 신뢰도가 된다. 동형검사 신뢰도를 구하는 절차는 다음과 같다.

> 1. 검사 X를 특정 집단에 실시한다.
> 2. 같은 집단에 동형검사 X′를 실시한다.
> 3. 2개의 동형검사 점수 사이의 적률상관계수를 구한다.

동형검사 신뢰도는 한 동형검사에서 얻은 점수를 다른 동형검사의 점수로 일반화할 수 있는 정도, 즉 두 동형검사가 동일한 특성을 측정하는 정도를 나타낸다. 그래서 동형검사 신뢰도를 **동형성 계수**(同型性 係數, coefficient of equivalence)라고 한다. 따라서 동형검사 신뢰도가 높다는 것은 검사 X에서 높은 점수를 받은 사람들이 동형검사 X′에서도 높은 점수를 받았고, 검사 X에서 낮은 점수를 받은 사람들이 동형검사 X′에서도 낮은 점수를 받았음을 뜻한다.

동형검사 신뢰도에는 두 동형검사의 동형성(반대로 이질성)이 측정오차로 작용한다. 다시 말하면 점수 차이는 두 가지 동형검사 차이에서 발생한다. 두 개의 혈압계로 각각 혈압을 쟀을 때 혈압이 다른 것은 혈압계 차이에서 기인한다. 따라서 동형검사 신뢰도는 두 검사의 측정내용·형식·문항곤란도 수준이 비슷할수록 높아지고, 두 검사가 이질적일수록 낮아진다.

동형검사 신뢰도를 구하는 방식은 두 가지가 있다. 첫 번째 방식은 두 동형검사를 거의 동시에 실시하여 구하는 방식이다. 이 방식으로 구한 동형검사 신뢰도에는 두 동형검사의 문항 차이가 주요한 측정오차로 작용한다. 두 번째 방식은 두 동형검사를 일정 시간간격을 두고 각각 실시하여 구하는 방식인데, 이를 안정성 및 동형성 계수(coefficient of stability and equivalence)라고 한다. 이 방식으로 구한 동형검사 신뢰도에는 문항 차이 및 시간간격이 모두 측정오차로 작용하므로 검사-재검사 신뢰도나 첫 번째 방식으로 구한 동형검사 신뢰도보다 신뢰도를 더 엄격하게 추정한다.

동형검사 신뢰도는 검사-재검사 신뢰도에서 무작위오차로 작용하는 기억 및 연습 효과를 통제할 수 있으나, 동형검사를 제작하기가 어렵다는 문제점이 있다. 물리 측정에서는 동형검사를 제작하기가 쉽다. 예컨대, 10센티미터 자의 경우 동형검사를 얼마든지 만들 수 있다. 그렇지만 학교에서 실시하는 성취도검사의 동형검사를 제작하는 것은 사실상 불가능하다. 동형검사를 제작하더라도 같은 집단에 거의 동시에 실시하기도 어렵다.

## 3. 내적 합치도(내적 일관성)

검사-재검사 신뢰도를 추정하려면 검사를 2회 실시해야 하고, 동형검사 신뢰도를 추정하려면 두 가지 동형검사를 제작해야 한다는 문제점이 있다. 그렇기 때문에 성취도검사의 경우 검사-재검사 신뢰도나 동형검사 신뢰도를 구하기란 쉽지 않다. 이러한 문제점을 해결하려면 검사를 1회만 실시하고 신뢰도 계수를 구하면 된다. 내적 합치도는 한 검사를 1회 실시한 후 신뢰도를 구하는 방법이다.

내적 합치도(內的 合致度, internal consistency) 혹은 내적 일관성은 검사를 구성하는 하위요소들로 측정한 결과들이 일관성이 있는 정도, 즉 하위요소들에 대한 반응이 동질적인 정도를 말한다. 그러므로 내적 합치도는 하위요소들에 대한 반응이 동질적 일수록(통계적으로는 하위요소 간의 상관이 높을수록) 높고, 이질적일수록 낮아진다. 내적 합치도를 추정하는 방식은 검사를 구성하는 하위요소들의 성질에 따라 반분신뢰도와 문항내적 합치도(KR, α 계수)로 나뉜다.

## 1) 반분신뢰도

반분신뢰도(半分信賴度, split-half reliability)는 검사 X를 2개의 하위검사로 반분했을 때 두 하위검사 점수들이 내적 일관성(internal consistency)이 있는 정도를 상관계수로 표시한 것을 말한다. 따라서 반분신뢰도가 높다는 것은 2개로 나눈 하위검사 점수들이 일관성과 합치도가 높다는 것을 뜻한다.

검사를 두 하위검사로 나누는 방법은 (1) 전후반분법(前後半分法), (2) 기우반분법(奇遇半分法), (3) 전문가의 판단에 따라 반으로 나누는 방법이 있다. 전후반분법은 문항번호를 기준으로 앞뒤로 양분하는 방법인데, 이 방법으로 구한 신뢰도는 일반적으로 낮은 경향이 있다. 왜냐하면 검사의 전반부와 후반부는 곤란도가 다르기 때문에 동형검사가 되지 않을 개연성이 높기 때문이다. 기우반분법은 문항 번호를 기준으로 홀수 문항과 짝수 문항으로 양분하는 방법으로, 이 방법으로 나눈 두 하위검사는 동형검사가 될 확률이 높다. 단, 어떤 방법을 사용하든 간에 반으로 구분한 2개의 하위검사들이 동형검사가 되도록 해야 한다.

반분신뢰도에는 두 하위검사의 문항 차이만 측정오차로 작용하므로 동형검사 신뢰도 계수보다 더 높다. 그 이유는 동형검사 신뢰도에는 문항 차이 이외의 요인들이 측정오차로 작용할 소지가 있기 때문이다. 즉, 두 가지 동형검사를 거의 동시에 실시하더라도 주의집중, 피로, 노력 등과 같은 요인들이 측정오차로 작용할 수 있다. 이러한 점에서 동형검사 신뢰도는 반분신뢰도보다 신뢰도를 더 엄격하게 추정한다.

그런데 검사를 두 하위검사로 나누어서 구한 상관계수의 크기는 원래 검사에서 구한 상관계수보다 낮으므로(상관계수의 크기는 문항수에 비례한다) 원래 문항수에 근거한 상관계수를 추정해야 한다. 두 하위검사를 이용해서 구한 상관계수를 통계적으로 교정하려면 다음의 Spearman-Brown 공식을 적용하면 된다.

$$r_{XX} = \frac{2r}{r+1}$$

$r_{XX}$는 교정한 상관계수, $r$은 두 하위검사 점수 간의 반분상관계수를 가리킨다. 예 컨대, 반분상관계수가 .50일 때 Spearman–Brown 공식으로 교정한 상관계수는 다 음과 같다.

$$r_{XX} = \frac{2(.50)}{.50+1} \doteqdot .67$$

반분신뢰도를 구하는 절차는 다음과 같다.

> 1. 특정 집단에 검사 X를 실시한다.
> 2. 검사 X를 2개의 동형검사가 되도록 2개의 하위검사로 나눈다.
> 3. 2개로 구분한 하위검사 점수 간의 적률상관계수를 구한다.
> 4. Spearman–Brown 공식으로 상관계수를 교정한다.

반분신뢰도는 검사를 1회만 실시하고 신뢰도를 구할 수 있으므로 효율적이고, 검 사–재검사 신뢰도에 작용하는 연습효과나 기억효과를 통제할 수 있다. 반면 반분신 뢰도는 검사를 2개의 하위검사로 나누는 방식에 따라 달라진다는 문제점이 있다. 그 결과 기우반분법으로 구한 신뢰도와 전후반분법으로 구한 신뢰도가 다르다. 또 반분 신뢰도는 속도검사(speed test: 시간을 엄격하게 제한한 상태에서 매우 쉬운 문항들을 제 시한 다음 정답을 한 문항수를 재는 검사)에는 적용할 수 없다. 반분신뢰도를 Spearman– Brown 공식으로 교정해야 하는 번거로움도 있고, 두 하위검사가 동일한 특성이나 능력을 측정하지 않을 경우 반분신뢰도가 낮아진다는 문제점이 있다.

## 2) 문항내적 합치도(문항내적 일관성): KR과 $\alpha$계수

문항내적 합치도(間項內的 合致度, inter-item consistency)는 검사에 포함된 문항들 에 대한 반응이 일관성이 있는 정도를 뜻한다. 문항들에 대한 반응의 일관성은 문항 들이 같은 특성을 측정하는 정도인 동질성(homogeneity, homo는 same, genos는 kind 를 뜻하는 그리스어)에 따라 좌우되므로 문항내적 합치도를 동질성 계수(同質性 係數,

coefficient of homogeneity)라고 한다.

　동질성이 높은 검사는 같은 특성을 측정하는 문항들로 구성되지만, 이질성이 높은 검사는 여러 특성을 측정하는 문항들로 구성된다. 예컨대, 대수에서만 출제된 수학시험은 대수, 집합, 확률, 함수 등에서 두루 출제된 수학시험보다 동질성이 더 높다. 또 TV 수리기능만 측정하는 문항들로 구성된 검사는 전자기기 전반의 수리기능을 재는 문항들로 구성된 검사보다 동질성이 더 높다. 전자의 경우 문항들은 TV 수리 기능만 측정하지만, 후자의 경우 문항들은 TV는 물론 컴퓨터, 스마트폰 등 다양한 전자기기 수리기능을 두루 측정하기 때문이다.

　문항내적 합치도는 문항들이 동질적인 특성을 측정할수록 높다. 문항들이 같은 특성을 측정할수록 문항들에 대한 반응의 일관성이 높아지기 때문이다. 예컨대, 대수기능을 측정하기 위해 출제된 문항들이 모두 대수기능을 측정한다면 대수기능이 높은 학생들은 대부분의 문항에 정답을 할 것이고, 대수기능이 낮은 학생들은 대부분의 문항에 오답을 할 것이므로 반응의 일관성(즉, 내적 합치도)이 높아진다. 그러므로 문항내적 합치도는 동질적인 특성을 재기 위한 검사에만 적용해야 한다. 검사가 매우 동질적인 문항으로 구성되어 있을 경우 문항내적 합치도는 반분신뢰도와 비슷하다. 그러나 검사가 이질적인 문항으로 구성되어 있을 경우 문항내적 합치도는 반분신뢰도보다 더 낮아진다.

　이론적으로 문항내적 합치도 계수는 검사를 모든 가능한 방식으로 반분했을 때 얻을 수 있는 모든 반분신뢰도 계수들의 평균과 같다. 앞에서 설명한 바와 같이 반분신뢰도 계수는 전체 문항을 반으로 구분하는 방식에 따라 달라진다는 문제점이 있다. 그 결과 기우반분법으로 구한 신뢰도와 전후반분법으로 구한 신뢰도가 다르다. 그런데 특정 검사를 두 하위검사로 구분할 수 있는 경우의 수는 무수히 많으므로 특정 검사를 1회만 반으로 구분하여 신뢰도를 구하는 것보다 모든 가능한 반분검사의 신뢰도 평균을 구하는 것이 더 합리적이다. 문항내적 합치도는 모든 가능한 경우에서 구한 반분신뢰도들을 평균한 값이므로 반분신뢰도와 달리, 검사를 두 부분으로 나누는 방식의 영향을 받지 않는다.

　문항내적 합치도는 공식 KR이나 $\alpha$계수를 이용해서 추정할 수 있다. 손(手)으로 문항내적 합치도를 구하기는 상당히 번거롭지만, 통계분석 프로그램을 이용하면 쉽게 구할 수 있다.

### ① KR

KR은 이분적(二分的)으로 채점하는 문항(정답은 1, 오답은 0으로 채점하는 문항. 대부분의 선택형 문항은 이분적으로 채점된다)으로 구성된 검사를 1회 실시하고 문항내적 합치도를 구하는 방법이다. Kuder와 Richardson(1937)이 개발한 공식 중에서 가장 널리 활용되고 있는 $KR_{20}$은 문항의 정답률과 분산을 이용해서 신뢰도를 구한다.

$$KR_{20} = \frac{k}{k-1}\left[1 - \frac{\sum pq}{S^2}\right]$$

$k$는 문항수, p는 문항의 정답률, q는 문항의 오답률, $S^2$는 검사점수 분산이다. 검사의 평균(M)과 표준편차(S)를 알면 $KR_{21}$로 문항내적 합치도를 구할 수 있다.

$$KR_{21} = \frac{k}{k-1}\left[1 - \frac{M(k-M)}{kS^2}\right]$$

$KR_{21}$은 $KR_{20}$보다 계산이 쉽고 문항들의 곤란도가 비슷할 경우 적용된다. 문항들의 곤란도가 비슷하면 $KR_{20}$으로 계산한 신뢰도와 $KR_{21}$로 계산한 신뢰도가 같다. 문항들의 곤란도 수준이 다를 경우 $KR_{21}$은 신뢰도 수준을 과소추정한다(즉, $KR_{20}$으로 계산한 신뢰도 계수보다 낮다). 따라서 $KR_{21}$은 문항내적 합치도 계수의 하한계 추정치라고 할 수 있다. KR을 구하는 절차는 다음과 같다.

1. 검사 X를 실시한다.
2. 문항수, 평균(혹은 문항의 정답률과 오답률), 표준편차를 구한다.
3. KR을 계산한다.

KR은 계산이 쉽고 검사를 한 번만 실시하면 구할 수 있으므로 기억 및 연습 효과가 작용하지 않는다. 또 검사를 반으로 구분하지 않아도 되므로 검사를 반으로 나누는 방식의 영향을 받지 않는다.

### ② α계수

α계수는 다분적(多分的)으로 채점(10점 만점으로 채점하는 논문형 문항이나 5품등척도

와 같이 반응을 수준이나 질에 따라 부분 점수를 주는 채점방식)되는 문항으로 구성된 검사를 1회 실시한 다음 내적 합치도를 추정하는 방법이다($\alpha$를 가설검증에서 유의수준을 의미하는 $\alpha$와 혼동하지 말아야 한다. 두 경우 모두 $\alpha$로 표기하고 있지만, 양자는 전혀 관계가 없다). 그러므로 $\alpha$계수는 이분적으로 채점되는 문항으로 구성된 검사의 신뢰도를 구하기 위한 KR을 확장시킨 것이다. KR은 $\alpha$계수의 특수 사례에 해당되므로 이분적으로 채점되는 문항으로 구성된 검사의 신뢰도를 $\alpha$계수로 추정한 결과는 KR로 추정한 결과와 같다. $\alpha$계수는 원래 Cronbach(1951)이 개발했으며, Novick와 Lewis(1967) 등이 정교화시켰다. $\alpha$계수를 구하는 공식은 다음과 같다.

$$\alpha = \frac{k}{k-1}\left[1 - \frac{\sum S_i^2}{S^2}\right]$$

$k$는 문항수, $S_i^2$는 문항의 분산, $S^2$는 검사점수의 분산이다. 4개 문항으로 구성된 검사의 문항분산이 각각 $S_1^2 = 9$, $S_2^2 = 4.8$, $S_3^2 = 10.2$, $S_4^2 = 16$이고, $S^2 = 100$이라고 할 경우 $\alpha$계수는 다음과 같다.

$$\alpha = \frac{4}{3}\left(1 - \frac{9 + 4.8 + 10.2 + 16}{100}\right) = .80$$

$\alpha$계수는 검사점수 분산이 크고 문항점수들이 비슷할수록 커진다. 실제 $\alpha$계수를 계산하는 과정은 상당히 복잡하지만 컴퓨터 프로그램을 이용하면 쉽게 구할 수 있으므로 신뢰도 계수를 추정하는 방식으로 가장 널리 활용되고 있다. $\alpha$계수를 구하는 절차는 다음과 같다.

1. 검사 X를 특정 집단에 실시한다.
2. 문항수, 문항분산, 검사점수 분산을 구한다.
3. $\alpha$계수를 계산한다.

$\alpha$계수는 검사를 1회만 실시하고 추정할 수 있으므로 효율적이고, 검사–재검사 신뢰도에 측정오차로 작용하는 기억 효과나 연습 효과가 작용하지 않는다는 장점이 있다. KR과 마찬가지로 $\alpha$계수는 문항들이 동질적인 특성을 측정하는 정도에 관한 정

보를 제공하므로 같은 특성을 측정하기 위한 문항으로 구성된 검사의 신뢰도를 구할 때 적합하다.

## 4. 평정자 신뢰도(채점자 신뢰도)

평정자 신뢰도(評定者 信賴度, inter-rater reliability)는 여러 평정자가 부여한 점수들의 일치도를 뜻한다. 이를 채점자 신뢰도, 관찰자 신뢰도, 판단자 신뢰도 등 다양한 명칭으로 부르기도 한다. 평정자 신뢰도가 높다는 것은 여러 평정자가 부여한 점수들의 일치도가 높다는 것을 의미한다.

평정자 신뢰도를 구하는 방법은 간단하다. 첫 번째 방법은 여러 평정자의 평정결과가 일치하는가를 상관계수를 이용해서 구하는 방법이다. 물론 상관계수가 높을수록 평정자 신뢰도가 높다는 것을 의미한다. 두 번째 방법은 여러 평정자의 평정결과가 일치하는 백분율(%), 즉 같은 점수를 준 백분율(%)로 표시하는 방법이다.

평정자 신뢰도를 구하는 절차는 다음과 같다.

1. 2명의 평정자가 검사를 각각 채점한다.
2. 채점결과가 일치하는 정도를 상관계수 혹은 백분율로 표시한다.

2명 이상의 평정자들이 평정할 경우 평정자 신뢰도를 구하는 방법은 다음과 같다. 첫 번째 방법은 두 평정자가 평정한 결과 간의 상관계수를 구한 다음 상관계수들을 평균하는 방법이다. 두 번째 방법은 평정자를 문항으로 간주하여 앞에서 다룬 $\alpha$ 계수나 Cohen(1960)의 kappa 계수를 구하면 된다.

평정자 신뢰도에는 평정자의 차이가 무작위오차로 작용한다. 그러므로 평정자 신뢰도는 평정자의 주관적인 판단이 점수에 영향을 미칠 수 있는 상황에서 신뢰도를 구하는 방법으로 적합하다. 논문형 문항이나 수행평가과제는 채점자에 따라 점수가 달라질 소지가 크다. 이러한 상황에서 평정자 신뢰도는 평정자들의 평정결과가 어느 정도 일치하는가에 관한 정보를 제공한다. 반면, 사지선다형 시험과 같이 객관적으로 채점할 수 있는 시험의 경우에는 평정자 신뢰도가 완벽하거나 매우 높으므로, 평정자 신뢰도를 구하지 않아도 된다.

일반적으로 객관식 문항은 주관식 문항에 비해 채점의 신뢰도가 높고 그 결과 신뢰도가 더 높다. 따라서 신뢰도를 높이려면 객관적인 평정이나 채점이 이루어질 수 있도록 해야 한다. 평정자의 영향을 배제하기 위한 방안 중의 하나는 여러 평정자의 평정결과를 평균하는 것이다.

## 5. 분류일관성 지수($P_o$)

신뢰도 개념의 핵심은 일관성이지만, 일관성의 의미는 검사점수를 해석하는 방식에 따라 달라진다. 규준지향검사에서 신뢰도는 같은 검사를 반복 실시하거나 동형검사를 실시했을 때 점수들의 상대적인 서열이 일치하는 정도를 뜻한다. 반면 검사결과에 따라 개인을 목표 도달−미달로 분류하기 위한 준거지향검사(숙달검사)의 경우 신뢰도는 분류결정의 일관성(decision consistency)으로 정의된다.

분류일관성 지수(分類一貫性 指數, $P_o$)는 두 가지 동형검사를 실시한 결과(혹은 같은 검사를 2회 실시한 결과)에 근거하여 내린 분류결정이 일관성이 있는 정도를 나타낸다. 두 검사를 실시한 다음 분할점수를 기준으로 학생을 도달−미달(혹은 합격−불합격)로 분류할 경우, 네 가지 분류결정(도달−도달, 도달−미달, 미달−도달, 미달−미달)이 가능하다. 이 중에서 일관성 있는 분류결정은 두 검사에서 모두 도달로 분류된 결정과 모두 미달로 분류된 결정이다. 따라서 분류일관성 지수를 구하는 절차는 다음과 같다.

1. 검사 X를 실시한 다음 분할점수를 기준으로 학생들을 도달 혹은 미달로 분류한다.
2. 동형검사 X′를 실시한 다음(혹은 검사 X를 다시 실시한 다음) 분할점수를 기준으로 도달 혹은 미달로 분류한다.
3. 두 검사에서 일관성 있게 분류된 비율(즉, 두 검사에서 모두 도달로 분류된 비율과 두 검사에서 모두 미달로 분류된 비율)을 구한다.

분류일관성 지수를 구하는 방법을 예로 들어 보자. 두 가지 동형검사를 N명의 학생들에게 각각 실시하여 내린 분류결정(도달−미달)이 〈표 4−1〉과 같다고 하자(A, B, C, D는 각각 학생수를 나타낸다).

**표 4-1** 두 가지 동형검사를 실시한 결과에 따른 분류결정

| 검사 X′에 근거한 분류결정 | 검사 X에 근거한 분류결정 | | 합 계 |
|---|---|---|---|
| | 도 달 | 미 달 | |
| 도 달 | A(5) | B(2) | A+B(7) |
| 미 달 | C(1) | D(2) | C+D(3) |
| 합 계 | A+C(6) | B+D(4) | N(10) |

이 표에서 A는 두 검사에서 모두 도달로 분류된 학생수, B와 C는 한 검사에서 도달로 분류되었지만 다른 검사에서는 미달로 분류된 학생수, D는 두 검사에서 모두 미달로 분류된 학생수다. 이 중에서 A와 D는 일관성 있는 분류결정이므로 분류결정의 일관성 지수는 다음과 같다.

$$P_o = \frac{A+D}{N} = \frac{5+2}{10} = .70$$

분류일관성 지수 $P_o$는 A와 D가 클수록 높아지고, B와 C가 클수록 낮아진다.

$P_o$의 최댓값은 1.0이다. 이는 두 가지 검사를 실시한 결과에 근거한 분류결정(혹은 같은 검사를 2회 실시하여 내린 분류결정)이 완전히 일치한다는 것을 뜻한다. $P_o$의 최솟값은 0이 아니라 완전히 우연적인 요인으로 인해 분류결정이 일치할 확률과 같다.

$P_o$의 최저수준은 분류결정의 중요성을 감안해야 한다. 중요한 결정을 내리기 위한 용도로 활용되는 검사의 경우에는 $P_o$가 높아야 한다. $P_o$는 학위수여나 면허를 부여하기 위한 검사의 경우 .90 이상이 되어야 한다. 반면 교사가 출제한 시험의 경우에는 .70~.80이라도 무방하다.

$P_o$는 이해하기가 쉽고, 계산과 해석이 쉽지만 다음과 같은 문제점을 갖고 있다. 첫째, $P_o$를 구하려면 두 가지의 검사를 실시하거나 같은 검사를 2회 실시해야 하므로 번거롭다. 둘째, $P_o$는 학생을 도달-미달로 분류하기 위한 분할점수가 최고점이나 최하점에 근접할수록 높아지고, 중앙치에 근접할수록 낮아진다. 이것은 극단적인 성취수준은 판별이 용이하지만 평균이나 중앙치에 가까운 성취수준의 차이는 판별이 어렵다는 상식적인 견해에 부합된다. 셋째, $P_o$는 점수들의 이질성에 비례한다. 따라

서 점수분산이 클수록 분류결정의 일치도가 높아진다. 넷째, $P_o$는 문항수에 비례한다. 다섯째, $P_o$는 우연적인 요인에 의해서 분류결정이 일치되는 비율을 고려하지 못한다는 단점이 있다.

## 제3절 ✎ 신뢰도 계수의 해석

지금까지 설명한 신뢰도 추정방법을 비교하면 〈표 4-2〉와 같다.

**표 4-2** 신뢰도 추정방법의 비교

| 계수명 | 검사횟수 | 검사의 수 | 측정오차원 | 절 차 |
|---|---|---|---|---|
| 검사-재검사 신뢰도 (안정성 계수) | 2 | 1 | 시간간격(시간경과에 따른 안정성) | 한 검사를 같은 집단에 시간간격을 두고 2회 실시한다. |
| 동형검사 신뢰도 (즉시 실시) | 1 | 2 | 문항 차이(검사의 동형성) | 두 동형검사를 같은 집단에 거의 동시에 실시한다. |
| 동형검사 신뢰도 (지연 실시) | 2 | 2 | 문항 차이 및 시간 간격 | 두 동형검사를 같은 집단에 시간간격을 두고 2회 실시한다. |
| 반분신뢰도 | 1 | 1 | 반분검사의 동형성 | 검사를 한 집단에 1회 실시한 후, 동형검사가 되도록 반분한다. |
| 문항내적 합치도 (동질성 계수) | 1 | 1 | 문항들의 동질성 | 검사를 한 집단에 1회 실시한 후 KR 혹은 $\alpha$계수를 구한다. |
| 평정자 신뢰도 | 1 | 1 | 평정자 차이 | 검사를 1회 실시한 다음, 두 명의 채점자가 각각 채점한다. |
| 분류일관성 지수 | 1 | 2 | 문항 차이 | 두 동형검사를 같은 집단에 거의 동시에 실시한 다음 분할점수를 기준으로 학생을 도달 혹은 미달로 분류한다. |

신뢰도 계수를 해석할 때는 다음에 유의해야 한다.

(1) 신뢰도 계수는 특정 장면에서 특정 집단을 대상으로 하여 특정 방법으로 추정한 것이므로 검사장면, 검사대상, 신뢰도 계수 추정방법에 따라 달라진다. 그 결과 같은 검사라도 어떤 상황에서 검사를 실시하는가에 따라 신뢰도 계수가 달라지고, 중학생 집단에서 구한 신뢰도 계수와 고등학생 집단에서 구한 신뢰도 계수가 달라진다. 또 같은 검사라도 검사-재검사 신뢰도 계수와 반분신뢰도 계수는 다르다.

(2) 신뢰도 계수는 일관성의 정도에 대한 추정치일 뿐, 일관성의 원인을 나타내지는 않는다.

(3) 높은 신뢰도 계수는 그 자체가 목적이 아니라 높은 타당도를 얻기 위한 필요조건에 불과하다.

신뢰도 계수는 1.0이 이상적이므로 1.0에 가까울수록 바람직하다. 그러나 검사장면에서는 다양한 측정오차가 작용하기 때문에 신뢰도 계수 1.0은 불가능하다. 그렇다면 신뢰도 계수의 크기는 어느 정도가 되어야 바람직하다고 할 수 있을까? 이 물음에 대한 절대적인 해답은 없지만, 신뢰도 계수의 최저수준은 검사점수를 어떤 용도로 사용하려고 하는가를 고려하여 결정해야 한다. 신뢰도 계수의 최저수준을 결정할 때 고려해야 할 사항은 다음과 같다(Worthen, Borg, & White, 1993).

(1) 개인에 관해 결정을 할 경우에는 집단에 관해 결정을 할 경우보다 신뢰도 계수가 더 높아야 한다. 왜냐하면 집단의 경우 점수를 평균하면 측정오차가 상쇄되어 측정오차가 결과를 왜곡할 개연성이 낮지만, 신뢰도가 낮은 검사에 근거해서 개인에 관한 결정을 내리면 개인의 점수가 진점수보다 낮거나 높을 확률이 높기 때문이다. 개인에 관한 결정을 하려면 신뢰도 계수가 적어도 .80 이상이 되어야 하지만, 집단에 관한 결정을 하려면 .50 정도 되어도 무방하다.

(2) 중요하고 장기적인 영향을 주며, 다른 정보를 이용하더라도 번복하기 어려운 결정을 내리고자 할 경우 신뢰도 계수는 최소 .90 이상이 되어야 한다. 반면 그다지 중요하지 않고, 번복할 수 있으며, 지속적인 영향을 미치지 않는 결정을 내릴 경우에는 신뢰도 계수가 낮아도 무방하다.

(3) 표준화검사의 신뢰도 계수는 최소 .90 이상이 되어야 한다. 그 이유는 첫째, 표준화검사의 규준집단은 매우 이질적이어서 동질적인 집단에서 신뢰도 계수를 추정하면 다소 낮아질 소지가 있고, 둘째, 표준화검사는 개인에 관해 중요한 의사결정을 내리기 위한 용도로 활용되기 때문이다.

## 제4절 신뢰도에 영향을 주는 요인

신뢰도 계수에 영향을 미치는 요인을 이해하는 것은 신뢰도 계수를 정확하게 해석하고, 신뢰도를 높일 수 있는 방안을 찾는 데 도움을 준다. 앞에서 살펴본 것처럼 신뢰도는 검사점수들이 일관성과 안정성(반대로 변동성)이 있는 정도를 말한다. 이는 검사점수의 일관성과 변동성에 영향을 미치는 요인들이 신뢰도에 영향을 준다는 것을 시사한다. 일반적으로 신뢰도 계수는 (1) 문항수, (2) 점수의 분산, (3) 문항의 동질성, (4) 객관도, (5) 집단의 개인차에 비례하여 높아지고, 문항이 모호할수록 낮아진다.

문항수　　다른 조건들이 모두 동일하다고 할 때 신뢰도 계수는 문항수에 비례한다. 문항수가 많을수록 점수분산이 커지고, 그 결과 상대적 서열의 안정성도 높아지기 때문이다. 반대로 문항수가 적을수록 무작위오차가 작용할 소지가 크므로 신뢰도가 낮아진다. 〈표 4-3〉과 [그림 4-1]은 Spearman-Brown 공식을 이용해서 문항수를 늘렸을 때 신뢰도 계수가 어떻게 변화되는가를 나타내고 있다.

표 4-3 문항수와 신뢰도

| 문항수 | 신뢰도 계수 |
| --- | --- |
| 10 | .30 |
| 20 | .46 |
| 40 | .63 |
| 80 | .77 |
| 160 | .87 |

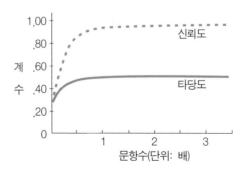

[그림 4-1] 문항수와 신뢰도 및 타당도의 관계

그러나 단순히 문항수를 늘린다고 해서 신뢰도 계수가 저절로 높아지지 않는다. 신뢰도 계수를 높이려면 추가되는 문항이 원래 문항과 동일한 특성을 측정해야 하고, 문항들의 특성이 유사해야 한다. 추가되는 문항이 측정대상과 아무 관련이 없거나 문항이 모호하거나 문항에 결함이 있으면 신뢰도 계수가 오히려 낮아질 수도 있다.

점수의 분산    신뢰도 계수는 점수의 분산이 클수록 높아진다. 상관계수로 추정되는 신뢰도 계수는 검사를 2회 실시한 결과에 따라 부여한 상대적 위치(서열)가 일치할수록 높아지고, 상대적 위치가 불일치할수록 낮아진다. 점수의 분산이 크면(즉, 점수 차이가 크면) 측정오차가 작용하더라도 개인의 상대적 위치가 바뀔 확률이 낮기 때문에 신뢰도 계수가 높아진다. 반면 점수의 분산이 작으면 측정오차로 인해서 상대적 위치가 바뀔 확률이 높아지므로 신뢰도 계수가 낮아진다.

문항곤란도    신뢰도는 문항곤란도가 중간 수준일 때 가장 높고, 문항이 너무 쉽거나 어려우면 낮아진다. 문항이 너무 쉬우면 점수의 분산이 줄어들기 때문에 작은 점수 차이로 인해서 개인의 상대적 위치가 변화될 확률이 높아지고, 그 결과 신뢰도 계수가 낮아진다. 문항이 너무 어려워도 신뢰도가 낮아진다. 문항이 너무 어려우면 추측요인이 무작위오차로 작용한다. 무작위오차가 많이 작용할수록 신뢰도가 낮아진다. 모든 학생이 모든 문항에 정답을 하거나 오답을 하는 극단적인 경우 점수의 분산은 0이므로 신뢰도 계수가 0이 된다. 상대적인 측면에서 보면 쉬운 문항으로 구성된 검사는 추측요인이 작용하지 않으므로 어려운 문항으로 구성된 검사보다 신뢰도가 더 높다.

문항의 모호성    문항의 모호성은 신뢰도를 약화시키는 요인으로 작용한다. 왜냐하면 문두(問頭)나 선택지의 모호한 표현은 추측을 유발하기 때문이다. 추측은 무작위오차로 작용하여 신뢰도를 떨어뜨리므로 신뢰도를 높이려면 문항을 명료하게 작성해야 한다.

문항의 동질성    신뢰도 계수는 문항들이 동질적인 특성을 측정할수록 높아진다. 그러므로 매우 한정된 영역을 측정하는 검사는 광범위한 영역을 측정하는 검사에 비해 신뢰도 계수가 더 높다. 예를 들어, 함수에 관한 시험은 수학교과 전반에 관한 시험보다 신뢰도 계수가 더 높고, 수학시험은 모든 교과목의 성취도를 두루 측정하는 시험보다 신뢰도 계수가 더 높다. 또 위계관계가 뚜렷하고 구조화 정도가 높은 교과의 시험이 위계관계가 뚜렷하지 않으면서 다양한 영역을 측정하는 교과의 시험보다 신뢰도 계수가 더 높다. 그러므로 수학시험이나 영어어휘시험은 철학시험이나 사회학시험보다 신뢰도 계수가 더 높다.

객관도    채점의 객관도는 여러 채점자의 채점결과가 일치하는 정도를 의미한다. 결론적으로 말하자면 채점의 객관도가 높을수록 신뢰도 계수가 높아진다. 논문형 문항이 선택형 문항보다 신뢰도가 낮은 것은 채점의 객관도가 낮기 때문이다.

집단의 개인차    신뢰도 계수는 집단에 포함된 학생들의 개인차가 클수록 높아진다. 개인차가 클수록 검사를 2회 실시할 때(혹은 두 가지의 동형검사를 실시할 때) 학생들의 순위가 바뀔 확률이 낮으므로 신뢰도 계수가 높아진다. 반면 개인차가 작은 동질집단에서는 검사를 2회 실시할 때 학생들의 순위가 바뀔 확률이 높으므로 신뢰도 계수가 낮아진다. 그 결과 능력수준의 차이가 큰 학생집단에서 구한 신뢰도 계수는 우수반이나 열등반에서 구한 신뢰도 계수보다 더 높다. 또 검사를 여러 학년에 실시하여 구한 신뢰도 계수는 같은 검사를 특정 학년에 실시하여 구한 신뢰도 계수보다 더 높다.

개인차가 신뢰도 계수에 미치는 영향은 상관계수의 성질을 고려하면 쉽게 이해할 수 있다. 개인차가 전혀 없어 모든 학생의 점수가 같을 경우 모든 학생의 점수는 평균과 같고, Z 점수는 0이며, 상관계수도 0이다. 따라서 신뢰도 계수를 높이려면 집단에 포함된 학생들의 개인차가 상당히 커야 한다.

## 제5절 ✎ 측정의 표준오차

관찰점수 분산에서 진점수 분산이 차지하는 비로 정의되는 신뢰도 계수는 여러 검사들의 신뢰도를 서로 비교할 때 유용하다. 그러므로 다른 조건들이 같을 경우 가장 신뢰도가 높은 검사를 선택하면 된다. 그런데 일단 특정 검사를 실시한 다음에는 개인의 점수들을 해석해야 하는데, 이 경우에는 측정의 표준오차가 더 유용하다.

신뢰도 계수는 일관성을 나타내지만 개인의 진점수를 추정하는 데 도움을 주지 못한다. 신뢰도 계수와 달리, 측정의 표준오차는 개인의 점수가 진점수에 어느 정도 근접하는지, 같은 검사를 여러 번 실시할 때 점수가 어느 정도 달라질 것인가에 관한 정보를 제공한다. 그러므로 측정의 표준오차는 개별학생이 얻은 점수의 신뢰도를 추정하려고 할 때 매우 유용하다. 요컨대, 신뢰도 계수가 집단의 점수들의 신뢰도에 관한 정보를 제공하는 데 비해, 측정의 표준오차는 개인이 얻은 점수의 신뢰도에 관한 정보를 제공한다. 측정의 표준오차의 개념과 용도를 살펴본다.

## 1. 측정의 표준오차의 개념

측정의 표준오차(測定의 標準誤差, standard error of measurement: $S_E$)는 개인에게 검사 X를 무수히 반복 실시하여(혹은 무수한 동형검사들을 실시하여) 얻은 점수분포의 표준편차를 뜻한다. 같은 검사를 이용하여 개인을 무수히 반복 측정할 때 점수들의 변동요인은 무작위오차뿐이므로 측정의 표준오차는 측정오차가 작용하는 정도를 나타낸다. 그러므로 측정의 표준오차를 알면 점수에 무작위오차가 어느 정도 포함되어 있는지 추정할 수 있다.

측정의 표준오차를 예로 들어 보자. 특정 개인에게 같은 국어시험을 수천 번 실시하여 채점한다고 가정하자. 이 경우 점수들은 무작위오차의 영향을 받기 때문에 시험을 실시할 때마다 점수가 다소 차이가 있을 것이다. 이때 국어시험을 반복 실시하여 얻은 점수들로 이루어진 분포의 평균은 진점수에 해당되고, 표준편차는 측정의 표준오차에 해당된다.

그러나 현실적으로 개인에게 검사를 무수히 반복 실시하거나 무한수의 동형검사를 실시하는 것은 불가능하므로, 측정의 표준오차는 가설적인 점수분포의 표준편차를 뜻한다. 측정의 표준오차 $S_E$는 점수분포의 표준편차 $S_X$와 신뢰도 계수 $r_{XX}$를 이용하여 다음과 같이 추정할 수 있다.[3]

---

3) 신뢰도 공식에서 측정의 표준오차를 추정하는 공식은 다음과 같이 유도된다.

1. $r_{XX} = 1 - \dfrac{S_E^2}{S_X^2}$          2. $\dfrac{S_E^2}{S_X^2} = 1 - r_{XX}$

3. $S_E^2 = S_X^2(1 - r_{XX})$       4. $S_E = S_X\sqrt{1 - r_{XX}}$

$$S_E = S_X \sqrt{1 - r_{XX}}$$

측정의 표준오차는 신뢰도 계수에 반비례한다는 것을 알 수 있다. 신뢰도 계수가 1.0이면 측정의 표준오차가 0이다. 이것은 개인의 점수가 진점수와 같다는 것을 뜻한다. 측정의 표준오차가 0이면 측정오차가 전혀 작용하지 않으므로 같은 개인을 수없이 반복 측정하더라도 똑같은 점수를 얻을 수 있다. 즉, 신뢰도 계수가 1.0이면 $S_E$는 0이 되므로 동일한 검사를 반복 실시할 때마다 항상 같은 점수를 얻을 수 있다. 반대로 신뢰도 계수가 0이면 측정의 표준오차는 최대가 된다. 이것은 개인의 점수가 완전히 무작위오차에 의해 결정된다는 것을 뜻한다. 요컨대, 측정의 표준오차는 신뢰도 계수가 높을수록 작아지고, 신뢰도 계수가 낮을수록 커진다.

신뢰도 계수에 따라 측정의 표준오차가 어떻게 달라지는가를 구체적으로 살펴보자. 신뢰도 계수가 .90, 표준편차가 10일 때 측정의 표준오차는 3.2가 된다.

$$S_E = 10 \sqrt{1 - .90} = 3.2$$

그런데 신뢰도 계수가 .60이라고 하면 측정의 표준오차는 6.3으로 크게 높아진다.

$$S_E = 10 \sqrt{1 - .60} = 6.3$$

## 2. 측정의 표준오차의 활용

측정의 표준오차는 (1) 진점수의 신뢰구간을 추정하고, (2) 점수의 변동범위를 추정하며, (3) 개인이 두 가지 검사에서 얻은 점수들이 차이가 있는가를 판단하고, (4) 같은 검사에서 두 사람이 얻은 점수가 차이가 있는가를 판단하기 위한 용도로 활용된다.

### 1) 진점수의 신뢰구간 추정

측정의 표준오차를 알면 개인의 진점수 신뢰구간을 구할 수 있다. 신뢰구간(confidence interval or confidence band)이란 개인의 진점수가 포함될 것이라고 기대되는 점수범위를 말한다. 정규분포 원리를 이용하면 개인의 진점수가 '점수 $\pm 1 S_E$'의 범위 내에 존재할 확률은 약 68%, '점수 $\pm 1.96 S_E$' 이내에 존재할 확률은 약 95%,

### 측정의 표준오차를 이용한 진점수의 신뢰구간 추정

1. 개인 A에게 검사 X를 반복 실시하여 얻은 점수들은 정규분포를 이루고, 평균은 진점수에 접근한다. 측정의 표준오차($S_E$)는 이 분포의 표준편차를 의미한다.

2. 정규분포의 원리에 따르면 전체 점수는 진점수를 중심으로 $\pm 1S_E$ 이내에 약 68%, $\pm 1.96S_E$ 이내에 약 95%, $\pm 2.58S_E$ 이내에 약 99%가 분포한다.

3. 진점수는 결코 알 수 없지만 측정의 표준오차를 알면 진점수의 신뢰구간을 구할 수 있다. 개인 A의 점수가 80이고 $S_E$가 4라고 하면, 진점수의 95% 신뢰구간은 72.16～87.84(80 $\pm$ 1.96×4)다.

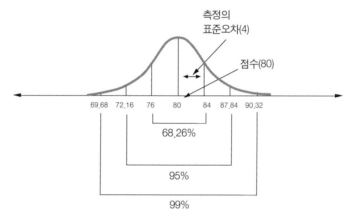

4. $S_E$가 작을수록(즉, 신뢰도가 높을수록) 신뢰구간이 좁아지므로 관찰점수는 진점수에 접근한다.

'점수 $\pm 2.58S_E$' 이내에 존재할 확률은 약 99%다. 따라서 A의 수학시험점수가 80점이고 $S_E$가 4라고 할 때 진점수의 68% 신뢰구간은 76～84(80 $\pm$ 4), 95% 신뢰구간은 72.16～87.84(80 $\pm$ 1.96×4), 99% 신뢰구간은 69.68～90.32(80 $\pm$ 2.58×4)다. 측정의 표준오차와 진점수 신뢰구간은 비례한다는 사실을 알 수 있다. 즉, 측정의 표준오차가 클수록 진점수 신뢰구간이 커지고, 측정의 표준오차가 작을수록 진점수 신뢰구간이 작아진다.

측정의 표준오차를 이용하여 신뢰구간을 구하면 점수를 해석하는 데 도움을 준다. 교육현장에서는 시험점수에 측정오차가 전혀 포함되지 않은 것처럼 해석한다. 예를 들어, A의 수학시험점수가 80점이라고 할 때 이 점수가 정확하다고 생각한다. 그렇

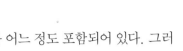
지만 엄밀한 의미에서 볼 때 이 점수에는 측정오차가 어느 정도 포함되어 있다. 그러므로 'A의 점수는 80점이다.'라고 하는 것보다 'A의 점수는 68% 신뢰수준에서 76점에서 84점 사이에 존재한다.'고 하는 것이 더 정확한 표현이다.

## 2) 점수의 변동범위 추정

측정의 표준오차를 알면 같은 검사를 개인에게 반복해서 실시할 때 점수가 달라지는 범위를 구할 수 있다. A의 수학시험점수가 80이고 측정의 표준오차가 4라고 하면 같은 수학시험을 반복 실시할 때 A가 얻을 수 있는 점수들이 80 ± 4 이내에서 변화될 확률은 약 68%, 80 ± 1.96×4 이내에서 변화될 확률은 약 95%다. 같은 검사를 반복 실시할 때 점수가 달라지는 변동범위는 측정의 표준오차에 비례한다.

## 3) 개인이 두 가지 검사에서 얻은 점수 차이에 관한 해석

측정의 표준오차를 알면 개인이 두 가지 검사에서 얻은 점수가 실제 차이가 있는가를 판단할 수 있다. A의 수학시험점수가 80점이고 국어시험점수가 82점이라고 할 때, 측정의 표준오차를 이용하면 두 시험의 점수가 실제 차이가 있는지 아니면 차이가 없는지 판단할 수 있다. 설명의 편의상 두 시험의 측정의 표준오차가 모두 4라고 가정하자. 이 경우 A의 수학시험 진점수의 68% 신뢰구간은 76~84점이고, 국어시험 진점수의 68% 신뢰구간은 78~86점으로, 수학시험의 진점수 신뢰구간(76~84)은 국어시험의 진점수 신뢰구간(78~86)과 중첩된다. 그러므로 수학시험점수는 국어시험점수와 사실상 다르지 않다고 할 수 있다.

## 4) 같은 검사에서 두 사람이 얻은 점수 차이에 관한 해석

측정의 표준오차 $S_E$는 같은 검사에서 두 사람이 얻은 점수가 차이가 있는가를 판단하기 위해 활용된다. 국어시험에서 B가 73점, C가 84점을 얻었다고 할 때 A의 점수(82)와 차이가 있는가를 살펴보자. 앞의 예시에서 국어시험의 측정의 표준오차는 4이므로 68% 신뢰수준에서 B의 진점수 범위는 69~77점(73 ± 4)으로 A의 진점수 범위(78~86)와 중첩되지 않는다. 그러므로 A의 점수는 B의 점수보다 더 높다고 할 수 있다. 반면 68% 신뢰수준에서 C의 진점수 범위는 80~88점으로 A의 진점수 범위(78~86)와 중첩되므로 신뢰수준을 고려하면 C의 점수가 A보다 더 높다고 할 수 없다.

**주요개념**

| | | | |
|---|---|---|---|
| 타당도 | 신뢰도 | 객관도 | 실용도 |
| 측정오차 | 체계적 오차 | 무작위오차 | 관찰점수(관찰점수 분산) |
| 진점수(진점수 분산) | 오차점수(오차점수 분산) | 신뢰도 계수 | 검사-재검사 신뢰도 |
| 안정성 계수 | 동형검사 신뢰도 | 동형성 계수 | 반분신뢰도 |
| Spearman-Brown 공식 | 문항내적 합치도 | KR | $\alpha$계수 |
| 평정자 신뢰도 | 분류일관성 지수 | 측정의 표준오차 | |

**요약정리**

1. 평가는 타당하고, 신뢰도가 높고, 객관적이며, 실용적이어야 한다. 평가결과가 타당하다는 것은 측정하려고 의도하는 특성을 충실하게 재고 있음을, 신뢰도가 높다는 것은 측정결과가 일관성이 있음을 뜻한다. 객관도가 높다는 것은 채점자들의 채점결과가 일치함을, 실용도가 높다는 것은 검사를 실시하고 채점하며 해석하고 활용하는 데 시간이나 비용이 적게 소요된다는 것을 의미한다.

2. 신뢰도는 검사점수들이 일관성과 안정성이 있는 정도를 뜻한다. 신뢰도는 검사의 속성이 아니라 검사점수의 속성이다. 측정과정에 작용하는 무작위오차는 신뢰도를 약화시키는 요인으로 작용한다.

3. 고전적 검사이론은 관찰점수가 진점수와 오차점수의 합으로 구성되어 있다고 가정하고, 신뢰도를 관찰점수 분산에서 진점수 분산이 차지하는 비로 정의한다. 그러므로 관찰점수 분산에서 진점수 분산이 차지하는 비가 클수록 신뢰도가 높다.

4. 규준지향검사에서 신뢰도 계수는 주로 상관계수로 표시된다. 규준지향검사의 신뢰도 계수를 추정하기 위한 방법은 다음과 같다. (1) 검사-재검사 신뢰도는 같은 집단에 같은 검사를 2회 실시하여 얻은 점수 사이의 상관계수로 표시되며, 안정성 계수라고 한다. (2) 동형검사 신뢰도는 두 가지의 동형검사를 같은 집단에 실시하여 얻은 검사점수 사이의 상관계수를 의미하며, 동형성 계수라고 부른다. (3) 반분신뢰도는 검사를 동형검사가 되도록 두 부분으로 나누었을 때 두 부분으로 나눈 검사점수 사이의 상관계수를 의미한다. (4) 문항내적 합치도는 검사에 포함된 문항들에 대한 반응이 일관성이 있는 정도를 뜻하며, 동질성 계수라고 한다. 문항내적 합치도는 이분적으로 채점되는 문항의 경우 KR로 추정되고, 다분적으로 채점되는 문항의 경우 $\alpha$계수로 추정된다. (5) 평정자 신뢰도(채점자 신뢰도)는 여러 평정자의 평정결과가 일치하는 정도를 말한다.

5. 준거지향평가에서 신뢰도를 추정하는 방식이 규준지향평가와 다른 것은 일관성을 정의하는 방식이 다르기 때문이다. 준거지향검사의 일종인 숙달검사에서 신뢰도는

분류결정의 일관성을 의미한다.

6. 검사결과를 이용하여 중요한 결정을 내리고자 할 경우에는 신뢰도 계수가 높아야 한다.

7. 신뢰도 계수는 (1) 문항곤란도, (2) 문항의 모호성, (3) 문항의 동질성, (4) 점수의 분산, (5) 객관도, (6) 학생집단의 개인차의 영향을 받는다. 또 신뢰도 계수는 신뢰도를 추정하는 방식에 따라 달라진다.

8. 측정의 표준오차는 특정 검사를 개인에게 반복적으로 실시했을 때 얻을 수 있는 점수로 이루어진 분포의 표준편차를 말한다. 측정의 표준오차는 개인의 점수가 진점수에 어느 정도 근접하는지, 같은 검사를 반복 실시할 때 점수들이 어느 정도 변화될 것인지에 관한 정보를 제공한다.

제**5**장

# 타당도

| | | |
|---|---|---|
| 타당도 | 제1절 | 타당도의 의미 |
| | 제2절 | 내용타당도 |
| | 제3절 | 준거타당도 |
| | 제4절 | 구인타당도 |
| | 제5절 | 영향타당도(결과타당도) |

 **학습목표**

- 타당도의 의미를 설명한다.
- 타당도와 신뢰도의 관계를 설명한다.
- 내용타당도의 의미를 설명한다.
- 준거타당도의 의미를 설명한다.
- 구인타당도의 의미를 설명한다.
- 구인타당도에 관한 증거를 수집하기 위한 방법들을 기술한다.
- 영향타당도의 의미를 설명한다.

단순한 의미에서 타당도는 검사가 측정하려고 의도하는 특성을 충실하게 측정하는 정도를 말한다. 그러므로 지능검사가 지능을 충실하게 잰다면 타당도가 높다. 반대로 지능검사가 지능과 관계가 없는 엉뚱한 특성(예컨대, 창의력이나 성격)을 잰다면 타당도가 낮다.

타당도가 낮으면(즉, 측정하려고 의도한 것을 충실하게 측정하지 못하면) 검사결과에 근거한 추론과 의사결정은 오류를 범하게 된다. 지능검사가 '지능'이 아니라 '창의력'을 재는 경우를 상정해 보자. 이 경우 지능검사에서 높은 점수를 받으면 실제로는 지능이 아니라 창의력이 높은데도 불구하고 지능이 높다고 해석할 것이다. 나아가 그에 근거하여 내린 의사결정(선발, 분류, 합격-불합격 판정 등)은 정확하지 않을 뿐만 아니라 당사자에게도 심각한 영향을 미치게 된다. 그러므로 검사가 신뢰도, 객관도, 실용도와 같은 요건들을 완벽하게 갖추었다고 하더라도 타당도가 낮으면 아무 쓸모가 없다. 이러한 점에서 타당도는 검사의 질을 좌우하는 가장 중요한 요인이다.

이 장에서는 타당도의 의미를 소개한 다음 타당도의 네 가지 증거인 내용타당도, 준거타당도, 구인타당도, 영향타당도에 관해 기술한다.

## 제1절　　타당도의 의미

### 1. 타당도의 개념

타당도(妥當度, validity)는 검사점수 해석의 적합성 혹은 정확성을 뜻한다. 타당도가 높으려면 검사가 의도하는 특성을 충실하게 측정해야 한다. 지능검사가 '지능'을 충실하게 재고 있다면 지능검사의 점수가 높을 때 지능이 높다고 해석하는 것은 정확하지만, 지능검사가 '창의력'을 잴 경우 지능검사 점수가 높을 때 지능이 높다고 해석하는 것은 정확하지 않다.

엄밀한 의미에서 타당도는 검사나 시험과 같은 측정도구의 내재적인 특성이 아니라 검사점수의 특성을 지칭한다. 그러므로 흔히 검사의 타당도라고 부르고 있지만, 정확하게 표현하면 검사점수 해석과 활용의 타당도라고 해야 한다.

타당도는 측정의 가장 중요한 요건이다. 왜냐하면 타당도가 높으면 정확한 해석과 추론에 도움을 주지만, 타당도가 낮으면 검사점수에 근거한 해석이나 추론이 오류를

범하기 때문이다. 타당도가 낮을 때 범할 수 있는 오류를 구체적인 사례를 들어 살펴
보자.

   (1)  사례 1: 과학교사는 중학생들이 과학교과의 기본 개념과 원리를 정확하게 이
       해하는가를 측정하기 위해 시험을 출제했다. 그런데 대부분의 문항들이 중학
       생들이 이해하기 어려운 용어로 출제되어, 문항을 제대로 이해하지 못한 대부
       분의 학생들이 시험에서 낮은 점수를 받았다. 실제로 이 시험은 어휘력을 재
       고 있는데도 교사는 시험점수가 낮은 학생은 과학교과의 기본 개념과 원리를
       정확하게 이해하지 못한다고 해석했다.

   (2)  사례 2: 중학생들이 평소 법과 질서를 어느 정도 잘 지키고 있는가를 조사하기
       위한 검사에서 많은 중학생들이 사실과 다르게 응답하여 높은 점수를 받았다.
       교장선생님은 이 조사결과에 근거하여 학생들의 준법의식이 투철하다고 해석
       했다.

   (3)  사례 3: 논리적 사고능력을 측정하기 위한 논문형 시험을 문법, 철자, 구두점
       의 정확성을 기준으로 채점했다. 교사는 이 시험에서 점수가 낮은 학생은 논
       리적 사고능력이 낮다고 해석했다.

   (4)  사례 4: 언어이해력을 측정하기 위한 시험의 상당수 문항에 정답을 맞힐 수 있
       는 단서(힌트)가 많이 포함되어 있다. 이 시험은 언어이해력을 측정하는 것이
       아니라 실제로 수험요령을 측정하고 있다. 그런데도 교사는 이 시험에서 점수
       가 높은 학생은 언어이해력이 높다고 해석했다.

앞의 사례들은 타당도가 낮을 때 범할 수 있는 해석 및 추론의 오류를 구체적으로
예시하고 있다. 평가장면에서는 앞의 예시와 같이 검사점수의 의미를 왜곡할 수 있
는 다양한 요인이 존재한다. 검사점수의 의미가 왜곡되면 검사점수가 의도하는 용도
로 사용되기에는 적합하지 않다. 따라서 검사를 제작하거나 활용하는 사람은 검사점
수의 해석과 검사점수 활용이 적합하다는 것을 정당화해야 한다. 이러한 정당화를
하려면 증거가 필요하다.

측정대상이 분명한 물리측정에서는 타당도가 거의 문제되지 않는다. 저울이 무게
를 재고, 자(尺)가 길이를 잰다는 사실은 자명하므로 그 누구도 의문을 제기하지 않는
다. 그렇지만 지능이나 성격과 같이 직접 관찰하기 어려운 추상적인 특성을 측정하

려는 교육 및 심리측정에서는 의도하는 특성을 제대로 재지 못하는 경우가 흔히 발생하기 때문에 타당도가 매우 중요한 의미를 갖는다.

마지막으로 검사는 다양한 용도(선발, 분류, 진단, 자격부여 등)로 활용되므로 타당도는 용도 혹은 목적에 비추어 판단해야 한다. 저울은 무게를 재는 용도로는 타당하지만, 길이를 재는 용도로는 전혀 타당하지 않다. 마찬가지로 영어시험은 영어학력을 재는 데는 유용하지만 수리력을 재는 데는 부적합하다. 이것은 검사가 특정 용도로는 타당하지만 그 이외의 용도로는 타당하지 않음을 의미한다.

## 2. 타당도를 지지하는 증거[1]

타당도는 단일개념(unitary concept)이다. 평가문헌에서 흔히 타당도의 '유형' 혹은 '종류'라는 용어를 사용하고 있으나, 엄밀하게 표현하면 타당도의 종류가 아니라 타당도를 지지하는 증거의 종류를 뜻한다. 그러므로 타당도의 유형 혹은 종류가 여러 가지 있다고 하지 말고, 타당도를 지지하는 증거의 유형이 여러 가지 있다고 하는 것이 정확한 표현이다.

타당도는 평가적 판단을 포함한다. 이는 타당도는 직접 측정되거나 계산되는 것이 아니라, 증거에 근거하여 추론되거나 판단된다는 것을 뜻한다. 타당도를 입증하는 데는 다음과 같이 여러 가지 증거가 활용된다.

---

1) 타당도의 개념은 진화를 거듭하고 있다. 교육 및 심리측정 표준(Standards for Educational and Psychological Testing, AERA et al., 1999)은 검사점수 해석의 타당도에 관한 증거를 다음 표와 같이 다섯 가지로 제시하고 있다.

**타당도에 관한 증거의 종류**

| 증거의 유형 | 주요 관심사항 | 주요 적용상황 |
|---|---|---|
| 검사내용에 근거한 증거(evidence based on test content) | 검사의 대표성 및 문항의 적절성 분석 | 성취도 검사 및 선발용 검사 |
| 다른 변수와의 관계에 근거한 증거(evidence based on relations to other variables) | 준거타당도, 수렴타당도 및 변별타당도 | 각종 검사 |
| 내적 구조에 근거한 증거(evidence based on internal structure) | 요인분석, 동질성 분석 | 성격검사 및 지능검사 |
| 반응과정에 근거한 증거(evidence based on response processes) | 학생 혹은 검사자의 반응 분석 | 학생에게 인지적 반응 혹은 행동을 요구하는 모든 검사 |
| 검사의 영향에 근거한 증거(evidence based on consequences of testing) | 의도한 영향 및 의도하지 않은 영향 분석 | 특히, 선발과 승진을 결정하기 위한 검사 |

(1) 내용관련증거(content-related evidence): 검사가 측정하고자 하는 영역을 적절하게 대표하는가에 관한 증거

(2) 준거관련증거(criterion-related evidence): 검사점수와 외적 준거의 관계에 관한 증거

(3) 구인관련증거(construct-related evidence): 검사점수가 의도하는 심리적 구인을 측정하는가에 관한 증거

(4) 영향관련증거(결과관련증거, consequences-related evidence): 검사가 미치는 영향에 관한 증거

**표 5-1  타당도의 주요 측면**

| 고려사항 | 의 미 | 절 차 |
|---|---|---|
| 내용타당도 | 검사문항들이 측정하려고 하는 영역을 대표하는 정도, 문항이 교육목표 혹은 내용과 부합하는 정도 | 검사문항이 이원분류표와 일치하는지, 검사문항이 목표와 일치하는지에 관한 전문가의 판단 |
| 준거타당도 | 검사점수가 준거를 추정 혹은 예측하는 정도 | 검사점수와 동시에 수집한 준거의 관계(공인타당도) 혹은 검사점수와 미래에 수집한 준거의 관계(예언타당도) 분석 |
| 구인타당도 | 검사가 측정하려고 의도하는 심리적 특성을 실제로 측정하는 정도 | 문항작성, 인지과정 분석, 준거와의 관계 분석, 처치효과 분석 등을 통해 의도하는 구인을 측정하는지 확인 |
| 영향타당도 | 평가결과 활용이 의도한 효과를 미치고 있고, 의도하지 않은 효과를 배제하고 있는 정도 | 평가결과 활용이 학생 및 교사에게 미치는 긍정적 및 부정적 효과 검토 |

한편, 타당도에 관한 증거들을 수집하는 과정을 **타당화**(妥當化, validation)라고 한다. 타당화의 목적은 검사점수에 관한 특정 해석을 지지하는 증거와 대안적인 해석에 반(反)하는 증거를 수집하려는 것이다(Ebel & Frisbie, 1991). 다시 말하면 타당화는 검사점수가 측정하려고 의도하는 특성을 측정하고 있고, 전혀 관련이 없는 특성들의 영향을 받지 않는다는 것을 입증하기 위한 과정이다. 타당화의 접근은 크게 내용타당화(검사점수에 근거해서 더 큰 영역으로 추론해야 할 상황), 준거타당화(검사점수에서

중요한 변수를 추론해야 할 상황), 구인타당화(검사점수에 근거하여 구인을 추론해야 할 상황), 영향타당화(결과타당화, 검사의 효과를 포괄적으로 검토해야 할 상황)로 구분된다.

## 3. 타당도와 신뢰도의 관계

결론적으로 말하면 신뢰도는 타당도의 필요조건이다. 그러므로 높은 타당도를 확보하려면 반드시 신뢰도가 높아야 한다. 이는 타당도가 신뢰도보다 더 높을 수 없음을 뜻한다. 신뢰도는 타당도의 상한계가 된다. 평가에서 신뢰도를 중시하는 것은 바로 이 때문이다.

그러나 신뢰도는 타당도의 충분조건이 아니다. 이것은 신뢰도가 아무리 높아도 타당도는 매우 낮을 수 있음을 뜻한다. 자(尺)로 머리둘레를 잴 때 일관성(신뢰도)이 아무리 높아도 머리둘레가 성격을 측정하지는 않는다. 실제 몸무게보다 항상 50킬로그램이 더 높게 표시되는 체중계는 신뢰도가 타당도의 충분조건이 아니라는 것을 잘 나타낸다. 이 체중계로 측정한 몸무게는 신뢰도가 매우 높지만 실제 몸무게와 큰 차이가 있으므로 타당도는 낮다. 신뢰도는 매우 높지만 타당도가 낮은 구체적인 예를 들어 보자.

정직성 검사는 "의도적으로 거짓말을 한 적이 있는가?" "시험을 칠 때 부정행위를 한 적이 있는가?" "가게 점원이 거스름돈을 더 많이 주었을 때 모른 체한 적이 있는가?"와 같은 문항들로 구성된다. 이 정직성 검사를 100명의 학생들에게 일주일 간격을 두고 2회 실시한 다음 채점했을 때 학생들의 반응이 완벽하게 일치했다고 하자. 이 경우 첫 번째 정직성 검사의 결과와 두 번째 정직성 검사의 결과 간의 상관계수는 1.0이므로 완벽한 신뢰도를 갖고 있다고 할 수 있다. 그런데 정직성 검사의 신뢰도가 완벽하다고 해서 정직성 검사가 정직성을 충실하게 잰다고 할 수 있을까? 정직성을 잰다고 할 수 없다. 정직하지 않은 상당수 학생들이 두 번 실시한 정직성 검사에서 모두 의도적으로 응답을 왜곡하여 일관성 있게 허위반응을 했을 경우 신뢰도는 높지만 그 검사가 실제로 정직성을 잰다고 볼 수 없으므로 타당도는 낮다.

신뢰도와 타당도의 관계를 나타내면 [그림 5-1]과 같다.

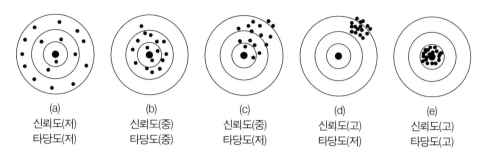

[그림 5-1] 🌲 신뢰도와 타당도의 관계

그림 (e)에 제시되어 있는 것처럼 타당도가 높으려면 반드시 신뢰도가 높아야 한다. 그러나 그림 (d)와 같이 신뢰도는 높아도 타당도는 낮을 수 있다.

신뢰도와 타당도의 관계를 분산에 비추어 살펴보자. 제4장에서 살펴본 바와 같이 검사점수 분산($S_X^2$)은 진점수 분산과 오차점수 분산의 합으로 구성된다($S_X^2 = S_T^2 + S_E^2$). 진점수 분산($S_T^2$)은 검사가 측정하고자 의도하는 특성을 타당하게 측정하는 분산($S_V^2$, valid variance)과 검사가 측정하려고 하는 특성과 전혀 관련되지 않은 분산($S_I^2$, invalid variance)으로 나눌 수 있다.

$$S_T^2 = S_V^2 + S_I^2$$

이때 타당도 $r_{XY}$는 다음과 같이 검사점수 분산에서 검사가 측정하고자 하는 특성을 타당하게 측정하는 분산($S_V^2$)의 비로 정의된다.

$$r_{XY} = \frac{S_V^2}{S_X^2}$$

그러므로 타당도가 높으려면 일단 검사점수 분산에서 진점수 분산이 차지하는 비가 커야 한다. 검사점수 분산에서 진점수 분산이 차지하는 비가 클수록 검사가 측정하려고 한 것을 충실하게 반영하는 타당한 분산이 증가하므로 타당도가 높아진다. 한편 검사점수 분산에서 진점수 분산이 차지하는 비가 높더라도 검사가 측정하려고 하는 특성을 타당하게 측정하는 분산이 작으면 타당도가 낮아진다. 그러므로 타당도가 높으려면 일단 진점수 분산이 커야 할 뿐만 아니라 진점수 분산에서 검사가 측정하려고 의도한 특성을 타당하게 측정하는 분산($S_V^2$)이 차지하는 비가 높아야 한다. 바꾸어 말하면 검사점수 분산에서 진점수 분산이 크고, 진점수 분산에서 검사가 측정하려는 특성과 관련되지 않은 분산($S_I^2$)이 작아야 타당도가 높다. 결국 신뢰도는 타당도의 필요조건이지만 충분조건은 아닌 것이다.

## 제2절  내용타당도

### 1. 내용타당도의 의미

내용타당도(內容妥當度, content validity)는 검사문항들이 측정하려고 하는 전체 영역을 대표하고 있는가에 관한 증거와 문항의 적절성에 관한 증거를 말한다.

내용타당도의 기본 관심은 대표성(representativeness), 즉 문항들이 문항전집(問項全集, item universe)을 대표하는가를 분석하는 데 있다. 대표성이 높은 검사는 내용영역의 모든 측면을 골고루 측정하는 문항들로 구성된다. 여기서 내용은 검사가 측정하려고 하는 교과영역(수학의 경우 집합, 함수, 도형 등)과 인지과정(지식, 이해, 적용, 분석, 종합, 평가)을 가리킨다. 결국 내용타당도는 문항들이 측정하려고 하는 교과영역이나 인지과정을 골고루 반영하는 정도를 말한다.

대표성은 검사가 갖추어야 할 매우 중요한 요건이다. 왜냐하면 검사는 문항전집에서 추출하여 구성한 문항표본으로, 점수에 근거하여 문항전집의 정답률을 추론하는 기능을 하기 때문이다. 예를 들어, 40문항으로 된 검사에서 80%의 문항에 정답을 했다면 문항전집에서도 80%의 정답을 할 것이라고 추론한다([그림 5-2] 참조). 그런데 추론의 정확성은 문항들이 문항전집을 대표하는 정도에 따라 좌우된다. 문항들이 문항전집을 적절하게 대표한다면 검사점수에 근거하여 문항전집의 정답률을 정확하게 추론할 수 있다. 반대로 문항들이 문항전집을 제대로 대표하지 못하면 검사점수에 근거한 추론은 오류를 범하게 된다. 이러한 논리는 여론조사의 논리와 같다. 여론조사에서는 대략 1,000명 정도의 표본을 대상으로 조사한 결과를 전체 국민의 의견이라고 일반화(추론)한다. 이때 일반화의 정확성은 1,000명으로 구성된 표본이 전체 국민을 적절하게 대표하는가에 따라 좌우된다. 만약 표본이 편향되었다면 표본의 조사결과를 전체 국민의 의견이라고 일반화하는 오류를 범하게 된다.

내용타당도는 검사점수에 근거하여 전체 영역으로 추론 내지 일반화해야 할 상황
에서 매우 중시된다. 내용타당도가 높다는 것은 검사문항들이 내용영역이나 인지과
정을 대표할 수 있는 표본으로 구성되어 있음을 뜻한다([그림 5-3] 참조). 성취도검사
에서는 검사에 포함된 내용들의 비율이 수업에서 다룬 내용들의 비율에 근접하면 내
용타당도가 확보된다.

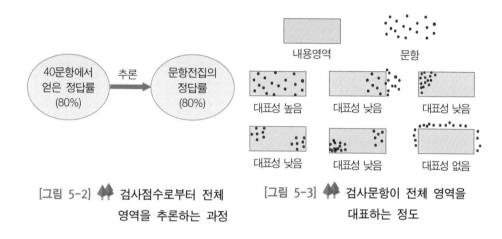

[그림 5-2] 🌲 검사점수로부터 전체　　　　[그림 5-3] 🌲 검사문항이 전체 영역을
　　　　　　　영역을 추론하는 과정　　　　　　　　　　　대표하는 정도

이상적인 측면에서 검사는 내용영역의 주요 측면들을 모두 포괄할 수 있도록 문항
을 제작해야 한다. 따라서 문항들이 특정 영역에서 집중 출제되면 내용타당도가 낮
아진다. 예를 들어, 특정 단원에서 상대적으로 많은 문항을 출제하면 다른 단원에서
출제할 수 있는 문항들이 줄어들기 때문에 대표성이 낮아진다. 또 단순기억을 측정
하는 문항을 80% 이상 출제하면 종합이나 평가와 같이 고차적인 능력을 재는 문항을
출제할 수 없게 되므로 대표성이 낮아진다. 대표성을 평가하면 검사가 전체 내용영
역을 골고루 측정하고 있는지, 특정 측면을 경시하고 있는지를 확인할 수 있다.

문항의 적절성도 내용타당도를 판단하기 위한 중요한 증거가 된다. 문항의 적절성
(item relevance)이란 하나하나의 문항이 필수적인 교육목표 혹은 내용과 부합되는 정
도를 말한다. 그러므로 문항이 교육목표에 포함된 내용이나 기능을 측정하면 내용타
당도를 갖고 있다. 조선시대에 관한 역사시험에서 임진왜란에 관한 문항은 적절하지
만, 무신의 난에 관한 문항은 적절하지 않다. 문항의 적절성을 검토하면 문항이 교육
목표나 내용을 제대로 측정하고 있는지 확인할 수 있다.

요컨대, 내용타당도의 두 가지 기본적인 물음은 다음과 같다.

1. 검사가 전체 영역을 대표할 수 있는 문항으로 구성되어 있는가?
2. 문항이 측정하려고 하는 교육목표(혹은 내용이나 특성)에 부합하는가?

## 2. 내용타당도에 관한 증거수집의 절차

내용타당도는 검사의 대표성과 문항들의 적절성에 관한 증거를 말한다. 검사를 계획·제작하는 과정에서 교육목표에 부합하는 문항을 작성하고 이원분류표를 활용하는 것도 결국 내용타당도를 높이기 위한 방안이다. 그러나 검사제작과정에서 노력하더라도 내용타당도가 보장되는 것은 아니다. 따라서 검사를 제작한 다음에는 내용타당도를 판단해야 한다.

내용타당도는 전문가들이 (1) 검사가 전체 영역이나 구인을 대표하는 정도(content coverage)와 (2) 문항 하나하나가 측정하고자 하는 교육목표(혹은 특성)에 부합하는 정도(item relevance)를 논리적으로 분석·판단한다.

내용타당도를 판단하려면 먼저 측정하려는 영역이나 특성을 명확하게 정의해야한다. 성취도검사에서 영역은 교육목표에 비추어 정의되므로 교육목표를 명세적으로 진술해야 한다. 측정하고자 하는 영역이나 특성을 상세하고 정확하게 정의하지 않으면 문항들이 전체 영역을 대표하는지 혹은 문항이 교육목표나 특성에 부합하는지 판단할 수 없다.

내용타당도를 판단하기 위한 일반적인 절차는 다음과 같다.

1. 측정하려고 하는 영역(성취도검사의 경우 교육목표)이나 특성을 정의한다.
2. 내용전문가들을 선정한다.
3. 문항들이 영역(교육목표)이나 특성에 부합하는지를 전문가들이 판단한다.
4. 전문가들이 평정한 결과를 수집·요약한다.

## 3. 내용타당도 결과의 보고방식: 내용타당도 계수

검사의 대표성과 문항의 적절성에 관한 판단은 본질적으로 양적인 문제가 아니라 질적인 문제이지만 내용타당도에 관한 전문가들의 판단자료는 몇 가지로 요약할 수 있다. 여기서는 내용타당도 계수를 소개한다.

Lawshe(1975)는 전문가의 판단자료를 이용하여 검사의 내용타당도 계수를 구하는 방법을 제안했다(Gregory, 2004, 재인용). 이 방법을 소개하면 다음과 같다.

(1) 2명의 전문가에게 문항이 영역 혹은 교육목표에 부합하는 정도를 4단계척도에서 평정하도록 한다.

문항이 영역 혹은 교육목표와 부합하는 정도를 표시하시오.
① 매우 적합    ② 약간 적합    ③ 약간 부적합    ④ 매우 부적합

(2) 각 전문가의 판단결과를 적합('매우 적합'과 '약간 적합'을 포함)과 부적합('약간 부적합'과 '매우 부적합'을 포함)으로 양분한다.
(3) 두 전문가가 판단한 결과를 동시에 고려하여 문항들을 분류한다. 두 전문가가 모두 적합하다고 판단한 문항은 A, 모두 부적합하다고 판단한 문항은 D에 분류하고, 판단이 불일치하는 문항은 B 혹은 C에 분류한다.

|  | 전문가 A | |
|---|---|---|
|  | 적합 | 부적합 |
| 전문가 B 적합 | A(87문항) | B(5문항) |
| 전문가 B 부적합 | C(4문항) | D(4문항) |

(4) 내용타당도 계수를 구한다. 내용타당도 계수는 전체 문항에서 두 전문가가 모두 적합하다고 분류한 문항들이 차지하는 비로 표시된다.

$$내용타당도 = \frac{A}{A+B+C+D}$$

앞의 자료에 제시된 바에 따르면 100문항으로 구성된 검사에서 두 전문가는 87문항이 적합하다고 판정했다. 그러므로 내용타당도 계수는 다음과 같다.

$$\text{내용타당도} = \frac{87}{87+5+4+4} = \frac{87}{100} = .87$$

　　전문가들이 2명 이상일 경우에는 2명씩 짝지어 구한 내용타당도 계수의 평균을 구하면 된다. 그러므로 이 방법은 전문가들의 수가 많을 경우에는 매우 복잡하다.

## 4. 안면타당도

　　안면타당도(顔面妥當度, face validity)는 '검사가 측정하려고 의도한 특성을 측정하고 있는 것처럼 보이는 정도'를 뜻한다. 안면타당도는 검사가 실제로 측정하는 것과 관련되는 것이 아니라, 검사가 무엇을 재고 있는 것 같다는 주관적인 인상을 중심으로 기술된다. 따라서 검사의 명칭과 문항이 학생이나 검사자에게 적절하다고 생각되고 검사가 의도하는 특성을 측정하는 것처럼 보이면 안면타당도가 높다. 예를 들어, 운전면허시험이 운전을 하는 데 필요한 지식을 재는 것 같다고 운면면허시험 응시자들이 생각하면 안면타당도가 높다. 단, 안면타당도는 내용타당도와 달리, 논리적으로 분석되지는 않는다.

　　안면타당도는 검사가 실제로 측정하는 것과 전혀 관련이 없고 타당도의 겉모습(appearance)에 불과하므로 기술적인 타당도를 대치할 수 없다. 그렇지만 안면타당도 역시 검사가 갖추어야 할 바람직한 요건이므로 모든 검사는 안면타당도가 높아야 한다. 원칙적으로 검사는 학생, 교사, 교육행정가, 일반인에게 '타당한 것처럼 보여야' 한다. 검사를 실제 활용하고 선택하는 사람들은 기술적인 타당도의 개념을 정확하게 이해하지 못하기 때문에 '타당한 것처럼 보이는' 검사를 선택하는 경향이 높다.

　　안면타당도가 낮으면 실제 타당도에 부정적인 결과를 초래할 수도 있다. 안면타당도가 높지 않으면 학생은 검사가 공정하지 않다는 느낌을 가질 수 있다. 예를 들어, 아동용 검사를 성인에게 실시할 경우 안면타당도가 낮기 때문에 저항과 비판에 봉착할 소지가 있다. 검사가 적합하지 않다는 인상을 주면 실제 타당도가 높다고 하더라도 협조를 얻거나 라포(rapport, 심리적인 유대관계)를 형성하기가 어렵고, 동기에 부정적인 영향을 줄 수 있다. 특히 성인을 대상으로 하는 검사에서는 실제 타당도도 높아야 하지만 안면타당도도 높아야 한다.

　　일반적으로 내용타당도가 높으면 안면타당도도 높지만, 안면타당도가 높지 않더라도 내용타당도가 높을 수는 있다. 안면타당도를 높이려면 검사문항이 실제 상황을 적절하게 반영하도록 해야 한다. 예컨대, 기술자를 채용하기 위한 시험의 경우 기계 조작과 관련된 용어를 사용하여 문항을 작성하면 안면타당도를 높일 수 있다.

　한편, 교과타당도(curricular validity)는 검사문항이 교육과정에서 다루는 내용과 부합하는 정도를, 교수타당도(instructional validity)는 문항이 측정하는 지식과 기능이 수업시간에 다룬 내용과 일치하는 정도를 의미한다.

## 제3절 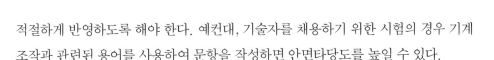 준거타당도

### 1. 준거타당도의 의미

　준거타당도(準據妥當度, criterion validity)는 검사점수(X)가 외적 준거(Y)와 관련된 정도, 즉 검사점수가 외적 준거를 추정 혹은 예언할 수 있는 정도에 관한 증거를 말한다. 이를 준거관련타당도(criterion-related validity)라고 하기도 한다. 여기서 준거(準據, criterion)는 검사점수와 관련된 외적 변수 혹은 검사점수로부터 예언하려고 하는 외적 변수를 가리키며, 준거지향검사에서의 '준거'와 완전히 다른 개념이다. 예를 들어, 대학수능시험의 준거는 대학 재학 중의 성적이고, 입사시험의 준거는 재직 중의 근무성적이다. 대학수능시험성적을 기준으로 신입생을 선발하는 것은 시험성적이 높은 학생이 재학 중 성적이 높을 것이라고 기대하기 때문이고, 입사시험성적을 기준으로 신입사원을 선발하는 것은 시험성적이 높은 사람이 근무성적이 높을 것이라고 기대하기 때문이다.

　전술한 것처럼 준거타당도는 다음과 같이 검사점수가 준거를 추정/예언하는 정도에 관한 증거를 뜻한다.

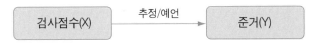

　준거타당도의 기본 관심은 검사점수가 준거와 관련이 있는가를 확인하는 데 있다. 준거타당도에서 검사점수에 관심을 갖는 것은 그것이 준거를 추정하거나 예언할 수 있기 때문이다. 그러므로 준거타당도의 일차적인 관심은 준거에 있다. 검사점수는 준거를 잘 추정하거나 예언해야 유용하다. 검사점수가 준거를 효과적으로 추정하거

나 예언하면 준거타당도가 확보된다. 대학수능시험이 대학재학 중 성적을 정확하게 예언하면 준거타당도를 갖고 있다고 할 수 있다.

## 2. 준거타당도에 관한 증거수집 절차

준거타당도는 검사점수에 근거하여 중요한 외적 준거를 추정 혹은 예언해야 할 상황에서 적용된다. 준거타당도에서 외적 준거는 (1) 검사를 실시하는 시점과 거의 동시에 측정하는 준거와 (2) 검사를 실시한 후 상당 기간(수개월 혹은 수년)이 지난 후 측정하는 준거로 구분할 수 있다. 따라서 준거타당도는 준거를 측정하는 시점에 따라 (1) 공인타당도와 (2) 예언타당도로 나뉜다. 준거타당도에 관한 증거를 수집하는 절차는 다음과 같다.

1. 검사(X)를 실시하여 자료를 수집한다.
2. 준거(Y)를 측정한다.
3. 검사점수와 준거점수 사이의 관계를 분석한다.

### 1) 공인타당도

공인타당도(共因妥當度, concurrent validity)는 검사점수가 거의 동시에 존재하는 외적 준거와 관련된 정도를 말한다. 즉, 공인타당도는 검사점수와 준거에 관한 자료를 거의 동시에 수집하는 상황에서 검사점수(X)가 현재 존재하는 외적 준거(Y)를 추정하는 정도에 관한 증거를 말한다.

공인타당도는 기존의 양호한 검사를 준거로 하여 새로 개발한 검사를 타당화하기 위한 용도로 활용된다. 가령, 새로 개발한 지능검사가 기존의 지능검사와 상관이 높다면 새로운 지능검사가 지능을 타당하게 측정하고 있다는 경험적 증거가 확보된다.

공인타당도는 시간이나 비용이 많이 소요되는 비효율적인 검사를 효율성이 높은 검사로 대치하려는 용도로 사용되기도 한다. 예를 들어, 조종사를 선발하기 위해 비행기 조종술을 직접 측정하려면 비용과 시간이 많이 소요된다. 그런데 조종술 필기시험점수가 실제 조종술 실기시험점수와 상관이 높다면 필기시험점수로 조종사를 선발해도 된다. 이때 조종술 필기시험점수와 조종술 실기시험점수 간의 상관이 공인타당도 증거가 된다. 이와 같이 공인타당도는 비효율적인 검사를 효율적인 검사로 대치하거나 문항수가 많은 검사를 문항수가 적은 검사로 대치하도록 하는 근거를 제공한다.

### 2) 예언타당도

예언타당도(豫言妥當度, predictive validity)는 검사점수(X)가 미래에 존재하는 준거(Y)를 어느 정도 정확하게 예언하는가에 관한 증거를 말한다. 예언타당도의 준거는 미래에 존재하는 행동특성이므로 예언타당도는 검사점수가 미래의 준거를 어느 정도 정확하게 예언하는가에 관한 경험적 증거를 가리킨다.

예언타당도는 검사점수가 미래의 행동특성을 정확하게 예언하는 정도를 나타내므로 입학시험이나 입사시험과 같이 선발을 위한 용도로 사용하는 검사의 주 관심사가 된다. 입학시험과 입사시험의 목적은 미래의 성공적인 성취를 나타낼 사람을 선발하는 데 있다. 입사시험의 예언타당도는 근무성적과의 관계로 표시되고, 입학시험의 예언타당도는 대학재학 중 성적과의 관계로 표시된다. 예언타당도가 높다는 것은 검사점수가 미래의 준거를 잘 예언한다는 것을 나타내고, 반대로 예언타당도가 낮다는 것은 검사점수가 미래의 준거를 제대로 예언하지 못한다는 것을 나타낸다.

예언타당도의 논리는 일상에서도 쉽게 찾아볼 수 있다. "될성부른 나무는 떡잎부터 알아본다."라는 속담에 따르면 '떡잎'은 나무의 성장을 잘 예언하고 있다. 비과학적이긴 하지만 관상이나 사주를 보고 운명을 예언하는 것도 예언타당도의 논리를 반영하고 있다. 남자가 여자보다 보험료를 더 많이 내는 것도 성별이 사망률을 잘 예언하기 때문이다.

## 3. 준거타당도의 보고 및 해석: 타당도 계수

준거타당도는 검사점수(X)와 준거(Y)의 관계로 표시되는데, 검사점수와 준거의 관계는 다양한 방식으로 나타낼 수 있다. 준거타당도를 보고할 때는 타당도 계수(검사점수와 외적 준거 사이의 상관계수)가 가장 널리 활용된다. 타당도 계수가 적합하지 않은 상황에서는 추정의 표준오차, 기대표 등으로 준거타당도를 나타낼 수 있다. 타당도 계수에 관해 살펴본다.

## 1) 타당도 계수의 의미

타당도 계수(妥當度 係數, validity coefficient)는 검사점수(X)와 준거점수(Y) 간의 상관계수를 의미한다. 검사점수와 준거점수가 모두 연속변수이고 정규분포를 이룰 경우 타당도 계수는 Pearson의 적률상관계수($r_{XY}$)로 표시된다(검사점수와 준거점수가 명명척도이거나 서열척도일 경우에는 특수상관계수를 구하면 된다. 제3장 참조). 상관계수로 표시되는 타당도 계수는 값이 클수록 검사점수(X)가 준거점수(Y)를 더 정확하게 추정 혹은 예언한다는 것을 의미한다. 타당도 계수를 구하는 절차는 다음과 같다.

1. 검사를 실시한다.
2. 준거를 측정한다.
3. 검사점수(X)와 준거점수(Y) 사이의 상관계수를 구한다.

## 2) 타당도 계수의 종류

타당도 계수는 검사점수(X)와 준거점수(Y)를 수집하는 시점에 따라 공인타당도 계수와 예언타당도 계수로 구분된다. 공인타당도 계수는 거의 동시에 측정한 검사점수(X)와 준거점수(Y) 사이의 상관계수를, 예언타당도 계수는 일반적으로 검사점수(X)와 일정한 시간이 경과한 후 측정한 준거점수(Y) 사이의 상관계수를 말한다.

앞의 그림에 제시되어 있는 것처럼 2015년 10월에 실시한 수학중간고사와 거의 동시에 실시한 수학성취도 시험 사이의 상관계수는 공인타당도 계수, 수학중간고사와 2년 후 실시한 수능시험(수리) 사이의 상관계수는 예언타당도 계수가 된다.

공인타당도 계수가 높다는 것은 검사점수(X)가 준거점수(Y)와 긴밀하게 관련되어 있음을 나타낸다. 새로 개발한 지능검사가 기존의 지능검사와 상관계수가 높다는 것은 새로 개발한 검사가 지능을 충실하게 측정하고 있다는 경험적인 증거가 된다.

예언타당도 계수가 높다는 것은 검사점수(X)가 미래에 존재하는 준거점수(Y)를 잘 예언하고 있음을 나타낸다. 수능성적과 대학재학 중의 성적 사이의 상관계수가 .80 이라면 수능성적이 대학성적을 상당한 정도로 예언하고 있으므로 수능성적은 대학성적에 대해 예언타당도가 높다고 할 수 있다. 이는 수능성적을 대학 신입생 선발자료로 사용하는 것이 정당하다는 것을 입증하는 경험적 지표가 된다. 또 다른 예로 어떤 회사에서 실시한 입사시험성적과 근무성적 사이의 상관계수가 높을 경우, 입사시험성적이 높은 사람이 근무성적도 높기 때문에 입사시험성적을 기준으로 신입사원을 선발하는 것이 합당하다는 것을 나타낸다.

### 3) 타당도 계수에 영향을 주는 요인

타당도 계수는 상관계수로 표시되기 때문에 상관계수에 영향을 주는 모든 요인이 영향을 미친다. 타당도 계수에 영향을 미치는 요인들을 간단히 소개한다.

검사 자체 요인    검사문항은 교과에 대한 지식이나 인지기능을 측정하려는 것인데, 다음과 같은 검사 혹은 문항의 결함은 타당도를 약화시킨다.

- 불명료한 지시 혹은 지시문
- 복잡하거나 난해한 어휘 및 구문
- 모호한 표현
- 시간제한의 부적절성
- 측정하기 쉬운 내용만 강조하는 문항
- 문항형식의 부적절성
- 문항의 결함
- 문항수의 부적절성
- 문항배열의 부적절성
- 정답의 규칙적 패턴

개인적 특성    학생의 개인적 특성도 검사결과 해석의 타당도를 약화시키는 요인으로 작용할 수 있다. 학생의 정서상태, 시험불안, 동기 등은 검사에 대한 반응에 영향을 미치므로 검사결과를 왜곡시킬 수 있다.

**검사 실시 및 채점**   검사 실시조건이나 채점방식도 타당도를 약화시키는 요인으로 작용할 수 있다. 검사시간 부족, 부정행위, 채점의 비일관성, 물리적 및 심리적 조건 등은 타당도를 약화시키는 요인으로 작용한다.

**신뢰도 계수**   앞에서 말한 것처럼 신뢰도는 타당도의 필요조건이므로 타당도 계수가 높으려면 신뢰도 계수가 높아야 한다. 구체적으로 타당도 계수는 검사점수의 신뢰도 계수는 물론 준거점수의 신뢰도 계수의 영향을 받는다. 타당도 계수와 신뢰도 계수의 관계를 나타내면 다음과 같다.

$$r_{XY} \leq \sqrt{r_{XX}} \sqrt{r_{YY}}$$

여기서 $r_{XY}$는 타당도 계수, $r_{XX}$는 검사점수의 신뢰도 계수, $r_{YY}$는 준거점수의 신뢰도 계수를 각각 나타낸다. 이 공식은 검사점수와 준거점수의 신뢰도가 모두 높아야 타당도 계수도 높다는 것을 나타낸다.

이것은 검사점수와 준거점수에 작용하는 우연적 오차는 신뢰도에 부정적인 영향을 주고 결국 타당도를 약화시킨다는 것을 뜻한다. 우선 준거점수에 작용하는 우연적 오차는 타당도 계수를 축소시키는(attenuate) 작용을 한다. 즉, 준거점수에 우연적 오차가 포함되어 있으면 그로 인해 신뢰도 계수가 낮아지고, 결과적으로 타당도 계수가 낮아진다. 준거점수에서 우연적 오차를 완전히 제거했을 때(완전한 신뢰도를 갖고 있다고 가정할 경우) 타당도 계수는 통계적으로 다음과 같이 추정된다.

$$r'_{XY} = \frac{r_{XY}}{\sqrt{r_{YY}}}$$

타당도 계수가 .40이고 준거점수의 신뢰도 계수가 .80이라고 할 때 교정 타당도 계수는 다음과 같다.

$$r'_{XY} = \frac{.40}{\sqrt{.80}} = .44$$

검사점수에도 우연적 오차가 포함되어 있으므로 검사점수와 준거점수에서 우연적 오차의 영향을 모두 제거하면 타당도 계수의 최댓값을 얻을 수 있다. 준거점수와 검사점수에서 우연적 오차를 모두 제거했을 때 타당도 계수는 다음과 같다.

$$r'_{XY} = \frac{r_{XY}}{\sqrt{r_{XX} \times r_{YY}}}$$

이것은 두 변수에 작용하는 측정오차를 모두 제거한 것이기 때문에 타당도 계수의 최댓값이다. 검사점수와 준거점수의 신뢰도 계수가 각각 .70과 .80이고 타당도 계수가 .40이라면 우연적 오차의 영향을 교정한 타당도 계수는 다음과 같다.

$$r'_{XY} = \frac{.40}{\sqrt{.70 \times .80}} = .53$$

이러한 사실은 타당도 계수를 높이려면 신뢰도를 높여야 함을 시사한다. 따라서 타당도 계수를 보고할 때는 교정되지 않은 타당도 계수는 물론, 교정한 타당도 계수도 함께 보고하는 것이 좋다.

집단의 성질　신뢰도 계수와 마찬가지로 타당도 계수는 연령, 성별, 교육수준, 직업과 같은 집단특성의 영향을 받는다. 그 결과 특정 검사가 특정 집단에서는 준거를 잘 예언하지만, 다른 집단에서는 준거를 제대로 예언하지 못하는 경우가 있다. 이는 타당도 계수를 해석할 때 집단의 특성을 감안해야 한다는 것을 시사한다. 집단의 이질성도 타당도 계수에 영향을 미친다. 앞에서 설명한 바와 같이 타당도 계수는 상관계수로 표시되는데, 상관계수는 동질집단에서는 낮아지고 이질집단에서는 높아진다.

# 제4절　구인타당도

## 1. 구인타당도의 의미

구인타당도(構因妥當度, construct validity)란 검사가 원래 측정하려고 하는 구인을 실제로 측정하고 있는가에 관한 증거를 뜻한다. 여기서 구인(構因, construct)이란 과학적인 상상의 산물로 지능, 동기, 태도, 학업성취, 지도성과 같이 직접 관찰하거나 측정할 수 없는 행동에 관한 이론적인 개념화, 즉 가설적 구성개념을 말한다. Cronbach(1984)에 따르면 구인을 의미하는 영어단어 'construct'는 동사 'to construe'의 명사형으로, 관찰한 행동을 해석 · 조직하기 위한 방식을 의미한다. 구인은 가설적 개념 —과학자들이 인간의 행동을 설명하기 위해 과학적 상상력을 동원해서 만든 산물 —이므로 절대적인 의미에서는 결코 관찰하거나 측정할 수 없고, 간접적으로 관찰되거나 측정된다.

구인은 이론의 기초단위가 된다. 단순한 의미에서 이론이란 구인 사이의 관계 또는 심리학적 구인과 관찰할 수 있는 현상 사이의 관계를 진술한 것이다. 따라서 경험적 탐구와 이론의 실증을 통해 행동패턴을 예측하고 통제하려면 구인을 반영하는 행동을 관찰 · 측정해야 한다.

교육에서 거의 모든 검사는 각기 구인을 측정하기 위해 제작된다. 지능검사는 지능이라는 구인을 측정하기 위한 목적을 갖고 있고, 학습동기검사는 학습동기라는 구인을 측정하기 위한 목적을 갖고 있다. 그러나 검사의 명칭이 특정 구인을 포함한다고 해서 그 검사가 구인을 타당하게 측정한다고 확신할 수는 없다. 왜냐하면 타당도는 선언이 아니라 증거에 의해서 확인할 수 있기 때문이다(Validity is not established by declaration, but by evidence; Sax, 1974). 그러므로 지능검사라는 명칭이 붙어 있다고 해서 그 검사가 실제로 지능을 측정하고 있다고 단언하기는 어렵다. 지능검사가 진정으로 지능을 측정하는가의 여부는 명칭이 아니라 경험적인 증거에 의해서만 확인될 수 있다.

구인타당도는 검사가 의도하는 구인을 측정하고 있으며, 관계가 없는 구인을 측정하지 않는다는 증거를 말한다. 예를 들어, 지능검사의 구인타당도는 지능을 측정하고 있고, 지능 이외의 특성(창의력, 어휘력 등)을 측정하지 않는다는 증거를 말한다.

앞에서 다룬 내용타당도와 준거타당도도 구인타당도의 증거가 된다. 이러한 의미에서 보면 내용타당도와 준거타당도는 구인타당도에 포함된다. 그렇지만 구인타당도는 검사내용이 측정하고자 하는 전체 영역을 대표하거나 검사점수가 준거점수를 예측하는가를 확인하려는 것이 아니라, 검사가 측정하려고 하는 구인을 실제로 측정하는가에 관심이 있다는 점에서 내용타당도와 준거타당도의 목적과 다르다.

## 2. 구인타당도에 관한 증거수집 절차

구인타당도는 심리적 특성, 즉 구인을 측정하기 위한 도구를 개발하고 그 도구가 의도하는 특성을 측정하고 있는가를 확인하는 과정에 반드시 포함된다. 구인타당도에 관한 증거를 수집하는 절차는 다음과 같다.

1. 구인과 다른 변수(연령, 성별, 지능 등)의 관계에 관한 가설을 설정한다.
2. 구인을 측정할 수 있는 도구를 선정하거나 제작한다.
3. 가설을 검증할 수 있는 자료를 수집한다.
4. 수집된 자료를 이용해서 가설을 검증한다.

## 3. 구인타당도에 관한 증거수집 방법

구인타당도는 검사가 측정하려고 하는 구인을 실제로 측정하는가를 입증할 수 있는 증거를 말한다. 그러므로 구인타당도를 판단하기 위한 과정에는 논리적 방법과 경험적인(통계적인) 방법이 두루 활용된다. 이러한 점에서 구인타당도는 논리적 방법에 의존하는 내용타당도나 경험적(통계적) 방법에 의존하는 준거타당도와 다르다.

구인타당도에 관한 증거를 수집하는 과정에는 (1) 내적 합치도 분석, (2) 상관관계 분석, (3) 집단차이 검증, (4) 실험처치 효과 비교, (5) 요인분석, (6) 중다특성-중다 방법 행렬 등 다양한 방법이 두루 활용된다.

상관관계를 분석하여 구인타당도를 판단하는 과정을 보자. 검사점수와 다른 변수의 상관은 구인타당도의 증거가 된다. 예컨대, 지능이라는 구인은 학업성적과 정적 상관이 있을 것이라고 기대되므로 지능검사의 점수가 학업성적과 정적 상관이 있다면 지능검사가 지능을 타당하게 측정하고 있다는 증거가 된다. 반대로 지능검사의 점수와 학업성적 사이의 상관계수가 통계적으로 유의하지 않거나 부적 상관이 있다면 지능검사가 지능을 제대로 측정하지 못한다는 증거가 된다. 여기서는 구인타당도를 판단하기 위한 수렴타당도와 변별타당도를 소개한다.

**수렴타당도**(convergent validity, 집중타당도)는 같은 구인(혹은 관련되는 구인)을 측정하는 여러 검사의 결과가 일치하는(즉, 수렴하는) 정도를 말한다. 새로 개발한 지능검사와 기존 지능검사 간의 높은 상관이나 정직성을 재기 위한 지필검사 결과와 친구들의 관찰결과 사이의 높은 상관은 수렴타당도를 지지하는 증거가 된다. 새로 개발한 지능검사가 기존의 지능검사와 상관이 높다는 것은 새로 개발한 지능검사가 실제로 지능을 충실하게 측정하고 있다는 구인타당도를 지지하는 강력한 증거가 된다(이 경우 기존의 지능검사는 타당도가 높다고 가정한다). 정직성을 재기 위한 지필검사와 친구들의 정직성 판단결과 간의 높은 상관도 구인타당도를 지지하는 증거가 된다.

변별타당도(discriminant validity, 판별타당도)는 이론적으로 관계가 없는 구인들을 측정하는 검사 간에 관련이 없는 정도를 말한다. 이론적으로 관계가 없는 구인들을 측정하는 검사 간에 관련이 없다는 것은 검사가 의도하는 구인을 제대로 재고 있다는 구인타당도의 증거가 된다. 지능검사와 정직성 검사 간에 상관이 낮은 것은 변별타당도 증거가 된다. 반대로 이론적으로 관계가 없는 구인을 재는 검사 간에 상관이 높다는 것은 검사가 의도하는 구인을 제대로 측정하지 못한다는 증거가 된다. 예를 들어, 지능검사의 점수가 정직성 검사의 점수와 .80이라는 높은 상관이 있다면, 지능검사가 지능을 제대로 측정하지 못한다고 볼 수 있다. 이론적으로 관련이 없는 구인들을 측정하는 검사 간의 상관, 즉 변별타당도가 낮으면 구인타당도를 지지하는 증거가 된다.

여러 특성을 다양한 방법으로 측정한 자료 간의 상관을 나타낸 **중다특성-중다방법행렬**(multitrait-multimethod matrix; Campbell & Fiske, 1959)은 수렴타당도 및 변별타당도 증거를 확인하여 구인타당도를 검증하기 위한 방법이다. 여기서 중다특성이란 여러 구인을, 중다방법은 여러 측정방법을 말한다.

## 제5절 영향타당도(결과타당도)

영향타당도(影響妥當度, 결과타당도, consequential validity)란 평가활동이 원래 의도한 기능을 제대로 수행하거나 목적을 제대로 달성하고 있는가에 관한 증거를 말한다. 전통적으로 타당도는 검사가 측정하려고 의도하는 대상을 충실하게 측정하고 있는가에 관한 증거에 치중한 나머지 검사나 평가의 영향을 타당도의 범주에 포함하지 않았지만, 최근에는 그것을 타당도의 범주에 포함시키는 경우도 있다. Messick(1989, 1994)은 타당도를 전반적으로 판단하려면 평가결과에 관한 해석 및 활용이 어떤 영향을 미치는가를 포괄적으로 검토해야 한다고 주장했다. 영향타당도(결과타당도라고 번역하기도 하나 의미상으로 영향타당도가 더 적합한 명칭이라고 생각된다)란 용어가 국내 평가문헌에서 사용된 것은 비교적 최근의 일이다.

평가의 영향을 판단하려면 (1) 의도한 영향, (2) 의도하지 않은 영향, (3) 긍정적인 영향, (4) 부정적인 영향을 포괄적으로 고려해야 한다. 또 평가가 개인 및 기관에 미치는 영향은 물론 사회 전반에 미치는 영향도 고려해야 한다. 이에 따르면 검사가 의도하는 기능을 제대로 수행하지 못하거나 부정적인 영향을 미친다면 타당도에 관한 부정적인 증거가 된다.

영향타당도는 평가가 실제로 어떤 영향을 미치는가를 확인하는 것이 주요 관심사가 된다. 앞에서 언급한 것처럼 평가의 영향을 검토할 때는 모든 영향을 다각적으로 고려해야 한다. 평가결과가 개인에 관해 중요한 의사결정을 내리기 위해 활용되는 경우 평가의 영향을 검토하는 것은 특히 중요하다.

한편, 학자들은 영향타당도를 타당도의 개념에 포함시키는 것이 바람직한가에 관해 논란을 벌이고 있다. Shepard(1997)는 검사에 근거한 결정이 사회에 미치는 영향은 오래전부터 타당도의 일부였으므로 사회적 영향 혹은 효과를 타당도의 개념에 포함시켜야 한다고 주장했다. 이와 달리 영향타당도는 타당도의 본질이 아니라 정치나 정책의 문제이므로 타당도 개념에 포함되는 것은 부적절하다는 지적도 없지 않다. Popham(1997)은 사회적 영향을 타당도의 일부로 보는 관점에 대해 상당히 비판적인 견해를 취하고 있다. 그는 사회적 영향을 타당도의 개념에 통합하면 타당도 개념이 불명료해진다고 지적했다. 그는 타당도의 개념은 '검사점수에 근거한 추론의 정확성'으로 명료하게 정의할 수 있으므로 사회적 영향과 가치를 타당도에 통합할 경우 타당도 개념이 불필요하게 복잡해진다고 주장했다.

### 🔍 주요개념

| | | | |
|---|---|---|---|
| 타당도 | 내용타당도 | 안면타당도 | 교과타당도 |
| 교수타당도 | 준거타당도 | 공인타당도 | 예언타당도 |
| 타당도 계수 | 공인타당도 계수 | 예언타당도 계수 | 구인타당도 |
| 수렴타당도 | 변별타당도 | 영향타당도(결과타당도) | |

**요약정리**

1. 타당도는 검사점수 해석의 적합성 혹은 정확성을 뜻한다. 타당도는 용도나 목적에 비추어 판단해야 한다. 타당도가 높으면 의사결정에 도움을 준다.

2. 타당도를 지지하는 증거는 (1) 내용관련증거(검사가 측정하는 영역을 적절하게 대표하는 정도), (2) 준거관련증거(검사점수와 외적 준거의 관계에 근거한 증거), (3) 구인관련증거(검사점수가 의도하는 구인을 측정하는가에 관한 증거), (4) 영향(결과)관련증거(검사의 의도적 및 우연적 영향에 관한 증거)로 구분할 수 있다.

3. 신뢰도는 타당도의 필요조건이지만 충분조건은 아니다.

4. 내용타당도는 검사문항들이 측정영역을 대표하는 정도와 문항의 적절성에 관한 증거를 말한다.

5. 안면타당도는 검사에 대한 피검사자들의 주관적인 인상을 중심으로 기술한 타당도를 의미한다. 교과타당도는 검사문항이 교육과정의 목표나 내용과 부합하는 정도를, 교수타당도는 문항이 측정하는 지식과 기능이 수업시간에 다룬 내용과 일치하는 정도를 뜻한다.

6. 준거타당도는 검사점수가 외적 준거를 추정하거나 예언하는 정도를 말한다. 준거는 검사점수와 관련이 있거나 검사점수로 예언하고자 하는 변수를 지칭한다. 준거타당도는 검사점수와 준거에 관한 자료를 거의 동시에 수집하는 상황에서 검사점수가 준거를 추정하는 정도를 뜻하는 공인타당도와 검사점수가 미래의 준거를 예언하는 정도에 관한 증거를 뜻하는 예언타당도로 구분된다.

7. 타당도 계수는 검사점수와 준거점수 사이의 상관계수로 표시된다. 타당도 계수는 검사점수와 준거점수를 수집하는 시점에 따라 공인타당도 계수와 예언타당도 계수로 나뉜다. 타당도 계수는 상관계수로 표시되므로 상관계수에 영향을 주는 모든 요인의 영향을 받는다.

8. 구인타당도는 검사결과가 측정하려고 의도하는 구인을 실제로 측정하는 정도를 뜻한다. 여기서 구인은 직접 관찰하거나 측정할 수 없는 행동에 관한 이론적인 개념화, 즉 구성개념을 의미한다.

9. 구인타당도를 판단하는 데는 논리적 방법과 경험적 방법이 두루 사용된다. 수렴타당도는 같은 구인을 측정하는 검사 간의 상관을, 변별타당도는 다른 구인을 측정하는 검사 간의 상관을 말한다.

10. 영향타당도(결과타당도)는 검사가 미치는 효과에 관한 증거를 말한다. 검사의 영향을 판단하려면 (1) 의도한 영향, (2) 의도하지 않은 영향, (3) 긍정적인 영향, (4) 부정적인 영향을 포괄적으로 고려해야 한다.

### 제6장

# 출제절차

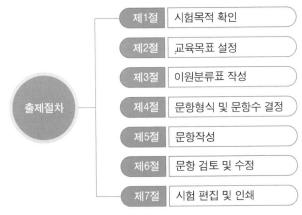

| | | |
|---|---|---|
| | 제1절 | 시험목적 확인 |
| | 제2절 | 교육목표 설정 |
| | 제3절 | 이원분류표 작성 |
| 출제절차 | 제4절 | 문항형식 및 문항수 결정 |
| | 제5절 | 문항작성 |
| | 제6절 | 문항 검토 및 수정 |
| | 제7절 | 시험 편집 및 인쇄 |

 **학습목표**

- 출제절차를 단계별로 기술한다.
- 교육목표를 정의한다.
- 교육목표의 기능을 설명한다.
- 일반목표와 명세목표를 비교한다.
- 행동목표와 비행동목표를 비교한다.
- 인지적 목표, 정의적 목표, 심동적 목표를 구분한다.
- 교육목표분류학을 기술한다.
- 교육목표분류학의 인지적 영역 분류체계를 설명한다.
- 교육목표분류학의 정의적 영역 분류체계를 설명한다.
- 교육목표분류학의 심동적 영역 분류체계를 설명한다.
- 이원분류표를 정의하고, 작성절차를 설명한다.
- 이원분류표의 용도를 설명한다.
- 전공교과에서 이원분류표를 작성한다.
- 문항의 의미를 설명한다.
- 선택형 문항과 서답형 문항의 특징을 비교한다.
- 문항을 작성할 때 고려해야 할 사항들을 기술한다.

시험이나 검사는 다양한 목적을 갖고 있다. 시험이나 검사가 의도하는 목적을 제대로 달성하려면 체계적인 절차에 따라 제작되어야 한다.

학교에서 일반적으로 실시되고 있는 시험을 출제하는 일반적인 절차는 (1) 시험목적 확인, (2) 교육목표 설정, (3) 이원분류표 작성, (4) 문항형식 및 문항수 결정, (5) 문항 작성, (6) 문항 검토 및 수정, (7) 시험 편집 및 인쇄로 구분할 수 있다.

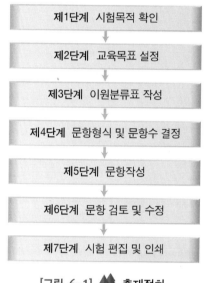

[그림 6-1] 🌲 출제절차

## 제1절 🎯 시험목적 확인

출제의 첫 단계는 시험목적을 확인하는 것이다. 따라서 출제를 하려면 시험결과를 어떤 목적으로 활용하려고 하는가를 가장 먼저 확인해야 한다. 시험의 구체적인 특성은 시험목적에 따라 달라진다. 가령, 시험이 측정하려고 하는 대상(지식, 태도, 기능 등), 문항의 형식과 문항의 수준 등은 시험목적에 따라 달라진다. 성취도를 재기 위한 시험의 목적은 일반적으로 다음과 같이 구분할 수 있다.

(1) 수업을 하기 전에 학생들이 수업을 받는 데 필요한 선수필수기능을 갖고 있는 지를 확인하고(이를 준비도검사라고 한다), 교육목표에 이미 도달했는가를 확인

한다. 정치평가는 이러한 목적을 달성하기 위해 실시된다.

(2) 수업 중 학생들의 학습진전도를 점검하고, 피드백을 제공하여 학습오류를 확인하고 동기를 유발한다. 형성평가는 이러한 목적을 달성하기 위해 실시된다.

(3) 수업 중 지속적인 학습실패를 유발하는 원인을 확인 · 교정한다. 진단평가는 이러한 목적을 달성하기 위해 실시된다.

(4) 수업 후 교육목표가 도달된 정도를 확인하여 성적을 판정하고, 자격을 부여하며, 수업의 효과를 밝힌다. 이러한 목적을 달성하기 위한 평가를 총괄평가라고 한다.

앞에서 언급한 시험목적 중 교육현장에서 가장 중시되고 있는 목적은 일정 기간의 교육활동이 종료된 후 학생들의 성적을 판정하기 위한 총괄적인 목적이다.

총괄적인 목적으로 시험을 실시할 경우에도 규준지향평가(상대평가)를 할 것인지 아니면 준거지향평가(절대평가)를 할 것인지 결정해야 한다. 규준지향평가는 개인의 점수를 다른 학생들의 점수와 상대적으로 비교하여 해석하는 상대평가를 말한다. 반면 준거지향평가는 무엇을 어느 정도 잘할 수 있는가, 즉 교육목표를 달성한 정도에 비추어 개인의 점수를 해석하는 절대평가를 지칭한다. 규준지향평가를 할 것인지 아니면 준거지향평가를 할 것인지를 결정하려면 검사의 용도를 고려해야 한다. 상대적 위치나 서열을 결정하려면 규준지향평가를 해야 한다. 반면 학생이 수업내용을 어느 정도 알고 이해하는가를 판단하려면 준거지향평가를 해야 한다.

## 제2절 🧭 교육목표 설정

시험목적이 결정되면 검사에서 측정하려고 하는 구체적인 지식, 태도, 기능을 결정해야 한다. 성취도를 재기 위한 시험의 경우 측정하려고 하는 지식, 태도, 기능은 교육목표에 반영되어 있으므로 교육목표를 분석 · 진술해야 한다. 교육목표란 학생들이 성취하기를 기대하는 성과를 말하며, 수업목표나 학습목표로 불리고 있다. 시험을 출제하려면 교육목표를 명료하게 진술해야 한다. 이 절에서는 (1) 교육목표의 의미와 기능, (2) 교육목표의 차원, (3) 교육목표의 진술, (4) 교육목표의 분류에 관해 살펴본다.

## 1. 교육목표의 의미와 기능

일반적으로 목표는 어떤 활동을 통해 달성하려고 하는 성과를 가리킨다. 그러므로 **교육목표**(教育目標, educational objectives)는 교육활동을 통해서 달성하려고 하는 성과(지식, 태도, 기능 등)를 뜻한다. 수업목표(instructional objectives), 교수목표(teaching objectives), 학습목표(learning objectives), 평가목표(evaluation objectives) 등도 강조점의 차이가 있지만 교육목표와 유사한 의미로 사용되고 있으므로 여기서는 구분하지 않고 교육목표라는 용어를 사용한다.

단순한 의미에서 교육은 (1) 교육을 통해 달성하려고 하는 교육목표를 설정한 다음, (2) 교육목표를 달성하기 위한 교육활동(수업)을 계획·전개하고, (3) 마지막으로 교육활동을 통해 교육목표를 어느 정도 달성했는가를 확인하기 위해 평가를 하는 과정으로 이루어진다. 이러한 교육의 과정을 간단하게 도식화하면 다음과 같다.

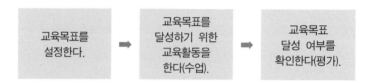

교육목표는 어떤 내용을 무슨 방법으로 가르칠 것인가에 관한 지침을 제공하고, 교육이 종결되었을 때는 교육활동이 어느 정도 효과가 있었는가를 판단하기 위한 준거를 제공한다. 그러므로 교육목표가 없으면 어떤 교육활동을 해야 하고, 무엇을 평가해야 하는지 전혀 알 수 없다. 교육목표가 교수-학습과정에서 수행하는 기능은 다음과 같다.

첫째, 교육목표는 교육이 지향하는 표적으로 교육에 방향을 부여한다. 교육을 여행에 비유할 때 교육목표는 목적지와 같다. 고로 교육목표가 없는 교육은 목적지가 없는 여행과 같다. 교육목표가 없으면 교육은 무계획적이고 즉흥적인 활동이 되므로 교육이라고 할 수 없다. 교육목표가 있을 때 교육은 비로소 목적지를 지향한 의도적인 활동이 될 수 있다. 그러므로 교육에서는 교육목표를 설정하는 작업이 가장 선행되어야 한다.

둘째, 교육목표는 교사 및 학생에게 교육의도를 전달한다. 교육목표는 교사에게 무엇을 어떻게 가르쳐야 하는가에 관한 지침을 제공한다. 교육내용과 교육방법은 어디까지나 교육목표를 달성하기 위한 수단에 불과하므로 교육목표와 관련될 때 의미를 갖는다. 또 교육목표는 학생들에게 무엇을 어느 정도 학습해야 하는가를 분명하게 알려 주므로 학습동기를 높이는 기능을 한다.

셋째, 교육목표는 평가의 준거를 제공한다. 평가와 관련지어 볼 때 교육목표는 교육을 하기 전에 출발점행동 구비 여부를 확인하고(정치평가), 교육이 진행되고 있을 때는 교육목표를 제대로 달성하고 있는가에 관한 정보를 수집하여 교육방법을 개선하고 학습을 촉진하며(형성평가), 교육 후 교육목표가 어느 정도 달성되었는가를 확인하는(총괄평가) 일련의 과정에서 준거로 사용된다. 따라서 교육목표가 없으면 무엇을 평가해야 할지 전혀 알 수 없으므로 평가를 하자면 교육목표를 명료하게 설정하는 작업이 선행되어야 한다.

## 2. 교육목표의 차원

교육목표는 어떤 기준을 사용하는가에 따라 다양한 차원으로 분류할 수 있다. 이 절에서는 교육목표의 종류를 (1) 일반목표 대 명세목표, (2) 행동목표 대 비행동목표로 나누어 살펴본다.

### 1) 일반목표 대 명세목표

교육목표는 범위와 명시성의 정도에 따라 일반목표와 명세목표로 구분된다. 일반목표(一般目標, general objectives)는 포괄적이고 추상적으로 진술한 목표를, 명세목표(明細目標, specific objectives)는 구체적이고 명시적으로 진술한 목표를 뜻한다.

그런데 포괄적이고 추상적인 수준에서 진술한 일반목표는 교육 및 평가에 분명한 지침을 제공할 수 없으므로 교육을 하거나 평가를 하려면 교육목표를 일반목표가 아니라 명세목표로 진술해야 한다.

교육목표를 일반목표가 아니라 명세목표로 진술해야 하는 이유를 구체적으로 살펴보자. 다음에 제시되어 있는 것처럼 교육목표는 다양한 일반성(반대로 명세성)의 수준에서 진술할 수 있다(Hopkins, Stanley, & Hopkins, 1990). 다음에 예시한 교육목표들을 일반목표와 명세목표로 양분할 경우 1수준에서 5수준의 교육목표는 일반목표에, 6수준에서 12수준의 교육목표는 명세목표에 해당된다.

1. 개인적 목적을 달성하고 사회적 의무를 완수한다.
2. 수학실력을 입증할 수 있다.
3. 수학계산을 할 수 있다.
4. 간단한 사칙연산을 할 수 있다.
5. 간단한 덧셈을 할 수 있다.
6. 한 자릿수 덧셈을 할 수 있다.
7. 3과 2를 더할 수 있다.
8. 물건 3개와 물건 2개를 더할 수 있다.
9. 사과 3개와 사과 2개를 더할 수 있다.
10. 말로 이야기했을 때 사과 3개와 사과 2개를 더할 수 있다.
11. 문장제(文章題)에서 사과 3개와 사과 2개를 더할 수 있다.
12. '네가 사과를 3개 가지고 있는데 내가 2개를 더 주면 사과는 모두 몇 개인가?'라는 문제에서 사과 3개와 사과 2개를 더할 수 있다.

일반목표는 너무 포괄적이고 추상적이므로 교육 및 평가에 전혀 도움이 되지 않는 다는 것을 쉽게 짐작할 수 있다. 즉, 1수준에서 5수준의 목표는 너무 일반성이 높기 때문에 교육 및 평가에 아무런 지침을 제공할 수 없다. 앞의 예시에 제시되어 있는 일반목표 중 일반성이 가장 낮은 "간단한 덧셈을 할 수 있다."라는 교육목표만 보더라도 '간단한 덧셈'이 어느 수준의 덧셈을 말하는지 의미가 분명하지 않다. 따라서 이 교육목표를 달성하기 위해 무엇을 어떻게 가르치고 무엇을 평가해야 할지 막연하다. 그보다 더 상위수준의 교육목표는 더 말할 필요가 없다.

이것은 교육 및 평가의 지침으로 사용하려면 교육목표를 명세목표로 진술해야 함을 뜻한다. 왜냐하면 명세목표는 분명한 의미를 갖고 있으므로 무엇을 어떻게 가르치고 무엇을 평가해야 하는가에 관해 구체적인 지침을 제공하기 때문이다.

그렇다고 해서 교육목표를 너무 명세적인 수준에서 진술하는 것은 바람직하지 않다. 교육목표를 너무 명세적인 수준에서 진술하면 교육목표의 수가 너무 많아져 표적으로서의 기능을 상실하게 될 소지가 있고 관리하기도 어렵다. 앞의 예시에서 "3과 2를 더할 수 있다."라는 명세목표는 명료하지만, 너무 구체적이어서 오히려 혼란을 조장할 소지가 있다. 그보다 더 하위수준의 명세목표들은 더 이상 말할 나위가 없다.

요컨대, 교육목표는 지나치게 일반적인 수준에서 진술하거나 반대로 너무 명세적인 수준에서 진술하지 말고, '적정 수준의 명세성'을 갖추도록 진술해야 한다. 교육목표가 너무 일반적인 수준에서 진술되면 교육이나 평가에 아무 도움도 줄 수 없고, 반대로 교육목표가 너무 명세적인 수준에서 진술되면 혼란을 유발할 수 있다. 이러한 기준에 따르면 앞의 예시에서 "한 자릿수 덧셈을 할 수 있다."라는 교육목표가 적정한 수준이라고 할 수 있다. 이 목표는 무엇을 가르치고 평가해야 하는가를 명시하면서도 적당한 수준의 명세성을 갖고 있기 때문이다.

또 다른 예를 들어보자. "비판적으로 사고할 수 있다."라는 목표는 너무 포괄적이고 추상적으로 진술되어 있어 수업과 평가에 아무런 도움이 되지 않는다. 반대로 "다른 자료를 참고하지 않고 신문 사설에서 10분 내에 사실을 나타내는 문장 10개와 의견을 나타내는 문장 5개를 정확하게 지적할 수 있다."라는 목표는 지나치게 명세적인 수준에서 진술되어 있어 혼란스럽다. 따라서 "사실과 의견의 차이를 지적할 수 있다."라는 목표가 적정 수준의 명세성을 갖고 있다고 할 수 있다(Hopkins, Stanley, & Hopkins, 1990).

## 2) 행동목표 대 비행동목표

교육목표는 도달점행동을 관찰가능하고 측정가능한 행동용어로 진술한 **행동목표**(行動目標, behavioral objectives)와 도달점행동을 관찰할 수 없고 직접 측정할 수 없는 내재적 행동으로 진술한 **비행동목표**(非行動目標, nonbehavioral objectives) 혹은 내재적 목표(implicit objectives)로 구분된다. 행동목표는 교육을 통해 습득한 지식이나 기능을 구체적으로 나타내기 위해 '암송한다' '열거한다' '만든다'와 같은 행위동사(action verb)로 진술하고, 비행동목표는 '안다' '이해한다' '감상한다'와 같은 내재적 동사(covert verb)로 진술한다. 그러므로 행동목표의 도달 여부는 직접 관찰해서 측정할 수 있으나, 비행동목표의 도달 여부는 직접 관찰할 수 없으므로 행동으로부터 추론해야 한다. 행동목표와 비행동목표를 예시하면 다음과 같다.

| 행동목표 | • 책을 보지 않고 독립선언문을 정확하게 암송한다.<br>• 교과서에 제시되어 있는 미국이 제1차 세계대전에 참전한 이유를 정확하게 열거한다. |
|---|---|
| 비행동목표 | • 독립선언문을 이해한다.<br>• 미국이 제1차 세계대전에 참전한 이유를 분석한다. |

앞의 예시에서 독립선언문을 정확하게 암송하는지는 직접 관찰하고 측정할 수 있으므로 "책을 보지 않고 독립선언문을 정확하게 암송한다."라는 목표는 행동목표에 속한다. 반면 독립선언문을 이해하는지는 절대로 알 수 없으므로 "독립선언문을 이해한다."라는 목표는 비행동목표에 해당된다.

행동목표와 비행동목표가 적용되는 장면은 다르다(Sax, 1974). 행동목표는 (1) 선수기능을 요구하는 계열적 과제, (2) 의사자격고사나 조종사시험과 같이 고도의 성취수준을 요구하는 장면, (3) 책무성(accountability)을 강조하는 장면, (4) 학습곤란의 원인을 정확하게 진단해야 할 장면, (5) 교사나 학생에게 목표를 분명하게 전달해야 하는 장면에서 적합하다. 반면 비행동목표는 (1) 비록 측정할 수는 없지만 특정 목표의 중요성을 환기시키기 위한 일반적인 지침을 제공할 경우, (2) 바람직하기는 하지만 현실적으로 가르치거나 평가하기 곤란한 목표일 경우, (3) 행동목표를 도출하기 위한 근거로 사용할 경우, (4) 학부모를 포함한 대중에게 교육목표를 전달하고자 할 경우에 적절하다.

## 3. 교육목표의 진술

교육목표는 교수–학습과정에 분명한 지침을 제공하고 평가의 준거로 활용할 수 있도록 구체적으로 진술해야 한다. 일반적으로 교육목표는 (1) 학생의, (2) 구체적인 행동으로 진술하되, (3) 그 행동을 수행하는 조건(condition) 또는 상황(situation)과, (4) 행동이 변화되었음을 판단할 수 있는 준거(criteria) 또는 표준(standard)을 명시해야 한다.

교육목표를 진술할 때 고려해야 할 이러한 기본 요건들은 목표진술의 ABCD라고 한다. 여기서 A는 audience(청중, 즉 학생), B는 behavior(구체적 행동), C는 condition(조건), D는 degree(정도 혹은 준거)를 의미한다. 이 중에서 조건(C)과 준거(D)는 교육목표 진술의 선택요건이다. 단, 교육목표의 진술요건은 교육목표를 진술하는 방식에 따라 다소 달라질 수 있다. 대표적인 교육목표 진술방식으로는 (1) Tyler의 진술방식, (2) Mager의 진술방식, (3) Gagnè의 진술방식, (4) Gronlund의 진술방식을 들 수 있다. 교육목표 진술방식에 관한 구체적인 사항은 지면관계로 다루지 않았으니 관심 있는 독자는 권대훈(2008)을 참고하기 바란다.

**표 6-1** 교육목표의 진술요건

| 진술요건 | 비 고 |
|---|---|
| 1. 학생을 주체로 진술하라. | 필수요건 |
| 2. 구체적인 행동으로 진술하라. | 필수요건 |
| 3. 도달점행동을 명시하라. | 필수요건 |
| 4. 도달점행동을 수행해야 할 조건을 명시하라. | 선택요건 |
| 5. 수행표준 혹은 준거를 진술하라. | 선택요건 |

교육목표를 진술할 때 고려해야 할 요건들을 구체적으로 설명하면 다음과 같다.

학생을 주체로 진술한다    교육목표는 반드시 학생의 행동으로 진술해야 한다. 도달점행동은 행동 주체에 따라 '할 수 있도록 한다.'와 같이 교사 행동으로 진술할 수도 있고, '할 수 있다.'와 같이 학생 행동으로 표현할 수도 있다. 교육에서 교사의 행위는 매우 중요하다. 그렇지만 교육의 궁극적인 표적은 교사가 아니라 학생이므로 교사의 행동은 학생 행동을 변화시키기 위한 수단에 지나지 않는다. 다시 말하면 교육의 목적은 교사가 수업시간에 어떤 행동을 하는 데 있는 것이 아니라, 학생 행동(즉, 학생이 무엇을 할 수 있다)에 귀착된다. 따라서 교육목표는 교사의 행동이 아니라 학생의 행동으로 진술해야 한다. 교육목표를 학생의 행동으로 진술해야 교육 및 평가과정에서 제대로 활용될 수 있다.

구체적인 행동으로 진술한다    교육목표는 직접 관찰하고 측정할 수 있는 외현적 행동(overt behavior)으로 진술해야 한다. 그래야 교육목표를 교육 및 평가의 지침으로 활용할 수 있다. 외현적 행동으로 진술한 목표는 행동목표 또는 관찰가능목표(observable objectives)라고 한다. 행동목표는 '식별한다' '계산한다' '발음한다' '분해한다'와 같이 직접 관찰할 수 있는 동작을 묘사하는 행위동사로 진술해야 한다. 반면 교육목표를 '안다' '이해한다' '파악한다' '감상한다'와 같이 관찰할 수 없는 내재적 행동(covert behavior)으로 진술하면 교육과 평가의 지침을 제공할 수 없다. 가령, '조선시대에 발생했던 당쟁의 인과관계를 안다.'라고 교육목표를 진술하면 당쟁의 원인과 결과를 암기해서 아는지, 분석해서 아는지 또는 추론해서 아는지 분명하지 않다.

교육목표는 교육의 지침과 평가의 준거로 활용해야 하므로 구체적인 행동목표로 진술하는 것이 바람직하다.

**도달점행동을 명시해야 한다**　교육목표에는 교육을 통해 달성하려고 하는 도달점행동을 진술해야 한다. 도달점행동(terminal behavior, 종착점행동)이란 교육이 끝났을 때 학생이 획득해야 할 행동(지식, 태도, 기능)을 말한다. 반면 도달점행동을 달성하는 데 기초가 되는 행동을 출발점행동(entry behavior, 투입행동 혹은 시발점행동)이라고 한다.

당연히 교육목표는 교육 후에 학생들이 획득하기를 기대하는 학생의 구체적인 도달점행동으로 진술해야 한다. 도달점행동에는 내용과 행동을 반드시 포함해야 한다. 이것은 교육목표가 학생이 어떤 내용(자료, 조건, 상황)에 대해 어떤 행동을 해야 하는지를 구체적으로 명시해야 한다는 것을 뜻한다. 이러한 기준에서 볼 때 '도형의 성질'이나 '이차방정식'과 같이 학습내용만 진술한 교육목표나, '기술한다' 또는 '적용한다'와 같이 행동만 진술한 교육목표는 적절하지 않다. 교육목표에 내용만 진술하면 그 내용을 가지고 학생의 어떤 행동을 변화시켜야 하는지 분명하지 않고, 교육목표에 행동만 진술하면 행동이 나타나야 할 내용·상황·조건·자료가 배제되기 때문이다.

**도달점행동을 수행해야 할 조건을 명시해야 한다**　교육목표에는 도달점행동을 수행해야 할 조건을 구체적으로 진술해야 하는 경우도 있다. 조건이란 도달점행동을 수행해야 할 상황[질문, 과제제시방식, 자료, 장비·도구, 시간제한, 장소, 시험형태(필기시험 혹은 구술시험, 선택형 혹은 서답형), 물리적 및 심리적 환경]을 가리킨다. 단, 조건은 교육목표진술의 선택요건이므로 경우에 따라 진술하지 않아도 무방하다. 다음에 예시된 자료에서 고딕으로 표시된 부분은 조건을 나타내고 있다.

- **제시된 자료에 근거하여** 이슬람 문화의 다섯 가지 특징을 열거한다.
- **사과나무의 성장곡선을 보고** 3년 후 사과나무의 크기를 예측한다.
- **건물의 설계도를 보고** 소화기와 비상구의 위치를 지적한다.

수행표준 혹은 준거를 진술해야 한다  수행표준(performance standards) 혹은 준거(criteria)란 도달점행동의 달성 여부를 판단할 수 있는 기준을 말한다. 따라서 수행표준은 도달점행동을 어느 수준에서 수행해야 하는가를 명시한다. 수행표준은 일반적으로 정답률(시험에서 80% 이상의 문항에 정답하기)에 비추어 진술한다. 경우에 따라 수행표준을 시간(컴퓨터를 15분 이내에 수리하기), 정확도(제곱근의 값을 소수 둘째 자리까지 구하기), 오류(오타 10개 이내에서 30분당 3페이지를 타이핑하기)에 비추어 진술하기도 한다. 단, 수행표준은 교육목표 진술의 필수요건이 아니므로 교육목표 진술방식에 따라 진술하지 않아도 된다.

수행표준은 100%가 이상적이며, 100%일 경우 생략하는 것이 원칙이다. 그러나 100%의 목표달성은 극히 예외적인 경우가 아니면 불가능하기 때문에 적정 수준의 수행표준을 설정해야 한다. 그런데 수행표준이 너무 높으면 시간이 낭비되고 학습동기를 약화시킬 소지가 있으므로 수행표준을 다소 낮게 잡는 것이 학습동기를 높이는 데 도움이 된다.

**표 6-2** 교육목표를 진술할 때 흔히 범하는 오류

| 오 류 | 예 시 |
|---|---|
| 교육목표를 너무 추상적으로 진술하는 오류 | • 사칙연산을 한다. |
| 교육목표를 너무 명세적으로 진술하는 오류 | • 9와 7을 더한다. |
| 학습성과가 아니라 학습과정에 비추어 교육목표를 진술하는 오류 | • 임진왜란의 원인에 대해 토론한다. |
| 교과목 내용이나 제목만 진술하는 오류 | • 중력의 법칙(중력의 법칙에 관해 무엇을 학습해야 하는지 명시되지 않았다.) |
| 교사의 행동이나 활동으로 진술하는 오류 | • 학생들에게 중력의 법칙에 관해 설명한다. |
| 하나의 교육목표에 2개 이상의 학습성과를 진술하는 오류 | • 과학적 방법을 이해하고, 적용한다. (과학적 방법을 이해하면서도 적용하지 못할 수 있다.) |

## 4. 교육목표의 분류

교육목표의 영역은 (1) 인지적 목표, (2) 정의적 목표, (3) 심동적 목표로 나눌 수 있다. 인지적 목표(cognitive objectives)는 지식이나 사고과정을 학습성과로 진술한 목

표를 말한다. 교과에서 다루는 개념·원리·이론을 다룬 목표는 인지적 목표에 속한다. **정의적 목표**(affective objectives)는 감정·태도·정서·가치에 관련된 교육목표를 지칭한다. 성실성, 준법성, 근면성과 같은 행동발달상황에 관한 교육목표는 정의적 목표에 해당된다. 정의적 목표는 가르치거나 측정하기가 쉽지 않기 때문에 교육 및 평가에서 무시되는 경우가 흔히 있다. **심동적 목표**(심체적 목표, psychomotor objectives) 혹은 운동기능목표는 신체동작 및 기능에 관련된 교육목표를 말한다. 피아노 연주나 기계조작에 관련된 교육목표가 심동적 목표에 해당된다.

　교육목표의 영역을 인지적 영역(cognitive domain), 정의적 영역(affective domain), 심동적 영역(psychomotor domain)으로 삼분한 Bloom 등(1956)과 Krathwohl 등(1964)의 **교육목표분류학**(taxonomy of educational objectives)은 교육과정 개발, 교육, 평가에 커다란 영향을 미쳤다. 교육목표분류학을 간단하게 살펴본다.

## 1) 인지적 영역의 목표분류

　인지적 영역은 기억·사고·문제해결·창의력과 같은 사고과정을 포함한다. Bloom 등(1956)은 복잡성의 원칙(principle of complexity)에 따라 인지적 영역을 지식·이해·적용·분석·종합·평가로 구분했다. 복잡성의 원칙은 [그림 6-2]와 같이 인지적 영역의 6개 범주를 가장 단순한 지식에서 가장 복잡한 평가의 순서로 위계를 이루도록 조직하는 원칙이다. 위계를 이룬다는 것은 상위수준의 목표가 하위수준의 목표를 모두 포함하는 동시에 하위수준의 목표에 의존한다는 것을 뜻한다. 그러므로 지식은 이해의 선행요건이 되고, 지식 및 이해는 적용의 선행요건이 되며, 지식·이해·적용은 분석의 선행요건이 되고, 지식·이해·적용·분석은 종합의 선

[그림 6-2] 🌲 인지적 영역의 위계

행요건이 되며, 지식 · 이해 · 적용 · 분석 · 종합은 평가의 선행요건이라고 가정하고 있다. 인지적 영역에 속하는 6개 범주 간의 관계를 나타내면 [그림 6-2]와 같다.

인지적 영역의 6개 범주를 간단하게 살펴보면 다음과 같다.

**지식(knowledge)**　　이미 배운 내용을 기억하는 능력으로, 예컨대 수학공식, 인명, 개념, 법칙, 절차, 방법, 준거, 이론 등을 재인 혹은 회상하는 가장 낮은 수준의 행동을 말한다. 가령, 수학공식이나 개념의 정의를 외우는 행동이 기억이다.

**이해(comprehension)**　　학습내용의 의미를 파악하는 수준으로, 자료의 형태를 바꾸거나(번역, translation), 자료를 재진술하거나(해석, interpretation), 제시된 정보에서 결론을 도출하는 행동이다(추론, extrapolation). 영어문장을 한글로 번역하고, 언어적 진술을 수학공식으로 변환하며, 그래프나 도표를 해석하고, 작품 속에서 다음에 일어날 사건을 예측하는 것과 같은 행동이 이 수준에 속한다.

**적용(application)**　　학습한 법칙, 개념, 방법, 원리, 이론 등을 새로운 상황에 활용하여 문제를 해결하는 수준이다. 적용은 문제를 완전히 새로운 상황에서 제시한다는 점에서 이해와 구분된다. 기하원리를 이용해서 댐의 수량(水量)을 계산하고, 문법에 맞는 문장을 작성하고, 수학공식을 이용하여 문제를 푸는 능력이 적용에 속한다.

**분석(analysis)**　　복잡한 사상(事象)이나 아이디어의 구조를 파악하는 수준의 행동으로, 구성요소 · 관계 · 조직원리의 확인을 포함한다. 구성요소의 확인에 해당되는 사례로는 정치연설을 듣고 정치인의 주장이 참인지 거짓인지 결정하는 능력을 들 수 있다. 관계의 확인은, 이를테면 자동차의 기화기와 발전기의 기능이 어떻게 관련되는지 확인하는 수준의 행동이다. 조직원리의 확인은, 예컨대 광고에 사용된 기법을 확인하는 수준의 행동이다.

**종합(synthesis)**　　부분들을 결합하여 새로운 산물이나 절차를 만들어 내는 수준의 행동인데, 예를 들면 수학의 정리를 유도하거나 소설을 창작하는 능력을 말한다. 종합은 독창적이고 독특한 산물을 만들도록 요구한다는 점에서 창의적 행동에 주안을 둔다.

**표 6-3** 인지적 영역의 목표분류

| 하위영역 | 설 명 | 일반목표 예시 |
|---|---|---|
| 지식<br>(knowledge) | 이미 배운 내용(사실, 개념, 원리, 방법, 유형, 구조, 이론 등)을 그대로 기억하는 능력 | • 용어를 정의하기<br>• 구체적인 사실을 기억하기<br>• 방법과 절차를 기술하기<br>• 원리를 기술하기<br>• 구두점 사용규칙을 열거하기<br>• 세포의 대사법칙을 기술하기 |
| 이해<br>(comprehension) | 학습내용의 의미를 파악하는 능력. 즉, 단순히 자료를 기억하는 수준을 넘어 자료를 번역하고, 해석하며, 추론하는 능력 | • 사실과 원리를 이해하기<br>• 언어적 자료를 해석하기<br>• 그래프를 해석하기<br>• 언어적 자료를 공식으로 표현하기<br>• 추상적인 법칙을 설명하기<br>• 자료에서 경향을 예측하기 |
| 적용<br>(application) | 학습내용(개념, 규칙, 원리, 이론, 기술, 방법 등)을 새로운 장면에서 활용하는 능력 | • 문법에 맞는 문장을 작성하기<br>• 지각변동의 법칙에 따라 해안의 형성과정을 설명하기<br>• 관성의 법칙을 실생활문제에 적용하기<br>• 도표나 그래프를 작성하기 |
| 분석<br>(analysis) | 자료의 구조 및 구성요소의 상호관계를 이해하기 위하여 자료를 구성요소로 분할하는 능력 | • 사실과 추론을 구분하기<br>• 작품의 조직적 구조를 분석하기<br>• 원인과 결과를 찾아내기<br>• 작품을 보고 작가의 관점, 사고방식, 감정을 추리하기 |
| 종합<br>(synthesis) | 구성요소를 결합하여 비교적 새롭고 독창적인 형태, 원리, 관계, 구조 등을 만들어 내는 능력 | • 조직적인 논설문을 작성하기<br>• 독창적인 소설이나 시를 쓰기<br>• 가설을 설정하기<br>• 실험계획을 수립하기<br>• 분류체계를 구성하기 |
| 평가<br>(evaluation) | 특정한 목적과 준거를 기준으로 자료(아이디어, 작품, 해결책, 방법 등)의 가치를 판단하는 능력 | • 자료의 논리적 일관성을 판단하기<br>• 내적 준거에 따라 작품의 가치를 판단하기<br>• 외적 준거에 따라 작품의 가치를 판단하기<br>• 계산의 정확성을 검증하기 |

평가(evaluation)　일정한 기준에 따라 자료(논설, 시, 소설, 연구보고서)나 대상의 가치를 판단하는 수준의 행동이다. 예컨대, 신문기사가 사건을 정확하게 기술하고 있는지 판단하거나 과학실험이 외재변수를 통제한 정도를 판단하는 능력 혹은 편의성, 내구성, 경제성, 안전성 등을 기준으로 자동차를 판단하는 능력이 평가에 해당된다.

Bloom의 교육목표분류학은 세계 각국의 교육목표를 체계적으로 분류하고, 교육과정을 개발하며, 교육을 전개하고 평가하는 데 지대한 영향을 미쳤다. 그렇지만 교육목표분류학은 내용과 행동을 인위적으로 분리하고 있고, 인간행동이 전체적인 성질을 갖고 있어 분리가 불가능한데도 인지적 영역, 정의적 영역, 심동적 영역을 무리하게 분리하고 있다는 지적을 받고 있다. 교육목표분류학의 인지적 영역에 대한 비판은 다음과 같다.

(1) 인지적 영역에 속하는 6개의 행동들이 복잡성의 수준에 따라 위계를 이룬다는 가정은 인간의 인지과정을 지나치게 단순화시키고 있다. 또한 6개의 범주 간의 위계적 순서가 다르다는 지적도 있다.

(2) 인지적 영역은 내재적 인지과정에 주안을 두고 있어 관찰하고 측정할 수 없다. 인지과정은 구체적인 행동에 근거하여 추론해야 하는데, 추론과정에서 오류를 범할 수 있다. 예컨대, '종합'에 관련된 교육목표를 달성했는가는 학생의 작문에서 추론해야 하는데, 학생이 단순히 글을 암기했을 경우 추론이 오류를 범할 수 있다.

(3) 특정 교육목표나 문항이 여러 수준의 행동을 동시에 포함할 수도 있으므로 실제 상황에서 교육목표나 문항이 6개의 범주 중 어느 것에 해당되는지 분류하기가 쉽지 않다.

(4) 인지적 영역의 6개 범주가 학교교육에서 다루어야 할 인지과정을 모두 포괄하지 못하고 있다.

(5) 형식교과에서는 행동을 쓰기, 읽기, 말하기, 듣기와 같은 경험적 영역으로 분류하고 있는데, 그러한 교과에 교육목표분류학을 적용하기 어렵다는 문제점이 있다.

## 2) 정의적 영역의 목표분류

일반적으로 정의(情意, affect)는 개인이 특정 대상, 활동, 사상(事象) 등에 관해 갖고 있는 전형적인 감정과 느낌을 의미한다(제13장 참조). Krathwohl 등(1964)은 내면화 수준에 따라 정의적 영역을 수용, 반응, 가치화, 조직화, 인격화로 분류했다. 내면화 (internalization)란 외부의 가치, 규범, 표준을 자기 자신의 것으로 통합하는 과정이다. 그러므로 내면화는 외부의 것이 내부의 것으로, 의식적인 것이 무의식적인 것으로, 단순한 것이 복잡한 것으로, 구체적인 것이 추상적인 것으로, 타율적인 것이 자율적인 것으로 변환됨을 의미한다.

정의적 영역의 5개 범주도 위계관계를 이룬다. 따라서 클래식 음악에 관심을 갖고 (수용), 적극적으로 참여하면(반응), 클래식 음악이 중요하다고 생각하게 된다(가치화). 또 클래식 음악을 인격으로 내면화(인격화)하려면 평소 음악을 중시하고(가치화), 음악의 기본 의의를 인격 속에 확립해야(조직화) 한다.

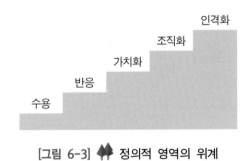

[그림 6-3] 정의적 영역의 위계

정의적 영역의 5개 범주를 간단히 살펴본다.

수용(혹은 감수, receiving or attending)    어떤 활동이나 대상(교육활동, 교과서, 클래식 음악 등)에 주의를 기울이는 수준이다. 학습활동이나 과제에 주의를 기울여야 학습이 시작되므로 이 수준은 학습의 첫 단계로서 매우 중요하다. 교육에서 이 단계는 주의 집중 및 유지와 관련된다. 수용에서 가장 낮은 수준은 어떤 대상이나 활동이 존재한다는 것을 단순히 인식하는 행동이고(인식, awareness), 그다음 수준은 대상이나 활동에 자발적으로 주의를 기울이는 행동이며(willingness to receive), 가장 높은 수준은 스스로 주의를 통제하거나 선택적으로 주의를 기울이는 행동이다(주의통제 혹은 선택적 주의, controlled or selective attention).

반응(responding)    어떤 활동이나 대상에 수동적으로 귀를 기울이거나 주의를 집중하는 수준을 넘어 적극적으로 참여하는 수준이다. 이 수준에서는 특정 대상에 주의를 집중할 뿐만 아니라 그에 대해 특정 방식으로 반응하고 반응 후 만족을 얻는다. 반응의 하위수준은 교사가 지시하는 자료를 읽는 것과 같이 다른 사람의 기대나 요구에 복종하는 묵종반응(acquiescence in responding), 자발적으로 책을 읽는 행동과 같은 자진반응(willingness to respond), 정서적 만족을 위해 책을 읽는 행동과 같은 반응의 만족감(satisfaction in response)으로 구분된다. 이 단계의 행동은 일반적으로 흥미로 분류된다.

가치화(valuing)    어떤 활동이나 대상에 단순히 주의를 기울이거나 반응하는 수준을 넘어, 그 활동이나 대상을 중요하게 생각하고 그에 대해 적극적으로 일관성 있는 반응을 하는 수준이다. 이 수준의 행동은 일관성이 있고 안정성이 높다. 태도가 이 수준에 해당된다. 가치화의 하위수준은 특정 신념이나 태도가 중요하다고 여기는 가치수용(acceptance of a value), 가치 있는 대상·신념·현상을 자발적이고 적극적으로 추구하는 가치선호(preference of a value), 자신의 가치가 중요하다고 확신하는 가치확신(commitment)으로 구분된다.

조직화(organization)    여러 가지 상이한 가치가 존재하는 상황에서 가치를 조직하고, 가치 간의 관계를 파악하며, 우선순위를 파악하여 단일의 가치체계를 형성하는 수준이다. 즉, 조직화는 가치를 비교하고, 관련짓고, 통합하는 수준이다. 조직화의 하위수준은 가치의 개념화(conceptualization of a value)와 가치체계의 조직(organization of a value system)으로 나뉜다.

인격화(characterization by a value or value complex)    가치관이 인격의 일부로 확고하게 내면화되어 행동 및 생활의 기준이 되고, 지속적이고 일관성이 있으며, 행동을 예측할 수 있는 정도를 말한다. 이 수준의 개인은 장기간 동안 그의 행동을 통제한 가치체계를 소유한 결과로 특징적인 삶의 철학을 개발했으므로 행동은 전반적이고(pervasive), 일관되며, 예측할 수 있다. 인격화의 하위수준은 일반화된 태세와 인격

**표 6-4** 정의적 영역의 목표분류

| 하위영역 | 설 명 | 일반목표 예시 |
|---|---|---|
| 수용<br>(receiving) | 어떤 활동이나 대상을 기꺼이 수용하고 주의를 기울이는 수준 | • 수업을 주의 깊게 듣기<br>• 학습의 중요성을 인식하기<br>• 사회문제에 민감성을 보이기<br>• 학급활동에 주목하기<br>• 다른 사람의 말에 주의를 기울이기 |
| 반응<br>(responding) | 어떤 활동이나 대상에 적극적으로 참여하고, 자발적으로 반응하며, 참여와 반응에서 만족감을 얻는 수준 | • 교칙을 준수하기<br>• 학급토론에 참여하기<br>• 실험과제를 완성하기<br>• 특정 과제에 자발적으로 참여하기<br>• 교과에 흥미를 보이기 |
| 가치화<br>(valuing) | 어떤 활동이나 대상을 중요하게 생각하고 그에 대해 일관된 반응을 보이는 수준 | • 민주적인 절차에 대한 신념을 나타내기<br>• 일상생활에서 과학의 역할을 중시하기<br>• 사회를 개선하려는 의지를 나타내기<br>• 우수한 문학작품에 대한 욕구를 형성하기 |
| 조직화<br>(organization) | 여러 가지 가치가 존재하는 상황에서 서로 다른 가치를 조직하고, 상호관계를 파악하며, 우선순위를 부여하여 단일의 가치체계를 형성하는 수준 | • 민주주의에서 자유와 책임을 조화시킬 필요성을 인식하기<br>• 자신의 행동에 책임을 지기<br>• 자신의 장점과 단점을 이해하고 수용하기<br>• 자신의 능력, 흥미, 신념에 일치하는 인생계획을 수립하기 |
| 인격화<br>(characterization by a value or value complex) | 가치관이 인격의 일부로 확고하게 내면화되어 행동 및 생활의 기준이 되고, 지속적이고 일관되며, 행동을 예측할 수 있는 정도 | • 안전의식을 나타내기<br>• 자립심을 나타내기<br>• 집단활동에서 협력하기<br>• 문제해결에 객관적으로 접근하기<br>• 근면, 정확성, 자율성을 나타내기<br>• 좋은 건강습관을 유지하기<br>• 일관성이 있는 삶의 철학을 개발하기 |

화로 구분된다. 일반화된 태세(generalized sets)는 자신이 갖고 있는 가치체계와 합치되는 방식으로 행위를 하려는 경향성을 가진 수준을 가리킨다. 그리고 인격화

(characterization)는 일관성 있는 삶의 철학을 개발하고 그에 따라 행위를 하는 수준을 뜻한다.

정의적 목표분류체계는 정의적 학습을 어느 수준에서 시작해야 하는 것이 적절한 가에 관한 정보를 제공한다. 대부분의 학생들이 수학을 싫어하고 수학과 관련된 활동 자체를 기피한다고 하자. 이러한 상황에서는 먼저 수용 수준에서 학습 및 평가활동을 해야 한다. 일단 학생들이 수학에 선택적으로 주의를 집중하게 되면 반응 수준에서 학습활동을 계획 · 전개하면 된다.

그러나 정의적 목표분류체계는 인지적 영역의 목표분류체계만큼 교육에 큰 영향을 미치지 못했다.

## 3) 심동적 영역의 목표분류

감각 및 운동 기능과 신체조작능력은 인간의 생존과 생활에 필수적인 능력이므로 학교에서도 교육목표로 중시해야 한다. 교육목표분류학에서 이에 관련된 영역은 심동적 영역 혹은 운동기능적 영역이다. 심동적 영역의 목표는 근육 및 운동기능, 자료 및 대상의 조작, 신경근육의 협응에 관련된다.

심동적 영역의 목표는 음악, 미술, 체육, 기술과 같은 교과에서 전통적으로 중시되어 왔다. 음악교과에서 악기를 연주하는 기능, 미술교과에서 작품을 만드는 행동, 체육교과에서 덩크슛을 하는 동작, 기술교과에서 공구를 조작하는 기능이 심동적 기능이다. 과학이나 어학과 같은 교과에서도 심동적 영역의 목표가 상당수 포함되어 있다. 생물교과에서 현미경을 조작하거나 개구리를 해부하는 행동, 컴퓨터교과에서 키보드를 조작하거나 컴퓨터를 조립하는 행동, 영어교과에서 영어로 대화를 하는 행동이 심동적 영역에 해당된다.

심동적 영역의 목표분류는 Simpson(1972)과 Harrow(1972)가 시도했다. Simpson의 분류방식은 심동적 영역의 행동을 복잡성의 원칙에 따라 7개 하위범주로 분류하고 있다. 따라서 심동적 영역의 하위범주에 속하는 7개 행동들도 위계관계를 이루고 있다.

**표 6-5** Simpson의 심동적 영역의 목표분류

| 하위영역 | 설 명 | 일반목표 예시 |
|---|---|---|
| 지각<br>(perception) | 감각기관을 통하여 대상과 대상의 특징을 인식하기 | • 섬유의 차이점을 촉감으로 인지하기<br>• 기계의 작동소리를 듣고 결함을 인지하기<br>• 덩크슛을 할 때 고려해야 할 요인을 인지하기 |
| 태세<br>(set) | 특정 행동이나 경험을 하기 위한 정신적 · 신체적 · 정서적 자세를 나타내기 | • 볼링의 준비자세를 취하기<br>• 최선을 다해서 바느질을 하려는 태도를 갖기<br>• 드릴을 능숙하게 조작하려는 의욕을 보이기 |
| 인도된 반응<br>(유도반응,<br>guided<br>response) | 타인의 지도 또는 조력을 받아 외현적 동작을 수행하기 | • 시범대로 댄스스텝을 밟기<br>• 여러 가지 절차를 시도해서 가장 효과적으로 바지를 다림질하는 방법을 발견하기 |
| 기계화<br>(mechanism) | 어떤 동작을 습관화시켜 상당한 자신감을 갖고 숙련되게 수행하기 | • 케이크를 만들기 위해 재료를 혼합하기<br>• 프로젝트를 작동하기<br>• 간단한 댄스동작을 하기 |
| 복합외현반응<br>(complex overt<br>response) | 비교적 복잡한 동작을 최소한의 노력으로 신속하고 유연하고 정확하게 수행하기 | • 톱을 능숙하게 다루기<br>• 옷감의 본을 뜨고 재단하기<br>• 능숙하게 바이올린을 켜기<br>• 컴퓨터를 신속 · 정확하게 수리하기 |
| 적응<br>(adaptation) | 주어진 상황과 문제요건에 맞추어 동작이나 기능을 수정하기 | • 상대방의 스타일에 맞추어 테니스 동작을 조정하기<br>• 물의 흐름을 고려해서 영법(泳法)을 수정하기 |
| 창안<br>(origination) | 특정 상황이나 요건에 적합한 새로운 동작이나 기능을 개발하기 | • 새로운 댄스동작을 개발하기<br>• 새로운 의복디자인을 구성하기<br>• 새로운 공법을 개발하기 |

**표 6-6** Harrow의 심동적 영역의 목표분류

| 하위영역 | 설 명 | 하위행동 |
|---|---|---|
| 반사적 운동<br>(reflex movement) | 파악반사나 무릎반사와 같이 개인의 의지와 관계없이 나타나는 단순한 불수의 운동. 상위수준의 운동기능 발달에 기초가 됨 | • 소분절반사<br>• 중분절반사<br>• 초분절반사 |
| 초보적 기초동작<br>(basic-fundamental movement) | 잡기, 서기, 걷기와 같이 반사적 운동이 통합된 것으로, 복잡한 행동의 기초가 되는 동작 | • 이동동작<br>• 입상동작<br>• 조작운동 |
| 운동지각능력<br>(perceptual ability) | 감각기관을 통하여 자극을 지각·해석하고, 그것을 토대로 환경에 대처하고 적응하는 기능 | • 근육감각을 통한 변별<br>• 시각을 통한 변별<br>• 청각을 통한 변별<br>• 촉각을 통한 변별<br>• 협응운동능력 |
| 신체적 기능<br>(physical ability) | 숙달된 운동기능 발달에 필수적인 것으로, 민첩하고 유연하게 일련의 숙달된 운동을 연속시켜 가는 데 필요한 기초기능 | • 지구력<br>• 체력<br>• 유연성<br>• 민첩성 |
| 숙련된 운동<br>(skilled movement) | 골프나 기계체조와 같이 동작의 능률성, 숙달도, 통합성을 요구하는 운동기능 | • 단순적응기능<br>• 혼성적 기능<br>• 복합적응기능 |
| 동작적 의사소통<br>(non-discursive communication) | 간단한 안면표정이나 무용과 같이 신체적 운동 및 동작을 통하여 감정, 홍미, 의도, 욕구 등을 표현하고 그 표현 자체를 창작하는 운동기능 | • 표현동작<br>• 해석동작 |

# 제3절　이원분류표 작성

교육목표를 진술한 다음에는 이원분류표를 작성해야 한다. 이원분류표의 의미, 작성절차, 용도를 살펴본다.

## 1) 이원분류표의 의미와 작성절차

이원분류표(二元分類表, two-way chart or table of specification or test blueprint)[1]란 내용과 행동을 기준으로 교육목표들을 2차원으로 분류한 표를 말한다. 이원분류표를 작성하는 절차는 다음과 같다.

> 1. 교육목표를 진술한다.
> 2. 이원분류표의 내용분류항목('내용소'라고도 함)을 결정한다.
> 3. 이원분류표의 행동분류항목('행동소'라고도 함)을 결정한다.
> 4. 2단계와 3단계의 작업을 통합하여 이원분류표 형식을 완성한다.
> 5. 교육목표 하나하나가 이원분류표의 어떤 범주에 해당되는지 판정하여 기록한다.

이원분류표를 작성하려면 먼저 교육목표를 진술해야 한다. 교육목표는 이미 앞에서 다룬 바 있다. 그다음에는 교육목표를 내용차원과 행동차원으로 분류하기 위한 항목을 각각 결정해야 한다.

이원분류표의 내용분류항목('내용소'라고 한다)은 일반적으로 교과의 단원이나 장·절·항·강·목의 제목을 그대로 사용하는 경우가 많다. 중학교 수학교과의 내용분류항목을 예시하면 다음과 같다.

 **중학 수학 1-1**

| | |
|---|---|
| 1. 소인수분해 | 5. 일차방정식 |
| 2. 정수와 유리수 | 6. 함수와 그래프 |
| 3. 정수와 유리수의 계산 | 7. 도수분포와 상대도수 |
| 4. 문자와 식 | |

---

1) 교육현장에서는 흔히 이원분류표를 이원목적분류표 혹은 교육목적 이원분류표라고 부르는데, 엄밀하게 따지면 정확한 명칭이 아니다. 교육목적은 장기간의 교육을 통해 달성하려고 하는 성과를 추상적인 수준에서 진술하고 있으므로 교수-학습과정이나 평가의 지침이 될 수 없을뿐더러 수효가 많지 않으므로(교육목적의 수는 기껏해야 4~5개에 불과하다) 분류해야 할 필요성도 없다. 이원분류표를 작성하는 목적은 교수-학습이나 평가의 지침으로 활용하는 데 있으므로 분류의 대상이 되는 교육목표는 최소한 단원목표나 수업목표 수준에서 진술되어야 하고, 목표의 수가 상당히 많아야 한다. 이러한 점을 감안할 때 이원분류표는 교육목표 이원분류표라고 하는 것이 타당하다고 생각한다.

단, 학습내용은 교과마다 고유의 체계를 갖고 있으므로 내용분류항목은 교과마다 달라질 수 있다. 또 내용분류항목의 단위는 출제범위에 따라 달라질 수 있다. 즉, 내용분류항목의 단위는 학년말고사와 같이 출제범위가 넓을수록 커지고, 월말고사와 같이 출제범위가 좁을수록 작아진다.

이원분류표의 행동분류항목('행동소'라고 한다)은 교육목표분류학의 인지적 영역(지식, 이해, 적용, 분석, 종합, 평가)을 그대로 이용하면 된다. 단, 행동분류항목의 수는 필요에 따라 신축성 있게 조정할 수 있다. 가령, 인지적 영역을 6개 수준으로 구분하기 어렵거나 그렇게 하는 것이 적절하지 않을 경우에는 지식과 지적 기능(지식을 제외한 5개의 범주를 포함)으로 양분하거나, (1) 지식, (2) 이해 및 적용, (3) 분석·종합·평가로 삼분하여 단순분류체계로 작성해도 된다. 학교에서는 일반적으로 단순분류체계를 사용하고 있다.

한편, 구태여 이원분류표를 작성하지 않아도 무방할 경우에는 일원분류표(one-way chart)만 작성해도 된다. 예를 들어, 읽기 이해력을 측정하기 위한 검사의 경우 읽기 기능들을 열거한 다음 각 기능을 측정하기 위한 교육목표수(혹은 문항수)만 제시해도 된다.

〈표 6-7〉에 예시되어 있는 이원분류표는 과학교과의 단원에 포함된 소제목을 내용분류항목으로 하고, 교육목표분류학의 인지적 영역을 행동분류항목으로 하여 작성한 것이다.

**표 6-7  이원분류표**　　　　　　　　　　　　　　　(표 안의 수치는 교육목표의 수)

| 행동<br>내용 | 지 식 | 이 해 | 적 용 | 분 석 | 종 합 | 평 가 | 전 체 |
|---|---|---|---|---|---|---|---|
| 1.0 질량과 밀도 | 4 | 4 | 2 | 2 | 1 | 1 | 14 |
| 2.0 녹는점과 끓는점 | 2 | 2 | 2 | 1 | 1 | 1 | 9 |
| 3.0 용해도 | 3 | 3 | 3 | 1 | 2 | · | 12 |
| 4.0 기체의 성질 | 6 | 5 | 6 | 5 | 4 | 1 | 27 |
| 전 체 | 15 | 14 | 13 | 9 | 8 | 3 | 62 |

내용차원에서 이 이원분류표는 '질량과 밀도'에 해당되는 교육목표가 14개, '녹는점과 끓는점'에 해당하는 교육목표가 9개라는 것을 나타낸다. 행동차원에서 이 이원분류표는 '지식' 수준의 교육목표가 15개, '이해' 수준의 교육목표가 14개, '적용' 수준

의 교육목표가 13개라는 것을 나타낸다. 내용과 행동을 동시에 고려하면 '질량과 밀도'에서 '지식' 수준의 교육목표가 4개, '질량과 밀도'에서 '이해' 수준의 교육목표가 4개라는 것을 나타낸다.

### 2) 이원분류표의 용도

이원분류표는 출제과정에서 설계도 역할을 한다. 그래서 이원분류표는 흔히 건축에서 사용하는 설계도나 항해를 할 때의 해도(海圖)에 비유된다. 설계도가 없으면 어떤 공정을 어떤 순서로 해야 하는지 전혀 알 수 없으므로 시행착오를 거듭할 소지가 크다. 망망대해를 항해할 때 해도가 없으면 어느 방향으로 가야 할지 전혀 감을 잡을 수 없다. 마찬가지로 시험을 출제할 때도 이원분류표가 없으면 출제를 제대로 할 수 없다.

우선 이원분류표는 어떤 내용영역 및 인지수준에서 몇 문항을 출제해야 하는지를 명시해 준다. 〈표 6-7〉의 이원분류표는 내용차원에서 볼 때 '질량과 밀도'에서 최소 14문항을 출제하고, '녹는점과 끓는점'에서 최소 9문항을 출제해야 함을 명시하고 있다(하나의 교육목표의 달성도를 측정하기 위한 문항은 하나 이상이 될 수 있다). 행동차원에서 보면 '지식'을 측정하는 문항을 최소 15문항, '이해'를 측정하는 문항을 최소 14문항 출제해야 한다. 이원분류표의 내용차원과 행동차원을 동시에 고려하면 문항을 어떤 내용에서 어떤 인지적 수준으로 출제해야 하는가를 쉽게 알 수 있다. 앞의 표에 제시된 이원분류표에 따르면 '질량과 밀도'에서 '적용'을 측정할 수 있는 문항을 최소 2문항 출제해야 한다.

이원분류표는 출제범위에서 문항들을 골고루 출제하여 대표성을 높이는 데 도움을 준다. 그러므로 이원분류표를 활용하여 출제하면 내용타당도를 확보하는 데 도움이 된다(제5장 타당도 참조). 출제범위가 넓으면 출제할 수 있는 문항수가 매우 많아진다. 그런데 시험시간은 보통 50분 내외로 한정되어 있어 출제범위에 해당되는 모든 문항을 출제할 수 없으므로 일정수의 문항들을 표집해서 출제해야 한다. 이러한 상황에서 이원분류표는 출제범위에서 문항들을 골고루 표집하여 출제범위를 대표할 수 있는 검사를 출제하는 데 도움을 준다. 이원분류표를 이용해서 문항들을 선정하려면 먼저 출제하려고 하는 문항수를 결정해야 한다. 문항수가 결정되면 이원분류표의 내용과 행동이 교차되는 칸에서 출제해야 할 문항수를 쉽게 계산할 수 있다. 이원분류표의 특정 칸에서 출제해야 하는 문항수는 그 칸에 분류된 교육목표의 수와 전체 교육목표수의 비율에 따라 결정하면 된다.

　학생들이 시험에 대해 토로하는 불만 중의 하나는 시험이 특정 내용에서 집중적으로 출제되었거나 문항에서 측정하는 인지수준이 적합하지 않다(너무 쉽거나 반대로 너무 어렵거나)는 것이다. 출제과정에서 이원분류표를 활용하면 이와 같은 불만의 소지를 원천적으로 없앨 수 있다.

　이원분류표는 수업을 하기 전에 작성하는 것이 원칙이다. 이원분류표를 작성한 다음 그에 맞추어 수업을 하고 출제를 하면 수업내용과 출제내용을 합치시킬 수 있기 때문이다. 실제 수업내용과 출제내용은 합치될수록 바람직하다.


## 제4절 ✎ 문항형식 및 문항수 결정

　문항(問項, item)은 학업성취, 능력, 성향, 특성과 같은 구인(construct)을 추론하는 데 필요한 자료를 수집하기 위한 측정단위 혹은 채점단위를 말한다(Osterlind, 1989). 교육현장에서는 문항을 흔히 문제 혹은 시험문제라고 부르고 있다. 문항은 '질문(question)'과 다르다. 왜냐하면 문항형식에는 의문문이 아닌 형식도 있기 때문이다. 예컨대, 완성형이나 결합형 문항은 의문문으로 진술되지 않는다. 경우에 따라 문항은 명령문이나 불완전문장으로 진술되기도 한다.

　문항은 지시문, 문두, 선택지(답지)로 구성된다. 지시문은 문항에 어떻게 반응할 것인지를 명시한 문장이다. 문두(問頭, item-stem)는 문항에서 질문을 제기하거나 상황을 설정하는 부분을 가리킨다. **선택지**(選擇肢, response alternatives or options)는 선택형 문항의 문두에 대해 제시해 놓은 답지(答肢)를 뜻한다. 선택지는 정답지와 오답지로 구성된다.

 **문항의 구조**

| | |
|---|---|
| 지시문 | • 다음 문항에 대한 답을 답안지에 기입하시오. |
| 문　두 | • 기업경영의 가장 기본적인 목표는 무엇인가? |
| 선택지 | ① 원가절감 ② 이익추구 ③ 사회봉사 ④ 기술혁신 |

문항은 검사나 시험을 구성하는 기본단위로 검사나 시험의 질은 문항의 질에 따라 결정되므로 적절한 문항을 출제해야 한다. 문항형식 및 문항수를 결정할 때 고려해야 할 사항들을 소개한다.

## 1) 문항형식 결정

문항형식은 문항에 반응하는 데 필요한 인지과정의 성질에 따라 선택형 문항과 서답형 문항으로 나뉜다.[2] 선택형 문항(選擇型 問項, selection-type item)은 지시문 및 문두와 함께 여러 선택지를 함께 제시한 다음 그중에서 적합한 선택지를 고르도록 하는 문항이다. 진위형, 선다형, 결합형이 선택형 문항에 속한다. 서답형 문항(書答型 問項, supply-type item)은 답을 스스로 생각해서 쓰도록 하는 문항이다. 단답형, 완성형, 논문형이 서답형 문항에 속한다.

**표 6-8** 선택형 문항과 서답형 문항의 비교

| 선택형 문항 | 항 목 | 서답형 문항 |
|---|---|---|
| 지식, 이해, 적용, 분석 | 측정수준 | 종합, 평가 |
| 정확한 지식, 선택반응 | 문항반응의 특징 | 문항이 요구하는 지식, 회상 및 구성 반응 |
| 높음 | 대표성 | 낮음 |
| 어려움 | 문항작성 | 쉬움 |
| 많음 | 작성시간 | 적음 |
| 높음 | 채점의 객관성 | 낮음 |

---

2) 문항형식은 채점결과에 채점자의 주관이 개입될 소지가 있는가에 따라 객관식 문항과 주관식 문항으로 분류된다. 객관식 문항(客觀式 問項, objective-type item)은 채점결과에 채점자의 주관이 개입될 소지가 전혀 없는 문항형식을 지칭한다. 진위형, 선다형, 결합형, 단답형, 완성형이 객관식 문항에 속한다. 단답형과 완성형 문항은 채점자의 주관이 개입되지 않고 객관적으로 채점할 수 있으므로 객관식 문항으로 분류된다. 주관식 문항(主觀式 問項, subjective-type item)은 채점자의 주관적인 판단으로 채점하는 문항형식을 말한다. 논문형 문항은 채점할 때 채점자의 주관이 개입되어 동일한 답안을 여러 사람이 채점하거나, 같은 답안을 한 사람이 여러 번 채점할 때 점수가 달라질 개연성이 상당히 높기 때문에 대표적인 주관식 문항이다.

문항형식은 각기 고유한 장점, 단점, 용도를 갖고 있으므로 특정 시험에서 다양한 형식의 문항들을 두루 출제하는 것이 원칙이지만 적절한 문항형식을 결정하려면 교육목표, 평가목적, 학생집단의 성질을 고려해야 한다. 일반적으로 선택형 문항은 평가의 객관성, 신뢰성, 신속성, 공정성을 기하고자 하는 시험에서 적합하고, 논문형 문항은 비판적인 사고능력이나 종합력과 같은 고차적인 능력을 측정하고자 하는 시험에서 적합하다.

　문항형식을 결정할 때 가장 중요한 고려사항은 교육목표의 달성 여부를 가장 잘 측정할 수 있는 형식을 사용해야 한다는 것이다. 가령, 단순지식을 측정하려고 할 경우에는 선택형 문항이 적절하고, 조직력이나 작문능력을 측정하려고 할 경우에는 논문형이 적절하다. 또 교육목표에 따라 선택형 문항으로 측정할 수도 있고 논문형으로 측정할 수도 있는 경우가 있을 수 있는데, 이 경우에는 선택형으로 출제하는 것이 좋다. 선택형으로 출제하면 대표성과 효율성이 높기 때문이다.

## 2) 문항수 결정

　문항형식이 결정되면 문항수를 결정해야 한다. 신뢰도는 문항수에 비례하고, 문항을 풀어 보는 것 자체가 좋은 학습기회가 될 수 있으므로 문항수는 많을수록 좋다. 그렇지만 시험시간이 제한되어 있어 너무 많은 문항을 출제할 수 없으므로 적절한 문항수를 결정해야 한다. 문항수를 결정하려면 검사목적, 출제범위, 검사시간, 문항형식 및 수준, 학생의 문제해결 습관 및 속도 등을 감안해야 한다.

　문항수를 결정할 때는 시험시간을 우선적으로 고려해야 한다. 학교에서 실시하는 시험시간은 50분 내외로 정해져 있으므로 50분 안에 충분히 풀 수 있는 문항들을 출제해야 한다. 일반적으로 모든 문항에 반응한 학생들이 90%에 미달하면 속도검사로 간주된다. 시험시간에 비해 문항수가 너무 많으면 시험의 목적을 제대로 달성할 수 없고, 시험불안을 야기할 소지가 있다.

　문항수를 결정할 때는 문항형식도 고려해야 한다. 왜냐하면 문항형식에 따라 문항에 응답하는 데 소요되는 시간이 매우 다르기 때문이다. 시험시간이 일정하다고 할 때 서답형 문항보다 선택형 문항을 더 많이 출제할 수 있다. 출제범위도 문항형식을 결정할 때 고려해야 할 사항이다. 일반적으로 출제범위가 넓을수록 문항수가 많아야 한다.

## 제5절 문항작성

문항형식과 문항수가 결정되면 문항을 작성해야 한다. 문항은 검사를 구성하는 최소단위로 건물을 지을 때 사용되는 자재에 비유할 수 있다. 건물의 강도가 자재의 질에 따라 좌우되듯이 검사의 생명은 문항의 질에 따라 결정된다. 검사는 문항의 집합이므로 좋은 검사는 양질의 문항으로 구성된다. 검사점수에 근거해서 타당한 추론을 하려면 검사를 구성하는 하나하나의 문항을 제대로 작성해야 한다.

문항의 중요성에도 불구하고 문항을 계획·설계·작성하는 데 도움을 줄 수 있는 문헌은 비교적 적은 편이다. Cronbach(1984)는 학자들이 성취도검사의 문항설계 및 제작에 거의 관심을 보이지 않고 있다고 지적했으며, Bormuth(1970)도 문항작성자들이 주로 직관적인 기능에 의존하여 문항을 작성하고 있다고 지적했다. 문항작성에 실질적인 도움을 줄 수 있는 연구가 부족하다는 지적도 많다(Millman & Greene, 1989; Roid & Haladyna, 1980; Wesman, 1971).

문항작성은 출제과정에서 가장 중요한 과정이다. 문항작성을 대수롭지 않게 생각하는 사람들이 많지만 실제 문항을 작성하는 것은 그렇게 쉬운 일이 아니다. 문항작성이 어렵다는 말은 간결하고도 정확한 문항을 작성하기가 어렵다는 뜻이다. 문항은 대부분 단문으로 구성되므로 정확한 의미를 전달하기가 상당히 어렵다. 문항작성이 어려운 또 다른 이유는 문항작성이 창의적인 능력을 요구하기 때문이다(Wesman, 1971). 문항작성은 창의적인 아이디어에서 출발하는데, 문항의 질은 아이디어가 좌우한다고 해도 과언이 아니다. 소위 문항을 작성하는 데는 '육감'이 필요하다. 문항작성자는 아이디어를 새로운 장면에서 창의적인 방식으로 제시해야 한다. 또 문항작성자는 학생들이 문항을 어떻게 해석할 것인가를 직관적으로 파악할 수 있어야 한다.

소설을 쓰거나 그림을 그리는 공식이 존재하지 않는 것처럼 좋은 문항을 작성할 수 있는 법칙은 존재하지 않는다. 양호한 문항을 작성하려면 (1) 교과내용에 정통해야 하고, (2) 교육목표를 분석하며, (3) 교육목표를 문항으로 전환할 수 있는 식견을 갖추고 있어야 하고, (4) 학생집단의 특성을 충분히 이해해야 하며, (5) 문항에서 출제의도를 정확하게 전달할 수 있는 언어능력을 구비해야 하고, (6) 문항작성 기술과 요령, 즉 문항이 무엇이고, 어떤 기능을 하며, 문항형식에는 어떤 것이 있고, 문항을 작성할 때 어떤 사항을 고려해야 하는가에 관한 지식과 소양을 갖추어야 한다. 그런데 문항작성자들은 문항의 특징과 단점, 문항의 기능, 검사편집지침 등을 종합적으로 고려하지 않고 나름대로 터득한 방법에 의존하여 문항을 작성하는 경우가 많다.

문항은 충분한 시간 여유를 갖고 작성하는 것이 좋다. 시험이 임박해서 문항을 작성하느라 서두르면 좋은 문항을 출제하기가 어렵고, 출제오류를 범할 수 있다. 또 실제 필요한 것보다 더 많은 문항을 작성한 다음 그중에서 양호한 문항을 선택해서 사용하는 것이 좋다. 처음부터 필요한 수의 문항만 출제했을 경우 문항을 검토하는 과정에서 결함이 발견되면 문항을 다시 출제해야 하는 번거로움이 뒤따른다.

문항을 작성할 때 고려해야 할 일반적인 지침은 다음과 같다(문항형식별 작성지침은 제7장과 제8장에서 상세하게 기술할 것이다).

1. 교육목표 달성도를 측정할 수 있도록 작성해야 한다.
2. 출제범위에서 문항들을 골고루 출제해야 한다.
3. 중요한 학습성과를 측정할 수 있도록 작성해야 한다.
4. 간단명료하게 작성해야 한다.
5. 답을 하는 데 필요한 조건과 근거를 명시해야 한다.
6. 하나의 내용만 재도록 작성해야 한다.
7. 불필요한 용어나 표현을 사용하지 말아야 한다.
8. 객관적인 사실에 근거해서 작성해야 한다.
9. 모호한 용어 혹은 표현을 사용하지 말아야 한다.
10. 절대적인 의미의 용어나 일반화를 강조하는 용어를 사용하지 말아야 한다.
11. 단서가 포함되지 않도록 해야 한다.
12. 되도록 문두를 긍정문으로 작성해야 한다.
13. 응답요령, 채점기준, 배점 등을 명시해야 한다.

(1) 교육목표의 달성도를 측정할 수 있도록 작성해야 한다. 즉, 문항이 측정하는 내용과 인지수준은 교육목표와 부합되어야 한다.

(2) 출제범위에서 문항들을 골고루 출제해야 한다. 그렇게 하자면 이원분류표에 맞추어 문항을 작성하면 된다. 이원분류표를 활용하여 출제하면 전체 내용영역과 행동영역에서 문항들을 골고루 출제하여 대표성을 높일 수 있고, 수업내용과 평가내용을 일치시킬 수 있다.

(3) 중요한 학습성과를 측정할 수 있도록 문항을 작성해야 한다. 그러므로 교재에 수록된 내용을 그대로 사용해서 문항을 작성하지 말아야 한다. 교재의 내용을

그대로 사용하거나 일부 내용만 바꾸는 것은 쉬운 문항작성방법이지만 그러한 문항은 기계적인 암기학습을 조장할 수 있다. 문항이 측정하고자 하는 인지수준이 학습태도 및 방법에도 큰 영향을 준다는 사실을 명심해야 한다.

(4) 문항을 간단명료하게 작성해야 한다. 문항은 학생들이 문제 자체를 정확하게 이해하고 있는가를 재기 위한 수수께끼가 아니다. 문항의 불명료성은 용어의 선택 및 배열이 적절하지 않거나 출제자의 사고가 모호한 데서 비롯된다. 특별한 이유가 없는데도 문항에 생소한 어휘나 전문용어를 사용하면 문항 자체가 어려워져 학생들이 출제의도를 정확하게 파악하지 못할 수 있다. 문항은 가급적이면 쉽고 정확한 단어로 표현하고, 문법이 정확해야 한다. 또 문항은 복문으로 표현하지 말고 단문으로 작성해야 한다. 길고 복잡한 문장으로 진술된 문항은 독해력을 측정할 소지가 높다.

(5) 문항에는 답을 하는 데 필요한 조건이나 근거를 명시해야 한다. 조건이나 근거를 명시하지 않으면 어떤 근거에 따라 답해야 하는지 분명하지 않으므로 혼돈을 유발할 수 있다. 문항작성자는 학생들이 자신의 의도를 정확하게 파악할 것이라고 가정하지 말고 답을 하는 데 필요한 조건과 근거를 빠짐없이 제시해야 한다. 다음 보기에 제시된 문항의 경우 학설에 따라 물가상승의 주된 원인에 대한 견해가 다를 수 있기 때문에 어떤 학설에 근거해서 답할 것인지를 명시하지 않으면 선택지들이 모두 정답이 될 수 있다.

---

1. 물가상승에 가장 큰 영향을 미치는 요인은 어느 것인가?
　① 통화증가　　② 수요증가　　③ 유가인상　　④ 임금인상

---

답을 하는 데 필요한 조건과 근거를 분명히 제시하지 않으면 성취도를 재는 문항이 아니라 출제의도를 짐작해서 찾아내는 수수께끼 문항이 되고 만다. 서답형 문항의 경우 답을 하는 데 필요한 조건과 근거가 명시되지 않으면 유사정답이 나와 채점할 때 복잡한 문제가 야기될 소지가 있다.

(6) 하나의 내용(개념, 원리, 사실 등)만 재도록 문항을 작성해야 한다. 문항이 2개 이상의 내용들을 측정할 경우 어느 것에 근거하여 답해야 하는지 모를 수 있으

며, 2개 이상의 내용에서 하나만 알고도 부분지식(partial knowledge)으로 정답을 찾을 수 있다.

(7) 문항에 불필요한 용어나 표현을 사용하지 말아야 한다. 불필요한 용어나 구를 문항에 삽입하거나, 문항을 지나치게 구체적으로 표현하면 우발적인 실수를 유발할 수 있으므로 불필요한 용어나 복잡한 표현을 피해야 한다. 다음 보기의 1번 문항은 정확하게 추리하고도 계산 잘못으로 틀릴 수가 있으므로 2번 문항으로 수정하는 것이 좋다.

> 1. 1,970원짜리 책을 10% 할인해서 구입했을 때 지불한 돈은 얼마인가?
> 2. 1,000원짜리 책을 10% 할인해서 구입했을 때 지불한 돈은 얼마인가?

(8) 객관적인 사실에 근거하여 문항을 작성해야 한다. 바꾸어 말하면 문두나 선택지에는 사실과 다른 내용이 포함되지 않아야 한다. 왜냐하면 시험 자체가 중요한 학습과정이므로 문항에 사실과 다른 내용이 포함될 경우 그릇된 내용을 학습할 기회를 제공할 소지가 있기 때문이다.

(9) 모호한 용어를 사용하지 않아야 한다. 즉, '약간' '대다수' '조금' '많은' '다소' 등과 같이 의미가 불명료한 단어는 사람마다 다르게 해석할 소지가 있으므로 정확한 의미를 가진 단어를 사용해야 한다. 이런 관점에서 보면 다음 보기에서 1번 문항은 부적합한 문항이고, 2번 문항은 적합한 문항이다.

> 1. 제18대 국회의원 선거의 투표율은 상당히 높았다.
> 2. 제18대 국회의원 선거의 투표율은 약 62%였다.

(10) 절대적인 의미를 가진 용어나 일반화를 강조하는 용어를 사용하지 말아야 한다. '결코' '언제나' '모두' '항상' '절대로' '반드시' '전혀' 등과 같은 단어가 포함된 문장은 틀릴 확률이 높고, '흔히' '일반적으로' '대체로' '보통' '가끔' '~일 수 있다' 등과 같은 용어가 포함된 문장은 맞을 확률이 높기 때문에 정답

을 찾는 단서를 제공할 소지가 크다.

(11) 단서가 포함되지 않도록 해야 한다. 선택형 문항에는 문두와 선택지의 문법적 관계(관사, 단수 혹은 복수형, 시제, 조사 등), 선택지 상호관계, 선택지의 길이, 선택지의 구체성(혹은 일반성), 문두와 선택지의 공통요소와 같은 다양한 요인이 단서로 작용할 수 있다. 완성형 문항에서는 선택지의 단어 또는 구와 문두의 조사(은, 는, 이, 가)나 보조사(이다, 다)가 일치하지 않을 때 단서로 작용할 수 있다. 또 특정 문항의 문두나 선택지에 있는 내용을 이용하여 다른 문항의 정답을 찾을 수도 있기 때문에 특정 문항의 내용이 다른 문항의 정답을 찾을 수 있는 단서를 주지 않도록 유의해야 한다.

(12) 되도록이면 문두를 긍정문으로 진술해야 한다. '아닌' '틀린' '관계없는' 등과 같은 단어를 사용하여 문두를 작성하면 부정을 나타내는 단어를 빠뜨리고 읽지 않아 틀릴 수 있다. 부정문을 꼭 써야 할 때는 밑줄을 긋거나 고딕으로 강조하여 눈에 잘 띄도록 해야 한다. 또 이중부정문은 반드시 피해야 한다. 이중부정문은 혼란을 일으켜서 실수를 유발할 소지가 높다.

(13) 응답요령, 채점기준, 배점 등을 명료하게 제시해야 한다.

## 제6절 문항 검토 및 수정

일단 문항을 작성한 다음에는 최적의 문항을 선정하고 문항의 취약점 및 결함을 수정하기 위해 문항을 평가하는 작업을 해야 한다. 문항평가의 방법은 크게 문항의 내용이나 형식을 일정 기준에 비추어 논리적으로 판단하는 질적 문항분석과 문항에 대한 학생들의 반응을 통계적으로 분석하는 문항분석으로 대별된다.

### 1) 질적 문항분석

질적 문항분석(質的 問項分析, qualitative item analysis)은 출제자나 전문가가 문항이 기본 요건들을 충족시키고 있는가를 논리적으로 판단하는 방법이다. 질적 문항분석은 검사를 실시하거나 채점하는 과정에서 당면할 수 있는 문제점을 사전에 예방하는 데 도움을 준다. 과거 수능시험에서 정답이 없는 문항이나 복수정답이 있는 문항이 출제되어 사회적으로 큰 파장을 일으킨 바가 있는데, 이 사례는 질적 문항분석의 중요성을 잘 나타내 준다.

질적 문항분석은 문항의 적절성을 논리적인 측면에서 판단하면 되므로 검사를 학생집단에 실시하지 않아도 된다. 문항의 적절성을 질적으로 평가하자면 어떤 기준에 근거하여 문항을 평가하고, 누가 어떤 방법으로 문항의 적절성을 판단할 것인가를 결정해야 한다.

질적 문항분석은 출제자가 직접 할 수도 있고, 전문가들을 활용할 수도 있다. 출제자가 직접 질적 문항분석을 하려면 문항을 작성한 후 바로 문항의 적절성을 판단하지 말고 며칠 동안 냉각기(cooling off period)를 가진 후 판단하는 것이 좋다. 그렇게 하면 문항을 작성하는 시점에서 미처 발견하지 못했던 문항의 오류와 부적절한 측면을 확인하는 데 도움이 된다. 질적 문항분석은 해당 교과에 정통한 동료교사를 활용해도 된다. 논리적인 측면에서 문항의 적절성을 평가하기 위한 기준은 다음과 같다.

(1) 적절한 문항형식으로 출제되었는가?

(2) 문항의 문법, 철자는 정확한가?

(3) 정답은 어떤 경우에도 정답이 되고, 오답은 어떤 경우에도 오답이 되는가?

(4) 문두와 선택지의 표현이 간결하고 명료한가?

(5) 문항의 곤란도는 적절한 수준인가?

(6) 문항이 진정으로 중요한 학습성과를 측정하고 있는가?

(7) 특정 집단에게 유리하거나 불리하게 작용하는 요인이 문항에 포함되어 있지는 않은가? 즉, 차별문항기능이 작용하고 있지는 않은가?

(8) 문항 하나하나가 교육목표와 일치하는가?

(9) 문항 전체가 이원분류표와 일치하는가? 혹은 출제범위에서 골고루 출제되었는가?

(10) 문항이 교과서나 수업자료에 포함되어 있는 지식이나 기능을 측정하고 있는가?

(11) 문항이 수업시간에 실제 가르친 내용을 측정하고 있는가?

(12) 시험시간에 비추어 문항수는 적절한가?

## 2) 문항분석

문항분석(問項分析, item analysis)은 문항이 원래 의도한 기능을 제대로 수행하는가를 통계적으로 분석하는 작업이다. 문항분석은 고전적 검사이론에 입각한 분석방법과 문항반응이론에 입각한 분석방법으로 대별할 수 있다. 고전적 검사이론에 입각한 문항분석에서는 문항곤란도, 문항변별도, 오답의 능률성, 문항추측도 등을 분석한다. 문항반응이론에 따른 문항분석에서는 문항모수(문항곤란도, 문항변별도, 추측모수)와 일정 수준의 능력을 구비한 학생이 문항에 정답을 할 확률을 추정한다. 문항분석에 관한 자세한 내용은 제10장을 참고하기 바란다.

질적 문항분석과 문항분석의 결과를 활용하면 (1) 문항결함(모호하거나 매력도가 낮은 문항)을 교정하고, (2) 평가목적에 비추어 문항곤란도와 문항변별도를 조정하며, (3) 문항수를 적절하게 조정하고, (4) 검사시간을 결정하며, (5) 지시문 또는 지시사항의 결함 여부를 확인하고, (6) 문항선정의 중복을 회피할 수 있다.

## 제7절 　 시험 편집 및 인쇄

문항평가 및 문항분석을 통해 문항을 수정·보완한 다음에는 양호도가 높은 문항들을 골라 시험을 편집해야 한다. 시험을 편집할 때는 문항들을 적절한 순서로 배열해야 하며, 모든 학생이 쉽게 이해할 수 있도록 간결하고 명료한 지시문을 작성해야 한다. 편집이 끝나면 검사지를 인쇄한 다음 검사의 보안을 유지하기 위해 각별히 유의해야 한다. 자세한 내용은 제9장을 참조하기 바란다.

### 주요개념

| | | | |
|---|---|---|---|
| 교육목표 | 일반목표 | 명세목표 | 행동목표 |
| 비행동목표 | 인지적 목표 | 정의적 목표 | 심동적 목표 |
| 교육목표분류학 | 인지적 영역의 목표분류 | 지식 | 이해 |
| 적용 | 분석 | 종합 | 평가 |
| 정의적 영역의 목표분류 | 수용 | 반응 | 가치화 |
| 조직화 | 인격화 | 심동적 영역의 목표분류 | 지각 |
| 태세 | 인도된 반응 | 기계화 | 복합외현반응 |

| 적응 | 창안 | 이원분류(표) | 내용분류 |
|---|---|---|---|
| 행동분류 | 일원분류표 | 문항 | 문두 |
| 선택지(정답지, 오답지) | 선택형 문항 | 서답형 문항 | 객관식 문항 |
| 주관식 문항 | | | |

**요약정리**

1. 시험은 체계적인 절차에 따라 출제해야 한다. 출제절차는 (1) 시험목적 확인, (2) 교육목표 설정, (3) 이원분류표 작성, (4) 문항형식 및 문항수 결정, (5) 문항작성, (6) 문항 검토 및 수정, (7) 시험 편집 및 인쇄로 구분할 수 있다.

2. 가장 적합한 검사를 제작하려면 시험목적을 확인하는 작업이 선행되어야 한다. 시험목적을 확인한 후에는 교육목표를 분석·진술해야 한다.

3. 교육목표는 교육의 방향을 지시하고, 교육의 의도를 전달하며, 평가의 준거를 제공한다.

4. 일반목표는 포괄적이고 추상적으로 진술한 목표를, 명세목표는 구체적이고 명시적으로 진술한 목표를 뜻한다. 교육목표가 교육 및 평가에 도움을 주려면 일반목표가 아니라 명세목표로 진술되어야 한다.

5. 행동목표는 도달점행동을 관찰가능하고 측정가능한 행동용어로 진술한 목표를, 비행동목표는 도달점행동을 관찰할 수 없고 직접 측정할 수 없는 내재적 행동으로 진술한 목표를 말한다.

6. 교육목표를 진술할 때는 (1) 학생을 주체로 진술하고, (2) 구체적인 행동으로 진술하며, (3) 도달점행동을 명시하고, (4) 필요에 따라 조건이나 준거를 명시해야 한다.

7. 교육목표는 영역에 따라 인지적 목표, 정의적 목표, 심동적 목표로 분류된다. 교육목표를 영역에 따라 분류하기 위한 체계로 가장 널리 사용되고 있는 교육목표분류학은 행동을 성질에 따라 인지적 영역, 정의적 영역, 심동적 영역으로 삼분한다.

8. 인지적 영역은 지식이나 사고기능에 관련된 행동을 말하며 6개의 범주(지식, 이해, 적용, 분석, 종합, 평가)가 복잡성의 수준에 따라 위계관계를 이룬다.

9. 정의적 영역은 내면화의 수준에 따라 5개의 수준(수용, 반응, 가치화, 조직화, 인격화)으로 구분된다.

10. 심동적 영역은 7개의 행동(지각, 태세, 인도된 반응, 기계화, 복합외현반응, 적응, 창안)이 위계관계를 이룬다.

11. 교육목표를 진술한 다음에는 이원분류표를 작성해야 한다. 이원분류표란 교육목표를 내용 및 행동 차원에 따라 분류한 표를 말한다. 이원분류표의 내용분류항목은 일반적으로 교과의 단원이나 장·절·항·강·목의 제목을 활용한다. 이원분류표의

행동분류항목은 교육목표분류학의 인지적 영역(지식, 이해, 적용, 분석, 종합, 평가)을 활용하면 된다. 이원분류표는 수업과 평가를 연결하는 교량 역할을 하므로 평가활동의 청사진에 비유되고 있다. 이원분류표의 구체적인 형식은 교과의 특성을 감안하여 적절하게 조정할 수 있다.

12. 이원분류표가 작성되면 문항형식 및 문항수를 결정하고, 문항을 작성해야 한다. 양호한 문항을 출제하려면 교과영역에 정통해야 할 뿐만 아니라 문항을 출제할 때 준수해야 할 사항들을 숙지해야 한다.

13. 시험이나 검사는 문항의 집합이므로 좋은 검사는 양질의 문항으로 구성된다. 문항은 특정 구인을 추론할 수 있는 자료를 수집하기 위한 측정단위 혹은 채점단위를 말한다.

14. 문항은 지시문, 문두, 선택지(답지)로 구성된다. 지시문은 문항에 대해 어떻게 반응할 것인가를 명시한 문장을 말한다. 문두(問頭)는 문항에서 질문을 제기하거나 상황을 설정하는 부분으로, 반응을 유발하기 위한 자극의 기능을 한다. 선택지는 문두에 대해 제시된 답지로, 정답지와 오답지로 구성된다.

15. 문항형식은 문항에 반응할 때 선택형 문항과 서답형 문항으로 구분된다. 진위형 · 선다형 · 결합형은 선택형 문항에 속하고, 완성형 · 단답형 · 논문형은 서답형 문항에 해당된다.

16. 채점의 객관성을 기준으로 문항형식은 채점자의 주관이 개입될 여지가 전혀 없는 객관식 문항과 채점자의 주관이 개입될 여지가 많은 주관식 문항으로 분류된다.

17. 검사의 질은 문항의 질에 따라 좌우되므로 가능하면 양질의 문항을 작성해야 한다. 양질의 문항을 작성하려면 문항작성지침을 준수해야 한다.

18. 문항을 작성한 다음에는 문항의 적절성을 검토하여 문제점이 있으면 수정 · 보완해야 한다. 문항의 적절성을 검토하는 방법은 전문가들이 문항의 적절성을 논리적으로 판단하는 질적 문항분석과 문항에 대한 학생들의 반응을 통계적으로 분석하는 문항분석이 있다.

19. 문항평가과정이 끝나면 양질의 문항들을 골라 시험을 편집하고 인쇄해야 한다.

제7장

# 선택형 문항의 작성

```
        ┌─ 제1절 │ 선다형 문항
선택형    │
문항의  ──┼─ 제2절 │ 진위형 문항
작성     │
        └─ 제3절 │ 결합형 문항
```

**학습목표**

- 선택형 문항의 구조와 특징을 기술한다.
- 전공교과에서 선다형 문항을 작성한다.
- 전공교과에서 진위형 문항을 작성한다.
- 전공교과에서 결합형 문항을 작성한다.

　　선택형 문항(選擇型 問項, selection-type item)은 문두와 선택지를 제시해 놓고 조건에 맞는 선택지를 고르도록 하는 재인형 문항이다. 재인(再認, recognition)이란 여러 항목 중에서 기억하고 있는 것을 선택하는 인지과정을 말한다. 선다형, 진위형, 결합형이 선택형 문항에 속한다.

　　선택형 문항은 구조적인 측면에서 문두와 선택지로 구성된다. 문두(問頭, item-stem)는 문항에서 질문을 제기하거나 상황을 설정하는 부분을 가리킨다. 문두는 반응을 유발하기 위한 자극의 기능을 한다. 문두는 질문과 다르다는 사실에 유의해야 한다. 왜냐하면 문두는 의문문으로 진술할 수도 있고, 평서문이나 명령문으로 진술할 수도 있기 때문이다.

　　선택지(選擇肢, response alternatives or options)는 선택형 문항의 문두에 대해 제시해 놓은 답지(答肢)를 뜻한다. 선택지는 정답지와 오답지로 구성된다. 오답지는 정답을 확실하게 모르는 학생을 헛갈리게 하는 기능을 한다는 의미에서 교란지(distractor, 영국에서는 foils라고 함)라고 부르기도 한다. 선택지를 흔히 '보기'라고 부르지만, 선택지와 보기는 완전히 다르다. 단, 지시문과 문두만으로 구성되는 서답형 문항(단답형, 완성형, 논문형)은 선택지가 없다.

　　선택형 문항은 객관적이고 신속한 채점이 가능하고, 출제범위에서 골고루 문항들을 출제할 수 있으므로 대표성이 높다는 장점이 있다. 그러나 문항을 작성할 때 특별히 유의하지 않으면 별로 중요하지 않은 단편적인 사실에 대한 기계적인 기억을 측정하는 문항이 출제될 소지가 높다는 단점이 있다.

　　이 장에서는 선택형 문항의 기본 형식, 변형, 장단점, 용도, 작성지침을 소개한다. 서답형 문항(단답형, 완성형, 논문형)의 기본 형식, 변형, 장단점, 용도, 작성지침은 다음 장에서 소개하였다.

## 제1절 　선다형 문항

　　선다형 문항(選多型 問項, multiple-choice item)은 여러 개의 선택지 중에서 조건에 맞는 선택지를 고르도록 하는 형식이다.

　　선다형 문항은 구조적으로 문두와 선택지로 구성된다. 선다형 문항의 문두는 보통 의문문이나 불완전문으로 진술되며, 선택지는 정답지와 오답지로 구성된다. 선다형 문항은 선택지의 수에 따라 삼지선다형, 사지선다형, 오지선다형 등으로 구분되지만 사지선다형과 오지선다형이 가장 일반적으로 사용되고 있다.

선다형 문항은 가장 보편적으로 사용되고 있는 대표적인 문항형식이다. 선다형 문항의 기본 형식, 변형, 장점 및 단점, 용도, 작성지침을 소개한다.

## 1. 선다형 문항의 기본 형식

선다형 문항의 기본 형식은 다음과 같다.

소설의 구성단계에서 등장인물 간의 갈등과 긴장이 해소되는 단계는?
① 발단　　　　② 전개　　　　③ 위기　　　　④ 결말

## 2. 선다형 문항의 변형

정답형　　정답형(correct-answer variety)은 1개의 정답지와 여러 개의 오답지를 선택지로 제시한 다음 그중에서 정답지를 고르도록 요구하는 문항형식으로, 선다형의 기본 형식이라고 할 수 있다.

모든 면이 정삼각형이고 한 꼭짓점에 면이 4개씩 모이는 정다면체는 다음 중에서 어느 것인가?
① 정육면체　　　② 정팔면체　　　③ 정십이면체　　　④ 정이십면체

최선답형　　최선답형(最善답型, best-answer variety)은 부분적으로 정답이 될 수 있는 여러 선택지 중에서 가장 적합한 선택지를 고르도록 하는 형식이다. 이 형식에서는 가장 적합한 선택지를 골라야 한다는 것을 반드시 명시해야 한다. 그렇게 하지 않으면 채점과정에서 심각한 문제가 야기될 수 있다.

> **보기**
>
> 기업경영의 가장 기본적인 목표는 무엇인가?
> ① 원가절감　　　② 이익추구　　　③ 사회봉사　　　④ 기술혁신

**다답형**　　다답형(多答型, multiple-response variety)은 선택지에 2개 이상의 정답지를 포함시켜 놓고 정답지를 모두 찾도록 하는 형식이다. 이 경우 선택할 수 있는 선택지의 수를 명시할 수도 있고, 명시하지 않을 수도 있다.

> **보기**
>
> 다음에서 박지원의 작품을 모두 고르시오.
> ① 금오신화　　　② 호질　　　③ 양반전　　　④ 사씨남정기

**불완전문장형**　　불완전문장형(incomplete statement variety)은 불완전문장을 완성하는 데 필요한 내용을 선택지에서 찾도록 하는 형식이다. 이는 완성형 문항을 문두로 하여 선택지를 제시한 형식으로 볼 수 있다.

> **보기**
>
> 총합 노동효율이란 (　　)에 실시효율을 곱한 값이다.
> ① 가치효율　　　② 방법효율　　　③ 실시효율　　　④ 가동률

**합답형**　　합답형(合答型, combined response variety)은 문두에 여러 사항이 관련될 경우 일차적으로 여러 사항을 제시해 놓고 그것을 2~3개씩 묶어 선택지로 제시한 다음, 조건에 맞는 선택지를 고르도록 하는 형식이다. 합답형은 자료를 일정한 원칙에 따라 재배열하도록 요구하거나(예컨대, 역사적 사건을 시대 순으로 배열하라고 요구하는 문항) 구성요소들을 전체로 조직하라고 하는 경우(예컨대, 여러 문장을 일관성 있는 문단으로 재배열하라고 요구하는 문항) 유용하게 사용될 수 있다. 합답형 문항은 선다형 문항에서 가장 복잡한 형식으로, 제작하기도 어렵고 채점하기도 어렵다. 합답형은 진위형 문항 여러 개를 결합시킨 형식이므로 채점할 때 단일점수가 아니라 부분점수를 주는 것이 바람직하다.

> **보기**
>
> 다음에서 고려시대에 일어난 사건으로만 묶은 것은?
>
> | | |
> |---|---|
> | 가. 무신의 난 | 나. 홍건적의 난 |
> | 다. 장보고의 난 | 라. 홍경래의 난 |
>
> ① 가, 나　　　② 나, 다　　　③ 가, 라　　　④ 다, 라

**부정형**　　부정형(negative variety)은 적합하지 않은 선택지(맞지 않는 것 또는 관계없는 것)를 찾도록 하는 형식이다. 이 형식은 문두에 대한 정답이 여러 개 있을 경우에 적합한 형식이다. 부정형을 사용할 경우에는 부정을 뜻하는 단어나 구에 반드시 밑줄을 긋거나 강조해야 한다.

> **보기**
>
> 다음 단어에서 강세의 위치가 <u>다른</u> 것은?
>
> ① complete　　　② control　　　③ expect　　　④ patient

**군집형**　　군집형(cluster variety)은 자료(지문, 지도, 도표, 그래프 등)와 함께 일련의 선다형 문항을 제시하여 놓고 제시된 자료에 근거하여 조건에 맞는 선택지를 고르도록 하는 형식이다.

> **보기**
>
> 다음 글을 읽고 물음에 답하시오. (1~2번)
>
> > [가] 회의란 여러 사람이 모여서 어떤 문제에 대하여 토의하고, 참가자 다수가 좋다고 생각하는 쪽으로 의사를 결정하는 과정이다.
> > [나] 회의에서 다루어질 주제는 회의 전에 결정되기도 하고, 회의 중에 참가자들의 동의와 제청을 거쳐 결정되기도 한다.
>
> 1. [가]를 통해 알 수 있는 회의진행의 규칙은?
>
> ① 만장일치의 원리　　　② 다수결의 원리
> ③ 만인평등의 원리　　　④ 선착순의 원리
>
> 2. [나]의 바로 뒤에 이루어져야 할 회의절차는?
>
> ① 의안심의　　　② 찬반토론
> ③ 표결　　　④ 의사결정

## 3. 선다형 문항의 장점 및 단점

### 1) 장 점

(1) 출제범위에서 많은 문항을 골고루 출제할 수 있으므로 대표성이 높다.

(2) 단순한 사실의 기억 여부를 평가할 수 있을 뿐만 아니라 제대로 작성하기만 하면 추리력·종합력·판단력과 같은 고차적 사고능력을 요구하는 학습성과도 평가할 수 있는 융통성이 있다.

(3) 진위형 문항에 비해 추측요인이 적게 작용하며, 추측요인이 작용할 개연성이 높을 때는 선택지의 수를 늘려 추측확률을 낮출 수 있다.

(4) 오답지 반응을 분석하여 잘못 이해하고 있는 부분을 구체적으로 밝힐 수 있는 진단적인 자료를 확보할 수 있다.

(5) 문두와 선택지를 같이 제시하므로 출제의도를 명확하게 전달할 수 있다.

(6) 신속하고 객관적인 채점, 특히 컴퓨터를 이용한 채점이 가능하다.

(7) 선택지를 부분적으로 수정하면 문항의 곤란도를 자유자재로 조정할 수 있다.

### 2) 단 점

(1) 문항을 작성할 때 문두와 선택지(특히, 매력도가 높고 능률적인 선택지)를 만들기가 어렵다. 그로 인해 문항작성에 노력과 시간이 많이 소요된다.

(2) 종합이나 평가와 같은 고등정신능력을 평가하기가 비교적 어렵기 때문에 단순하고 사실적인 지식을 평가하는 문항이 주로 출제될 개연성이 있다.

(3) 정답을 모르면서도 추측이나 시험 치는 요령으로 정답을 맞힐 소지가 있다.

(4) 선다형 문항에 답하려면 문두와 선택지를 일일이 읽어야 하므로 다른 선택형 문항에 비해 시간이 많이 걸린다.

## 4. 선다형 문항의 용도

(1) 채점의 객관성과 공정성이 보장되고, 신속하고 정확하게 채점할 수 있으므로 입학시험이나 입사시험과 같은 중요한 선발고사에 적합한 형식이다.

(2) 넓은 출제범위에서 많은 문항을 골고루 출제하고자 할 때 적합한 형식의 문항이다.

(3) 모든 교과에서 인지적 영역의 학습성과를 평가하기 위해 사용할 수 있다. 또 아동에서 성인에 이르는 거의 모든 연령층에서 사용할 수 있다.

(4) 단답형이나 완성형으로 출제하면 유사정답(정답이 아니면서도 정답처럼 보이는 응답)으로 인해 채점에 문제가 야기될 개연성이 있을 경우 적합한 형식이다.

## 5. 선다형 문항의 작성지침

선다형 문항은 먼저 의문문이나 불완전문장으로 문두를 작성한 다음 그에 해당되는 정답지와 오답지를 작성하는 절차로 이루어진다. 선다형 문항을 작성할 때 유의해야 할 사항들을 설명한다.

(1) 단순한 지식이 아니라 고차적인 학습성과를 잴 수 있도록 문항을 출제해야 한다. 고차적인 학습성과를 평가하려면 문두에 '언제' '어디서' '누가' 등과 같은 의문사가 아니라 '어떻게' '왜' 등과 같은 의문사를 사용해서 출제해야 한다. 또 교재에 있는 문장이나 구를 다른 말로 바꾸어서 사용하거나 새로운 상황과 보기를 사용해서 출제해야 한다.

(2) 용어나 개념의 정의를 알고 있는가를 재려는 문항에서는 용어 또는 개념을 문두로 하고 설명을 선택지로 해야 한다. 일반적으로 용어나 개념은 그와 유사한 단어로 정의되는 경우가 많은데, 용어나 개념의 정의 또는 설명을 문두로 하고 용어나 개념을 선택지로 할 경우 정답을 확실하게 모르면서도 정답을 추측할 확률이 높아지기 때문이다.

(3) 구체적 한정사(specific determiner)를 사용하지 않아야 한다. 구체적 한정사는 문장의 의미를 제한하는 수식어 혹은 극단적인 경우에만 참(혹은 거짓)이 될 수 있는 수식어(혹은 구)로, 일반적으로 부사나 부사구가 한정사로 사용된다. 문항작성자가 가장 흔히 사용하는 한정사는 '항상'과 '결코'이며, '보편적으로' '대체로' 등도 많이 사용되고 있다. 문항작성자들은 선다형 문항을 작성할 때 정답지와 오답지를 구분하기 위해 한정사를 남용하는 경향이 있다. 한정사는 정답을 찾는 단서로 작용하므로 측정의 질을 떨어뜨린다.

(4) 선택지가 부분적으로 옳은 내용을 포함할 경우에는 최선답을 선택해야 한다는 사실을 반드시 명시해야 한다. 모든 선택지는 부분적으로 옳은데도 최선답을

선택해야 한다는 것을 명시하지 않으면 정답이 하나 이상이 되어 채점과정에서 심각한 문제를 일으킬 수 있다. 따라서 문두에 '가장' '근본적으로' 등과 같은 용어를 사용하여 최선답을 선택해야 한다는 것을 반드시 명시해야 한다.

> **보기**
>
> 비타민 C가 가장 많은 식품은?
> ① 오이　　　　② 밤　　　　③ 감자　　　　④ 참외

(5) 문두나 선택지를 글로 표현하기 어려울 때는 그림, 도표, 지도 등을 사용해도 무방하다.

(6) 문항의 곤란도를 조정하려면 문두를 복잡하게 만들거나, 선택지의 내용과 표현을 비슷하게 해야 한다.

(7) 정답지는 어떤 경우에도 반드시 정답이 되도록 작성해야 한다. 또 최선답형에서는 가장 적합하거나 옳은 선택지가 하나만 되도록 문항을 작성해야 한다. 그렇지 않다면 채점과정에서 심각한 문제가 발생한다.

(8) 오답지는 매력도가 높게 작성해야 한다. 즉, 오답지는 틀림없이 오답이면서도 정답처럼 보이도록 만들어 정답을 모르는 학생들이 오답지를 선택할 확률이 높도록 해야 한다. 아무도 선택하지 않은 매력도가 낮은 오답지는 선택지의 기능을 전혀 하지 못하므로 무용지물이다. 다만, 선택되지 않더라도 다른 선택지들의 매력도를 높여 주거나 선택지 상호 간의 논리적 일관성을 높여 주는 선택지는 포함시켜도 무방하다. 다음 보기에서 '서울' 이외의 선택지들은 모두 외래어로 대한민국의 수도가 될 수 없다는 것이 자명하다. 따라서 이 문항은 대한민국의 수도가 어디인지 모르는 학생들이 오답지를 선택할 확률이 낮기 때문에 좋은 문항이 아니다.

> **보기**
>
> 대한민국의 수도는 어디인가?
> ① 서울　　　　② 도쿄　　　　③ 파리　　　　④ 런던

**오답지의 매력도를 높이는 방법**

1. 학생들이 평소에 흔히 범하는 오류를 이용해서 오답지를 만든다.
2. '필수적인' '정확한' 등과 같이 '중요한 것처럼 보이는' 단어를 문두에 사용한다.
3. 문두에 포함된 용어 혹은 용어의 의미에서 연상되는 단어나 내용을 오답지로 사용한다.
4. 언뜻 보아 사실처럼 보이는 교재의 용어나 표현을 이용한다.
5. 학생들이 정확하게 이해하지 못하거나 부주의하기 쉬운 내용을 오답지로 사용한다.
6. 정답지의 내용과 유사한 내용을 오답지에 사용한다.
7. 오답지들의 형식이 서로 비슷하고, 문두와 문법이 일치하도록 한다.
8. 오답지의 길이, 어휘, 구문, 수준이 정답지와 비슷하도록 한다.
9. 그 자체의 내용은 옳지만 문두에 관련되지 않은 내용을 오답지로 사용한다.
10. 학생들이 의미를 정확하게 모르면서도 흔히 사용하는 친숙한 용어와 표현을 오답지에 포함시킨다.
11. 선택지가 수치일 경우 정답지와 오답지를 같은 척도나 단위로 표현한다.

(9) 선택지를 간결하게 표현해야 한다. 다음 보기의 1번 문항은 선택지가 너무 복잡하고 혼란스럽다. 반면에 2번 문항은 1번 문항을 합답형으로 변형시켜 선택지가 아주 간결해졌다.

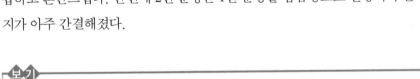

보기

1. 18세기의 사상 중 미국의 독립선언에 영향을 준 것은?
   ① 천부인권, 혁명권, 사회계약사상　　② 천부인권, 혁명권
   ③ 천부인권, 사회계약사상　　　　　　④ 혁명권, 사회계약사상
   ⑤ 혁명권

2. 18세기의 사상 중 미국의 독립선언에 영향을 준 것은?

   　　　　가. 천부인권　　나. 혁명권　　다. 사회계약사상

   ① 가, 나, 다　　② 가, 나　　③ 가, 다　　④ 나, 다　　⑤ 다

(10) 선택지마다 반복되는 표현은 문두에 포함시켜야 한다. 그래야 지면이 절약되고 선택지를 읽는 시간도 줄일 수 있다. 다음 보기의 1번 문항은 음식이란 낱

말이 선택지마다 되풀이되기 때문에 좋은 문항이라고 할 수 없다. 2번 문항은
음식이란 낱말을 문두에 포함시켜 선택지가 훨씬 간결하고 명료해졌다.

---

**보기**

1. 냉장고의 기능은?
　① 음식을 조리한다.　　　② 음식을 신선하게 한다.
　③ 음식을 따뜻하게 한다.　④ 음식을 익힌다.

2. 냉장고의 기능은 음식을 ＿＿＿＿＿＿
　① 조리한다.　　　② 신선하게 한다.
　③ 따뜻하게 한다.　④ 익힌다.

---

(11) 선택지의 수를 적절하게 해야 한다. 이론적으로 선택지의 수와 신뢰도는 비례
하므로 선택지의 수가 많을수록 바람직하다. 선택지의 수를 결정할 때는 문
항수를 고려해야 한다. 검사시간이 일정할 경우 문항수와 선택지의 수는 반
비례한다. 그러므로 선택지를 줄이더라도 문항수를 늘리면 신뢰도가 높아진
다. 가령, 사지선다형 50문항으로 구성된 시험보다 삼지선다형 70문항으로
구성된 시험의 신뢰도가 더 높다. 단, 신뢰도를 높이려면 선택지가 적절해야
한다. 다음 보기에 제시된 문항과 같이 3개의 선택지만 필요한 상황에서 선택
지를 별도로 추가하는 것은 아무런 의미가 없다.

---

**보기**

헥타르와 에이커의 관계를 바르게 설명한 것은?
① 헥타르가 에이커보다 넓다.
② 헥타르가 에이커보다 좁다.
③ 헥타르와 에이커는 면적이 같다.

---

(12) 정답지에 너무 구체적인 정보를 포함하지 않아야 한다. 정답지가 너무 구체적
인 정보를 포함하면 수험요령이 우수한 학생은 덜 구체적으로 표현된 선택지
를 제외시킨 다음 쉽게 정답지를 추측할 수 있다.

(13) 선택지의 의미나 범위가 중복되지 않도록 해야 한다. 선택지의 의미나 범위가

중복될 경우 여러 선택지가 모두 정답이 될 수 있다. 다음 보기의 1번 문항은 선택지들이 중첩되고 있으므로 수정하는 것이 바람직하다. 2번 문항에는 동일한 선택지가 중복되어 있으므로 수정해야 한다.

---

**보기**

1. 닭의 부화기간은?

    ① 17~20일     ② 20~22일     ③ 22~25일     ④ 25~27일

2. 순수한 상태에서 전기를 통하는 물질은?

    ① $H_2SO_4$     ② NaCl     ③ $H_2O$     ④ $H_2O$

---

(14) 선택지들은 한눈에 쉽게 알아볼 수 있도록 배열해야 한다. 선택지들의 길이가 짧을 때는 한 줄로 배열하는 것이 좋다.

(15) '앞의 모두가 정답' 혹은 '정답 없음'과 같은 선택지는 유의해서 사용해야 한다. 이러한 선택지는 지식을 갖고 있는 학생과 지식을 갖고 있지 않은 학생을 변별해 주고, 계산능력·논리적 기능·기계적 기억을 측정하려는 문항에 적합하다. 이러한 선택지를 사용하면 문항작성이 쉽기 때문에 남용되는 경향이 있는데, 정당한 근거가 있을 때만 사용해야 한다. 모든 문항에 이와 같은 선택지를 획일적으로 사용하면 아무런 효과를 거둘 수 없고, 오히려 출제자가 지식이 부족하거나 불성실하기 때문에 이러한 선택지로 구색을 맞추었다는 인상을 줄 소지가 있다. '앞의 모두가 정답'이란 선택지는 선다형 문항에서 문제를 일으킬 수 있다. 이 선택지는 2개의 선택지가 옳으면 그것이 정답이라는 것을 함축하므로 되도록 사용하지 않는 것이 좋다. 특히 최선답형에서는 '앞의 모두가 정답'이란 선택지를 사용하지 말아야 한다. 왜냐하면 최선답형은 가장 적절한 선택지를 고르도록 하는 형식인데, 문두의 '가장 적절한' 것을 고르도록 하는 조건이 '앞의 모두'와 논리적으로 모순되기 때문이다. 이러한 선택지는 출제자가 오답지를 만들기 어렵기 때문에 단순히 선택지의 수를 늘리기 위해서 사용하는 경향이 있다. 단, 다음 보기 문항과 같이 계산문제에는 '정답 없음'이라는 선택지를 사용하여 계산을 완전히 하지 않고는 정답을 할 수 없도록 할 수도 있다. 또 개념이 다양한 방법으로 표현될 수 있음을 알고 있는지를 측정하려고 할 경우에는 '앞의 모두가 정답'이란 선택지를 사용해도 무방하다.

> **보기**
>
> 다음 중 서로 다른 하나는?
>
> ① 0.5          ② 1/2          ③ 8/16          ④ 정답 없음

(16) 선택지들은 원칙적으로 무작위로 배열해야 한다. 단, 선택지 상호 간에 특별한 논리적 관계가 있을 때는 다음 보기 문항과 같이 논리적 순서에 따라 배열해야 한다. 수치로 된 선택지들은 오름차순으로 배열하고, 시간관계가 있는 선택지들은 보기와 같이 연대순으로 배열하는 것이 좋다. 선택지 상호 간에 특별한 논리적 순서가 없을 때는 짧은 선택지를 앞에, 긴 선택지를 뒤에 제시하는 것이 좋다. 단, 선택지 배열이 정답에 대한 단서를 줄 경우에는 무작위로 배열해야 한다. 정답위치의 패턴이 드러나도록 선택지들이 배열되어 있으면 정답을 추측하는 단서로 작용할 수 있으므로 정답위치를 무작위로 배치해야 한다.

> **보기**
>
> 훈민정음을 창제한 왕은?
>
> ① 태조          ② 정종          ③ 태종          ④ 세종

(17) 선택지로 정수를 사용할 경우에는 오른쪽 기준으로 정렬해야 한다. 선택지에 소수점이 포함될 경우에는 다음에 제시된 보기와 같이 소수점 기준으로 선택지를 배열해야 한다.

> **보기**
>
> 1. 74에 113을 더하면 얼마인가?
>     ①      62
>     ②     163
>     ③     187
>     ④ 1,423
>
> 2. $5.031 \times 10^3$을 계산한 값은?
>     ①      0.005031
>     ②      0.05031
>     ③    503.1
>     ④ 5,031

**선다형 문항 점검 체크리스트**

| 점검사항 | 예 | 아니요 |
|---|---|---|
| 1. 선다형으로 출제하는 것이 가장 적절한가? | ☐ | ☐ |
| 2. 문두가 중요한 내용으로 구성되어 있는가? | ☐ | ☐ |
| *3. 문두에 부적절한 내용이 포함되어 있는가? | ☐ | ☐ |
| 4. 문두를 긍정문으로 진술했는가? | ☐ | ☐ |
| 5. 부정문에는 밑줄이나 고딕으로 강조했는가? | ☐ | ☐ |
| 6. 선택지와 문두의 문법이 일치하는가? | ☐ | ☐ |
| 7. 선택지의 표현은 간결한가? | ☐ | ☐ |
| 8. 선택지들의 길이와 형태가 비슷한가? | ☐ | ☐ |
| 9. 정답이 하나만 되도록 출제했는가? | ☐ | ☐ |
| *10. 교재의 용어와 표현을 그대로 사용했는가? | ☐ | ☐ |
| 11. 오답지들의 매력도가 높은가? | ☐ | ☐ |
| *12. 정답을 찾는 데 도움이 되는 단서가 포함되어 있는가? | ☐ | ☐ |
| 13. 선택지들을 적절한 순서로 배열했는가? | ☐ | ☐ |
| 14. 수치로 된 선택지들을 크기 순서대로 배열했는가? | ☐ | ☐ |
| 15. '정답 없음' '앞의 모두가 정답'이란 선택지의 사용을 최소화했는가? | ☐ | ☐ |

주: * 표시가 된 항목은 부정문으로 진술된 항목임.


# 제2절 　진위형 문항

진위형 문항(眞僞型 問項, true-false item)은 진술문의 진위, 정오 또는 긍정-부정에 대한 이분적인 판단을 요구하는 문항형식이다. 그래서 이 형식을 이지선다형(two options item) 혹은 양자택일형(alternative options item)이라고 부르기도 한다.

진위형 문항의 기본 형식은 진술문의 내용 및 형식에 따라 진위형(true-false variety), 정오형(正誤型, right-wrong variety), 긍정-부정형(yes-no variety)으로 구분할 수 있다. 진위형은 진술문의 진위 판단을 요구하는 형식이고, 정오형은 진술문이나 공식의 정확성 판단을 요구하는 형식이며, 긍정-부정형은 진술문을 의문문 형태로 제시하여 그에 대해 긍정하는지 아니면 부정하는지를 표시하도록 하는 형식이다.

## 1. 진위형 문항의 기본 형식

진위형 문항의 기본 형식은 다음과 같다.

> **보기**
>
> | | |
> |---|---|
> | 진위형 | 다음 진술의 내용이 참이면 T, 거짓이면 F에 표시하시오. |
> | | (T : F) 온도가 높아지면 기체의 부피가 증가한다. |
> | 정오형 | 다음 문장이 문법적으로 옳으면 ○, 틀리면 ×를 괄호 속에 기입하시오. |
> | | (     ) 1. He said the statement to be true. |
> | | (     ) 2. Clean the room before he comes back. |
> | 긍정-부정형 | 다음 진술문의 내용에 동의하면 '예'에 표시하고, 동의하지 않으면 '아니요'에 동그라미를 하시오. |
> | | (예 : 아니요) 온도가 높아질수록 기체의 부피는 증가합니까? |

## 2. 진위형 문항의 변형

**오류지적형**    오류지적형(identification variety)은 진술문의 진위를 판정한 다음 그 것이 틀리다고 생각할 경우 틀린 부분에 표시하도록 하는 형식이다.

> **보기**
>
> 다음 문장이 옳다고 생각되면 T에 표시하시오. 만약 틀리다고 생각되면 F에 표시한 후 틀린 부분에 밑줄을 그으시오.
>
> (T : F) 형태소는 뜻을 가진 말의 최소단위를 가리킨다.
>
> (T : F) 일반적인 원리에 따라 특수한 사실에 대한 결론을 내리는 것을 귀납적 추론이라고 한다.

**오류수정형**    오류수정형(correction variety)은 진술문의 진위를 판정한 다음 그것이 틀리다고 생각할 경우 틀린 부분에 표시하고 맞게 고치도록 하는 형식이다.

다음 문장이 정확하다고 생각되면 T에 표시하시오. 그러나 틀리다고 생각하면 F에 표시한 후 틀린 부분에 밑줄을 긋고 바르게 고쳐 쓰시오.

(T : F) 단어에서 가장 중심이 되는 형태소를 어근이라고 한다.

(T : F) 그는 결코 도착할 수 없을 것이다.

**군집형** 군집형(cluster true-false variety)은 관련된 여러 진술문을 제시한 다음 동일한 기준에 따라 각각의 진위를 판단하도록 하는 형식이다.

다음은 기체에 관한 진술문이다. 진술문을 차례로 읽고 옳으면 괄호 속에 O, 틀리면 ×를 기입하시오.

(　　) 1. 온도가 높아지면 기체의 부피가 감소한다.
(　　) 2. 압력을 증가시키면 기체의 부피가 증가한다.
(　　) 3. 기체의 온도와 압력은 비례한다.
(　　) 4. 압력을 높이고 온도를 낮추면 부피가 일정해진다.

**계열형** 계열형(sequential true-false variety)은 일련의 진위형 문항들을 순서대로 제시하되, 각 문항의 정답이 선행문항에 명시되어 있는 조건에 의존하는 형식이다. 계열형은 문제를 푸는 단계가 여러 개 있고, 각 단계가 다음 단계의 문제를 푸는 데 필요한 정보를 제공할 경우 적합하다.

문항 1에서 문항 4는 $x$의 값을 구하기 위한 풀이과정을 단계별로 나타낸 것이다. 각 단계의 풀이과정이 바로 앞 단계의 풀이와 일치하는지를 판단한 다음 일치하면 T, 불일치하면 F를 괄호 속에 기입하시오.

다음 방정식 $(4x-3)(3x+8)=(3x+4)(3x+6)$ 에서 $x$의 값을 구하라.

( ) 1. $12x^2-24=9x^2=24$　　　　　( ) 2. $3x^2=48$

( ) 3. $x^2=16$　　　　　　　　　　　( ) 4. $x=8$

**중다진위형**    중다진위형(multiple true–false variety)은 여러 개의 선택지를 제시해 놓고 선택지의 진위를 각각 판단하도록 하는 형식이다.

---

다음 작품 중 조선시대에 발생한 역사적 사건이면 괄호 속에 T를, 다른 시대에 발생한 사건이면 F를 기입하시오.

　　( ) 1. 무신의 난
　　( ) 2. 갑자사화
　　( ) 3. 황산벌 전투

---

**초점제시형**    초점제시형(focused variety)은 문항의 초점을 구체화하기 위해 괄호 속에 2개의 단어 또는 구를 제시해 놓고 진술문을 가장 정확하게 완성시킬 수 있는 단어 또는 구를 선택하도록 하는 형식이다.

---

보기

문항 1에서 문항 3을 완성시킬 수 있는 사항을 A와 B에서 골라 표시하시오.

　　1. 기압이 (A. 높을수록 B. 낮을수록) 강수확률이 높아진다.
　　2. 적도 부근의 공기는 (A. 동쪽 B. 서쪽) 방향으로 이동한다.
　　3. 고기압 중심과 저기압 중심 사이의 풍향은 두 중심을 연결하는 직선과 (A. 평행이다. B. 수직이다.)

---

## 3. 진위형 문항의 장점 및 단점

### 1) 장 점

(1) 사실, 원리, 법칙, 전제와 같은 기본적인 학습내용을 정확하게 학습했는가를 효율적으로 측정할 수 있다.

(2) 문항을 작성할 때 문두(물음)만 진술하고 선택지를 제작하지 않아도 되므로 선다형보다 문항작성이 더 쉽고, 출제시간이 더 적게 소요된다.

(3) 넓은 범위에서 많은 문항을 골고루 출제할 수 있으므로 대표성(代表性, representativeness)이 매우 높다.

(4) 신속하고 객관적인 채점이 가능하다.

(5) 선다형, 결합형, 단답형, 완성형과 같은 형식의 문항을 제작할 수 있는 토대를 제공해 준다.

## 2) 단 점

(1) 고차적인 학습성과보다는 기계적인 기억을 평가하는 문항이 출제될 개연성이 높다. 그 결과 학습동기를 감소시키고 피상적인 학습태도를 조장할 소지가 있다.

(2) 진술문을 간단명료하게 진술해야 한다는 요건을 충족시키기가 어렵기 때문에 진위를 명백하게 판단할 수 있는 진술문을 만들기가 쉽지 않다.

(3) 정답을 모르면서도 어휘력이나 독해력과 같은 언어능력을 이용해서 답하거나 추측을 할 확률이 높다. 진위형 문항에 맹목적으로 반응할 때 정답확률은 무려 50%에 달한다. 이로 인해 문항변별도와 신뢰도가 낮아질 수 있다.

(4) 선다형 문항과 달리 진위형 문항은 학생들이 어떤 오류를 범했는가를 진단하기가 어렵다.

(5) 학생들이 틀린 진술문에 포함된 잘못된 정보를 학습할 소지가 있다.

(6) 다른 선택형 문항에 비해 반응태세가 작용할 소지가 크다.

## 4. 진위형 문항의 용도

(1) 명칭 · 장소 · 용어 · 공식 · 연도 · 일시 · 사건과 같은 단순한 지식을 정확하게 획득했는가를 효율적으로 측정하고자 할 때 적합하다.

(2) 사실과 의견의 구분, 주장의 적절성 여부 등을 묻는 경우와 같이 2개의 반응(진위 또는 정오)만 가능한 경우 다른 문항형식보다 더 유용하다.

(3) 많은 답안지를 빠르고 객관적으로 채점하고자 할 때 적합하다.

(4) 어린 아동이나 읽기능력이 낮은 사람들에게 적합한 형식이다.

(5) 출제범위가 매우 넓고 출제시간이 제한되어 있을 때 적합한 형식이다.

(6) 선다형 문항에 1개 이상의 정답이 가능하고, 채점의 공정성이 특별히 중시될 경우 선택지 하나하나를 각각 진위형 문항으로 출제하면 좋다.

## 5. 진위형 문항의 작성지침

(1) 진술문은 반드시 하나의 주제만 포함해야 한다. 진술문이 2개의 주제를 포함하고 있으면 하나는 참이지만 다른 하나가 참이 아닐 수도 있다. 이 경우 정답을 했더라도 두 가지를 모두 알고 답했는지 아니면 하나만 알고 답했는지 구분할 수 없다. 그런 경우에는 두 문항으로 분리하여 출제하는 것이 좋다.

(2) 진술문의 진위를 판단할 수 있는 자료와 근거를 충분히 제시해야 한다. 의견, 관점, 주장은 그 자체로서는 진 혹은 위가 될 수 없다. 판단의 자료나 근거를 제시하지 않은 채 의견이나 주장에 대한 진위판단을 요구하면, 의견이나 주장을 사실로 인식하여 그 의견이나 관점 또는 주장에 동의하는지 아니면 반대하는지를 묻는 일종의 태도조사 문항이 될 소지가 높다.

(3) 절대적으로 맞거나 틀리는 사실에 근거하여 문항을 작성해야 한다. 어떤 경우에는 맞지만 어떤 경우에 틀릴 수도 있는 내용이 포함된 진술문은 맞을 수도 있고 틀릴 수도 있다. '외적 보상은 내재적 동기를 손상시킨다.'는 진술문이 있다고 하자. 그런데 외적 보상이 정보적 기능을 수행하면 내재적 동기를 증가시키므로 이 진술문은 항상 참이 될 수 없다. 또 진술문이 옳은 내용과 그릇된 내용을 동시에 포함하고 있을 경우 어느 것이 진위판단의 중심요소인지 구별하기 곤란하고, '×'라고 답했을 때 어느 부분이 틀렸기 때문에 '×'라고 답했는지 구분할 수 없다.

(4) 원인과 결과의 관계를 서술한 진술문은 내용 자체가 참이 되도록 작성해야 한다. 진술문의 내용이 참이 아닐 경우 '×'라고 답했을 때 원인 부분의 진술이 틀리기 때문에 '×'라고 답했는지 아니면 결과 부분이 틀리기 때문에 '×'라고 답했는지 알 수 없기 때문이다.

(5) 진술문의 내용이 틀린 문항을 만들 때는 객관적으로 틀린 내용에 근거하여 진술문을 작성해야 한다. 진술문의 내용이 틀린 문항을 만들 때 가장 쉬운 방법은 단순히 '아니다' 또는 '없다'라는 표현을 삽입하는 것이지만, 그보다는 내용 자체가 진위의 판단기준이 되도록 문항을 만들어야 한다.

(6) 정답이 되는 진술문과 오답이 되는 진술문의 길이가 비슷하도록 해야 한다. 일반적으로 진술문이 참이 되려면 여러 조건을 충족시켜야 하기 때문에 진술문이 길수록 참이 될 확률이 높아진다.

(7) 정답이 진인 문항수와 위인 문항수를 비슷하게 해야 한다. 정답이 진인 문항 수가 더 많거나 반대의 경우에는 그것을 단서로 하여 정답을 추측할 수 있다. 예컨대, 정답이 'ㅇ'인 문항이 '×'인 문항보다 더 많으면 모르는 문제에는 '×'라 고 답하고, 그 반대의 경우에는 'ㅇ'라고 답할 개연성이 있다.

(8) 교재에 있는 문장을 그대로 사용하지 말아야 한다. 그렇게 하면 기계적 기억 을 재는 문항이 된다.

(9) 진술문을 간단명료하게 작성해야 한다.

**진위형 문항 점검 체크리스트**

| 점검사항 | 예 | 아니요 |
|---|---|---|
| 1. 진위형으로 출제하는 것이 가장 바람직한가? | ☐ | ☐ |
| 2. 진술문은 명백히 진(ㅇ) 혹은 위(×)로 판정할 수 있는가? | ☐ | ☐ |
| *3. '보통' '절대로'와 같은 한정사를 포함하고 있는가? | ☐ | ☐ |
| *4. 진술문이 지엽적인 내용을 담고 있는가? | ☐ | ☐ |
| *5. 부정문, 특히 이중부정문이 포함되어 있는가? | ☐ | ☐ |
| 6. 문항을 간단명료하게 진술했는가? | ☐ | ☐ |
| 7. 주장이나 의견을 묻는 문항에는 근거를 제시했는가? | ☐ | ☐ |
| 8. 정답이 'ㅇ'인 문항과 내용이 '×'인 문항의 길이가 비슷한가? | ☐ | ☐ |
| 9. 정답이 'ㅇ'인 문항수와 내용이 '×'인 문항수가 비슷한가? | ☐ | ☐ |
| 10. 정답이 특정 패턴(예컨대, ㅇ×ㅇ×)을 이루지 않도록 문항들을 배열했 는가? | ☐ | ☐ |

주: * 표시가 된 항목은 부정문으로 진술된 항목임.

## 제3절 결합형 문항

결합형 문항(結合型 問項, matching-type item)은 자극군(刺戟群, stimuli)인 전제(前 提, premises)와 반응군(反應群, responses)인 선택지에서 서로 관계되는 것을 찾아 연 결하도록 하는 문항형식이다. 결합형 문항은 흔히 배합형(配合型) 또는 연결형(連結 型)이라고 부르기도 한다.

결합형 문항에서는 일반적으로 자극군을 왼쪽에 배치하고, 반응군을 오른쪽에 배치한다. 결합형 문항의 자극군은 선다형 문항의 문두에 해당되고 반응군은 선다형 문항의 선택지에 해당되므로 결합형 문항은 선다형 문항의 특수 형식이라고 할 수 있다. 결합형 문항의 가장 독특한 특징은 자극군에는 선택형의 문두에 해당되는 내용(명칭, 용어, 개념 등)을 간략하게 줄여서 배열한 다음, 반응군의 선택지들을 공동으로 사용한다는 점이다.

결합형 문항의 기본 형식, 변형, 장점 및 단점, 용도, 작성지침을 간략하게 소개한다.

## 1. 결합형 문항의 기본 형식

결합형 문항의 기본 형식인 단순결합형은 다음과 같다.

**보기**

다음 A군에 있는 사람과 관계되는 사항을 B군에서 골라 그 기호를 써넣으시오.

| A | B |
|---|---|
| ( ) 1. 칸트 | 가. 이데아 |
| ( ) 2. 데카르트 | 나. 초인 |
| ( ) 3. 플라톤 | 다. 정언명령 |
| ( ) 4. 소크라테스 | 라. 방법적 회의 |
| ( ) 5. 니체 | 마. 백지설 |
| ( ) 6. 로크 | 바. 산파술 |

## 2. 결합형 문항의 변형

**복합결합형**　복합결합형(compound matching variety)은 하나의 자극군(전제)에 대해 여러 선택지를 골라 연결하도록 하는 형식이다. 복합결합형은 2개의 결합형을 합한 형식이라고 할 수 있다.

보기

다음 A군에서 열거한 국가관에 관련이 있는 사항을 B군과 C군에서 골라 그 번호를 괄호
속에 써넣으시오.

| B | C | A | B | C |
|---|---|---|---|---|
| ( ) | ( ) | 가. 다원주의적 국가관 | 1. 집단주의 | a. 이익사회론 |
| ( ) | ( ) | 나. 권위주의적 국가관 | 2. 개인주의 | b. 국가소멸론 |
| ( ) | ( ) | 다. 공산주의적 국가관 | 3. 민족주의 | c. 사회유기체설 |
| ( ) | ( ) | 라. 이상주의적 국가관 | 4. 계급주의 | d. 사회정의론 |

관계분석형　관계분석형(relation analysis variety)은 두 문장(A, B)으로 구성된 진술
문을 주고 두 진술문 사이의 관계를 선택지에 기술되어 있는 조건 또는 전제에 따라
분류하도록 하는 형식이다.

보기

기업의 경영원칙에 관한 주장(A)과 그 주장에 대한 이유(B)를 진술한 문장을 읽고, 다음
과 같은 요령에 따라 괄호 속에 바른 답을 쓰시오.

• 주장과 이유가 모두 옳고 이유가 주장에 대해 타당하면 ……………………………① 
• 주장과 이유가 모두 옳지만 이유가 주장에 대해 타당하지 않으면 ………………② 
• 주장은 옳지만 이유가 타당하지 않으면 …………………………………………③ 
• 주장은 옳지 않으나 이유가 타당하면 ……………………………………………④ 
• 주장과 이유가 모두 타당하지 않으면 ……………………………………………⑤ 

| 주장(A) | 이유(B) |
|---|---|
| ( ) 기업은 원가를 절감하기 위해 노력해야 한다. | 왜냐하면 원가는 기업의 이익과 직결되기 때문이다. |
| ( ) 인적 자원은 기업활동에서 별로 중요하지 않다. | 왜냐하면 기업의 생산성은 기계설비에 따라 좌우되기 때문이다. |

분류결합형　분류결합형(classification matching variety)은 지시문에 제시되어 있는

기준을 근거로 하여 일련의 사상(事象), 사실, 개념, 법칙, 이론 등을 분류하도록 요구하는 형식이다.

> **보기**
>
> 다음 품사 중에서 체언에 속하는 것은 '체', 용언에 속하는 것은 '용'이라고 괄호 속에 써 넣으시오.
>
> ( ) 동사　　　　( ) 명사　　　　( ) 대명사
> ( ) 수사　　　　( ) 형용사　　　( ) 부사

**양단분류형**　양단분류형(兩端分類型, both-neither classification variety)은 문두와 두 선택지(A, B) 간의 상호관계를 분석한 다음, 지시문에 제시되어 있는 기준이나 조건에 따라 답을 선택하도록 하는 형식이다.

> **보기**
>
> 다음에는 각각 하나의 문제와 두 개의 답지(A, B)가 있다. 문제와 답지의 관계를 따져 보고 나서 다음 기준에 따라 바른 답을 골라 그 번호를 괄호 속에 써넣으시오.
>
> - A에만 관계되면 ……………………………………………… ①
> - B에만 관계되면 ……………………………………………… ②
> - A와 B 모두에 관계되면 …………………………………… ③
> - 어느 것에도 관계되지 않으면 …………………………… ④
>
> ( ) 1. 경제성장
> 　　 A. 자본　　　　B. 기술
> ( ) 2. 생산성
> 　　 A. 기업결합　　B. 자본집중

**공변관계형**　공변관계형(共變關係型, variation relationship variety)은 어떤 현상이나 요인 사이의 인과관계 또는 양적 관계에 대한 적절한 설명을 지시문에 제시된 기준에 따라 찾도록 하는 형식이다.

보기

다음 문제에 포함된 두 가지의 상호관계가 어느 선택지에 해당되는지를 골라 그 번호를
괄호 속에 써넣으시오.

> • A가 증가할 때 B도 증가하면 ················································ ①
> • A가 증가할 때 B가 감소하면 ················································ ②
> • 두 가지가 전혀 관계가 없으면 ·············································· ③

(　) 1. 일정한 무게를 가진 기체의
　　　　A. 부피　　　　　　　　B. 압력

(　) 2. 대기 중의
　　　　A. 온도　　　　　　　　B. 기압

**수량비교형**　수량비교형(quantity comparison variety)은 요인 또는 사상(事象) 간의
대소관계 혹은 수량관계를 지시문에 제시되어 있는 조건에 따라 찾도록 하는 형식
이다.

보기

다음 두 가지 사실(A, B) 간의 관계를 따져 본 후 다음 요령에 따라 답하시오.

> • A가 B보다 크거나 많으면 ····················································· ①
> • A가 B보다 작거나 적으면 ····················································· ②
> • 두 개의 사실이 같으면 ·························································· ③

(　) 1. 길이
　　　　A. 1킬로미터　　　　　　B. 1마일

(　) 2. 물의 부피
　　　　A. 1리터　　　　　　　　B. 10밀리리터

**충분조건형**　충분조건형(sufficient condition variety)은 어떤 문제를 해결하는 데 필
요한 조건을 지시문에 제시된 조건에 따라 찾도록 하는 형식이다.

> **보기**
>
> 다음 문제에는 두 가지 조건(A, B)이 제시되어 있다. 다음 요령으로 답하시오.
>
> - A만으로 문제를 해결할 수 있으면 ································· ①
> - B만으로 문제를 해결할 수 있으면 ································· ②
> - 문제해결에 A와 B가 모두 필요하면 ····························· ③
> - 문제해결에 A와 B 이외의 다른 조건이 필요하면 ············· ④
>
> (  ) 1. 원의 면적
>         A. 반지름          B. 원주의 길이
>
> (  ) 2. 사다리꼴의 면적
>         A. 높이            B. 밑변의 길이

**제외항목형**    제외항목형(除外項目型, elimination variety)은 2개의 항목군(A, B)을 제시해 놓고, 일단 A군에서 가장 이질적인 것을 고른 다음 그 이유를 B군에서 찾도록 하는 형식이다. 그러므로 제외항목형은 선다형 문항의 부정형을 변형시킨 형식이다.

> **보기**
>
> 다음 A군에 있는 4개 항목에서 성질이 다른 것을 고른 다음, B군에서 그 이유를 골라 그 번호를 괄호 속에 차례로 써넣으시오. (    ) (    )
>
> | A | B |
> |---|---|
> | 1. 청구영언 | 가. 향가 |
> | 2. 해동가요 | 나. 고려가요 |
> | 3. 가곡원류 | 다. 시조 |
> | 4. 삼대목 | 라. 가사 |

**재사용답지형**    재사용답지형(reusable alternatives variety)은 반응군에 포함된 선택지를 한 번 이상 자극군에 연결하도록 하는 형식이다. 이때 같은 선택지를 여러 번 사용할 수도 있다는 사실을 지시문에 반드시 명시해야 한다.

**보기**

다음 A군에 제시되어 있는 관리영역과 관계되는 작업을 B군에서 찾아 그 번호를 괄호 속에 써넣으시오(단, 하나의 관리영역에서 여러 가지 작업을 수행할 수도 있다).

| A | B |
|---|---|
| (　) 1. 노무관리 | 가. 불량품 박멸 |
| (　) 2. 환경관리 | 나. 기계고장 보수 |
| (　) 3. 품질관리 | 다. 인간관계 개선 |
| (　) 4. 설비관리 | 라. 작업자 기능향상 |
| (　) 5. 자재관리 | 마. 작업장 정리, 정돈 |
| (　) 6. 작업관리 | 바. 작업장 미관개선 |

## 3. 결합형 문항의 장점 및 단점

### 1) 장 점

(1) 넓은 출제범위에서 많은 문항을 출제할 수 있으므로 대표성이 높다.

(2) 자극군이 반응군의 선택지들을 공동으로 사용하므로 문항작성이 쉽다.

(3) 문항을 읽고 답하는 데 시간이 적게 걸리기 때문에 다른 문항형식보다 많은 문항을 출제할 수 있다.

(4) 채점이 빠르고 채점의 객관도가 높다.

(5) 자극군과 반응군의 항목을 서로 결합하는 형태를 다양하게 변화시킬 수 있기 때문에 복잡한 내용을 서로 관련지어 학습했는가를 평가할 수 있다.

### 2) 단 점

(1) 단순한 지식을 평가하기는 용이하지만 고차적인 학습능력을 평가할 수 있는 문항을 제작하기가 어렵다.

(2) 동질적인 자극군과 반응군을 만들기가 어렵다. 자극군 항목이나 반응군 항목들의 이질성이 높으면 정답을 추측하는 단서로 작용할 소지가 있다.

(3) 어떤 기준에 따라 자극군과 반응군의 항목을 연결해야 하는지를 명시하지 않으면 시험에 소요되는 시간이 길어진다.

(4) 자극군의 일부 항목과 반응군의 항목을 결합하고 나면 나머지 항목들을 추측

으로 결합시킬 확률이 점진적으로 높아지므로 추측의 영향을 통제하기가 어렵다.

## 4. 결합형 문항의 용도

(1) 지식·용어·정의·날짜·사건 등의 상호관계에 관한 지식을 평가하고자 할 때 적합하다.

(2) 출제범위에서 동질적인 내용이 많을 경우 적합한 형식이다.

(3) 선다형으로 출제해야 하지만 출제시간이나 지면에 여유가 없을 경우에 적합한 형식의 문항이다.

## 5. 결합형 문항의 작성지침

(1) 자극군과 반응군을 동질적인 항목으로 구성해야 한다. 자극군 혹은 반응군의 이질적인 항목은 정답을 추측할 수 있는 단서로 작용한다. 그러므로 반응군의 모든 항목이 자극군의 모든 항목에 대해 정답처럼 보이도록 자극군과 반응군을 각각 동질적인 항목으로 구성해야 한다.

(2) 자극군과 반응군의 항목을 짧게 진술해야 한다. 자극군과 반응군의 항목이 길면 읽어야 하는 분량이 늘어나고, 결국 시험시간도 증가한다.

(3) 자극군보다 반응군의 항목을 더 짧게 진술하는 것이 좋다. 일반적으로 결합형 문항에 답할 때는 자극군의 항목을 먼저 읽은 다음 정답을 찾기 위해 반응군의 항목을 읽는다. 그러므로 자극군을 길게 진술하고 반응군을 짧게 진술하면 시험시간이 상대적으로 절약된다.

(4) 지시문에는 자극군과 반응군을 연결하는 기준과 답을 표시하는 방법을 명시해야 한다. 결합형 문항은 자극군의 항목과 반응군의 항목을 하나씩 연결하도록 출제하는 것이 원칙이지만 결합형의 변형 중에는 반응군의 항목을 2회 이상 사용하도록 하는 형식도 있다. 그 경우에는 반드시 지시문에서 반응군의 항목이 여러 번 사용될 수 있다는 것을 명시해야 한다.

(5) 자극군보다 반응군의 항목수가 더 많게 작성해야 한다. 반응군의 항목수는 자극군의 항목수보다 2~3개 많은 것이 좋다. 자극군과 반응군의 항목수가 같을

경우 자극군과 반응군에 있는 마지막 항목은 자동적으로 결합되므로 추측을 통제할 수 없다.

(6) 자극군의 항목수는 5~7개가 되도록 해야 한다. 자극군의 항목수가 너무 많으면 동질성을 유지하기가 어렵다. 자극군과 반응군의 항목수는 각각 10개가 넘지 않는 것이 좋다. 자극군과 반응군의 항목수가 각각 20개라고 하면, 문항에 답하는 데 이론상 최대 400번(20 × 20 = 400)을 검토해야 한다.

(7) 자극군 혹은 반응군의 항목은 논리적, 시간적, 양적, 공간적 순서에 따라 체계적으로 배열해야 한다. 날짜나 숫자는 내림차순이나 오름차순으로 배열하는 것이 바람직하다.

(8) 자극군과 반응군의 항목을 시험지의 같은 페이지에 배치해야 한다. 자극군과 반응군을 다른 페이지에 배치할 경우 답을 찾기 위해 여러 번 페이지를 넘겨야 하므로 불필요한 혼란을 야기할 수 있고 시간이 많이 소요된다.

(9) 자극군 항목을 문두로 하여 반응군의 답을 요구하는 단답형이나 완성형 문항으로 작성하여 문제점이 있는가를 검토해야 한다. 또 자극군의 자극과 반응군의 선택지를 연결하여 만든 진위형 문항이 성립하는지를 확인해야 한다.

### 결합형 문항 점검 체크리스트

| 점검사항 | 예 | 아니요 |
|---|---|---|
| 1. 결합형으로 출제하는 것이 가장 적절한가? | ☐ | ☐ |
| 2. 자극군과 반응군이 각각 동질적인 항목으로 구성되어 있는가? | ☐ | ☐ |
| 3. 반응군의 항목을 자극군의 항목보다 더 짧게 진술했는가? | ☐ | ☐ |
| 4. 반응군의 항목을 자극군의 오른쪽에 배치했는가? | ☐ | ☐ |
| 5. 반응군의 항목들을 체계적인 순서로 배열했는가? | ☐ | ☐ |
| 6. 자극군의 항목과 반응군의 항목을 어떤 기준에 따라 연결할 것인지를 명시했는가? | ☐ | ☐ |
| 7. 반응군의 항목을 1회 이상 연결하도록 허용하는 문항에서는 그 사실을 명시했는가? | ☐ | ☐ |
| 8. 자극군과 반응군의 항목들을 같은 페이지에 배치했는가? | ☐ | ☐ |

## 주요개념

| 선택형 | 선다형 | 문두 | 선택지 |
| 정답지 | 오답지 | 진위형 | 결합형 |

### 요약정리

1. 선다형은 문두와 함께 여러 선택지를 제시한 다음 조건에 맞는 선택지를 고르도록 하는 형식이다. 선다형은 대표성이 높고, 채점의 신속성과 공정성을 기할 수 있으며, 진단적인 기능이 있고, 융통성이 많은 형식이기 때문에 문항형식 중에서 가장 보편적으로 사용되고 있다. 그렇지만 선다형 문항은 좋은 문항을 제작하기가 어렵고, 측정수준이 단순 지식에 한정될 여지가 높으며, 추측요인이 작용할 소지가 크다는 단점이 있다. 선다형은 공정성 · 객관성 · 신속성을 도모해야 할 중요한 시험에서 적합한 형식이다.

2. 진위형은 진술문의 진위, 정오, 긍정－부정에 대한 이분적인 판단을 요구하는 형식이다. 진위형 문항은 효율적이고 대표성이 높으며 채점이 신속하고 공정하다는 장점이 있으나, 측정할 수 있는 수준이 제한되고 추측요인이 작용할 소지가 크다는 단점이 있다. 진위형 문항은 단순 지식을 정확하게 이해하고 있는가를 효율적으로 측정하고자 하거나, 2개의 반응만 가능한 경우 적합한 형식이다.

3. 결합형은 자극군과 반응군에서 서로 관련되는 것끼리 연결하도록 하는 형식이다. 결합형은 대표성이 높고 채점의 객관성과 공정성이 높지만, 단순 지식을 측정하는 문항이 출제될 확률이 높고 추측요인의 작용소지가 크다. 결합형은 상호관계에 대한 지식을 측정하거나 동질적인 내용이 많을 때 적합한 형식이다.

### 제8장

# 서답형 문항의 작성

서답형
문항의
작성 ─── 제1절 논문형 문항(논술형 문항)

제2절 단답형 문항

제3절 완성형 문항

**학습목표**

- 서답형 문항의 구조와 특징을 기술한다.
- 전공교과에서 논문형 문항을 작성한다.
- 논문형 문항을 채점할 때 고려해야 할 사항들을 기술한다.
- 전공교과에서 단답형 문항을 작성한다.
- 전공교과에서 완성형 문항을 작성한다.

　　서답형 문항(書答型 問項, supply-type item)은 문두만 제시해 놓고 답을 스스로 생각해서 써넣도록 하는 형식의 문항이다. 서답형 문항은 구성반응형 문항(constructed-response item)이라고 하기도 한다. 서답형 문항은 회상(回想, recall: 기억하고 있는 항목을 스스로 재생하는 인지과정)을 요구하므로 회상형 문항(回想型 問項, recall-type item)이라고 한다. 단답형, 완성형, 논문형이 서답형 문항에 속한다.

　　서답형 문항은 선택형 문항에 비해서 고차적인 학습성과를 측정할 수 있으며, 추측으로 정답을 할 확률을 최소화할 수 있다는 장점이 있으나, 채점이 어려울 뿐만 아니라 객관도가 낮다는 단점이 있다. 이 장에서는 서답형 문항에 속하는 논문형 · 단답형 · 완성형의 기본 형식, 변형, 장단점, 용도, 작성지침을 소개한다.

## 제1절　논문형 문항(논술형 문항)

　　논문형 문항(論文型 問項, essay item) 혹은 논술형 문항은 문제 혹은 질문에 대해 짧게는 몇 개의 문장에서 길게는 여러 페이지에 걸쳐 논술식으로 답을 쓰도록 하는 문항형식이다. 논문형 문항은 기억 속에 저장되어 있는 정보를 회상하거나 새로 구성하도록 요구한다.

　　논문형 문항의 가장 큰 특징은 답안을 작성할 때 상당한 정도의 자유를 허용한다는 점이다. 이러한 점에서 논문형 문항은 조건에 맞는 선택지를 고르도록 하는 선택형 문항이나 짧은 답을 요구하는 단답형 혹은 완성형 문항과 확연히 구분된다. 논문형 문항의 채점은 채점자의 주관적인 판단에 의해 이루어진다.

　　논문형 문항은 선택형 문항으로는 측정하기 어려운 고차적인 학습성과를 측정할 수 있다는 장점이 있다. 또 논문형 문항은 작문능력을 평가할 수 있는 유일한 형식의 문항이고, 학습태도와 가치를 평가하는 데도 사용할 수 있다. 논문형 문항은 분석, 종합, 비교, 평가하는 능력을 기르는 데 도움을 주므로 교수-학습에 긍정적인 효과를 미친다. 또 논문형 문항은 문항수가 적고 선택지를 작성하지 않아도 되므로 선택형 문항에 비해 문항작성이 용이하고, 거의 모든 교과에서 활용될 수 있을 정도로 융통성이 있다. 이러한 장점을 갖고 있는 논문형 문항은 오래전부터 대학에서 보편적으로 활용되어 왔으며, 최근 중등학교에서는 수행평가의 방법으로 활용되고 있다. 역사적으로 볼 때 논문형 문항은 2,000년 전에 중국의 과거시험에서 사용되었을 정도로 오랜 전통을 갖고 있는 형식이다.

논문형 문항과 작문평가는 구분해야 한다. 논문형 문항과 작문평가는 작문을 매개로 한다는 공통점이 있지만, 논문형 문항은 작문에 표현된 내용의 정확성에 주안을 두지만 작문평가는 작문 자체의 질에 주안을 둔다는 점에서 다르다. 즉, 작문은 논문형 문항에서는 목적을 달성하기 위한 수단이지만, 작문평가에서는 목적 자체가 된다. 논문형 문항의 형식, 장점 및 단점, 용도, 작성지침, 채점 시 유의사항을 소개한다.

## 1. 논문형 문항의 기본 형식

논문형 문항의 형식은 반응의 자유도를 기준으로 할 때 제한반응형과 확대반응형으로 구분된다. 제한반응형(制限反應型, restricted-response item)은 응답의 범위와 형태를 엄격하게 제한한 형식이다. 일반적으로 제한반응형은 정의하고, 열거하며, 기술하고, 이유를 들도록 하는 문항으로 활용된다. 제한반응형을 예시하면 다음과 같다.

인터넷의 장점을 세 가지만 열거하시오.

확대반응형(擴大反應型, extended-response item)은 종합력, 평가력, 구성력, 비판력, 표현력과 같은 고차적인 능력을 측정하기 위해 답안에 작성할 내용과 응답방식에 아무런 제한을 가하지 않고 충분한 자유를 주는 형식이다. 확대반응형에서 응답을 제한하는 경우에도 답안작성의 분량과 작성시간 등을 최소한으로 제한한다. 확대반응형을 예시하면 다음과 같다.

우리나라 중소기업의 국제경쟁력을 강화시킬 수 있는 방안을 수립하시오.

제한반응형과 확대반응형은 각기 장단점이 있다. 제한반응형은 (1) 지식·이해·적용·분석 수준의 교육목표 달성도를 측정하는 데 적합하고, (2) 문항을 많이 출제할 수 있으며, (3) 확대반응형보다 더 객관적이고 신뢰롭게 채점할 수 있다는 장점이 있다. 반면 확대반응형은 고차적인 학습성과를 측정할 수 있으나, (1) 객관적이고 신뢰롭게 채점하기 어렵고 (2) 출제할 수 있는 문항수가 제한된다는 단점이 있다.

## 2. 측정수준에 따른 논문형 문항

논문형 문항은 교육목표분류학의 여섯 가지 수준의 인지적 영역을 모두 측정할 수 있다. 여섯 가지 수준에 해당되는 논문형 문장을 예시하면 다음과 같다.

지식    사실, 절차, 법칙 등을 재인 혹은 회상하도록 하는 수준의 문항으로 '기술하라' '정의하라' '확인하라' '열거하라' '진술하라'와 같은 동사를 사용하여 출제한다.

교육목표분류학의 여섯 가지 수준의 인지적 영역을 열거하고, 각 수준을 정의하시오.

이해    학습내용을 재진술 · 번역 · 변환 · 해석하도록 하는 문항으로 '설명하라' '의역하라' '요약하라'와 같은 동사를 사용하여 출제한다.

반분신뢰도를 구할 때 Spearman-Brown 공식을 사용하는 이유를 설명하시오.

적용    학습내용을 새로운 상황에서 활용하는 능력을 측정하기 위한 문항으로 '적용하라' '해결하라' '개발하라' '활용하라'와 같은 동사를 사용하여 출제한다.

• 다음 교육목표를 측정하기 위한 사지선다형 문항과 단답형 문항을 각각 제작하라.
• 사과 한 개를 철수, 영희, 정희가 나누어 먹었다고 한다. 철수가 1/3쪽, 영희가 1/2쪽이라면 정희의 몫은 얼마인가? (풀이과정을 쓰시오.)

분석    자료를 구성요소로 분할하는 능력을 재기 위한 문항으로 '분석하라' '분할하라' '구분하라' '예시하라' '요약하라'와 같은 동사를 사용하여 출제한다.

- '존재하는 것은 모두 양으로 존재하고, 따라서 측정할 수 있다.'라는 주장의 철학적 전제를 분석하라.
- 교재 제5장을 300단어 내외로 요약하라.
  (이 문항은 교재에 요약이 없어야 한다. 교재에 요약이 있으면 지식이나 이해 수준의 문항이 된다.)

종합  독창적인 것을 창안하는 능력을 측정하기 위한 문항으로 '개발하라' '창안하라' '설계하라'와 같은 동사를 사용하여 출제한다.

전공교과에서 종합 수준의 교육목표를 진술한 다음 그 목표를 측정하기 위한 논문형 문항을 작성하라.

평가  자료나 아이디어의 가치를 판단하는 능력을 재기 위한 문항으로 '평가하라' '선택하라' '비판하라' '판단하라'와 같은 동사를 사용하여 출제한다.

분석 수준의 교육목표를 측정하기 위한 가장 적합한 문항형식을 들고, 타당한 근거를 밝히시오.

## 3. 논문형 문항의 장점 및 단점

### 1) 장 점

(1) 조직력, 창의력, 표현력, 비판력과 같은 고등정신능력을 측정할 수 있다. 선다형 문항도 잘 제작하면 고등정신능력을 측정할 수 있지만 구조적으로 내재적인 한계가 있다.

(2) 답안작성에 상당한 자유를 주므로 주어진 주제를 폭넓고 깊이 있게 다룰 수 있는 융통성이 있다.

(3) 문항작성이 비교적 쉽기 때문에 선택형 문항보다 더 적은 시간과 노력으로도 좋은 문항을 작성할 수 있다. 논문형 문항작성이 쉬운 것은 문항수가 적고, 선택지가 없기 때문이다.

(4) 학습내용을 단순하게 암기하는 것이 아니라 이해·비교·분석·통합·조직·비판하는 바람직한 학습태도를 길러 준다.

(5) 구성반응을 요구하므로 추측의 영향을 잘 통제할 수 있다.

(6) 출제자가 요구하는 답을 응답자가 정확히 알 수 있도록 문제진술에 여러 가지 조건이나 상황을 자세하게 제시할 수 있다.

## 2) 단 점

(1) 채점의 객관도와 신뢰도가 낮고, 채점에 시간과 노력이 많이 소요된다. 객관도와 신뢰도가 낮다는 것은 같은 답안지를 여러 번 채점하거나 여러 사람이 채점할 때 일관성이 낮다는 것을 의미한다. 그 이유는 응답자에 대한 채점자의 선입견이나 인상, 답안지의 채점순서, 답안작성에 사용된 어휘나 표현, 글씨체, 답안의 길이, 문법, 철자 및 구두점의 정확성 등 수많은 요인이 채점에 영향을 주기 때문이다. 이러한 요인들이 채점에 미치는 영향을 제거하려면 시간과 노력이 많이 소요된다. 문항수가 적은 것도 채점의 일관성에 영향을 준다.

(2) 출제할 수 있는 문항수가 극히 제한되므로 시험의 대표성이 낮다.

(3) 선택형 문항에 비해 출제자의 의도를 정확하게 파악하기 곤란하다.

(4) 어휘력, 해석능력, 표현능력과 같은 언어능력이 낮은 사람에게 불리하다. 그러므로 연령이 어리거나 언어능력이 낮을 때는 부적합하다.

## 4. 논문형 문항의 용도

(1) 고차적인 학습성과를 평가하고자 할 때 적합하다. 즉, 논문형은 다른 문항형식으로는 평가하기 곤란한 종합력, 조직력, 창의력, 표현력, 비판력, 논증력과 같이 고차적인 사고능력을 평가하는 데 적합하다.

(2) 출제시간은 제한되어 있지만 채점시간이 충분하게 확보되어 있거나 객관성이 결여된 채점결과가 심각한 문제를 초래할 개연성이 거의 없거나 또는 채점자가 충분히 확보되어 있을 때 사용할 수 있다.

(3) 학생들에게 피상적이고 기계적인 학습태도가 아니라 유의미하게 학습하려는 태도를 길러 주려고 할 때 사용하는 것이 바람직하다.

(4) 응시자의 수가 적고 한 번 출제한 문항을 다시 사용하지 않으려고 할 때 적합한 형식의 문항이다.

(5) 학습태도를 측정하거나 작문능력과 의사소통능력을 측정하고자 할 때 적합한 형식이다.

## 5. 논문형 문항의 작성지침

(1) 고차적인 학습성과를 측정할 수 있도록 출제해야 한다. 그러기 위해서는 '열거하라' '기술하라' 등과 같은 동사보다는 '비교하라' '분석하라' '판단하라' '주장하라' 등과 같은 동사를 사용해서 문항을 작성하는 것이 좋다. '열거하라' '기술하라' 등과 같은 동사는 주로 단순 지식을 측정하지만, '비교하라' '분석하라' '판단하라' '주장하라' 등과 같은 동사는 고차적인 수준의 학습성과를 측정할 수 있다. 지식이나 이해 수준의 학습성과를 평가하는 데 구태여 논문형 문항을 사용할 필요가 없다.

(2) 문항이 요구하는 답안과 답안작성방식을 구체적으로 명시해야 한다. 문항이 모호하면 학생들이 출제의도를 잘못 해석하여 엉뚱한 답안을 작성할 수 있다. 이러한 문제점은 배점이 낮은 선택형 문항보다 배점이 높은 논문형 문항에서 더 심각한 결과를 초래한다. 그러므로 논문형 문항에는 이유·결과·목적·조건·관계 등을 명시하는 한정사를 적절하게 사용해서 문제의 초점을 명확하게 규정해야 한다. 예컨대, '코카콜라와 펩시콜라의 차이점에 대해 논하시오.' 라는 질문은 너무 포괄적이고 일반적이기 때문에 어떤 점을 어느 정도 대비시켜 차이점을 논해야 할지 분명하지 않으므로 학생마다 다르게 해석할 소지가 있다. 따라서 이 문제는 '가격, 맛, 칼로리, 구매고객을 중심으로 코카콜라와 펩시콜라의 차이점에 대해 논하시오.'라고 수정해서 제시하는 것이 좋다.

(3) 고도의 구성력 또는 조직력을 평가할 목적이 아니라면 아주 길고 복잡한 답을

요구하는 확대반응형 문항으로 출제하지 말고 비교적 짧은 답을 요구하는 몇 개의 제한반응형 문항으로 분리시켜 출제하는 것이 좋다. 문항수가 많아지면 대표성과 신뢰도가 높아진다는 장점이 있다.

(4) 문항의 측정수준을 교육목표와 일치시켜야 한다. 문항의 측정수준을 교육목표와 일치시키려면 교육목표가 지향하는 인지적 수준에 부합하는 동사를 사용하여 문항을 출제해야 한다. 왜냐하면 동일한 내용이라도 어떤 동사를 사용하느냐에 따라 매우 다른 인지적 수준(지식, 이해, 적용, 분석, 종합, 평가)을 측정할 수 있기 때문이다.

(5) 답안작성에 소요되는 시간을 고려해서 문항을 작성해야 한다. 논문형 시험에서는 답안작성시간이 부족한 경우가 많다. 특히, 답안작성 속도가 느린 학생이 잘 알고 있는 문제를 시간이 부족하여 답을 하지 못하는 경우가 없도록 문항수를 적절히 조정해야 한다.

(6) 문항별로 답안작성시간을 배정하는 것이 좋다. 논문형 시험에서는 답안을 작성하는 속도가 상당히 큰 영향을 주기 때문에 답안을 작성하는 속도가 느린 학생들이 일부 문항에 답하지 못하는 경우가 있을 수 있다. 문항별로 답안작성시간을 배정해 주면 학생들이 답안을 작성하는 속도를 조절하는 데 도움을 준다.

(7) 선택형 문항으로 측정하기 어려운 학습성과를 측정하고자 할 때만 논문형 문항으로 출제해야 한다. 선택형 문항으로 출제해도 된다면 구태여 논문형 문항으로 출제할 필요가 없다.

(8) 여러 문항 중에서 선택해서 답하게 하지 말고 모든 학생이 같은 문항에 답하도록 해야 한다. 문항들은 측정내용, 중요도, 난이도가 서로 다르다. 따라서 여러 문항 중에서 선택해서 답하도록 할 경우 학생마다 다른 시험을 치르는 것이 되므로 학생들의 점수를 상호 비교할 수 있는 공통적인 근거가 사라진다. 또 그렇게 하면 모든 학생이 가장 자신 있는 문항을 선택해서 답하기 때문에 점수의 범위가 축소되고, 그 결과 신뢰도가 낮아진다.

(9) 문항마다 배점과 채점기준을 명시해야 한다. 그렇게 하면 답안을 작성하는 데 도움을 준다.

(10) 일단 문항작성이 끝나면 모범답안을 작성하고, 채점할 때 특별히 고려해야 할 사항을 일일이 확인해 보는 것이 좋다. 이는 채점의 일관성을 유지하는 데 도움이 될 뿐만 아니라 문항에 내포되어 있는 모호성과 오류를 발견해서 문

항을 수정하는 데도 도움이 된다.

**논문형 문항 점검 체크리스트**

| 점검사항 | 예 | 아니요 |
|---|---|---|
| 1. 논문형으로 출제하는 것이 가장 적절한가? | ☐ | ☐ |
| 2. 고차적인 학습성과를 측정할 수 있도록 문항을 작성했는가? | ☐ | ☐ |
| 3. 교육목표에 부합되도록 출제했는가? | ☐ | ☐ |
| 4. 문항에는 어떻게 반응해야 하는지를 명시했는가? | ☐ | ☐ |
| 5. 채점기준을 분명하게 제시했는가? | ☐ | ☐ |
| 6. 시험시간을 분명하게 알려 주었는가? | ☐ | ☐ |
| 7. 문항별로 시간제한 및 배점을 제시했는가? | ☐ | ☐ |
| 8. 모든 학생이 같은 문항에 반응하도록 했는가? | ☐ | ☐ |

## 6. 논문형 문항의 채점

논문형 문항은 답안이 길고 내용이 복잡하므로 채점과정에서 채점자의 주관이 개입될 소지가 많다. 논문형 문항을 채점할 때 영향을 주는 요인들은 다음과 같다.

(1) **내용불확정성 효과**(content indeterminancy effect): 채점자가 논문형 문항의 정답을 정확하게 이해하지 못하거나 여러 채점자의 정답에 관한 의견이 다를 경우 채점결과에 영향을 주는 현상을 가리킨다. 내용불확정성 효과는 채점의 신뢰도와 일관성을 떨어뜨린다.

(2) **후광효과**(halo effect): 채점자가 학생에 대해 갖고 있는 전반적인 인상이 채점결과에 영향을 주는 현상을 뜻한다. 긍정적인 인상을 갖고 있으면 높은 점수를 주고, 부정적인 인상을 갖고 있으면 낮은 점수를 준다.

(3) **순서효과**(order effect): 답안지를 채점하는 순서가 채점에 영향을 주는 현상(일반적으로 먼저 채점되는 답안지가 뒤에 채점되는 답안지보다 더 높은 점수를 받는다고 한다)을 의미한다.

(4) **피로효과**(fatigue effect): 채점자의 육체적·심리적 피로가 채점결과에 영향을 주는 현상을 뜻한다. 두 시간 이상 계속 채점하면 피로효과가 작용한다.

(5) 필체와 문법(handwriting, grammar): 필체와 문법도 채점에 영향을 미친다. 답안의 내용이 같은 경우에도 답안의 필체가 깔끔하고 문법이 정확하면 높은 점수를, 필체가 엉망이고 문법이 부정확하면 낮은 점수를 받는다. 또 답안의 수준이 같아도 긴 답안이 짧은 답안보다 더 높은 점수를 받는다.

### 답안과장

답안과장(bluffing)도 논문형 문항의 채점에 영향을 준다. 답안과장은 논문형 문항이 측정하는 지식이나 기능을 갖고 있지 않은 학생이 지식이나 기능을 갖고 있는 것처럼 보이기 위해 허세를 부리거나 의도적으로 답안을 조작하는 현상이다. 논문형 문항에는 무작위추측을 할 수 없는 대신 답안과장이 영향을 미칠 수 있다. 답안이 길수록 높은 점수를 받는다는 것을 아는 학생들은 뻔한 내용을 되풀이해서 답안을 길게 작성하거나, 문제의 요구와 전혀 관계가 없는 내용으로 답안을 작성한다. 문제에 자신이 없을 경우 임의로 자신 있는 문제로 바꾼 다음 답안을 작성하는 것도 답안과장에 해당된다. 답안과장에는 작문능력, 일반지식, 시험책략 등이 종합적으로 작용한다. 논문형 문항의 채점은 주관적이기 때문에 답안과장을 할 경우에도 부분점수를 받을 수 있고, 채점자가 주의하지 않으면 심지어 만점을 받을 수도 있다.

## 1) 논문형 문항의 채점방식

논문형 문항을 채점하는 방식은 분석적 채점과 개괄적 채점으로 대별된다.

분석적 채점(analytic scoring)   답안을 구성요소로 나눈 다음 구성요소별로 채점한 결과를 합산하는 채점방식이다. 분석적 채점을 하려면 답안의 구성요소별로 배점을 해야 한다. 분석적 채점은 답안의 강점과 취약점을 파악할 수 있고, 채점의 객관성을 높일 수 있다. 반면 분석적 채점은 채점에 시간이 많이 소요된다는 단점이 있다.

개괄적 채점(총체적 채점, holistic scoring)   답안의 전반적인 질을 전체적으로 판단하여 단일점수를 주는 채점방식이다. 개괄적 채점은 분석적 채점에 비해 채점기준을 개발하기가 쉽고 신속하게 채점할 수 있다는 장점이 있다. 반면에 개괄적 채점은 채점의 객관성을 유지하기가 어렵고, 답안의 강점과 취약점에 대해 구체적인 피드백을

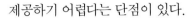

제공하기 어렵다는 단점이 있다.

### 2) 논문형 문항의 채점 시 유의사항

(1) 모범답안을 미리 작성하고, 채점기준을 사전에 결정해야 한다. 그래야 채점자가 논문형 문항의 정답을 정확하게 이해하지 못하는 데서 기인하는 내용불확정성 효과를 줄일 수 있다. 정답에 관한 채점자들의 견해가 서로 다르면 채점의 신뢰도와 객관도가 심각하게 손상된다. 이와 같은 내용불확정성 효과를 방지하자면 채점기준을 구체적으로 결정해야 한다.

(2) 후광효과가 작용하지 않도록 학생의 인적 사항을 모르는 상태에서 채점하는 것이 좋다.

(3) 순서효과가 작용하지 않도록 답안을 학생별로 채점하지 말고 문항별로 채점해야 한다. 또 선행문항에 대한 채점결과가 후속문항에 대한 채점에 영향을 미치지 않도록 한 문항에 대한 채점이 끝나면 답안지를 무작위로 섞은 다음 채점하는 것이 좋다.

(4) 가능하면 같은 답안지를 최소 2회 이상 채점하거나 두 사람 이상이 채점한 결과를 평균하는 것이 좋다.

(5) 글씨체, 문법, 철자법, 답안의 길이 등이 채점결과에 영향을 주지 않도록 유의해야 한다.

(6) 피로효과가 작용하지 않도록 충분한 시간을 갖고 채점해야 한다.

(7) 채점을 하는 중간에 채점기준을 바꾸지 말아야 한다.

## 제2절  단답형 문항

단답형 문항(短答型 問項, short answer item)은 문두를 의문문이나 명령문으로 제시한 다음 1~2개의 단어, 숫자, 기호 혹은 짧은 구나 문장으로 답하도록 하는 형식이다. 단답형을 단구적 단답형과 서술적 단답형으로 나눌 경우 여기서 말하는 단답형은 단구적 단답형을 의미한다. 서술형 단답형은 앞에서 소개한 논문형에 해당된다. 단답형은 원칙적으로 객관식 문항으로 분류된다. 단답형 문항에서 요구하는 답의 길이가 길면 논문형 문항으로 간주된다.

## 1. 단답형 문항의 기본 형식

단답형 문항의 기본 형식은 다음과 같다.

---

**보기**

다음 물음에 알맞은 사항을 괄호 속에 기입하시오.

1. 삼국사기를 지은 사람은 누구인가?　　（　　　　）
2. 수학시험의 평균이 50, 표준편차가 10이라고 할 때 수학에서 70점을 받은 장동건의 점수를 $Z$ 점수로 바꾸면 얼마인가?　　（　　　　）

---

## 2. 단답형 문항의 변형

**연합형**　　연합형(聯合型, association variety)은 하나의 지시문에 몇 개의 단답형 문항을 포함한 형식이다.

---

**보기**

각 도(道)의 도청 소재지를 괄호 속에 기입하시오.

| | | | | |
|---|---|---|---|---|
| 1. 경기도 | （　　　） | 5. 전라남도 | （　　　） | |
| 2. 강원도 | （　　　） | 6. 전라북도 | （　　　） | |
| 3. 충청남도 | （　　　） | 7. 경상남도 | （　　　） | |
| 4. 충청북도 | （　　　） | 8. 경상북도 | （　　　） | |

---

**확인형**　　확인형(identification variety)은 실물 또는 견본을 보여 준 다음 그 명칭 또는 기능을 적으라고 요구하는 형식이다.

---

**보기**

(인체의 구조를 찍은 슬라이드를 보여 준 다음)
슬라이드에서 숫자가 적힌 기관의 명칭을 쓰시오.

　　　1. _____　　　　　2. _____
　　　3. _____　　　　　4. _____

---

　대입형　　대입형(substitution variety)은 문장 또는 공식 속의 특정 부분을 적절한 내용으로 바꾸도록 요구하는 형식이다. 이 형식은 선다형의 대입형과 본질적으로 동일하다. 다만, 선다형의 대입형에서는 선택지를 제시한 다음 정답을 고르도록 하지만, 단답형의 대입형에서는 답을 직접 쓰게 한다는 점이 다르다.

---

**보기**

다음 문장에서 밑줄 친 단어를 알맞은 단어로 고쳐 쓰시오.

　1. I was <u>invite</u> to his house.　　　(　　　　)

　2. A good idea <u>occur</u> to me then.　　(　　　　)

---

## 3. 단답형 문항의 장점 및 단점

### 1) 장 점

(1) 문항을 작성할 때 문두만 진술하고 선택지를 만들지 않아도 되므로 문항작성이 비교적 쉽다.

(2) 검사시간이 일정하다고 할 때 많은 문항을 출제할 수 있으므로 넓은 출제영역의 학습성과를 평가할 수 있다.

(3) 추측으로 정답을 할 확률이 선택형 문항에 비해 낮기 때문에 선택형 문항보다 학습정도를 더 정확하게 평가할 수 있다.

(4) 논문형 문항에 비해 채점의 객관성이 높으며, 신속한 채점이 가능하다.

### 2) 단 점

(1) 한 단어나 구, 기호, 숫자 등 짧고 간단하게 답을 할 수 있는 내용만 출제될 개연성이 높기 때문에 지식과 이해를 측정하는 데는 용이하지만, 적용, 분석, 종합, 평가와 같은 고차적 능력을 요구하는 학습성과를 측정할 수 있는 문항을 제작하기가 어렵다.

(2) 문항작성이 선다형 문항보다 쉽지만 정답이 하나만 되도록 문항을 작성하기가 어렵다. 그렇다고 해서 하나의 정답만 가능하도록 문제에 여러 가지 조건을 덧붙이면 그것이 정답에 대한 단서로 작용할 수 있다.

(3) 논문형 문항에 비해 채점이 객관적이고 신속하다는 장점이 있다. 그러나 선택형 문항과 달리 유사정답이 나올 여지가 많기 때문에 채점과정에서 문제점이 야기될 수 있다. 또 컴퓨터를 이용하여 채점할 수도 없고, 신속하고 정확하게 채점할 수도 없다.

## 4. 단답형 문항의 용도

(1) 용어·연대·인명·지명·정의·원리와 같은 중요한 학습내용에 대한 회상(recall) 수준의 학습성과를 평가하고자 할 때 적합하다.

(2) 주로 지식과 이해를 측정하는 데 널리 사용되나, 문항을 제대로 작성하면 적용·분석·종합·평가와 같은 고차적 수준의 학습성과도 평가할 수 있다.

(3) 수학이나 생물과 같은 과학과목에서 공식이나 방정식과 같은 학습내용을 정확하게 기억하고 활용할 수 있는가를 측정하고자 할 때 적합하다.

(4) 국어나 외국어와 같은 어학교과에서 철자·문법·용어를 정확하게 알고 있는가를 측정하려고 할 때 적합하다.

(5) 선다형 문항으로 출제해야 하지만 오답지를 작성하기 어려울 때 사용하면 편리하다. 또 선다형 문항으로 출제하면 정답이 너무 분명해질 경우에 적합하다.

(6) 완성형으로 출제할 경우 문두의 표현이 정답에 대한 단서를 제공할 여지가 있을 때 적합하다.

(7) 도표, 그림, 지도와 같이 문장으로 설명하기 어려운 자료에 대한 명칭·기능·구조에 대한 지식을 측정하고자 할 때 유용하게 사용할 수 있다.

## 5. 단답형 문항의 작성지침

(1) 되도록이면 단어·구·숫자·기호 등으로 짧게 답할 수 있도록 출제해야 한다. 그래야 채점이 쉽고, 신뢰도가 높다.

(2) 가급적이면 정답이 하나가 되도록 문항을 출제해야 한다. 여러 개의 정답이나 유사정답이 존재할 경우 채점할 때 문제가 발생한다.

(3) 단편적인 지식이 아니라 고차적인 학습성과를 잴 수 있도록 문항을 출제해야 한다. 단답형 문항을 만드는 가장 쉬운 방법은 교재의 문장을 그대로 사용하

는 것이다. 그러나 그런 문항은 단편적인 지식만 측정할 수 있다는 제한점이 있다. 고차적인 학습성과를 평가하려면 새로운 사례나 상황을 사용하는 것이 좋다.

(4) 어떤 정답을 요구하는가를 정확하게 알 수 있도록 문항을 명료하게 작성해야 한다. 단답형은 선택형 문항과 달리 선택지가 없기 때문에 불명료하게 진술될 소지가 다분히 존재한다.

(5) 정답을 염두에 두고 문두를 작성하는 것이 좋다. 그렇게 하면 문항의 불명료 성을 줄이는 동시에 유사정답이 나타날 소지를 줄일 수 있다.

(6) 답란의 길이나 수가 단서를 주지 않도록 문항마다 답란의 길이를 거의 같게 하고 지면을 충분히 주어야 한다. 답란은 채점이 용이하도록 해야 한다.

(7) 단답형 문항을 만들 때는 그에 해당하는 완성형, 진위형, 선다형 문항을 만들어 별다른 하자가 없다는 것을 확인하는 절차가 필요하다.

## 제3절 ✒ 완성형 문항

완성형 문항(完成型 問項, completion item)은 문장의 일부를 비워 놓고 빈 자리에 단어 · 구 · 숫자 · 기호 등을 써넣어 불완전문을 완성하도록 하는 형식의 문항이다. 단답형 문항은 문두를 의문문으로 진술하고 완성형 문항은 문두를 불완전문으로 진술한다는 점에서 차이가 있지만, 완성형과 단답형 문항은 본질적으로 같은 문항형식이다.

### 1. 완성형 문항의 기본 형식

완성형 문항의 기본 형식은 다음과 같다.

**보기**

다음 괄호 안에 적당한 말을 써넣으시오.
집합 A의 원소가 n개라고 할 때 집합 A의 부분집합의 수는 (　　　)이다(다).

## 2. 완성형 문항의 변형

완성형 문항의 변형으로는 다음과 같은 것을 들 수 있다.

답란제시형　답란제시형(blank presentation variety)은 몇 글자로 답해야 하는지 알수 있도록 정답을 쓰는 데 필요한 수만큼 칸을 비워 두는 형식이다.

다음 문장의 빈칸에 적절한 말을 써넣으시오.
　삼국유사를 지은 사람은 □□이다(다).

단서제시형　단서제시형(cue presentation variety)은 답란제시형과 동일하나, 정답을 찾는 힌트를 제공하기 위해 답란의 일부를 채워 놓은 형식이다.

다음 문장의 빈칸에 적절한 말을 써넣으시오.
　향가는 삼국□□에 14수가 수록되어 있다.

단어완성형　단어완성형(word completion variety)은 단어의 일부분을 비워 놓고빈 자리에 적당한 철자를 적어 단어를 완성하도록 요구하는 형식이다.

다음 영문의 괄호에 적당한 철자를 써넣어 완전한 문장이 되도록 하시오.
　1. Some suffered from severe diarrhea and others, from p(　)eumonia.

기호완성형　기호완성형(sign completion variety)은 미완성의 공식이나 도표 등을완성하도록 요구하는 형식이다.

다음 문장의 괄호 속에 알맞은 사항을 써넣으시오.
아인슈타인의 상대성 원리를 나타내는 공식은 E＝(　　)C²이다.

그림완성형　　그림완성형(picture completion variety)은 생물, 기계, 미술, 지리 등과 같은 과목에서 미완성 그림이나 제도를 완성하도록 요구하는 형식이다. 그림완성형은 단어완성형이나 기호완성형과 근본적으로 동일한 형식이다.

7세기 후반의 고구려, 신라, 백제의 영토관계를 나타내는 다음 지도를 완성하시오.
(지도 생략)

계산완성형　　계산완성형(computation completion variety)은 수학이나 과학과 같은 과목에서 계산과정을 완성하도록 하는 형식이다.

빈칸에 적당한 숫자를 써넣어 다음 계산을 완성하시오.
1. 6□3 × 42 ＝ 26166
2. 282 ÷ □ ＝ 94

유추형　　유추형(analogy variety)은 2개의 문장(또는 구, 절)을 제시한 다음 그 관계를 보고 적절한 단어를 유추해서 문장을 완성하도록 하는 형식이다. 선다형의 유추형과 근본적으로 같은 형식이다.

다음 문장의 괄호 속에 적당한 말을 써넣으시오.
1. A room without book is a body without (　　).
2. Nature is a revelation of God; (　　) is a revelation of man.

**불완전도표형**　불완전도표형(incomplete figure variety)은 적당한 낱말 또는 숫자를 적어 넣어 미완성도표를 완성하도록 하는 형식이다.

> **보기**
>
> 다음 도표의 빈칸에 적당한 단어를 써넣어 도표를 완성하시오.
>
> | 원급 | 비교급 | 최상급 |
> |------|--------|--------|
> | good |        |        |
> |      |        | worst  |

**제한완성형**　제한완성형(制限完成型, restricted completion variety)은 어떤 문장이나 글의 일부를 삭제한 다음, 빈칸에 들어갈 수 있는 단어, 기호, 숫자를 여러 개 제시해 놓고 그중에서 답을 고르도록 하는 형식이다. 제한완성형은 선택지를 제시하여 응답자가 택할 수 있는 답을 제한한다는 점에서 선다형 문항과 동일한 형식이라고 할 수 있다.

> **보기**
>
> 다음 표에 제시되어 있는 낱말 중에서 가장 적당한 말을 골라 괄호 속에 써넣어 문장을 완성하시오.
>
> > 4구체, 8구체, 10구체, 삼국유사, 삼국사기, 삼대목, 균여전,
> > 제망매가, 찬기파랑가, 정석가, 황조가, 처용가, 공무도하가
>
> 월명사가 지은 작품인 (　　　)(은)는 형식상으로 볼 때 (　　　)(으)로서 불교적인 내용을 담고 있으며, (　　　)에 수록되어 있다.

## 3. 완성형 문항의 장점 및 단점

완성형과 단답형은 근본적으로 같은 형식의 문항이기 때문에 완성형 문항의 장점과 단점은 단답형 문항과 같은 점이 많다. 완성형 특유의 장점과 단점을 열거하면 다음과 같다.

## 1) 장 점

(1) 일반적으로 완성형은 단답형에 비해 채점의 객관성이 더 높다.

(2) 단답형에 비해 완성형은 출제가 훨씬 용이하다.


## 2) 단 점

(1) 완성형은 불완전문장에서 정답을 찾도록 하기 때문에 단답형에 비해 단서가 포함될 확률이 더 높다.

(2) 완성형은 단답형에 비해 고차적인 학습성과를 측정하기가 곤란하다.


## 4. 완성형 문항의 용도

(1) 선다형 문항에서 능률적인 오답지를 만들기 어려울 때 사용하기 적합하다.

(2) 불완전문장에 포함된 용어나 표현을 단서로 사용하여 답을 해도 무방한 경우에 적합하다.

(3) 단답형으로 출제하면 출제자가 요구하는 답이 무엇인지 분명하지 않고 모호한 경우 완성형으로 출제하면 편리하다.

(4) 생생하고 자연스러운 표현 또는 진술을 이용하여 답을 생각해 내는 것이 바람직한 상황일 때 사용하면 좋다.


## 5. 완성형 문항의 작성지침

(1) 중요한 내용을 평가할 수 있도록 문항을 만들어야 한다. 그러기 위해서는 교재의 문장을 다른 말로 바꾸어서 표현하거나 새로운 예와 상황으로 치환시켜 문항을 작성해야 한다. 교재의 문장을 그대로 이용하여 문항을 출제하면 암기 위주의 학습을 조장할 수 있다.

(2) 반드시 정답이 하나가 되도록 문항을 명료하게 작성해야 한다. 문항을 명료하게 작성하지 않으면 문항의 의미를 나름대로 해석할 소지가 있고, 그 결과 출제자가 미처 생각하지 못했던 다양한 유사정답이 나올 수 있다.

(3) 한 문항에 빈칸이나 괄호를 너무 많이 사용하지 말아야 한다. 빈칸이 너무 많으면 중요한 단어가 많이 빠져서 무엇을 묻는지를 알기 어렵고, 유사정답을 할

소지가 있다. 완성형에서 괄호는 1~2개 정도가 적당하다.

(4) 완성형 문항을 작성할 때는 문두를 먼저 의문문으로 진술한 후 그것을 불완전 문장으로 바꾸어 쓰는 것이 좋다. 의문문을 사용하면 문제가 명확해지고 하나의 정답만이 가능하도록 진술하기가 쉽다.

(5) 문법(조사, 보조사)이나 표현상 정답의 단서가 될 수 있는 낱말이나 구의 사용을 피해야 한다. 예컨대, 빈칸 다음의 조사는 정답이 받침이 있는 단어인지 받침이 없는 단어인지에 대한 단서를 줄 수도 있으므로 유의해야 한다.

(6) 괄호 또는 빈칸은 문장의 끝부분에 배치하는 것이 좋다. 빈칸을 문장의 끝부분에 배치하면 읽기 쉽고 이해하기도 쉽다.

(7) 괄호 또는 빈칸의 길이를 같게 해야 한다. 괄호나 빈칸의 길이가 다르면 정답을 추측할 수 있는 단서로 작용할 소지가 있다.

(8) 한 문항에 여러 개의 괄호가 있을 경우 괄호마다 배점을 같게 해야 한다. 괄호마다 배점을 달리하면 채점이 복잡해지고, 배점을 일일이 표시하기도 어렵다.

### 단답형 및 완성형 문항 점검 체크리스트

| 점검사항 | 예 | 아니요 |
|---|---|---|
| 1. 단답형이나 완성형으로 출제하는 것이 가장 적절한가? | ☐ | ☐ |
| 2. 숫자, 기호, 단어, 구, 공식 등과 같이 짧은 답을 하도록 출제했는가? | ☐ | ☐ |
| *3. 교재의 용어와 표현을 그대로 사용했는가? | ☐ | ☐ |
| 4. 단 하나의 정답만 가능하도록 출제했는가? | ☐ | ☐ |
| 5. 문항별로 답란의 크기나 길이가 동일한가? | ☐ | ☐ |
| 6. 단답형에서는 답란의 위치를 문항의 끝에 배치했는가? | ☐ | ☐ |
| *7. 정답을 찾는 데 도움을 줄 수 있는 단서가 포함되어 있는가? | ☐ | ☐ |
| 8. 숫자로 답을 해야 하는 문항에서는 어느 정도 정확하게(예컨대, 소수 둘째 자리까지) 답을 하도록 명시했는가? | ☐ | ☐ |
| 9. 수치를 단위로 표시하도록 요구하는 문항에는 단위의 종류(예컨대, kg이나 g)를 정확하게 명시했는가? | ☐ | ☐ |
| 10. 답을 할 때 맞춤법이 틀릴 확률이 최소화되도록 출제했는가? | ☐ | ☐ |

주: * 표시가 된 항목은 부정문으로 진술된 항목임.

## 주요개념

| | | | |
|---|---|---|---|
| 논문형(논술형) | 제한반응형 | 확대반응형 | 분석적 채점 |
| 개괄적 채점 | 단답형 | 완성형 | |

## 요약정리

1. 논문형(논술형)은 짧게는 몇 개의 문장에서 길게는 여러 페이지에 걸쳐 답안을 작성하도록 하는 형식이다. 논문형은 고등정신능력을 측정할 수 있고, 문항작성이 용이하며, 바람직한 학습태도를 길러 준다는 장점이 있다. 그러나 채점의 신뢰도와 대표성이 낮다는 제한점이 있다. 이 형식은 고등정신능력을 측정하려고 하거나 채점시간과 채점자가 충분하게 확보되어 있을 때 사용하면 좋다.

2. 논문형의 채점방식은 분석적 채점과 개괄적 채점으로 나뉜다. 논문형 문항은 채점의 객관도와 신뢰도가 낮기 때문에 채점과정에서 각별히 유의해야 한다.

3. 단답형은 의문문이나 명령문을 문두로 제시한 다음 짧은 답을 요구하는 형식이다. 단답형은 문항작성이 쉽고, 대표성이 높으며, 추측확률이 낮다는 장점이 있다. 그러나 고차적 능력을 측정할 수 있는 문항을 제작하기가 어렵고, 유사정답으로 인해 채점과정에서 문제가 야기될 수 있다. 이 형식은 중요한 학습내용을 정확하게 학습했는가를 측정하고자 할 때 적합하다.

4. 완성형은 문장의 일부를 비워 놓고 그것을 완성하도록 하는 형식이다. 완성형은 단답형보다 출제 및 채점이 더 쉽지만, 정답을 추측할 수 있는 단서가 포함될 소지가 더 높다. 이 형식은 선다형이나 단답형이 적합하지 않은 상황에서 사용하면 좋다.

### 제9장

# 시험의 편집, 실시 및 채점

시험의 편집, 실시 및 채점

| | |
|---|---|
| 제1절 | 시험의 편집 |
| 제2절 | 시험실시 |
| 제3절 | 채 점 |

 **학습목표**

- 문항들을 배열할 때 고려해야 할 사항들을 기술한다.
- 시험을 실시할 때 유의해야 할 사항들을 기술한다.
- 부정행위를 방지하기 위한 방안을 제시한다.
- 컴퓨터화 검사와 컴퓨터 적응검사를 비교한다.
- 채점을 할 때 유의해야 할 사항들을 기술한다.
- 이분적 채점과 다분적 채점을 구분한다.

출제계획에 따라 문항작성이 끝나고 문항을 수정한 다음에는 검사를 편집한 후 검사를 실시하고 채점해야 한다. 이 장에서는 (1) 시험의 편집, (2) 시험실시, (3) 채점에 관련된 사항들을 소개한다.

## 제1절 시험의 편집

시험을 편집하는 작업은 (1) 문항선정, (2) 문항배열, (3) 지시사항 준비로 구분된다.

### 1. 문항선정

검사를 편집하려면 문항들을 선정해야 한다. 문항들을 선정하는 방식은 크게 세 가지로 구분할 수 있다.

첫 번째 방식은 이원분류표를 이용하여 문항들을 골고루 선정하는 방식이다(제6장 참조). 이원분류표를 이용하여 문항들을 선정하면 대표성을 높일 수 있다. 두 번째 방식은 문항전집이 매우 클 경우 완전히 무작위로 문항들을 선정하거나, 하위영역별로 나누어 문항들을 무작위로 선정하는 방식이다. 세 번째 방식은 문항전집의 문항수가 그다지 많지 않을 경우로 최적의 검사를 구성하는 데 가장 적합하다고 판단되는 문항들을 임의로 선정하는 방식이다.

### 2. 문항배열

문항배열(問項配列)이란 문항들을 번호 순으로 배열하는 작업이다. 문항들을 배열할 때 가장 중요한 원칙은 학생들이 시험을 칠 때 응답하기 용이하고, 채점하기 쉽도록 배열해야 한다는 것이다. 문항들을 배열할 때 일반적으로 고려해야 할 사항들은 다음과 같다.

(1) 같은 형식의 문항이나 동일 내용영역에서 출제된 문항들은 묶어서 제시한다. 이를테면 진위형 문항들을 함께 제시하고, 선다형 문항들을 함께 제시해야 한

다. 그렇게 하면 ① 지시사항이 간결해지고, ② 일정 시간에 더 많은 문항에 답할 수 있으며, ③ 채점이 쉽고, ④ 학생들의 혼동을 방지할 수 있다. 여러 문항형식으로 출제했을 경우에는 간단한 형식의 문항들을 앞에 배치하고, 복잡한 형식의 문항들을 뒤에 배치해야 한다. 그러므로 진위형, 결합형, 완성형 및 단답형, 선다형, 제한반응논문형, 확대반응논문형의 순서로 배열하는 것이 좋다. 확대반응논문형은 시간이 많이 소요되므로 맨 뒤에 배치해야 한다.

(2) 단순한 학습성과를 측정하는 문항들을 앞에, 복잡한 학습성과를 측정하는 문항들을 뒤에 배치해야 한다. 앞에서 설명한 것처럼 문항형식을 고려하여 문항들을 배열하면 대체로 단순한 학습성과를 재는 문항들이 앞에 배열되고, 복잡한 학습성과를 재는 문항들은 뒤에 배열된다. 형식이 같은 문항들을 배열할 때는 비슷한 학습성과를 측정하는 문항들을 함께 배치한 다음 쉬운 문항에서 어려운 문항의 순으로 제시하면 된다.

(3) 쉬운 문항을 먼저 제시하고 어려운 문항을 뒤에 제시해야 한다. 모든 학생이 답할 수 있는 쉬운 문항을 앞에 제시하고 점차 어려운 문항을 배치하면 학생들의 자신감과 동기가 높아지므로 더 정확한 측정이 가능하다. 이와 반대로 어려운 문항을 앞에 배치하면 학생들의 자신감이 낮아지고 시험불안이 높아지며, 학생들이 어려운 문항에 답하는 데 너무 많은 시간을 사용하여 뒤에 제시되어 있는 쉬운 문항에 답하지 못할 수 있다.

(4) 학생들이 반응하기 쉽고, 채점하기 쉽도록 문항들을 배열해야 한다. 문항들을 배열할 때는 ① 하나하나의 문항이 쉽게 구별될 수 있도록 문항 사이에 여백을 충분히 두고, ② 특정 문항의 문두와 선택지를 같은 페이지에 배치하며, ③ 공통의 문두나 자료에 관련된 문항들을 묶어서 같은 페이지에 배치하는 것이 좋다. 문항 사이에 여백이 없거나 문두와 선택지를 다른 페이지에 배치하면 학생들의 혼란과 실수를 유발할 수 있다. 학생들의 연령이 낮을 때는 한 페이지에 배치되는 문항수를 제한해야 한다. 그림이나 삽화 등도 적당한 위치에 배치해야 한다.

(5) 선택형 평가에서는 정답이 특별한 패턴(○×○×○× 혹은 12341234 혹은 1111 22223333 등)을 나타내지 않고 무작위로 골고루 배치되도록 문항들을 배열해야 한다. 정답위치에 특별한 패턴이 있거나 정답이 특정 번호의 선택지에 치우칠 경우 그것이 정답을 추측하는 단서로 작용할 수 있다.

## 3. 지시사항 준비

　흔히 교사들은 시험을 출제할 때 문항 작성 및 배열에 신경을 쓰느라 시험에 관한 지시사항을 준비하는 작업을 소홀히 하는 경향이 있지만 지시사항은 매우 중요하다. 시험에 관한 지시사항은 문장으로 작성할 수도 있고, 교사가 학생들에게 직접 구두 (口頭)로 전달할 수도 있다. 지시사항은 일반적으로 다음과 같은 사항들을 포함해야 한다.

(1) 시험의 목적 및 출제범위를 명시해야 한다. 교사는 학생들이 시험의 목적과 출제범위를 분명하게 알 수 있도록 구체적으로 설명해야 한다. 시험목적과 출제범위는 관례적으로 구두로 설명한다.

(2) 지시사항에는 전체 시험시간과 시험 중 시간을 어떻게 배분할 것인지를 명시 해야 한다. 특히 논문형 문항이 포함되어 있을 경우 한 문항에 어느 정도의 시 간을 사용해야 하는가를 명시하는 것이 좋다. 문항별로 사용시간을 명시해 주면 학생들이 전체 검사시간을 효율적으로 활용하는 데 도움을 주며, 특히 능력이 낮은 학생들이 어려운 문항에 지나치게 시간을 많이 사용하는 것을 방지하는 효과가 있다.

(3) 응답요령을 구체적으로 설명해야 한다. 지시사항에는 응답을 어디에 어떤 방식으로 기입해야 하는지를 명시해야 한다. 문항에 대한 응답은 시험지에 기입할 수도 있고, 별도의 답안지에 기입할 수도 있다. 문항수가 적거나 학생들의 나이가 적으면 시험지에 직접 답을 기입하도록 하는 경우가 많지만, 일반적으로 별도의 답안지가 선호되고 있다. 별도의 답안지를 사용하면 채점이 쉽고, 시험지를 다시 사용할 수 있다는 장점이 있다.

(4) 채점기준과 방법을 제시해야 한다. 특히 논술형 문항에서는 문항별 배점과 채점기준을 미리 알려 주는 것이 좋다. 채점기준과 방법을 미리 알려 주면 답안을 작성하는 데는 물론 채점을 하는 데도 도움이 된다.

(5) 문항형식별로 별도의 지시문을 작성하는 것이 좋다. 모든 문항형식에 적용되는 일반적인 지시문도 유용하지만 문항형식별로 응답요령, 배점, 채점방법을 구체적으로 설명하는 것이 더 좋다.

## 제2절 🖲 시험실시

시험을 편집 · 인쇄한 다음에는 시험을 실시해야 한다. 시험을 실시할 때 가장 중요한 원칙은 모든 학생이 시험에서 자신의 능력과 성취를 최대한 발휘할 수 있도록 해야 한다는 것이다. 시험을 실시할 때 고려해야 할 지침과 부정행위에 관해 살펴본다.

### 1. 시험실시지침

시험을 실시할 때는 학생들이 시험에서 최대한의 능력을 발휘하는 데 도움을 줄 수 있는 물리적 환경과 심리적 환경을 적절하게 유지하는 한편, 타당한 평가를 방해할 소지가 있는 요인들을 엄격하게 통제해야 한다. 시험을 실시할 때 일반적으로 고려해야 할 지침들은 다음과 같다.

(1) 학생들이 시험에 관해 긍정적인 태도를 갖도록 해야 한다. 시험에 관한 긍정적인 태도를 형성하자면 시험이 성취도를 평가하고 있고, 학습을 촉진하는 데 필요한 피드백을 제공한다는 사실을 학생들에게 주지시켜야 한다. 시험점수가 나쁘면 처벌을 하거나 부정적인 결과가 초래된다는 것을 강조하면 시험에 관해 부정적인 태도를 형성할 소지가 있고, 시험불안을 조장하게 된다. 시험에 관한 부정적 태도형성을 방지하자면 시험이 학생을 처벌하거나(예: 공부를 하지 않으므로 시험을 친다), 적절하지 않은 방식으로 사용되는 경우(예: 지난번 성적이 나빴으므로 이번에는 시험을 쉽게 출제한다)가 없어야 한다.

(2) 학생들의 성취동기를 높여야 한다. 시험을 실시할 때는 학생들이 최선을 다해서 정직한 방법으로 높은 점수를 받도록 격려해야 한다. 시험결과가 중요하지 않다는 취지의 말이나 행동은 성취동기를 손상시키므로 그와 같은 말이나 행동은 삼가야 한다.

(3) 시험 치는 요령(test–taking skills or test–wiseness) 혹은 기술을 모든 학생에게 가르쳐야 한다. 시험을 치는 요령과 기술이 우수한 학생들은 그렇지 않은 학생들보다 시험에서 더 높은 점수를 받는 것으로 알려져 있다. 시험의 목적은 성취도를 측정하는 데 있지, 시험을 치는 요령을 측정하는 데 있는 것이 아니

다. 시험을 치는 요령이 시험점수에 영향을 미치지 않도록 하자면 모든 학생에게 시험을 치는 요령과 기술을 가르쳐야 한다.

(4) 시험을 치는 장소는 친숙하면서도 쾌적해야 하고, 온도, 채광, 환기, 소음 등과 같은 조건이 적절해야 한다.

(5) 모든 학생에게 동일한 조건과 장소에서 동일한 시간에 같은 방식으로 시험을 실시해야 한다. 그래야 시험의 공정성과 신뢰도가 높아진다.

(6) 시험을 치는 중에 교사는 불필요하게 개입하거나 부적절한 언동(言動)을 하지 말아야 한다. 시험 중 교사의 불필요한 말이나 행동은 학생들의 주의를 분산시키고, 시험불안을 유발할 수 있다.

(7) 시험 중에 학생들이 애매한 문항이나 오류가 있는 문항에 대해 질문을 할 경우에는 모든 학생에게 한꺼번에 설명해 주는 것이 좋다.

(8) 시험을 치는 도중 특정 학생에게 부당한 힌트를 주지 말아야 한다. 특정 학생에게 부당한 힌트를 주면 시험의 공정성과 타당도가 낮아진다.

(9) 시험에서 부정행위를 방지하거나 감소시킬 수 있도록 노력해야 한다.

## 2. 부정행위

**부정행위**(cheating)는 자신의 성취도에 근거해서 받을 수 있는 점수보다 더 높은 점수를 받으려는 일체의 행동을 말한다. 평가결과가 성적, 선발, 자격부여와 같이 중요한 영향을 미칠 경우 사람들은 부정행위의 유혹을 받기 쉽다.

부정행위는 매우 보편적인 현상으로 알려져 있다. 부정행위는 대학에서 공공연히 이루어지고 있으며, 중학교와 고등학교에서도 자행되고 있다. 미국의 경우 유치원생도 기회가 주어지면 부정행위를 하는 것으로 알려져 있다.

부정행위는 학생이 개별적으로 할 수도 있고, 다른 학생과 공모하여 집단으로 할 수도 있다. 심지어 학생, 학부모, 교사가 공모하여 부정행위를 하는 사례도 언론에 보도되고 있다. 시간차원에서 시험을 치기 전에도 부정행위를 할 수 있고, 시험을 치는 도중에도 부정행위를 할 수 있으며, 시험을 친 후에도 부정행위를 할 수 있다.

부정행위는 오랜 역사를 갖고 있다. 부정행위의 행태는 오랜 전통을 갖고 있는 고전적인 방법에서 정보통신기술을 활용한 첨단적인 방법에 이르기까지 그야말로 다양하며, 나날이 진화를 거듭하고 있다. 고전적인 부정행위 행태로는 다른 학생의 답안지를 훔쳐보거나, 옆에 앉은 학생에게 답을 불러 주거나, 노트나 책을 몰래 보거나, 소위 커닝 페이퍼를 이용하는 방법이 있다. 매우 과감한 학생은 대리시험을 치거나, 시험지를 미리 빼돌리거나, 교사를 매수하는 방법도 서슴지 않는다. 휴대폰에 중독된 엄지세대들은 휴대폰을 이용해서 부정행위를 하기도 한다.

부정행위의 원인은 매우 다양하다. 우선, 학생들의 도덕적 수준이 부정행위에 영향을 준다. 도덕발달을 연구한 Kohlberg에 따르면 부정행위를 하는 학생은 도덕발달수준이 낮다. 부정행위를 하는 학생은 부정행위가 나쁜 줄 알지만 다른 학생들이 부정행위를 하기 때문에 어쩔 수 없이 부정행위를 한다고 변명한다. 절망감에서 부정행위를 저지르는 학생도 있다. 절망감이 클수록 부정행위를 하려는 욕구가 높아지고 방법이 대담해진다.

부정행위를 유발하는 외적 원인으로는 시험을 출제하고 시험감독을 하는 교사의 부주의와 무관심을 들 수 있다. 교사가 시험감독을 소홀히 하면 부정행위가 현저하게 증가한다. 혹자는 성적을 중시하는 풍토가 부정행위의 원인이라고 지적한다. 문항형식도 부정행위의 원인으로 작용할 수 있다. 논문형으로 출제된 시험에서도 부정행위를 할 수 있지만 선택형으로 출제된 시험에서 부정행위를 할 수 있는 개연성은 더 높다. 논문형 시험에서 부정행위를 하는 방법은 상당히 제한되어 있으나 선택형 시험에서는 부정행위를 할 수 있는 방법이 매우 다양하기 때문이다. 성적도 부정행위의 원인으로 언급된다. 성적을 평가하기 때문에 부정행위를 한다는 것이다. 그러나 성적이란 성취도를 나타내는 지표이지 부정행위의 원인은 아니다. 그러므로 성적이 부정행위의 원인이라는 주장은 설득력이 약하다.

부정행위는 그야말로 부정적인 영향을 미친다. 부정행위는 다수의 정직한 학생들에게 심리적인 좌절감을 유발할 뿐만 아니라 실제로 불이익을 준다. 나아가 부정행위는 사회정의를 손상시킨다.

평가를 관리하는 주체인 교사는 마땅히 학생들이 부정행위를 하지 않도록 노력해야 한다. 학교현장에서 학생들의 부정행위를 방지하거나 감소시킬 수 있는 방안은 다음과 같다.

(1) 학생들이 시험의 가치에 관해 긍정적인 태도를 갖도록 하고, 부정행위가 부정직하고 불공정하다는 사실을 주지시킨다.

(2) 부정행위의 문제점과 부정행위를 하다가 적발되었을 경우 어떤 불이익을 받

는지를 학생들에게 분명하게 설명한다.

(3) 시험감독을 철저하게 해야 한다. 시험감독을 할 때는 앞에 앉아 책을 읽거나 신문을 보지 말고, 교실을 주기적으로 여기저기 다니면서 학생들의 행동을 관찰하는 것이 좋다.

(4) 학생들이 부정행위를 할 수 없도록 좌석을 배치해야 한다. 가급적이면 중간 줄은 비우는 것이 좋다.

(5) 휴대폰을 비롯하여 부정행위에 사용될 수 있는 물품을 휴대하지 못하도록 해야 한다.

(6) 부정행위를 발견하면 무시하지 말고 즉시 적극적인 조처를 해야 한다. 부정행위를 한 학생에게는 응분의 처벌과 제재를 해야 한다. 교사가 부정행위를 무시하면 다른 학생들의 부정행위를 조장할 수 있다.

## 3. 컴퓨터를 활용한 검사실시

역사적으로 볼 때 최초의 검사실시방식은 구술시험이라고 한다. 구약성서에 따르면 기원전 10세기에 어떤 전장(戰場)에서는 Shibboleth와 Sibboleth를 발음하도록 하여 아군과 적군을 구분했다고 한다(경상도 사람인지 아닌지를 구분하려면 '살'과 '쌀'을 발음하도록 하면 된다). 그다음으로 개발된 검사실시방식은 지필검사(필기고사)였다. 미국의 학교에서는 1840년대에 지필검사가 구술시험을 대치했다고 한다.

최근에는 컴퓨터가 혁신적으로 발전하면서 측정 및 평가 분야에서도 컴퓨터가 많이 활용되고 있다. 컴퓨터를 활용하여 검사를 실시하려는 본격적인 시도는 **컴퓨터 보조검사**(Computer Assisted Testing: CAT)의 형태로 구체화되었다. CAT는 지필검사의 채점 및 결과분석에 컴퓨터를 활용하는 방식이다. 검사나 시험을 실시한 다음 수작업으로 채점을 하고 검사결과를 분석하려면 시간과 노력이 많이 소요되고 오류가 발생할 소지가 많다. 이에 비해 OMR(Optical Marker Reader) 답안지와 판독기를 이용하여 채점하고 그 결과를 컴퓨터로 분석하면 효율성을 높이는 동시에 오류를 줄일 수 있다. 여기서는 컴퓨터를 활용하여 검사를 실시하는 방식으로 컴퓨터화 검사와 컴퓨터 적응검사를 살펴본다.

## 1) 컴퓨터화 검사

컴퓨터화 검사(Computerized Testing: CT)는 전통적인 집단용 지필검사를 컴퓨터를 통해 실시·채점·분석함으로써 측정을 자동화시킨 방식을 말한다. 컴퓨터화 검사에서는 문항을 모니터에 제시하고 피검사자가 키보드나 마우스를 이용해서 반응하면 자동적으로 채점한다. 인터넷기반 검사(Internet-Based Testing: IBT)도 컴퓨터화 검사에 해당된다. 컴퓨터화 검사는 컴퓨터를 이용한 적응검사(nonadaptive test: 문항수, 문항 제시순서, 문항 제시시간 등을 피검사자의 반응을 고려하지 않고 결정하는 검사)도 포함한다.

컴퓨터화 검사는 (1) 검사를 실시하는 조건·시간·절차를 표준화함으로써 검사실시과정에서 일어날 수 있는 측정오차를 줄일 수 있고, (2) 검사보안을 유지하기 쉬우며, (3) 문자를 비롯하여 시청각 자료·사진·애니메이션 등을 이용해서 다양한 형식의 문항을 개발·제시할 수 있고, (4) 문항에 대한 정반응은 물론 반응시간·응답순서 등 다양한 정보를 수집할 수 있으며, (5) 검사시간을 절약하고, (6) 검사종료즉시 검사결과를 채점·분석하고, 검사결과를 피드백할 수 있다는 장점이 있다.

컴퓨터화 검사는 복잡한 측정이론이 필요하지 않고, 고성능 컴퓨터가 없어도 가능하며, 전통적인 측정목적을 잘 충족시키고 있기 때문에 매우 폭넓게 활용되고 있으며, 앞으로도 계속 활용도가 높아질 전망이다.

## 2) 컴퓨터 적응검사

적응검사(適應檢査, adaptive testing)는 능력수준에 부합되는 적정 곤란도의 문항을 제시함으로써 측정의 정확성 및 효율성을 높이려는 방식이다. 능력수준에 따라 상이한 문항을 제시하는 적응검사는 능력수준에 관계없이 모든 피검사자에게 동일한 문항들을 일률적으로 제시하는 전통적인 지필검사나 컴퓨터화 검사와 확연히 구분된다.

적응검사는 맞춤검사(tailored testing) 혹은 분지형검사(branched testing)로 불리고 있다. 적응검사의 아이디어와 방법은 오래전에 제안되었지만 실질적인 의미의 적응검사는 고성능 컴퓨터가 개발되면서 비로소 가능하게 되었다. 컴퓨터를 이용하면 문항에 반응하는 즉시 채점하여 능력을 추정하고 다음에 제시할 문항을 선택할 수 있다. 지필검사로도 적응검사가 불가능한 것은 아니지만 적응검사를 제대로 하자면 컴퓨터를 활용해야 한다. 그래서 적응검사라고 하면 일반적으로 컴퓨터 적응검사를 지칭한다.

### ① 컴퓨터 적응검사의 의미

**컴퓨터 적응검사**(Computerized Adaptive Testing: CAT)는 컴퓨터를 활용하여 피검사자의 문항반응에 근거하여 다음에 제시할 문항을 선택·조정하는 검사방식을 말한다. CT와 CAT의 가장 큰 차이점은 CAT가 '적응적'으로 검사를 실시한다는 것이다. '적응적'이란 피검사자의 선행문항에 대한 정답 여부에 따라 다음에 제시할 문항을 결정한다는 것을 말한다.

### ② 컴퓨터 적응검사의 형태

**단계식 컴퓨터 적응검사** 단계식 적응검사는 사전검사를 실시한 결과에 근거하여 상위수준에는 어려운 검사를 제시하고, 하위수준에는 쉬운 검사를 제시하는 방식이다([그림 9-1]의 A 참조). 검사실시단계는 다음과 같다.

(1) 1단계: 다양한 곤란도의 문항으로 구성된 사전검사(혹은 배치검사)를 실시하여 피검사자들을 몇 수준(상, 중, 하)으로 구분한다.

(2) 2단계: 각 수준에 적합한 곤란도의 문항으로 구성된 검사를 실시한다.

(3) 3단계: 각 수준에서 대부분의 문항에 정답을 하면 더 어려운 문항으로 구성된 검사를, 대부분의 문항에 오답을 하면 더 쉬운 문항으로 구성된 검사를 실시한다.

**피라미드식 적응검사** 피라미드식 적응검사에서는 모든 피검사자에게 중간수준의 문항을 제시한 다음 문항에 정답을 하면 더 어려운 문항을, 오답을 하면 더 쉬운 문항을 제시한다([그림 9-1]의 B 참조). 단계식 적응검사가 검사수준에서 피검사자들을 분류하는 데 비해 피라미드식 적응검사는 문항수준에서 피검사자들을 분류한다. 단계식 적응검사나 피라미드식 적응검사에서는 모든 피검사자가 같은 문항에서 시작하며, 문항에 대한 정답 혹은 오답 여부에 따라 다음에 제시될 문항이 미리 정해져 있고, 모든 피검사자가 동일한 수의 문항에 반응한다.

문항반응이론을 활용한 적응검사 　 문항반응이론을 활용한 적응검사는 문항에 반응할 때마다 문항반응이론에 입각하여 능력을 추정한 다음 능력에 가장 적합한 문항을 선택하여 제시하는 방식이다([그림 9-1]의 C 참조).

(1) 피검사자의 능력수준을 잠정적으로 추정한다.
(2) 추정된 능력수준에서 최대의 정보를 얻을 수 있는 문항을 선정·제시한다.
(3) 문항에 반응할 때마다 능력수준을 다시 추정한다.
(4) 미리 설정해 놓은 검사종료기준(예컨대, 문항수, 표준오차의 수준, 검사정보함수의 값)을 충족시킬 때까지 앞의 과정을 반복한다.

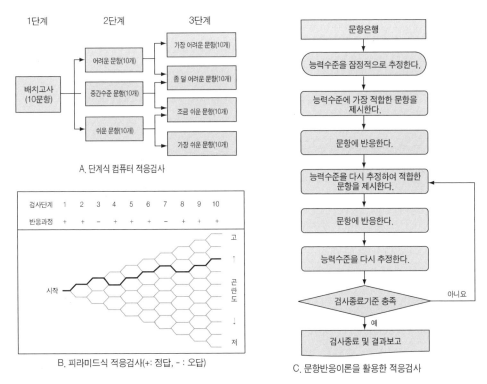

[그림 9-1] 🔺 컴퓨터 적응검사의 형태

③ 컴퓨터 적응검사의 장점

컴퓨터 적응검사는 지필검사나 컴퓨터화 검사에 비해 많은 장점을 갖고 있다. 컴퓨터 적응검사의 장점을 살펴보면 다음과 같다.

(1) 적응검사는 지필검사에 비해 훨씬 적은 수의 문항만 실시해도 되므로 검사시간과 비용이 절약되어 효율성이 높다.

(2) 문항수가 동일하다고 할 때 컴퓨터 적응검사는 피검사자의 능력수준에 적합한 문항을 제시하므로 지필검사보다 측정의 정확성이 더 높다. McBride와 Martin (1983)에 따르면 10문항으로 구성된 컴퓨터 적응검사의 신뢰도는 25문항으로 구성된 전통적 검사의 신뢰도 계수와 비슷하다(.87 대 .86).

(3) 컴퓨터 적응검사에서는 개인별로 맞춤검사를 실시하기 때문에 지필검사나 컴퓨터화 검사에 비해 보안을 유지하기가 더 쉽다. 컴퓨터 적응검사에서 보안유지가 용이한 이유는 문항은행에 방대한 문항들이 저장되어 있어 학생들이 문항들을 모두 기억할 수 없기 때문이다. 필요할 경우 문항은행에 암호처리를 할 수도 있다. 컴퓨터 적응검사에서는 검사지나 답안지를 인쇄할 필요가 없고, 피검사자마다 상이한 문항을 제시하므로 부정행위의 개연성이 줄어든다. 이에 반해 지필검사의 경우에는 시험지를 인쇄하고 보관하는 과정에서 문항이 유출될 수도 있고, 시험 중 부정행위를 할 소지가 다분히 존재한다.

(4) 컴퓨터 적응검사는 ① 다양한 형태의 문항들을 제시할 수 있고, ② 채점 및 결과 분석의 객관성 및 효율성이 높으며, ③ 검사실시의 시·공간적 제약을 극복할 수 있고, ④ 검사결과를 즉시 피드백할 수 있다.

### ④ 컴퓨터 적응검사의 문제점

컴퓨터 적응검사의 문제점을 살펴보면 다음과 같다.

(1) 컴퓨터 적응검사의 가장 큰 문제점은 맥락효과가 작용한다는 점이다. 맥락효과(context effect)는 문항 상호관계에 따라 나타나는 효과, 즉 선행문항이 후속문항에 미치는 효과를 말한다. 지필검사의 경우 모든 피검사자에게 같은 문항을 동일한 순서로 제시하므로 맥락효과가 작용하지 않는다. 그러나 컴퓨터 적응검사에서는 피검사자마다 상이한 문항을 상이한 순서로 제시하기 때문에 특정 문항에 포함된 정보가 다른 문항에 관한 반응에 영향을 줄 소지가 있다. 예를 들어, 문항 3이 문항 5에 정답을 하는 데 필요한 정보를 제공한다면 지필검사에서는 모든 피검사자가 그 정보를 활용할 수 있으나, 컴퓨터 적응검사에서는 문항 3과 문항 5를 연속적으로 경험하는 피검사자만 그 정보를 활용할 수

있다. 또 다른 맥락효과는 맥락의 불균형성(unbalanced context)에서 기인한
다. 이것은 모든 내용영역의 문항들을 제시하지 않고 특정 내용영역의 문항만
반복 제시할 때 나타나는 효과를 말한다. 컴퓨터 적응검사에서는 피검사자마
다 응답하는 문항이 다르므로 타당도에 부정적인 영향을 줄 소지가 있다.

(2) 컴퓨터 적응검사는 지필검사에 비해 문항수가 적으므로 문항의 오류가 심각
한 영향을 미친다. 이 문제는 문항반응이론을 이용하여 사전에 심리측정학적
특성이 양호한 문항으로 문항은행을 구축하면 어느 정도 해결할 수 있다.

(3) 컴퓨터 적응검사에서는 문항을 제시하는 순서가 부정적인 효과를 미칠 수 있
다. 전통적 검사에서는 문항들을 곤란도 순으로 제시한다. 그 결과 대부분의
피검사자들은 처음 제시되는 문항에 정답을 할 수 있으므로 자신감을 가질 수
있다. 반면 컴퓨터 적응검사에서는 처음부터 평균수준의 문항을 제시하므로
능력수준에 따라 심리적인 검사환경이 다르다. 그 결과 능력이 낮은 피검사자
들은 처음부터 오답을 하게 되어 좌절감과 불안을 경험하게 된다.

(4) 컴퓨터 적응검사에서는 일단 응답한 문항에 대한 반응 수정이 불가능하고, 지
문을 공유하는 문항에 적용할 수 없다.

# 제3절 채 점

시험이 끝나면 채점하는 작업이 시작된다. **채점**(採點, scoring)이란 문항반응에 점
수를 매기고, 개개 학생별로 총점을 구하는 작업을 가리킨다. 채점방식, 추측의 교정,
채점지침을 간단히 소개한다.

## 1. 채점방식

채점방식은 채점을 하는 수단에 따라 수동식 채점과 컴퓨터 채점으로 구분되고,
점수를 부여하는 방식에 따라 이분적 채점과 다분적 채점으로 구분된다.

**수동식 채점**(hand-scoring)　　답안을 손으로 채점하는 방식을 말한다. 선택형 문항
을 손으로 채점하는 작업은 매우 사무적인 일이므로 누구라도 채점할 수 있다. 그러

나 선택형 문항을 손으로 채점할 때도 오류가 발생할 소지가 있다. 선택형 문항을 채점할 때 정답채점판(answer sheet)을 이용하면 채점의 효율성을 높이는 동시에 채점 오류를 줄일 수 있다. 정답채점판을 이용하여 채점할 경우 학생들은 별도의 답안지에 응답해야 하므로 답안지의 형식과 답안지에 답을 표기하는 요령을 숙지해야 한다. 단, 초등학교 2학년 이하의 학생들에게는 별도의 답안지를 사용하지 않는 것이 좋다. 모범답안(혹은 정답채점판)은 문항을 출제한 후 즉시 작성하는 것이 좋다. 그래야 정답이 없는 문항이나 여러 개의 정답이 있는 문항을 발견해서 수정할 수 있다. 채점작업에 보조원을 활용할 경우에는 충분한 훈련과 연습을 시켜야 한다. 논문형 문항이나 수행평가과제를 채점할 때는 채점기준표를 활용하는 것이 좋다.

컴퓨터활용 채점(computer scoring)　광학판독기(optical scanner)와 컴퓨터를 활용하여 채점하는 방식으로, 정확하고 효율성이 높은 방법이다. 현재 선택형 문항은 대부분 컴퓨터로 채점하고 있다. 컴퓨터를 활용하여 채점할 경우에는 학생들이 답안지의 형식과 답안지에 응답하는 요령을 충분히 숙지할 수 있도록 지도해야 한다. 서답형 문항의 경우 비용이나 프로그램 작성 등의 문제로 인해 컴퓨터를 활용한 채점이 활성화되지 못하고 있다.

이분적 채점(二分的 採點, dichotomous scoring)　반응이 정답이면 만점을 주고, 오답이면 0점을 주는 채점방식이다. 선택형 문항의 채점은 주로 이분적으로 이루어진다.

다분적 채점(多分的 採點, multi-chotomous scoring)　반응의 수준과 질에 따라 부분점수를 주는 채점방식이다. 10점 만점의 논문형 문항을 채점할 때 답안의 수준과 질에 따라 0점에서 10점 사이의 점수를 주는 채점방식이 다분적 채점이다. 다분적 채점은 분석적 채점과 개괄적 채점으로 구분된다. 선다형은 주로 이분적으로 채점되지만 다분적으로 채점할 수도 있다. 선다형 문항을 다분적으로 채점할 경우 정답지를 선택했을 때는 만점을 주고, 선택한 오답지에 따라 점수를 다르게 주면 된다.

## 2. 추측의 교정

선택형 문항에서는 정답을 모를 때 추측으로 정답을 할 수 있으므로 추측요인의 영향을 고려하여 점수를 조정할 필요가 있다. 추측의 교정(correction for guessing)이란 점수에서 추측으로 얻은 점수를 배제하는 작업을 말한다. 추측교정의 목적은 맹목적 추측(blind or random guessing)으로 얻은 점수를 0점으로 환원시키는 데 있다. 선택지의 수를 $k$라고 할 때 추측요인을 배제한 점수를 구하는 공식은 다음과 같다.

$$교정점수 = 정답\ 문항수 - \frac{오답\ 문항수}{k-1}$$

사지선다형 50문항으로 구성된 시험에서 44문항에 정답을 하고 6문항에 오답을 했을 경우 추측요인을 교정한 점수는 다음과 같다.

$$교정점수 = 44 - \frac{6}{4-1} = 42$$

진위형 문항에서는 $k=2$이므로 추측요인을 교정한 점수는 다음과 같다.

$$교정점수 = 정답\ 문항수 - 오답\ 문항수$$

그러므로 진위형 50문항으로 구성된 시험에서 어떤 학생이 35문항에 정답을 하고 15문항에 오답을 했을 경우 교정점수는 20점(35-15=20)이 된다.

추측요인을 교정할 때 학생이 반응하지 않고 비워 둔 문항은 틀린 문항으로 간주하지 말고 제외시켜야 한다. 학생이 반응하지 않은 문항은 엄밀히 말하면 틀린 문항이 아니다.

추측교정공식은 모든 추측이 무작위적이며, 부분지식을 이용한 추측은 없다고 가정하고 있다. 이 공식은 불합리한 가정에 근거하고 있다는 지적을 받고 있다. 왜냐하면 정답을 모를 때 무조건 무작위로 정답을 하는 것이 아니라 부분지식을 이용해서 추측하는 경우가 많기 때문이다. 국내에서 일부 표준화검사에서는 추측요인을 교정하고 있으나, 대부분의 성취도검사에서는 추측요인을 교정하지 않고 있다.

## 3. 채점지침

채점을 할 때 가장 중요한 원칙은 공정하고 정확하게 채점해야 한다는 것이다. 채점을 할 때 유의해야 할 사항들은 다음과 같다.

(1) 정확하게 채점해야 한다. 채점을 할 때는 오류가 발생하지 않도록 세심하게 유의해야 하며, 가급적이면 답안을 일차 채점한 다음 채점의 정확성을 이중삼중으로 확인하는 것이 좋다. 논술형 문항이나 수행평가과제를 정확하게 채점하려면 명료한 채점기준표를 사용해야 한다.

(2) 공정하게 채점해야 한다. 채점을 할 때는 학생에 대한 인상이 채점결과에 영향을 주지 않도록(즉, 후광효과가 작용하지 않도록) 각별히 주의해야 한다. 학생에 대한 인상이 채점결과에 영향을 주는 것을 방지하자면 학생의 인적 사항을 모르는 상태에서 채점하는 것이 좋다.

(3) 채점결과는 적절한 시점에 적절한 방식으로 보고해야 한다. 시험점수는 학생에게 피드백을 제공함으로써 학습을 촉진하는 기능도 한다. 학생과 학부모는 시험결과에 관심이 많으므로 채점이 끝나면 시험점수를 가급적 빨리 학생이나 학부모에게 알려 주는 것이 좋다.

(4) 채점오류가 있으면 빠른 시간 내에 적절한 조처를 해야 한다. 채점이 끝난 후 채점오류가 발견되면, 즉시 오류를 수정해서 점수에 반영하고 그 결과를 학생들에게 알려 주어야 한다.

(5) 학생들이 채점결과에 대해 이의(異議)를 제기할 수 있는 분위기를 조성해야 한다. 채점기준이 문제가 있거나 채점과정에 오류가 있다고 생각하는 학생은 교사에게 이의를 제기할 수 있는 권리를 갖고 있다.

(6) 채점결과에 대한 비밀을 유지해야 한다. 학생 개개인이 받은 점수는 기본적으로 프라이버시 영역에 해당된다. 채점결과에 대한 비밀을 유지하는 것은 교사와 평가에 관련된 사람의 기본 책무에 해당된다.

---

**주요개념**

| | | | |
|---|---|---|---|
| 문항배열 | 부정행위 | 컴퓨터 보조검사 | 컴퓨터화 검사 |
| 컴퓨터 적응검사 | 채점 | 이분적 채점 | 다분적 채점 |
| 추측의 교정 | | | |

---

**요약정리**

1. 문항을 작성·수정한 다음에는 시험을 편집해야 한다. 시험을 편집할 때는 양호한 문항들을 선정한 다음 문항형식, 내용영역, 문항의 측정수준 및 곤란도, 응답 및 채점의

용이성 등을 고려하여 적절한 방식으로 배열해야 한다. 또 지시사항을 명료하게 작성해야 한다.

2. 시험은 모든 학생이 자신의 성취도를 최대한 드러낼 수 있는 물리적 및 심리적 환경에서 실시해야 하며, 타당한 평가를 방해할 소지가 있는 요인들을 엄격하게 통제해야 한다.

3. 컴퓨터화 검사와 컴퓨터 적응검사는 컴퓨터를 활용하여 검사를 실시하는 방식이다. 컴퓨터화 검사는 컴퓨터를 통해 검사를 실시·채점·분석함으로써 측정을 자동화시킨 방식을 말한다. 컴퓨터 적응검사는 컴퓨터를 활용하여 피검사자의 문항반응에 따라 다음에 제시하는 문항을 선택·조정하는 검사방식이다.

4. 시험 중에는 학생들이 부정행위를 하지 않도록 각별히 유의해야 한다. 부정행위가 발견되면 즉시 합당한 조처를 해야 한다.

5. 채점방법은 채점수단을 기준으로 하면 수동식 채점과 컴퓨터를 활용한 채점으로 구분된다. 또 점수를 부여하는 방식에 따라 채점방법은 이분적 채점과 다분적 채점으로 구분된다. 이분적 채점은 정답이면 만점, 오답이면 0을 주는 채점방식이고, 다분적 채점은 반응의 수준이나 질을 기준으로 부분점수를 주는 채점방식이다.

6. 채점을 할 때 가장 중요한 원칙은 공정하고 정확하게 채점해야 한다는 것이다.

# 문항분석

문항분석

 학습목표

- 문항분석의 의의를 기술한다.
- 문항분석의 절차를 순서대로 기술한다.
- 문항곤란도, 문항변별도, 오답지의 능률성, 문항추측도의 개념을 정의한다.
- 규준지향평가와 준거지향평가의 문항분석을 비교한다.
- 문항분석의 결과를 활용할 수 있는 방안을 기술한다.
- 고전적 검사이론과 문항반응이론을 비교한다.
- 문항반응이론에서 문항곤란도, 문항변별도, 추측모수의 개념을 정의한다.
- 문항특성곡선을 해석한다.

　　문항(問項, item)은 검사나 시험을 구성하는 기초단위이므로 좋은 검사는 결국 좋은 문항들의 집합이다. 건물의 강도가 자재의 질에 따라 결정되는 것처럼 신뢰도나 타당도와 같은 검사의 질은 결국 검사나 시험에 포함되어 있는 문항 하나하나의 양호도(良好度)에 따라 좌우된다.

　　문항을 작성하는 작업은 매우 힘든 일이다. 그러나 힘들여 문항을 작성했다고 해서 문항이 갖추어야 할 기본 요건들이 저절로 충족되는 것은 아니다. 엄밀한 의미에서 완벽한 검사가 존재하지 않는 것처럼 완벽한 문항은 존재하지 않는다. 문항작성자가 유능하고 문항을 제작하는 과정에서 작성지침을 철저하게 준수했더라도 문항에 결함—문항내용이나 표현이 부적절하거나, 오답지의 매력도가 낮거나, 문항이 너무 쉽거나(혹은 너무 어렵거나), 변별력이 없거나, 정답이 잘못되었거나, 정답이 하나 이상이거나 등등—이 존재할 개연성은 상존한다. 양호한 문항으로 구성된 검사를 제작하려면 문항작성지침에 따라 문항을 작성하는 것만으로는 충분하지 않다. 왜냐하면 좋은 문항이 갖추어야 할 요건들은 여러 가지가 있어 문항작성과정에서 모든 요건을 충족시키기가 쉽지 않기 때문이다. 그러므로 일단 문항을 제작한 다음에는 문항이 기본 요건들을 충족시키는가를 꼼꼼하게 검토한 다음, 문제가 있는 부분은 수정·보완해야 한다.

　　문항평가의 방법은 크게 문항내용이나 형식을 일정 기준에 비추어 논리적으로 판단하는 질적 문항분석(제6장 참조)과 문항에 대한 학생들의 반응을 통계적으로 분석하는 문항분석으로 대별할 수 있다. 그런데 논리적인 측면에서 만족스러운 문항이라고 해서 완벽한 문항이 갖추어야 할 요건들이 모두 충족되는 것은 아니다. 왜냐하면 논리적인 측면에서 하자(瑕疵)가 없는 문항이라고 하더라도 실제 상황에서 제대로 기능을 발휘하지 못하는 경우가 흔히 있기 때문이다. 그러므로 문항이 실제로 의도하는 기능을 발휘하는가를 확인하려면 반드시 경험적인 문항분석절차를 거쳐야 한다.

　　이 장에서는 문항에 대한 반응을 통계적으로 분석하는 방법을 소개한다. 먼저 문항분석의 의미를 살펴본 후 고전적 검사이론에 따른 문항분석의 절차와 방법을 규준지향평가와 준거지향평가로 나누어 살펴보고 문항분석결과를 활용하는 방안에 관해 설명한다. 마지막으로 문항반응이론을 소개한다.

# 제1절 ✐ 문항분석의 기초

## 1. 문항분석의 의미

문항분석(問項分析, item analysis)은 문항이 원래 의도한 기능을 제대로 수행하는가를 통계적으로 분석하는 작업이다. 처음부터 완벽한 문항이란 있을 수 없으므로 일단 문항을 작성한 다음에는 문항분석을 하여 의도하는 기능을 제대로 발휘하는 문항과 그렇지 못한 문항을 구분한 다음, 미비한 문항은 수정하고 수정이 불가능한 문항은 폐기해야 한다.

개별문항의 통계적 특성을 검토하여 적절한 문항을 선정하기 위한 문항분석은 제약회사에서 신약(新藥)을 개발하는 과정에서 실시하는 임상실험에 비유할 수 있다. 임상실험은 신약의 치료효과를 밝히는 동시에 부작용이 없다는 것을 입증하기 위한 과정이다. 임상실험을 통해 효능이 검증된 신약은 비로소 환자에게 투약된다. 마찬가지로 문항도 작성한 후 바로 사용하지 말고 문항분석을 통해 양호도를 검증한 후 부적절한 문항은 수정·보완하거나 폐기하고 양호한 문항만 사용하는 것이 원칙이다.

문항분석방법은 고전적 검사이론(classical test theory)을 이용한 문항분석과 문항반응이론(Item Response Theory: IRT) 혹은 잠재적 특성이론(latent trait theory)을 이용한 문항분석으로 대별할 수 있다.

고전적 검사이론을 이용한 문항분석은 간단하고 쉽게 적용할 수 있다는 장점이 있다. 1980년대 이후 폭넓게 활용되고 있는 문항반응이론은 전통적인 문항분석의 문제점을 보완할 수 있는 장점이 있으나, 수리적으로 복잡하다는 문제점이 있다. 최근 문항분석 소프트웨어가 널리 보급되면서 문항반응이론을 이용한 문항분석이 예전에 비해 훨씬 쉬워졌다고 하나 교육현장에서 문항반응이론을 이용해서 문항분석을 하기는 여전히 어렵다. 교육현장에서 문항반응이론을 이용해서 문항분석을 하는 것은 지붕에 올라갈 때 사다리를 이용하지 않고 헬리콥터를 타고 올라가는 것과 다를 바 없다는 지적도 있다(Worthen, Borg, & White, 1993). 헬리콥터로 지붕에 올라갈 수도 있지만 실속이 없으므로 학교현장에서는 고전적 검사이론에 근거한 문항분석만으로 충분하다는 지적이 많다. 문항반응이론은 제5절에서 다루기로 한다.

## 2. 문항분석의 절차

문항분석을 하자면 작성된 문항으로 구성된 검사를 실시하려고 의도하는 표적집단(혹은 유사한 특성을 갖고 있는 집단)에 실시한 다음 채점해야 한다. 문항분석의 절차는 대체로 다음과 같다.

(1) 검사지를 총점을 기준으로 순서대로 배열한다.

(2) 전체 집단을 총점을 기준으로 몇 개 집단으로 구분한다. 집단을 구분하는 방법은 여러 가지가 있다. 규준지향검사의 경우 일반적으로 사례수가 적으면 상위 50%와 하위 50%로 양분한다. 사례수가 많으면 최상위 27%를 상위집단으로, 최하위 27%를 하위집단으로 구분한다. 이 경우 중위집단 46%는 분석에서 제외한다.

(3) 상위집단과 하위집단이 각 선택지에 반응한 빈도를 기록한다. 〈표 10-1〉은 국어시험 5번 문항의 4개 선택지에 상위집단(30명)과 하위집단(30명)이 반응한 빈도를 제시하고 있다. 〈표 10-1〉에 따르면 정답자는 상위집단(30명)에서 22명이고, 하위집단(30)에서 10명이다. 또 2번 오답지를 선택한 학생은 상위집단이 3명이고, 하위집단이 6명이다.

**표 10-1** 국어시험 5번 문항에 대한 답지반응분포(정답: 1번)

|  | 1 | 2 | 3 | 4 |
|---|---|---|---|---|
| 상위집단(30명) | 22 | 3 | 2 | 3 |
| 하위집단(30명) | 10 | 6 | 8 | 6 |

(4) 문항곤란도, 문항변별도, 오답지의 능률성, 문항추측도를 계산한다.

① 문항곤란도: 전체 집단의 정답률

② 문항변별도: 상위집단과 하위집단의 정답률 차이

③ 오답지의 능률성: 상위집단과 하위집단의 오답지 선택비율 차이

④ 문항추측도: 전체 집단에서 추측으로 정답을 한 비율

## 제2절 🍩 규준지향평가의 문항분석

규준지향평가의 문항분석에서는 (1) 문항곤란도(문항난이도), (2) 문항변별도, (3) 오답지의 능률성(매력도), (4) 문항추측도를 계산한다.

### 1. 문항곤란도(문항난이도)

#### 1) 문항곤란도의 의미

문항곤란도(問項困難度, item difficulty, 문항난이도)는 문항에 반응한 전체 집단에서 문항에 정답을 한 비율, 즉 문항의 전체 정답률을 뜻한다. 그러므로 문항곤란도 지수 P(Proportion of correct response)는 다음과 같이 계산할 수 있다.

$$P = \frac{R}{N} \quad \text{혹은} \quad P = \frac{R}{N} \times 100$$

이 공식에서 N은 문항에 반응한 전체 학생수, R은 문항에 정답을 한 학생수를 각각 나타낸다(오른쪽의 공식은 문항곤란도의 소수점을 없애기 위해 100을 곱한 것으로 의미는 같다). 예컨대, 어떤 문항에 반응한 100명의 학생 중에서 60명이 정답을 했을 경우 문항곤란도 지수 P＝.60이다.

$$P = \frac{60}{100} = .60$$

P의 최댓값은 1.0(문항에 반응한 모든 학생이 정답을 한 경우)이고, 최솟값은 0(문항에 반응을 한 학생 중에서 정답을 한 학생이 한 명도 없는 경우)이다. 문항곤란도 지수 P는 값이 클수록 문항이 쉽다는 것을 나타낸다. 문항곤란도 지수는 문항이 어려운 정도가 아니라 쉬운 정도를 뜻한다는 점에 유의해야 한다. 따라서 문항곤란도가 아니라 문항용이도(item facility or easiness)가 더 적합한 명칭이다.

추측요인을 고려한 문항곤란도　추측으로 정답을 한 학생들이 있을 경우에는 문항곤란도가 실제보다 더 높아지므로 문항곤란도를 계산할 때 추측으로 정답을 할 확률을 고려해야 한다. 추측으로 정답을 한 학생수는 통계적으로 추정할 수 있다. 추측으로 정답을 선택한 학생수가 추측으로 오답을 선택한 학생수와 같다고 전제하면, 추측으로 정답을 선택한 학생수는 $W/(k-1)$ (W: 오답을 한 학생수, $k$: 선택지의 수)이다 (실제 이것은 추측으로 오답을 선택한 학생수다). 그러므로 추측요인을 고려한 문항곤란도 지수 계산공식은 다음과 같다.

$$P = \frac{R - W/(k-1)}{N}$$

앞의 공식은 정답을 모를 경우에는 무작위로 반응을 한다고 가정하고 있다(이 가정은 합리성이 떨어진다는 지적을 받고 있다).

서답형 문항의 곤란도   앞에서 설명한 문항곤란도 지수는 이분적으로 채점되는 문항(정답은 1, 오답은 0으로 채점하는 문항)에 적용된다. 이 공식을 약간 수정하면 서답형 문항(완성형, 단답형, 논문형)의 곤란도를 구할 수 있다. 서답형 문항의 곤란도를 구하는 공식은 다음과 같다(Nitko, 2001).

$$P = \frac{문항의\ 평균점수}{문항의\ 배점}$$

서답형 문항의 곤란도 지수는 문항의 평균점수 비율을 나타낸다는 사실을 알 수 있다. 10점 만점으로 채점되는 논문형 문항에서 학생들의 평균점수가 4점이라고 할 때 문항곤란도 지수는 다음과 같다.

$$P = \frac{4}{10} = .40$$

## 2) 문항곤란도의 적정 수준

문항곤란도를 분석하는 이유는 적정 곤란도의 문항을 선정하기 위한 것이다. 문항곤란도의 적정 수준을 결정하려면 검사의 목적과 추측요인을 감안해야 한다. 문항곤란도의 적정 수준을 결정할 때 고려해야 할 검사목적은 다음과 같다.

개인차 변별   개인차를 변별하기 위한 규준지향평가에서 문항곤란도의 적정 수준은 P＝.50이다. 이는 50%의 응답자들이 정답을 하고, 50%의 응답자들이 오답을 했다는 것을 나타낸다. 그런데 추측으로 정답을 할 수 있는 선택형 문항의 경우 적정 곤란도는 .50보다 높아야 한다. 서답형 문항에서는 정답을 모를 때 추측해서 정답을 할 확률이 거의 없지만, 선택형 문항에는 추측요인이 필연적으로 작용한다. 추측요인을 고려한 적정 수준의 문항곤란도는 다음 공식으로 구할 수 있다.

$$적정\ 문항곤란도 = \frac{추측확률 + 1}{2}$$

추측요인을 고려할 경우 적정 문항곤란도는 추측확률에 1을 더한 다음 2로 나눈 값이다. 그러므로 진위형 문항에서는 추측으로 정답을 할 확률이 .50이므로 적정 곤란도 수준은 추측확률 .50에 1을 더한 값을 2로 나눈 P＝.75가 적절하고, 사지선다형 문항의 적정 곤란도 수준은 추측으로 정답을 할 확률 .25에 1을 더해 2로 나눈 P＝.625가 적절하다. 이에 반해 단답형 문항에서는 추측확률이 0이므로 적정 곤란도 수준은 P＝.50이다.

선수필수지식 확인    기초기능이나 선수필수지식을 갖고 있는가를 측정하기 위한 검사의 경우 거의 모든 학생이 정답을 할 수 있도록 문항곤란도 수준은 최소 P＝.80 ～.90이 되어야 한다. 반면 수업을 하기 전에 교육목표를 이미 달성했는가를 측정하기 위한 사전검사에서는 문항곤란도가 매우 낮아야 한다.

선발    선발을 하기 위한 용도로 사용되는 검사에서는 문항곤란도를 선발비율에 맞추어야 한다. 왜냐하면 선발을 목적으로 하는 검사는 선발된 집단이나 선발되지 않은 집단 내에서는 학생들을 정밀하게 변별할 필요가 없기 때문이다. 그러므로 학생집단에서 상위 30%를 선발하고자 하는 경우 문항곤란도는 P＝.30 전후에 분포하는 것이 좋다. 장학생을 선발하기 위한 시험에서는 문항곤란도가 낮아야 하고, 특수교육을 실시하기 위해 부진아를 선발하려는 시험에서는 문항곤란도가 높아야 한다.

### 3) 문항곤란도의 제한점

첫째, 문항곤란도는 학생집단의 수준에 따라 달라진다. 즉, 같은 문항이라도 상위집단에서는 문항곤란도가 높지만, 하위집단에서는 문항곤란도가 낮다. 이는 문항곤란도 지수가 문항의 절대적인 곤란도 수준을 나타내지 못한다는 것을 뜻한다.

둘째, 문항곤란도는 특정 집단에서 문항에 정답을 한 학생들의 비율만 나타낼 뿐, 좋은 문항인지 아니면 좋지 않은 문항인지에 관한 정보를 제공하지는 않는다.

셋째, 문항곤란도는 추측의 영향을 받으므로 진정으로 정답을 알고 있는 학생들의 비율을 정확하게 나타내지 못한다.

## 2. 문항변별도

### 1) 문항변별도의 의미

문항변별도(問項辨別度, item discrimination)는 문항이 총점이 높은 학생들과 낮은 학생들을 구분해 줄 수 있는 정도를 말한다. 만약 총점이 높은 학생들이 문항에 정답을 하고 총점이 낮은 학생들이 오답을 했다면 그 문항은 변별력이 높다. 반면 총점과 관계없이 문항에 모두 정답을 했거나 모두 오답을 했다면 그 문항은 변별도가 낮다.

### 2) 문항변별도 추정방법

고전적 검사이론에서 문항변별도는 (1) 상위집단과 하위집단의 정답률 차이 혹은 (2) 문항점수와 총점 간의 상관계수로 표시된다.

#### ① 변별도 지수

변별도 지수(辨別度 指數, Discrimination Index: D)[1]는 문항에 대한 상위집단과 하위집단의 정답률 차이[2]를 의미하며, 다음 공식으로 계산된다.

$$D = P_U - P_L$$

---

[1] 이를 상하부 지수(上下部 指數, Upper-Lower Index: ULI)라고 하기도 한다.

[2] 문항변별도를 구하기 위해 두 집단을 구분하는 방식은 여러 가지가 있으나, 총점을 기준으로 최상위 27%를 상위집단으로, 최하위 27%를 하위집단으로 하는 방식이 가장 전형적이다. 이 경우 중간에 해당하는 46%의 학생들은 분석에서 제외한다. 또 총점을 기준으로 최상위 25%와 최하위 25%를 각각 상위집단과 하위집단으로 하는 방식도 있고, 최상위 33%와 최하위 33%를 각각 상위집단과 하위집단으로 하는 방식도 있다. 전체 학생수가 적을 경우 상위 50%을 상위집단으로, 하위 50%를 하위집단으로 하는 방식이 많이 사용된다.

이 공식에서 $P_U$는 상위집단의 정답률이고, $P_L$은 하위집단의 정답률이다. 100명의 학생들을 상위집단 50명과 하위집단 50명으로 구분했을 때, 상위집단에서 45명이 정답을 하고 하위집단에서 10명이 정답을 했다고 할 때 D＝.70이다.

$$D = \frac{45}{50} - \frac{10}{50} = .90 - .20 = .70$$

문항변별도 지수는 +1.0에서 −1.0의 값을 취할 수 있다. 문항변별도 지수는 상위집단에서 모두 정답을 하고 하위집단에서 정답을 한 학생이 전혀 없을 경우 +1.0이고, 반대로 상위집단에서 모두 오답을 하고 하위집단에서 모두 정답을 했을 경우 −1.0이다. 문항변별도 지수가 양수(+)일 경우 상위집단이 하위집단보다 정답자수가 더 많고, 반대로 문항변별도 지수가 음수(−)이면 하위집단이 상위집단보다 정답자수가 더 많다는 것을 뜻한다. 문항변별도 지수가 0이면 상위집단과 하위집단의 정답자수가 같다. 그러므로 상위집단과 하위집단에서 모두 정답을 했거나 반대로 모두 오답을 했을 경우 문항변별도 지수는 0이다. 문항변별도 지수는 다음과 같이 해석된다(Ebel & Frisbie, 1991).

.40 이상: 문항변별력이 매우 양호하다.
.30 이상 .40 미만: 문항변별력이 양호하다.
.20 이상 .30 미만: 문항변별력이 다소 낮으므로 수정할 필요가 있다.
.20 미만: 문항변별력이 매우 낮으므로 폐기하거나 수정해야 한다.
음수(−): 정답이 잘못되었거나 문항에 심각한 결함이 있다.

문항변별도 지수는 .40 이상이면 매우 우수하고, .30 이상 .40 미만이면 그런대로 괜찮은 편이다. 문항변별도 지수가 .20 미만인 문항은 수정하거나 폐기해야 한다. 문항변별도 지수가 음수(−)이면 문항에 심각한 결함이 있음을 시사하고 있으므로 문항을 수정하거나 폐기해야 한다. 문항곤란도가 적정 수준인데도 문항변별도 지수가 낮으면 문항반응패턴을 분석해 보아야 한다. 만약 상위집단과 하위집단에서 정답지를 선택한 빈도가 비슷하면 문항에 문제가 있을 수 있다.

서답형 문항의 변별도    앞에서 설명한 문항변별도 지수(상하부 지수)는 이분적으로 채점되는 문항(정답은 1, 오답은 0으로 채점하는 문항)의 문항변별도를 구하는 방식이다. 이 방식을 약간 수정해서 서답형 문항의 변별도를 구하는 방식은 다음과 같다(Nitko, 2001).

$$D = \frac{\text{상위집단의 평균점수}}{\text{문항의 배점}} - \frac{\text{하위집단의 평균점수}}{\text{문항의 배점}}$$

서답형 문항의 변별도 역시 상위집단의 득점비율과 하위집단의 득점비율 차이를 나타내므로 앞에서 설명한 것과 같은 방식으로 해석하면 된다. 10점 만점으로 채점되는 논문형 문항에서 상위집단의 평균점수가 8점이고 하위집단의 평균점수가 2점이라고 할 때 문항변별도 지수는 다음과 같다.

$$D = \frac{8}{10} - \frac{2}{10} = .80 - .20 = .60$$

### ② 문항점수-총점 간의 상관

문항변별도는 문항점수(X)와 총점(Y) 간의 상관(item-total correlation)으로 나타낼 수도 있다. 문항점수와 총점 간의 상관계수를 구하는 방식은 문항점수와 총점의 성질에 따라 여러 가지가 있으나, 여기서는 양류상관계수와 적률상관계수를 소개한다. 컴퓨터를 이용하면 문항점수-총점 간의 상관은 매우 쉽게 계산할 수 있다.

양류상관계수(점이연상관계수)  문항변별도 지수로서 양류상관계수(point-biserial correlation coefficient: $r_{pb}$)는 이분적으로 채점되는 문항점수(X)와 연속적인 성질을 가진 총점(Y) 사이의 상관계수로 표시된다. 이분적으로 채점되는 문항이란 정답을 1, 오답을 0으로 채점하는 문항을 말하는데, 대부분의 선택형 문항은 이분적으로 채점된다. 따라서 선택형 문항의 점수와 총점 간의 상관을 구할 때는 양류상관계수를 구하면 된다.

적률상관계수  문항변별도 지수로서 적률상관계수는 연속적인 성질을 가진 문항점수와 총점 간의 상관계수를 말한다. 따라서 20점 만점으로 채점하는 논문형 문항점수와 총점 간의 상관은 적률상관계수로 구하면 된다.

문항점수–총점 상관은 당연히 +1.0에서 −1.0 사이에 분포한다. 문항점수–총점 상관이 +1.0에 근접한다는 것은 문항에 정답을 한 학생들이 오답을 한 학생들보다 총점이 높고, 따라서 문항과 검사가 동일한 것을 측정한다는 것을 뜻한다. 규준지향평가에서는 문항변별도 지수가 높을수록 바람직하다. 반대로 상관계수가 −1.0에 근접한다는 것은 문항에 오답을 한 학생들의 총점이 정답을 한 학생들보다 더 높다는 것(즉, 문항에 정답을 한 학생들이 총점이 낮은 경향이 있다는 것)을 의미하므로 삭제해야 한다. 문항점수–총점 상관이 0에 근접하면 문항점수와 총점이 아무 관계가 없다는 것을 나타낸다. 이러한 문항은 너무 어렵거나(반대로 너무 쉽거나), 모호하거나, 신뢰도나 타당도에 거의 기여하지 못하므로 삭제하거나 다른 문항으로 대치해야 한다.

### ③ 문항곤란도와 문항변별도의 관계

문항변별도는 문항곤란도와 밀접한 관계가 있다. [그림 10-1]에 제시된 바와 같이 이론적으로 문항변별도는 문항곤란도가 .50일 때 최대 혹은 최저가 된다. 즉, 문항변별도는 상위집단에서 모두 정답을 하고 하위집단에서 모두 오답을 할 경우 +1.0으로 최대가 되고, 반대로 상위집단에서 모두 오답을 하고 하위집단에서 모두 정답을 할 경우 −1.0으로 최저가 된다.

전체 집단에서 모두 정답을 했거나(P=1.0) 모두 오답을 했을 경우(P=0) 문항변별도는 0이 된다. 또 P=.40과 P=.60에서 기대할 수 있는 최대변별도는 .80이다. 규준지향평가는 개인차를 변별하는 데 목적이 있으므로 적절한 문항의 변별도 지수 D는 적어도 .30 이상이 되어야 한다.

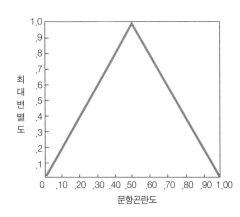

| 문항곤란도 | 최대변별도 | 최소변별도 |
| --- | --- | --- |
| .00 | .00 | .00 |
| .10 | .20 | −.20 |
| .20 | .40 | −.40 |
| .30 | .60 | −.60 |
| .40 | .80 | −.80 |
| .50 | 1.00 | −1.00 |
| .60 | .80 | −.80 |
| .70 | .60 | −.60 |
| .80 | .40 | −.40 |
| .90 | .20 | −.20 |
| 1.00 | .00 | .00 |

[그림 10-1] 🌲 문항곤란도 지수와 문항변별도 지수의 관계

## 3. 오답지 분석: 오답지의 능률성(매력도)

양호한 문항이란 문항이 측정하는 지식을 갖고 있는 학생들은 정답을 하고, 지식이 없는 학생들은 오답을 하는 문항이다. 양호한 문항이 되려면 오답지가 능률적이고 매력적이어서 지식이 없는 학생들이 정답을 찾을 수 없도록 교란시키는 기능을 해야 한다. 오답지를 교란지(攪亂肢, distractor)라고 부르는 것은 바로 이 때문이다.

실제 좋은 문항이란 정답을 알고 있는 학생은 정답지를 선택하고, 정답을 모르는 학생은 무작위로 반응하는 문항이다. 이러한 문항은 모든 오답지의 매력도가 높다. 좋은 문항의 정답지와 오답지가 갖추어야 할 조건들은 다음과 같다.

(1) 정답지는 정적 변별력(+)이 있어야 한다. 이는 상위집단이 하위집단보다 정답지에 더 많이 반응했다는 것을 의미한다. 그렇지 않으면 문항이 모호하거나, 정답이 잘못되었거나, 상위집단이 추측으로 정답을 했다는 것을 시사한다.

(2) 오답지는 부적 변별력(−)이 있어야 한다. 이는 하위집단이 상위집단보다 오답지에 더 많이 반응해야 함을 뜻한다.

(3) 하위집단은 오답지에 골고루 반응해야 한다. 오답지에 대한 반응이 골고루 분포되어 있다는 것은 오답지가 매력적이고 능률적이라는 것을 나타낸다. 아무도 선택하지 않은 오답지는 오답지의 기능을 전혀 수행하지 못하고 있다.

(4) 좋은 오답지는 왜 그 오답지에 반응했는지에 관한 정보를 줄 수 있어야 한다.

오답지 분석(distractor analysis)은 오답지가 정답을 모르는 학생들을 교란시키는 기능을 제대로 발휘하는가를 분석하는 작업이다. 오답지가 제대로 기능을 발휘하는 사례를 보자. 국어시험 5번 문항에 대한 반응분포가 〈표 10-2〉와 같다고 하자.

**표 10-2** 국어시험 5번 문항에 대한 답지반응분포(정답: 1번)

| | 1 | 2 | 3 | 4 |
|---|---|---|---|---|
| 상위집단(30명) | 22 | 3 | 2 | 3 |
| 하위집단(30명) | 10 | 6 | 8 | 6 |

이 문항에는 60명 중에서 32명이 정답을 했으므로 문항곤란도 지수 $P = .53$이다.

또 상위집단이 하위집단보다 정답지에 더 많이 반응했으므로 문항변별도 지수 D＝.40이다. 이 문항의 오답지들이 능률적이고 매력적이라면 오답을 한 28명의 학생들이 3개의 오답지에 골고루 반응해야 한다. 선다형 문항에서 각 오답지를 선택할 것이라고 기대되는 학생수는 다음과 같다.

$$특정\ 오답지를\ 선택할\ 것이라고\ 기대되는\ 학생수 = \frac{오답자수}{오답지수}$$

앞의 문항에서 오답자는 28명이므로 모든 오답지가 매력적이고 능률적이라면 오답지별로 약 9명이 반응해야 한다. 이 문항에는 오답을 한 28명이 3개의 오답지에 골고루 반응하고 있고, 모든 오답지에서 상위집단보다 하위집단에서 더 많은 학생이 반응하고 있다. 그러므로 이 문항의 정답지와 오답지는 제대로 기능을 발휘하고 있다고 할 수 있다.

반대로 오답지가 제대로 기능을 발휘하지 못하는 사례를 보자. 영어시험 8번 문항에 대한 반응분포가 〈표 10-3〉과 같다고 하자.

**표 10-3** 영어시험 8번 문항에 대한 답지반응분포(정답: 2번)

| | 1 | 2 | 3 | 4 |
|---|---|---|---|---|
| 상위집단(30명) | 8 | 20 | 0 | 2 |
| 하위집단(30명) | 5 | 10 | 0 | 15 |

이 문항에는 60명 중에서 30명이 정답을 했으므로 문항곤란도 지수 P＝.50이다. 또 이 문항의 문항변별도 지수 D＝.33이다. 이 문항에 오답을 한 학생들은 30명이므로 오답지별로 약 10명이 반응해야 하지만 3번 오답지에 반응을 한 학생은 한 명도 없다. 결국 이 문항은 사지선다형으로 출제되었지만 실제로는 삼지선다형 문항과 같다. 3번 오답지가 오답지의 기능을 전혀 수행하지 못하고 있기 때문이다. 또 1번 오답지는 상위집단(8명)이 하위집단(5명)보다 더 많이 반응하고 있으므로 매우 부적절하다. 다만 4번 오답지는 하위집단이 상위집단보다 더 많이 반응하고 있으므로 오답지의 기능을 제대로 발휘하고 있다고 할 수 있다.

오답지의 **능률성 지수**(能率性 指數, index of effectiveness, 매력도 지수)는 상위집단과

하위집단의 오답지 선택비율 차이로 표시된다.[3]

$$능률성 \ 지수 = 상위집단의 \ 오답지 \ 선택비율 - 하위집단의 \ 오답지 \ 선택비율$$

능률성 지수를 계산하는 방식이 문항변별도 지수(상하부 지수)를 계산하는 방식과 같다는 것을 알 수 있다(정답지의 능률성 지수는 문항변별도 지수와 같다). 그러므로 능률성 지수는 문항변별도 지수와 같은 방식으로 해석하면 된다. 즉, 능률성 지수가 정적(+)이면 상위집단에서 오답지를 선택한 학생들이 하위집단에서 오답지를 선택한 학생들보다 더 많다는 것을 나타낸다. 반대로 능률성 지수가 부적(−)이면 하위집단에서 오답지를 선택한 학생들이 상위집단에서 오답지를 선택한 학생들보다 더 많다는 것을 나타낸다.

앞에 예시한 국어시험 5번 문항의 선택지별 능률성 지수는 다음 〈표 10−4〉와 같다.

**표 10-4** 선택지별 능률성 지수(정답: 1번)

| 선택지 | 상위집단(30) | 하위집단(30) | 능률성 지수 |
|---|---|---|---|
| 1 | 22 | 10 | $\frac{22}{30} - \frac{10}{30} = .40$ |
| 2 | 3 | 6 | $\frac{3}{30} - \frac{6}{30} = -.10$ |
| 3 | 2 | 8 | $\frac{2}{30} - \frac{8}{30} = -.20$ |
| 4 | 3 | 6 | $\frac{3}{30} - \frac{6}{30} = -.10$ |

이 문항의 변별도 지수는 $D = .40$으로, 정답지의 능률성 지수와 같다. 이 문항은 변별도 지수가 정적(+)이므로 정답지가 성적이 높은 학생들과 낮은 학생들을 효과적으로 변별하고 있다(상위집단에서 정답지를 선택한 학생들이 하위집단에서 정답지를 선택한 학생들보다 더 많다). 오답지의 능률성 지수가 부적(−)이면 하위집단 학생들이 상위집단 학생들보다 그 오답지를 더 많이 선택했음을 의미하는데, 이 문항에서는 오답지들의 능률성 지수가 모두 부적이므로 오답지가 제대로 기능을 수행하고 있다고 할

---

3) 능률성 지수를 각 오답지 선택 여부(1, 0)와 총점 간의 양류상관계수로 표시할 수도 있다. 오답지의 매력도가 높을수록 양류상관계수가 부적(−)이고, 크기가 커야 한다.

수 있다. 결국 이 문항은 정답지가 정적 변별력을 갖고 있고, 오답지들이 모두 부적 변별력을 갖고 있으므로 매우 양호한 문항이라고 할 수 있다.

능률성 지수는 문항곤란도 및 문항변별도와 긴밀하게 관련된다. 우선, 오답지의 능률성은 문항곤란도에 영향을 미친다. 구체적으로 오답지의 매력도가 높으면 정답률이 낮아지고, 결과적으로 문항곤란도가 낮아진다. 반면 오답지의 매력도가 낮으면 문항곤란도가 높아지고, 결과적으로 문항변별도가 낮아진다.

### 4. 문항추측도

문항추측도(間項推測度)는 전체 집단에서 추측으로 정답을 한 학생비율을 의미한다(성태제, 2006). 앞에서 문항에 오답한 학생수를 $W$, 선택지의 수를 $k$라고 할 때 추측으로 정답을 한 학생수는 $W/(k-1)$라고 한 바 있다. 그러므로 문항추측도 $P_{G_R}$은 다음과 같다.

$$P_{G_R} = (\frac{W}{k-1})/N$$

사지선다형 문항에서 100명의 학생 중 오답을 한 학생이 30명이라고 할 때 문항추측도는 다음과 같다.

$$P_{G_R} = (\frac{W}{k-1})/N = (\frac{30}{4-1})/100 = .10$$

## 제3절 준거지향평가의 문항분석

### 1. 문항곤란도

준거지향평가에서 문항곤란도의 개념과 계산방식은 규준지향평가의 문항곤란도와 같다. 단, 준거지향평가는 규준지향평가와 목적이 다르므로 문항곤란도에 관한 해석이 상당히 다르다.

규준지향평가는 개인차를 변별하는 데 목적이 있으므로 문항곤란도가 중간 정도인 문항을 선호하고 문항곤란도가 너무 높거나 낮은 문항은 부적절한 문항으로 간주한다. 이에 반해 준거지향평가는 문항곤란도 지수가 높을수록 많은 학생이 교육목표를 달성했다는 긍정적인 증거로 보고 문항곤란도가 높을수록 바람직하다고 간주한다. 준거지향평가에서 가장 이상적인 상태는 모든 학생이 모든 문항에 정답을 하는 경우(즉, 모든 문항의 곤란도 지수가 1.0인 경우)라고 할 수 있다. 반면 문항곤란도가 낮으면 교육목표에 도달한 학생들이 소수에 불과하고 수업이 효과가 없거나 문항이 수업에서 다루지 않은 것을 측정하고 있다는 부정적인 증거로 해석된다.

## 2. 문항변별도

준거지향평가의 문항변별도는 (1) 집단 간의 정답률 차이 혹은 (2) 문항점수(X)와 도달-미달(Y) 사이의 상관계수로 표시된다.

### 1) 집단 간의 정답률 차이

준거지향평가의 문항변별도는 집단 간의 정답률 차이로 정의된다. 단, 규준지향평가의 문항변별도를 구할 때는 총점을 기준으로 상위집단과 하위집단으로 구분했지만, 준거지향평가의 문항변별도는 집단을 구분하는 기준에 따라 다음과 같은 몇 가지 방식이 있다.

#### ① 사후검사와 사전검사의 정답률 차이(교수민감도 지수)

사후검사(수업 후 실시한 검사) 정답률과 사전검사(수업 전 실시한 검사) 정답률 차이를 문항변별도 지수로 간주하는 방식이다. 이 지수는 수업의 효과를 반영한다고 해서 흔히 교수민감도 지수(index of instructional sensitivity)라고 부르는데, 값이 클수록 수업효과가 높다는 것을 뜻한다. 이 방식으로 계산한 문항변별도 지수의 범위는 -1.0에서 +1.0이다. 문항변별도 지수가 +1.0이면 사후검사에서 모든 학생이 정답을 했고, 사전검사에서 모든 학생이 오답을 했다는 것을 나타낸다. 반대로 문항변별도 지수가 -1.0이면 사후검사에서 모든 학생이 오답을 했고, 사전검사에서 모두 정답을 했다는 것을 나타낸다(실제 이러한 경우는 있을 수 없지만, 있어서도 안 된다).

② 목표도달집단과 목표미달집단의 정답률 차이

목표도달집단과 목표미달집단의 정답률 차이를 문항변별도 지수로 간주하는 방식이다. 이 방식으로 계산한 문항변별도 지수의 범위는 −1.0에서 +1.0이다. 문항변별도 지수가 +1.0이라는 것은 목표도달집단에서는 모든 학생이 정답을 했고, 목표미달집단에서는 모든 학생이 오답을 했다는 것을 나타낸다. 문항변별도 지수가 −1.0일 경우에는 반대로 해석하면 된다.

예컨대, 100명을 대상으로 준거지향평가를 실시한 결과 어떤 문항에 목표도달집단(50명)에서 40명이 정답을 했고, 목표미달집단(50명)에서 20명이 정답을 했을 경우 문항변별도는 다음과 같다.

$$DI = \frac{40}{50} - \frac{20}{50} = .40$$

③ 수업을 받은 집단과 수업을 받지 않은 집단의 정답률 차이

수업을 받은 집단과 수업을 받지 않은 집단의 정답률 차이를 문항변별도 지수로 간주하는 방식이다. 이 방식으로 계산한 문항변별도 지수의 범위 역시 −1.0에서 +1.0이다. 문항변별도 지수가 +1.0이라는 것은 수업을 받은 학생들은 모두 정답을 했고, 수업을 받지 않은 학생들은 모두 오답을 했다는 것을 나타낸다. 문항변별도 지수가 −1.0이면 그 반대로 해석하면 된다.

## 2) 문항점수와 도달−미달 간의 상관

문항변별도를 문항점수(X)와 목표 도달−미달(Y) 간의 상관계수($\phi$ 계수)로 표시하는 방식이다. 목표도달로 분류된 학생들이 문항에 정답을 하고 목표미달로 분류된 학생들이 문항에 오답을 하면, 그 문항은 목표 도달−미달 여부를 정확하게 변별하고 있다. 반면에 목표미달로 분류된 학생들이 그 문항에 정답을 하거나 목표도달로 분류된 학생들이 오답을 할 경우 부적 변별력이 있다. 문항변별도 지수로서 $\phi$ 계수는 검사를 1회만 실시하고 계산할 수 있다는 점에서 편리하다는 장점이 있다. 단, $\phi$ 계수는 목표미달로 분류된 학생수가 충분히 많지 않으면 문항변별도를 제대로 나타내지 못할 수 있다.

## 제4절 ⚙ 문항분석결과의 활용

문항분석의 목적은 검사의 양호도를 높이고 교수-학습을 개선하는 데 있다. 문항분석의 결과를 활용할 수 있는 방안을 제시한다.

검사의 질 향상  신뢰도와 타당도는 결국 검사에 포함되어 있는 문항의 질에 따라 좌우되므로 문항분석결과를 이용하여 양호한 문항들을 선별하면 신뢰도와 타당도를 높일 수 있다. 다른 조건이 동일할 경우 문항수가 많을수록 신뢰도와 타당도가 높아진다. 문항수를 늘리면 신뢰도가 높아진다는 사실은 제4장에서 Spearman-Brown 공식으로 설명한 바 있다. 신뢰도를 높일 수 있는 문항으로 검사를 구성하기 위한 절차는 다음과 같다.

1. 문항점수-총점 간의 상관계수를 구한다.
2. 문항들을 상관계수 크기 순서로 배열한다.
3. 신뢰도 계수($\alpha$ 계수)가 최대가 될 수 있는 문항을 선정한다.

출제노력 경감  출제자라면 누구나 경험하듯이 문항제작은 매우 힘들고 번거로운 일이다. 양호한 사지선다형 문항을 새로 제작하는 데는 기존 문항을 수정·보완하는 것보다 대략 5배 정도의 시간이 더 소요되는 것으로 알려져 있다. 이는 문항분석을 통해 미비한 문항을 수정하는 것이 문항을 새로 제작하는 것보다 훨씬 효율적이라는 것을 뜻한다. 아울러 문항분석은 교사의 문항작성기술을 높이는 기능을 한다.

교육과정 및 수업개선  문항분석자료는 교육과정이나 수업을 개선할 수 있는 정보를 제공한다. 예를 들어, 특정 문항의 문항곤란도가 극히 낮다는 것은 그 문항이 측정하고 있는 내용을 수업에서 제대로 다루지 않았다는 것을 시사한다. 문항곤란도가 낮은 문항을 검토하면 학생들이 제대로 이해하지 못하는 부분을 확인할 수 있다. 수업 전후의 문항곤란도를 비교하면 수업의 효과를 판단할 수도 있다.

학습촉진  문항에 대한 풀이 및 논의는 학습을 촉진할 수 있는 피드백을 제공한다. 구체적으로 시험문제 풀이는 다음 시험에서 더 잘하도록 동기를 유발하고, 중요한 교육목표를 확인시켜 학습습관을 개선하며, 정답이 왜 정답이 되는가를 명료화함으로써 학생들의 오류나 오개념을 확인하고 수정하는 데 도움을 준다.

강점 및 약점 진단   문항분석은 개인 및 집단의 강점과 약점을 진단하는 데 도움을 준다. 예컨대, 오답지 분석은 학생들이 범하고 있는 오류를 확인하는 데 도움을 준다. 오답지가 이러한 기능을 발휘하려면 오답지가 학생들이 자주 범하는 오류에 관한 정보를 제공해야 한다.

문항수정   문항곤란도와 문항변별도는 문항을 수정하는 데 필요한 정보를 제공한다. 문항곤란도는 문항의 오류(표현의 오류, 부정확한 정답)에 대한 정보를 제공할 수 있다. 문항이 측정하고자 하는 내용을 모든 학생이 충분히 이해했다고 가정할 수 있는데도 불구하고 문항곤란도가 매우 낮다면, 문항에 문제가 있거나 수업에 문제가 있을 수 있으므로 적절한 조치를 취해야 한다. 문항곤란도 지수가 0에 근접하면 문항이 측정하는 내용을 수업에서 다루지 않았거나, 학생들이 그 내용을 전혀 이해하지 못한다는 것을 함축한다. 문항이 측정하는 내용을 수업에서 다루지 않았다면 문항을 삭제해야 한다. 수업에서 다루었음에도 불구하고 문항곤란도가 낮다는 것은 문항이 모호하거나 문항에 혼란을 유발할 수 있는 요인이 포함되어 있음을 시사한다. 이 경우에는 문두와 선택지를 면밀하게 검토해서 수정해야 한다.

문항변별도는 문항의 변별력을 높이고, 모호한 표현을 명료화하며, 선택하지 않은 오답지를 수정하는 데 필요한 정보를 제공한다. 정답지는 정적 변별력이 있어야 하고(즉, 상위집단이 하위집단보다 더 많이 선택해야 하고), 오답지는 부적 변별력이 있어야 한다(즉, 하위집단이 상위집단보다 더 많이 선택해야 한다). 그러므로 정답지가 부적 변별력을 갖고 있거나, 오답지가 정적 변별력을 갖고 있으면 수정하거나 폐기해야 한다. 예컨대, 어떤 문항의 반응분포가 〈표 10-5〉와 같다고 하자.

**표 10-5** 오답지의 매력도(정답: 4번)

| 선택지 | 1 | 2 | 3 | 4 | 5 |
|---|---|---|---|---|---|
| 상위집단 | 0 | 0 | 3 | 15 | 7 |
| 하위집단 | 8 | 0 | 8 | 6 | 3 |

이 문항에서 정답지(4번)는 정적 변별력을 갖고 있고(즉, 상위집단이 하위집단보다 더 많이 선택했다) 선택지 1과 선택지 3은 부적 변별력(즉, 상위집단보다 하위집단에서 더 많이 선택했다)이 있으므로 적합하다. 반면에 선택지 2는 아무도 선택하지 않았으므로 변별력이 전혀 없고, 선택지 5는 정적 변별력을 갖고 있으므로 선택지로서 적절하지 않다고 할 수 있다.

**검사의 편집**    검사를 편집할 때는 문항들을 곤란도가 높은 순으로(즉, 쉬운 문항을 앞에, 어려운 문항을 뒤에) 배열하는 것이 원칙이다. 그렇게 하면 학생들이 자신감을 갖고 시험을 칠 뿐만 아니라 시험시간을 효율적으로 활용할 수 있다.

## 제5절 ✎ 문항반응이론을 이용한 문항분석

고전적인 문항분석은 학생집단의 영향을 받는다는 문제점이 있다. 그래서 같은 문항이라도 하위집단에서는 문항곤란도가 낮아 어려운 문항으로 해석되고, 상위집단에서는 문항곤란도가 높아 쉬운 문항으로 간주된다. 문항반응이론은 고전적 검사이론의 이러한 제한점을 극복하려는 접근이다.

문항반응이론(問項反應理論, Item Response Theory: IRT)은 피검사자가 문항에 정반응을 할 확률을 문항특성 및 능력의 함수로 기술하는 통계이론이다. 이 이론은 잠재적 특성이론(latent trait theory) 혹은 문항특성곡선이론(item characteristics curve theory)이라고 불린다. 여기서 문항특성이란 문항곤란도, 문항변별도, 추측요인을 뜻한다. 그리고 능력이란 심리검사나 시험을 통해서 측정하고자 하는 언어능력, 수리력, 자기개념과 같은 특성을 의미한다. 이 특성들은 직접 관찰하기가 어렵기 때문에 잠재적 특성(latent trait)이라고 한다. 이 절에서는 문항반응이론의 기본 개념들을 간략하게 소개한다.

### 1. 문항특성곡선

문항반응이론은 하나의 잠재적 능력에 비추어 문항에 대한 반응을 설명할 수 있다고 가정하고, 관찰할 수 있는 문항반응(정반응 혹은 오반응)과 관찰할 수 없는 능력 간의 관계를 분석한다. 문항반응이론은 문항반응과 검사가 측정하려는 능력이 단조증가함수(monotonically increasing function)의 관계를 이룬다고 보고, 그 관계를 문항특성곡선으로 나타낸다. 문항특성곡선(Item Characteristics Curve: ICC)은 문항에 정답을 할 확률을 잠재적 능력의 함수로 나타낸 것으로, 문항특성함수(item characteristics function) 혹은 문항반응함수(item response function)라고도 한다. 문항특성곡선은 문항에 정답을 할 확률을 문항모수와 능력의 함수로 나타낸다.

전형적인 문항특성곡선은 [그림 10-2]와 같은데, 이 곡선의 특징을 설명하면 다음과 같다.

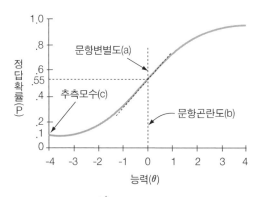

[그림 10-2] 🔺 전형적인 문항특성곡선

(1) 문항특성곡선의 X축은 문항이 측정하는 능력수준을 나타낸다. 문항반응이론에서는 능력을 그리스어 소문자 $\theta$(theta, 세타)로 표기하고, 평균이 0이고 표준편차가 1인 표준점수(Z 점수)로 표시한다. 그러므로 능력이 0인 학생의 능력수준은 평균과 같고, 능력이 −인 학생의 능력수준은 평균보다 더 낮으며, 능력이 +인 학생의 능력수준은 평균보다 더 높다.

(2) 문항특성곡선의 Y축은 문항에 정답을 할 확률(P)이다. 더 정확하게 말하면 Y축은 특정 능력수준 $\theta$에 해당하는 학생집단에서 무작위로 추출된 학생이 문항에 정답을 할 확률이다.

(3) 문항특성곡선은 일반적으로 S자 모양을 갖는다. 이것은 능력수준이 높을수록 문항에 정답을 할 확률이 높아진다는 것을 의미한다. [그림 10-2]에 제시된 바와 같이 문항에 정답을 할 확률은 능력이 낮을수록 0에 접근하고, 능력이 높을수록 1.0에 접근한다.

문항특성곡선의 구체적인 형태는 **문항모수**(item parameter, 문항곤란도, 문항변별도, 추측모수와 같은 문항의 통계적 특성)에 따라 결정된다. 문항특성곡선은 문항곤란도, 문항변별도, 추측확률에 따라 달라지므로 문항들은 제각기 다른 문항특성곡선을 갖는다. 단, 문항반응이론에서 문항곤란도 및 문항변별도의 개념은 고전적 검사이론에서의 문항곤란도나 문항변별도의 개념과 완전히 다르다는 점에 유의해야 한다. 문항반응이론의 문항곤란도, 문항변별도, 추측모수를 살펴본다.

### 문항특성곡선에서 문항모수를 구하는 방법([그림 10-2] 참조)

1. 문항곤란도(b): (1) 정답확률 .50에서 X축에 평행하게 그은 수평선이 문항특성곡선과 교차하는 점을 찾는다(추측으로 정답을 할 확률(c)이 있을 경우에는 정답확률 (1+c)/2에서 수평선을 긋는다). (2) 1단계에서 표시한 점에서 수직선을 그었을 때 수직선이 만나는 능력수준이 문항곤란도가 된다.
2. 문항변별도(a): (1) 정답확률 .50에서 그은 수평선이 문항특성곡선과 교차하는 점을 찾는다(추측확률(c)이 있을 경우에는 정답확률 (1+c)/2에서 수평선을 긋는다). (2) 1단계서 표시한 점에서 문항특성곡선의 기울기를 구하면 문항변별도가 된다.
3. 추측모수(c): 능력이 가장 낮은 위치에서 정답확률(즉, 문항특성곡선의 높이)을 구하면 된다.

### 1) 문항곤란도(b)

문항곤란도(b)는 문항에 대한 정답확률 .50에 대응되는 능력수준을 나타내며, b로 표시한다. 단, 추측(c)으로 정답을 할 수 있는 문항의 경우 문항곤란도 b는 정답확률 $(1+c)/2$에 대응하는 능력수준이다. 사지선다형 문항의 추측확률은 .25이므로 문항곤란도는 정답확률 $(1+.25)/2 = .625$에 대응되는 능력수준이다. 문항곤란도는 정답확률 .50에 대응되는 능력수준의 위치를 나타낸다는 점에서 위치모수(location parameter)라고 하기도 한다. 문항이 어려울수록(즉, b가 클수록) 문항특성곡선은 능력척도에서 오른쪽에 위치한다. 그러므로 [그림 10-3]에서 보면 문항 1보다 문항 2가 더 어려운 문항이다.

문항반응이론에서 능력은 평균이 0, 표준편차가 1인 표준점수로 표시되므로, 문항곤란도의 이론적인 범위는 $-\infty$에서 $+\infty$이지만, 일반적으로 -3.0에서 +3.0 사이에

분포한다. 따라서 문항곤란도는 −3.0에 접근할수록 쉬운 문항이고, +3.0에 접근할
수록 어려운 문항이다. 문항반응이론에서 문항곤란도는 값이 클수록 어려운 문항이
라는 점에 유의해야 한다. 문항반응이론은 문항곤란도를 능력수준에 비추어 정의하
므로 왜 그 문항이 어렵거나 쉬운가를 잘 설명한다(반면 고전적 검사이론에서는 문항곤
란도를 단순히 문항에 대한 정답률이라고 정의하므로 왜 그 문항이 어렵거나 쉬운가에 대한
정보를 전혀 제공하지 못한다). 문항반응이론에서 문항곤란도가 높은 문항은 능력이 높
은 학생들이 정답을 할 수 있는 문항이고, 문항곤란도가 낮은 문항은 능력이 낮은 학
생들이 정답을 할 수 있는 문항이다.

[그림 10−3]에서 문항 1은 능력이 −.5인 학생들이 정답을 할 확률이 .50이므로 문
항곤란도가 −.5이고, 문항 2는 능력이 +1.0인 학생들이 정답을 할 확률이 .50이므
로 문항곤란도가 +1.0이다. 그러므로 문항 1보다 문항 2가 더 어려운 문항이다. 단,
추측을 통해 정답을 할 수 있는 선다형 문항의 경우 문항곤란도는 추측모수를 고려해
야 한다.

### 2) 문항변별도(a)

문항변별도(a)는 문항에 대한 정답확률 .50에 대응되는 문항특성곡선의 기울기를
말하며, a로 표시한다. 단, 추측(c)으로 정답을 할 수 있는 문항의 경우 문항변별도는
정답확률 (1+c)/2에 대응되는 문항특성곡선의 기울기다.

문항변별도는 문항특성곡선 중간 부분(변곡점)의 기울기와 같다. 문항특성곡선의
기울기는 문항특성곡선의 위치에 따라 다른데, 기울기는 변곡점에서 최대가 된다.
그러므로 문항특성곡선의 변곡점 위에서는 정답확률이 .50보다 높고, 변곡점 아래에
서는 정답확률이 .50보다 낮다. 문항특성곡선은 기울기가 클수록 변별력이 높고, 기
울기가 작을수록 변별력이 낮다. 문항변별도가 큰 문항은 능력이 높은 학생들이 정
답을 하고, 능력이 낮은 학생들이 오답을 하는 문항이므로 능력이 높은 학생들과 능
력이 낮은 학생들을 잘 변별한다. 문항특성곡선은 기울기가 클수록 S자 형태를 취하
고, 기울기가 작을수록 선형적이고 점진적인 형태를 취한다.

문항변별도의 범위는 이론적으로 −∞에서 +∞이지만, 대부분 0에서 2 사이에 분
포한다. 문항변별도는 2에 접근할수록 변별력이 높고, 0에 접근할수록 변별력이 낮
다. 문항변별도가 부적(−)인 문항은 능력이 높을수록 정답확률이 낮아지는 결함이
있는 문항이므로 삭제해야 한다.

[그림 10-3]에 제시된 2개의 문항특성곡선은 문항곤란도가 다르지만 기울기가 같으므로 문항변별도는 같다. 반면 [그림 10-4]에 제시된 2개의 문항특성곡선은 문항곤란도가 같지만 문항변별도가 다르다. [그림 10-4]를 보면 문항 1에 비해 문항 2가 능력수준이 0보다 낮은 학생들과 능력수준이 0보다 높은 학생들을 정확하게 변별하고 있으므로 문항 2가 문항 1보다 문항변별도가 더 높다. 문항변별도가 다르면 [그림 10-4]와 같이 문항특성곡선들이 교차한다.

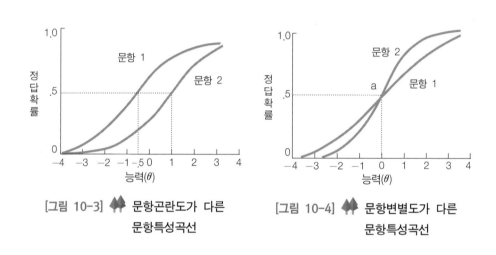

[그림 10-3] 🌲 문항곤란도가 다른 문항특성곡선

[그림 10-4] 🌲 문항변별도가 다른 문항특성곡선

### 3) 추측모수(c)

추측모수(guessing parameter/pseudo-guessing or pseudo-chance factor)는 능력이 전혀 없는 학생들이 문항에 정답을 할 확률을 의미하며, c로 표시한다. 추측으로 정답을 할 수 없는 문항의 추측모수는 당연히 0이다. 추측모수가 큰 문항은 좋지 않은 문항이다. [그림 10-3]과 [그림 10-4]에서 모든 문항의 추측모수는 0이다. 반면 [그림 10-5]에서 문항 1의 추측모수는 .20, 문항 2의 추측모수는 .10이다.

## 2. 문항반응이론의 주요 모형

문항반응이론은 특정 능력수준에서 문항에 정답을 할 확률을 정규 오자이브 모형(normal ogive model)이나 로지스틱 모형(logistic model)을 이용해서 기술한다. 정규 오자이브 모형은 1930년대에서 1940년대에 널리 사용되었으나, 수학적으로 복잡하기 때문에 현재 대부분의 문항반응이론은 수학적으로 좀 더 쉬운 로지스틱 함수를 이

용하고 있다. 문항반응이론의 모형은 몇 개의 모수를 이용해서 로지스틱 함수를 기
술하느냐에 따라 구분된다.

### 1) 3-모수 로지스틱 모형

3-모수 로지스틱 모형(3-parameter logistic model)은 문항에 정답을 할 확률을 능
력수준($\theta$)과 3개의 문항모수(문항곤란도, 문항변별도, 추측모수)의 함수로 기술한 것으
로, 다음과 같이 정의한다.

$$P_i(\theta) = c_i + (1 - c_i) \frac{1}{1 + e^{-Da_i(\theta - b_i)}}$$

$P_i(\theta)$는 능력 $\theta$를 가진 학생이 문항 i에 정답을 할 확률을 나타낸다. e는 지수로
그 값은 2.718이며, $b_i$는 문항곤란도 지수, $a_i$는 문항변별도 지수, $c_i$는 추측모수를 의
미한다. D는 상수 1.7이다. 문항곤란도, 문항변별도, 추측모수가 모두 다른 문항특
성곡선은 [그림 10-5]와 같다.

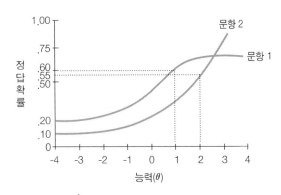

[그림 10-5] 🌲 3-모수 로지스틱 모형의 문항특성곡선

추측으로 정답을 할 수 있는 문항의 곤란도는 정답확률 (1+c)/2에서 그은 수평선
과 문항특성곡선이 만나는 점에서 다시 수직선을 그었을 때 그 수직선이 만나는 능력
수준이 된다(c: 추측확률). 문항 1의 문항곤란도는 정답확률 .60((1+.20)/2=.60)에서
그은 수평선과 문항특성곡선이 만나는 점에서 다시 수직선을 그었을 때 그 수직선이
만나는 능력수준이므로 +1.0이다. 문항 2의 문항곤란도는 정답확률 .55((1+.10)/2

=.55)에서 그은 수평선과 문항특성곡선이 만나는 점에서 다시 수직선을 그었을 때 그 수직선이 만나는 능력수준이므로 +2.0이다. 그러므로 문항 1보다 문항 2가 더 어려운 문항이다. 문항특성곡선의 기울기는 문항 1보다 문항 2가 더 크므로 문항변별도는 문항 1보다 문항 2가 더 높다. 이것은 문항 2가 문항 1보다 능력수준을 더 정확하게 변별한다는 것을 의미한다. 한편, 문항 1의 추측모수는 .20이고, 문항 2의 추측모수는 .10이다. 이것은 능력이 극히 낮은 학생이 문항 1에 정답을 할 확률이 .20, 문항 2에 정답을 할 확률이 .10이라는 것을 의미한다.

### 2) 2-모수 로지스틱 모형

2-모수 로지스틱 모형(2-parameter logistic model)은 문항에 정답을 할 확률을 다음과 같이 능력수준($\theta$)과 2개의 문항모수(문항곤란도와 문항변별도)의 함수로 기술한다.

$$P_i(\theta) = \frac{1}{1 + e^{-Da_i(\theta - b_i)}}$$

2-모수 로지스틱 모형은 능력수준이 낮은 학생이 추측으로 문항에 정답을 할 수 없다고 가정하고 있다. [그림 10-6]은 추측확률은 0이지만 문항곤란도와 문항변별도가 각각 다른 2-모수 로지스틱 모형의 문항특성곡선을 나타내고 있다.

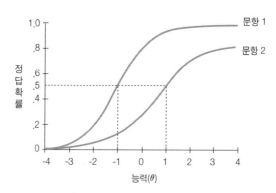

[그림 10-6] 🌲 2-모수 로지스틱 모형의 문항특성곡선

앞의 그림에 제시된 문항은 추측으로 정답을 할 수 없으므로 문항곤란도는 정답확률 .50에서 그은 수평선과 문항특성곡선이 만나는 점에서 다시 수직선을 그었을 때

그 수직선이 만나는 능력수준이 된다. 그러므로 문항 1의 문항곤란도는 −1.0이고, 문항 2의 문항곤란도는 +1.0이다. 문항 1은 능력이 −1.0인 학생이 정답을 할 확률이 .50이고, 문항 2는 능력이 +1.0인 학생이 정답을 할 확률이 .50이므로 문항 1보다 문항 2가 더 어렵다. 한편, 문항 1의 문항특성곡선이 문항 2의 문항특성곡선보다 기울기가 더 크므로 문항 1이 문항 2보다 문항변별도가 더 높다.

### 3) 1-모수 로지스틱 모형

1-모수 로지스틱 모형(1-parameter logistic model)은 모든 문항의 변별도가 동일함은 물론 추측으로 정답을 할 확률이 없다고 가정하고, 문항에 정답을 할 확률을 문항곤란도에 비추어 다음과 같이 정의한다.

$$P_i(\theta) = \frac{1}{1 + e^{-D\bar{a}(\theta - b_i)}}$$

앞의 공식에서 $\bar{a}$는 공통적인 문항변별도 지수를 나타낸다. 추측으로 정답을 할 수 없고 문항변별도가 같으나 문항곤란도가 다른 2개의 문항특성곡선은 [그림 10-7]과 같다.

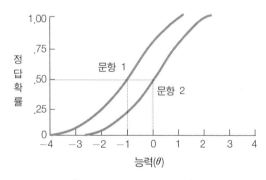

[그림 10-7] 🌲🌲 1-모수 로지스틱 모형의 문항특성곡선

추측으로 정답을 할 수 없는 문항에서 문항곤란도는 정답확률 .50에서 그은 수평선과 문항특성곡선이 만나는 점에서 다시 수직선을 그었을 때 그 수직선이 만나는 능력수준이 된다. 그러므로 문항 1의 문항곤란도는 −1.0이고, 문항 2의 문항곤란도는 0이다. 문항 1은 능력이 −1.0인 학생이 정답을 할 확률이 .50이고, 문항 2는 능력이

0인 학생이 정답을 할 확률이 .50이므로 문항 1보다 문항 2가 더 어려운 문항이다. 그렇지만 두 문항의 문항특성곡선의 기울기는 같으므로 문항변별도는 같다. 이것은 문항 1의 문항특성곡선을 오른쪽으로 수평이동하면 문항 2의 문항특성곡선과 완전하게 겹친다는 것을 의미한다.

## 3. 문항반응이론의 장점

문항반응이론은 기본 가정이 충족될 경우 다음과 같은 장점이 있다.

첫째, 문항반응이론은 검사 혹은 문항의 특성에 영향을 받지 않고 학생의 능력을 추정할 수 있다(item-free ability estimates). 이를 **능력의 불변성**(invariance of ability)이라고 한다. 앞에서 설명한 바와 같이 고전적 검사이론에서는 검사가 쉬우면 능력이 높다고 추정하고, 검사가 어려우면 능력이 낮다고 추정한다. 그러나 문항반응이론에서는 능력을 검사에 포함된 문항표본에 비추어 정의하는 것이 아니라 문항전집에 비추어 정의하기 때문에 검사의 곤란도에 관계없이 능력에 대한 추정이 동일하다. 따라서 문항반응이론을 이용하면 학생들에게 서로 상이한 문항으로 구성된 검사를 실시하더라도 같은 척도에서 능력을 서로 비교할 수 있다. 그래서 이러한 검사방법을 검사무관측정(test-free measurement)이라고 한다. 예를 들어, 검사자가 4개 문항의 문항특성곡선과 문항곤란도를 알고 있고, 학생 A에게 가장 쉬운 2개 문항을, 학생 B에게 가장 어려운 2개 문항을 실시했다고 하자. 이 경우 학생 A가 문항 1에 정답을 하고, 문항 2에 오답을 했다면 학생 A의 능력구간은 $\theta_1 \leq \theta \leq \theta_2$이다. 또 학생 B는 문항 3에 정답을 하고 문항 4에 오답을 했다면 학생 B의 능력구간은 $\theta_3 \leq \theta \leq \theta_4$이다. 그러므로 학생 A는 학생 B보다 능력이 더 낮다고 할 수 있다.

둘째, 문항반응이론은 특정한 집단특성의 영향을 받지 않는 문항모수를 추정할 수 있다(sample-free item parameter estimates). 이를 **문항특성의 불변성**(invariance of item characteristics)이라고 한다. 문항곤란도를 문항에 대한 정답률로 정의하는 고전적 검사이론에서는 특정 문항이 상위집단에서는 쉬운 문항으로 판정되고, 하위집단에서는 어려운 문항으로 판정된다는 문제점이 있다.

셋째, 문항반응이론은 능력모수와 문항곤란도 모수를 동일한 척도로 표시한다. 능력과 문항곤란도를 공통척도에서 표시하면 능력과 문항곤란도를 직접 비교할 수 있다. 또 검사에 포함되지 않은 문항에 정답을 할 확률을 예언할 수 있다.

요컨대, 문항반응이론은 문항전집에 비추어 능력을 추정할 수 있고, 학생집단의 영향을 받지 않는 문항모수를 추정할 수 있다. 그러므로 문항반응이론은 다양한 용도로 활용할 수 있고, 문항을 능력수준에 부합시킬 수 있는 근거를 제공한다.

## 4. 문항모수 추정

　문항반응이론의 활용 여부는 문항모수(문항곤란도, 문항변별도, 추측모수)에 좌우되므로 문항모수를 정확하게 추정하는 것은 매우 중요하다. 문항모수를 추정하는 문제는 관찰된 자료에 가장 적합한 문항특성곡선을 기술할 수 있는 모수를 결정하는 것이다. 문항모수를 추정하자면 우선 적절한 문항반응이론의 모형을 선택해야 한다. 문항반응이론의 모형을 선정할 때 고려할 가장 중요한 요인은 문항형식과 채점방식이다. 이분적으로 채점(정답에는 1을 주고 오답에는 0을 주는 방식)하는 선다형의 경우 추측요인이 작용하기 때문에 3-모수 모형이 적절하다. 반면 이분적인 방식으로 채점하는 단답형의 경우에는 추측요인이 작용할 여지가 없으므로 2-모수 모형이나 1-모수 모형이 적절하다. 곤란도는 다르지만 변별도가 다르지 않은 단답형에서는 1-모수 모형을 선택하면 된다.

　일반적으로 문항모수는 LOGIST, BILOG, ASCAL, BICAL, MicroCAT, NOHARM과 같은 컴퓨터 프로그램을 이용해서 추정한다. 어떤 프로그램을 이용하여 문항모수를 추정할 것인가는 문항반응이론의 모형(1-모수 모형, 2-모수 모형, 3-모수 모형)과 추정방식에 따라 달라진다. 모수추정의 절차는 다음과 같다.

1. 자료수집: 학생집단에서 문항반응자료를 수집한다.
2. 모형선정: 수집된 자료에 대한 여러 가지 모형의 적합도를 검토한 후 적절한 모형을 선정한다.
3. 모수추정: 컴퓨터 프로그램으로 능력모수와 문항모수를 추정한다.
4. 척도화: 능력수준을 편리한 척도로 변환한다.

　문항반응이론에 관한 문헌에는 능력모수와 문항모수를 추정하기 위해 사용할 수 있는 여러 가지 방법과 절차가 제안되어 있다. 모수를 추정하는 구체적인 방법은 이 책에서 다룰 수 없을 정도로 복잡하다. 이 장에서는 추정방법이나 프로그램에 관한 구체적인 내용은 생략하니, 관심 있는 독자는 전문적인 문헌(Lord, 1980; Hambleton & Swaminathan, 1985)을 참고하기 바란다. 여기서는 문항모수추정 프로그램의 출력결과만 소개한다.

표 10-6 | 문항모수 추정결과(예시)

| 문항 | a (문항변별도) | b (문항곤란도) | c (추측모수) |
|---|---|---|---|
| 1 | 1.570 | −1.603 | .230 |
| 2 | 1.661 | −1.646 | .280 |
| 3 | 1.941 | −1.361 | .180 |
| 4 | 1.647 | −1.424 | .180 |
| 5 | .400 | 3.000 | .440 |

〈표 10-6〉에 따르면 다른 문항들과 비교할 때 5번 문항은 문항변별도가 가장 낮고, 문항곤란도가 가장 높으며, 추측요인이 가장 크게 작용하고 있다. 따라서 이 문항은 부적합하므로 사용하지 않는 것이 좋다.

**주요개념**

| | | | |
|---|---|---|---|
| 문항분석 | 문항곤란도(문항난이도) | 문항변별도 | 변별도 지수 |
| 양류상관계수 | 적률상관계수 | $\phi$계수 | 오답지 분석 |
| 오답지의 능률성 지수 | 문항추측도 | 교수민감도 지수 | 문항반응이론 |
| 문항특성곡선 | 문항곤란도(b) | 문항변별도(a) | 추측모수(c) |
| 3-모수 로지스틱 모형 | 2-모수 로지스틱 모형 | 1-모수 로지스틱 모형 | |

**요약정리**

1. 문항의 적절성을 평가하는 방법은 문항의 적절성을 논리적으로 분석하는 방법(질적 문항분석)과 문항분석으로 대별된다. 전자는 문항의 내용과 형식이 일정 기준을 충족시키고 있는가를 논리적으로 판단하는 방법이다.

2. 문항분석은 문항이 의도한 기능을 제대로 수행하는가를 통계적으로 분석하는 작업이다. 문항분석의 방법은 고전적 검사이론에 근거한 방법과 문항반응이론을 이용한 방법으로 대별된다.

3. 규준지향평가의 문항분석에서는 문항곤란도(문항난이도), 문항변별도, 오답지의

능률성(매력도), 문항추측도를 계산한다.

4. 문항곤란도는 문항에 대한 정답률을 뜻한다. 그러므로 문항곤란도가 높을수록 문항이 쉽다. 추측요인이 작용할 경우 문항곤란도를 계산할 때 추측요인을 감안해야 한다.

5. 문항곤란도는 추측요인의 영향을 받고, 학생집단에 따라 달라진다는 제한점이 있다.

6. 문항변별도는 문항이 총점이 높은 학생과 총점이 낮은 학생을 구분해 줄 수 있는 능력을 의미한다. 변별도 지수(D)는 문항에 대한 상위집단의 정답률과 하위집단의 정답률 차이를 말한다. 변별도 지수는 .40 이상이면 상당히 양호하다. 문항변별도는 문항점수와 총점 간의 상관계수로 표시할 수도 있다. 문항변별도는 이론적으로 문항곤란도가 .50일 때 최대(1.0)가 되고, 문항곤란도가 1.0이거나 0이면 0이 된다.

7. 오답지의 능률성(매력도)은 오답지가 교란지로서 제대로 기능을 발휘하는가를 분석하는 방법이다. 오답지의 능률성 지수는 상위집단에서 오답지를 선택한 비율과 하위집단에서 오답지를 선택한 비율 차이로 표시된다.

8. 문항추측도는 전체 집단에서 추측으로 정답을 맞힌 비율을 뜻한다.

9. 준거지향평가에서 문항곤란도는 교육목표를 도달한 정도에 대한 직접적인 지표가 된다. 따라서 문항곤란도가 높을수록 바람직한 것으로 해석된다.

10. 준거지향평가의 문항변별도는 (1) 사전검사와 사후검사의 정답률 차이(교수민감도 지수), (2) 목표도달집단과 목표미달집단의 정답률 차이, (3) 수업을 받은 집단과 수업을 받지 않은 집단의 정답률 차이, (4) 문항점수와 도달−미달 사이의 상관으로 표시된다.

11. 문항분석의 결과를 제대로 활용하면 (1) 검사의 질을 높일 수 있고, (2) 출제노력을 줄일 수 있으며, (3) 학생의 강점 및 약점을 진단할 수 있고, (4) 학습을 촉진할 수 있으며, (5) 교육과정 및 수업을 개선할 수 있고, (6) 문항을 수정하는 데 필요한 정보를 얻을 수 있으며, (7) 검사를 편집하는 데 도움을 얻을 수 있다.

12. 문항반응이론은 고전적 검사이론의 제한점을 극복하기 위해 제안된 이론이다. 고전적 검사이론에서는 문항의 통계적 특성이 검사특성의 영향을 받는다는 문제점이 있다.

13. 문항반응이론은 문항에 정답을 할 확률을 능력의 함수로 나타내는데, 이를 문항특성 곡선이라 한다. 문항특성곡선의 구체적인 형태는 문항곤란도(b), 문항변별도(a), 추측모수(c) 같은 문항모수에 따라 달라진다. 여기서 문항곤란도(b)는 문항에 대한 정답확률 .50에 대응되는 능력수준으로, 문항이 어려운 정도를 의미한다. 문항변별도(a)는 문항특성곡선의 변곡점에 해당하는 기울기로, 능력이 높은 학생과 능력이 낮은 학생을 어느 정도 정확하게 변별하는가를 나타낸다. 추측모수(c)는 능력이 전혀

없는 학생들이 문항에 정답을 할 확률을 의미한다.

14. 문항반응이론의 모형은 문항특성곡선을 몇 개 모수에 비추어 기술하느냐에 따라 3-모수 로지스틱 모형, 2-모수 로지스틱 모형, 1-모수 로지스틱 모형으로 구분된다.

15. 문항반응이론은 검사특성의 영향을 받지 않고 능력을 추정할 수 있고(능력의 불변성), 집단특성의 영향을 받지 않고 문항모수치를 추정할 수 있다(문항특성의 불변성).

제11장

# 수행평가

| | 제1절 | 수행평가의 성격 |
|---|---|---|
| | 제2절 | 수행평가의 방법 |
| 수행 평가 | 제3절 | 수행평가의 절차 |
| | 제4절 | 수행평가의 신뢰도와 문항분석 |
| | 제5절 | 수행평가의 장점과 단점 |
| | 제6절 | 포트폴리오 평가 |

 **학습목표**

- 수행평가를 정의하고, 수행평가를 예시한다.
- 수행평가가 대두된 배경을 기술한다.
- 수행평가, 대안적 평가, 실제 상황평가, 직접적 평가의 의미를 비교한다.
- 수행평가와 선택형 평가의 특징을 비교한다.
- 수행평가에 사용될 수 있는 방법을 열거한다.
- 수행평가과제의 제작절차를 단계별로 설명한다.
- 수행평가의 장점과 단점을 기술한다.
- 포트폴리오 평가의 특징을 설명한다.
- 포트폴리오 평가의 장단점을 설명한다.

교육현장에서는 평가라고 하면 인지적 학습성과를 측정하기 위한 선택형 평가를 생각할 정도로 선택형 평가는 그동안 평가방법의 주류를 차지해 왔다. 그런데 교육장면에서는 선택형 평가로는 평가하기 어려운 능력이나 기능이 엄연히 존재하고 있다. 가령, 선택형 평가는 발표기술, 악기연주, 그림, 신체동작, 실험기능과 같은 중요한 기능을 직접 평가할 수 없다. 또 선택형 평가는 종합력, 문제해결능력, 메타인지능력과 같은 고차적인 능력을 평가하는 데 상당한 한계가 있다. 이러한 기능이나 고차적인 능력은 수행평가를 해야 제대로 평가할 수 있다.

수행평가는 선택형 평가보다 훨씬 더 긴 역사를 갖고 있는 평가방식이다. 산업계에서는 직원들의 직무능력을 평가하기 위해 수행평가를 실시해 왔으며, 학교에서도 체육, 음악, 미술, 기술과 같은 교과에서 오래전부터 수행평가를 실시해 왔다. 그렇지만 교육에서 수행평가에 대한 관심이 본격적으로 고조된 것은 비교적 최근의 일이라고 할 수 있다. 수행평가의 대두에 영향을 미친 요인들은 다음과 같다.

**선택형 평가에 대한 비판**   선택형 평가는 기억력과 같은 하등정신기능을 측정할 수 있으나 문제해결능력·종합력·평가력·비판력과 같은 고차적 사고기능을 측정할 수 없으며, 그 결과 교수-학습과정에 부정적인 영향을 주어 교육의 질을 저하시켰다는 비판을 받고 있다. 선택형 평가를 비판하는 사람들은 선택형 평가를 수행평가로 전환하면 학교교육이 당면하고 있는 문제점을 상당 부분 해결할 수 있다고 기대한다. 수행평가는 고차적 사고능력을 측정하고 교수-학습의 질을 높여, 학교교육의 고질적인 문제점을 해결하고 학교교육을 정상화시킬 것이라는 기대를 반영하고 있다.

**인지심리학의 영향**   인지심리학은 서술적 지식(내용지식)은 물론 절차적 지식(procedural knowledge, 어떤 일을 수행하는 과정이나 방법에 관한 지식)과 메타인지지식(meta-cognitive knowledge, 자신의 인지과정을 인식하고 통제하는 지식)을 강조한다. 그런데 기존의 선택형 평가는 서술적 지식을 측정하는 데 치중하고 있을 뿐 절차적 지식이나 메타인지지식을 제대로 측정할 수 없기 때문에 수행평가를 통해서 이러한 지식을 측정해야 한다는 것이다.

**구성주의**   구성주의(constructivism)는 지식이란 외부에 독립적으로 존재하는 객관적인 실재가 아니라 학습자의 인지활동과 사회적 상호작용을 통해 구성된다고 가정한다. 구성주의에 따르면 학습을 촉진하려면 (1) 학습과제가 실제 상황과 긴밀하게 관련되어야 하고(실제적 과제, authentic task), (2) 문제를 해결할 때 학생 상호 간 및 학생-교사 간의 활발한 사회적 상호작용과 협동을 강조해야 하며(협동학습, collaborative learning), (3) 학습자의 자기성찰(self-reflection)을 강조하고, (4) 학습자에게 학습의 주도권을 부여하고(주인의식, ownership), (5) 학습과제를 다양한 관점에서 다양한 방식으로 표현하도록 해야 한다(중다관점, multiple perspectives). 수행평가는 이와 같은 구성주의의 견해에 부합하는 평가방식으로 간주되고 있다.

이 장에서는 먼저 수행평가의 성격을 살펴본 다음 수행평가의 방법과 수행평가의 절차를 간략히 소개하고 수행평가의 장단점을 논의한다. 그리고 포트폴리오 평가에 관해 간단히 살펴본다.

## 제1절　수행평가의 성격

### 1. 수행평가의 의미

일반적으로 **수행**(遂行, performance)이란 구체적인 장면에서 실제로 행동을 하는 과정이나 그 행동으로 인해서 나타난 결과를 뜻한다. 따라서 **수행평가**(遂行評價, performance assessment)는 실제로 행동을 하는 과정이나 행동의 결과를 직접 관찰해서 판단하는 평가를 말한다. 예를 들어, 과학교과에서 실험을 하거나, 역사교과에서 연구보고서를 작성하거나, 영어교과에서 수필을 작성하도록 한 다음, 그 과정이나 결과를 관찰해서 판단하는 평가가 수행평가에 해당된다.

그런데 수행평가의 구체적인 의미는 관점에 따라 다소 차이가 있다(Popham, 1995). 예를 들어, 많은 교육자는 넓은 의미에서 수행평가를 학생들의 구성반응을 요구하는 평가와 동일시하고 있다. 이러한 견해에 따르면 수행평가는 선택형(진위형, 결합형, 선다형)을 제외한 모든 평가를 가리키므로 단답형, 완성형, 논문형도 수행평가에 속한다. 교육인적자원부의 「초등학교 학교생활기록부 전산처리 및 관리지침 전문 및 해설」(훈령 제616호)에서 수행평가를 "평가자가 학생들의 학습과제 수행과정 및 결과를 직접 관찰하고 그 관찰결과를 전문적으로 판단하는 평가방법, 즉 선택형 지필평가 이외의 다른 모든 평가방법"이라고 정의한 것도 같은 맥락이다. 이와 달리 수행 평가를 엄격한 의미로 사용하는 학자들도 있다. 이들에게 수행평가는 (1) 실제 상황 에서 평가를 해야 하고, (2) 여러 개의 채점준거를 사용해야 하며, (3) 주관적 판단 에 따라 평가해야 한다. 그런데 수행평가에 단답형이나 완성형이 포함되는 것은 수 행평가의 기본취지에 부합되지 않기 때문에 후자의 견해가 더 합당하다고 생각한다.

교육인적자원부의 「초등학교 학교생활기록부 전산처리 및 관리지침 전문 및 해설」 에서는 수행평가에 포함된 용어를 다음과 같이 정의하고 있다.

| 학습과제 | 학생들에게서 성취하기를 기대하는 교육과정상 각 교과 교육목표와 관련되는 것 으로, 가능한 한 실제 생활에서 보다 의미 있고 중요하고 유용한 과제를 의미한다. |
|---|---|
| 수 행 | 학생이 단순히 답을 선택하는 것이 아니라 학생 스스로 답을 구성하는 것, 산출물 이나 작품을 만들어 내는 것, 태도나 가치관을 행동으로 드러내는 것 등을 모두 포 함하는 것을 뜻한다. |
| 관 찰 | 학생이 수행하는 과정이나 그 결과를 평가자가 읽거나, 듣거나, 보거나, 느끼거나 하는 활동을 모두 포함하는 것을 뜻한다. |
| 판 단 | 평가자가 관찰한 것을 객관성, 합리성, 타당성, 신뢰성 등이 있는 기준을 준거로 하 여 점수화하거나 문장화하는 것을 의미한다. |

학생들에게 지식이나 기능을 이용하여 결과물을 만들거나, 그것을 행동으로 나타 내거나, 답을 구성하도록 요구하는 수행평가는 행동을 하거나 작품이나 결과를 만들 기 위해 지식이나 기능을 활용하는 능력을 평가하는 데 주안을 둔다. 교과별 수행평 가의 적용사례를 예시하면 다음과 같다.

| 영 어 | 영어로 연설하거나 토론을 하고, 시를 작성하고, 논설문을 작성한다. |
|---|---|
| 수 학 | 건축, 측량, 공학, 여론조사, 경제, 가계예산작성 등과 같이 실제 생활과 관련된 문 제를 수리적으로 해결한다. |
| 사 회 | 지도나 지구의를 활용하거나, 정치적 쟁점에 대해 토론한다. |
| 과 학 | 실험기구를 조작하고, 실험을 하고, 실험보고서를 작성한다. |
| 미 술 | 그림을 그리거나 조각을 완성한다. |
| 체 육 | 다양한 수영동작을 취한다. |
| 음 악 | 악기를 연주하거나 노래를 부른다. |

## 2. 수행평가의 유사용어

수행평가는 대안적 평가, 실제 상황평가, 직접적 평가, 포트폴리오 평가 등 다양한 명칭으로 불리고 있다. 수행평가와 유사한 의미로 사용되고 있는 용어들의 의미를 간단하게 설명하면 다음과 같다.

**대안적 평가**(alternative assessment)　수행평가가 전통적인 지필평가의 대안으로 대두된 평가라는 것을 뜻한다. 그동안 선택형 평가가 주류를 이루었고 수행평가는 선택형 평가의 대안으로 대두되었으므로 수행평가는 대안적 평가에 해당된다.

**실제 상황평가**(authentic assessment)　지식이나 기능을 활용하여 실제 상황에서 당면하는 과제를 해결하는 능력을 측정하기 위한 평가를 말한다. 실제 상황평가는 전통적인 선택형 평가가 주로 실제 상황이 아니라 인위적인 상황에서 이루어진다고 가정한다. 실제 상황평가는 모두 수행평가에 속한다. 그렇지만 그 역(逆)은 성립되지 않는다. 그러므로 수행평가는 실제 상황평가가 될 수도 있고, 그렇지 않을 수도 있다. 수행평가는 실제 상황이 아니라 가상적인 상황에서 실시될 수도 있기 때문이다. 국내 평가문헌에서는 실제 상황평가를 '참평가'라고 번역하는 경우가 흔히 있는데, 이는 지나친 의역(意譯)이라고 생각된다. '참평가'는 전통적인 선택형 평가가 '거짓 평가'라는 것을 전제하고 있는데, 전통적인 선택형 평가는 결코 '거짓 평가'가 아니다.

**직접적 평가**(direct assessment)　평가하고자 하는 대상을 직접 평가하는 방법으로, 간접적 평가(indirect assessment)에 대비된다. 선택형 평가는 일반적으로 간접적 평가의 성격을 갖고 있다. 운전면허를 취득하기 위한 필기시험은 운전을 하는 데 필요한 지식과 기능을 간접적으로 평가한다. 반면 운전면허 실기시험은 운전을 하는 데 필요한 기능을 직접 평가하고 있으므로 직접적 평가에 해당된다.

**포트폴리오 평가**(portfolio assessment)　학생의 작품모음집에 대한 평가를 말한다. 포트폴리오 평가는 수행평가의 주요 방법으로 교육현장에서 폭넓게 활용되고 있다(제6절 참조).

## 3. 수행평가의 특징

전통적인 선택형 평가의 문제점을 극복함으로써 학교교육의 정상화를 도모하고 있는 수행평가의 주요한 특징은 다음과 같다.

(1) 수업과 평가를 통합함으로써 유의미한 학습을 촉진한다. 전통적인 선택형 평가는 수업 후 평가가 실시되므로 수업과 평가가 단절되어 있다.

(2) 인지적 영역은 물론 정의적 및 심동적 영역 전반에 걸친 총체적인 평가를 지향한다. 또 종합력, 추리력, 문제해결능력, 메타인지능력 등과 같은 고차적인 능력을 측정한다.

(3) 교수-학습의 성과는 물론 과정도 중요한 평가대상으로 고려한다. 또 개인은 물론 집단(팀)에 대한 평가도 중시한다.

(4) 학생의 발달양상을 정확하게 파악하기 위하여 단편적인 영역에 관한 일회적인 평가를 지양하고, 전체적인 영역에 관한 지속적인 평가를 지향한다.

(5) 자유반응형 과제(open-ended task)를 사용하여 반응을 구성하거나 활동을 수행하도록 요구한다.

(6) 전통적 지필검사보다 실제 상황과 더 긴밀하게 관련된다. 수행평가는 교육목표의 달성 여부를 실제 상황에서 확인하려고 한다. 이러한 목적을 달성하기 위해 수행평가는 흥미롭고 유의미하며 현실적이고 도전적인 평가과제를 사용한다.

(7) 학생은 자기평가를 하고, 평가기준을 개발하며, 자신의 진보상황을 기록·관리하고, 교사와 적극적으로 상호작용을 하는 등 평가과정에 적극적으로 참여한다. 또 학생에게 평가과제를 선택할 수 있는 자율성을 부여한다.

(8) 행동이나 작품을 평가하기 위해 복합적인 채점준거를 활용한다. 예를 들어, 외국어를 말하는 기능은 억양, 구문, 어휘 등을 기준으로 평가된다. 이러한 준거는 학생들에게 사전에 공지하여 학습의 기준으로 활용할 수 있도록 한다.

(9) 평가과제를 수행하는 데 상당한 정도의 시간(몇 시간에서 몇 개월)을 허용한다.

(10) 다양한 평가방법(특히, 비표준화된 평가방법)을 융통성 있게 활용한다.

(11) 주관적 평가를 포함한다. 수행평가의 채점은 주로 관찰과 판단을 통해 이루어지므로 평가자의 주관이 필연적으로 개입된다. 이러한 점에서 수행평가는

객관적 평가를 특징으로 하는 선택형 평가와 구분된다.

**표 11-1** 선택형 평가와 수행평가의 비교

| 선택형 평가 | 항 목 | 수행평가 |
|---|---|---|
| 수업과 평가가 단절된다. | 수업-평가 관계 | 수업과 평가를 통합한다. |
| 인지적 영역의 사실적 지식을 측정하는 데 적합하다. | 측정대상 | 고등정신능력, 기능, 작품을 평가하는 데 적합하다. |
| 문항수가 많다. | 문항(평가과제) | 평가과제의 수가 상당히 적고, 복잡하다. |
| 문항수가 많으므로 대표성이 높다. | 대표성 | 평가과제의 수가 적으므로 대표성이 낮다. |
| 가상적이고 인위적인 상황에서 실시된다. | 평가상황 | 실제 상황 혹은 실제와 유사한 모의상황에서 실시된다. |
| 선택반응에 한정되며, 쓰기능력의 영향을 통제할 수 있으나, 추측을 통제할 수 없다. | 반응유형 | 다양한 반응을 허용하기 때문에 독창성을 발휘할 수 있고, 추측을 통제할 수 있다. |
| 객관적인 채점이 가능하다. 정답과 오답이 분명하다. | 채 점 | 주관적인 판단으로 채점한다. 복합적인 채점준거를 사용한다. |
| 신뢰도가 높다. | 신뢰도 | 신뢰도가 낮다. |
| 시간, 노력, 비용이 적게 든다. | 효율성 | 시간, 노력, 비용이 많이 든다. |
| 학생 참여가 제한된다. | 학생참여 | 평가과정에 적극 참여한다. |
| 구체적 사실에 관한 지식과 사실들을 변별할 수 있는 능력을 길러준다. | 영 향 | 아이디어를 효과적으로 조직하고, 통합하며, 표현하는 능력을 길러준다. |

# 제2절 수행평가의 방법

수행평가방법은 평가하려고 하는 수행의 성질에 따라 과정평가(process measure)와 작품평가(product measure)로, 평가과제를 제시하는 장면의 성질에 따라 모의평가(simulated measure)와 실제 장면평가(real setting measure)로, 평가과제에서 수행을 제한하는 정도에 따라 비구조화 평가(unstructured stimuli)와 구조화 평가(structured stimuli)로 구분할 수 있다. 또 수행평가과제는 특정 교과에 한정될 수도 있고 통합교과의 성격을 가질 수도 있다. 일반적으로 사용되고 있는 수행평가방법을 간략하게 소개한다(백순근, 1999).

서술형 및 논술형 시험    문제상황을 제시하여 놓고 몇 개의 문장이나 여러 페이지에 걸쳐 자신의 주장 혹은 의견을 창의적이고 논리적으로 조직하여 답안을 작성하도록 하는 형식으로, 논문형 문항이라고 부르기도 한다(제8장 참조).

실기시험    학생들에게 지식이나 기능을 직접 행동으로 나타내도록 요구하는 평가방법이다. 수행평가에 사용되는 실기시험은 일반적으로 통제되고 인위적인 상황이 아니라 실제 상황에서 실시된다.

실험 · 실습법    자연과학 교과에서 많이 사용하는 방법으로, 어떤 주제에 대해 직접 실험 또는 실습을 한 다음 보고서를 제출하게 하는 방법이다.

토론법    다양한 의견을 나타낼 수 있는 주제에 대해 개인별 또는 집단별로 토론을 하도록 한 다음, 토론하기 위해 준비한 자료의 다양성과 충실성, 토론내용의 충실성과 논리성, 반대의견을 존중하는 태도, 토론진행방법 등을 중심으로 평가하는 방법이다.

발표법    특정 주제에 관해 자료를 수집하고 재구성한 내용을 다양한 방식으로 발표하도록 한 다음, 발표내용 · 발표능력 · 발표태도 등을 평가하는 방법이다.

구술시험    특정 내용이나 주제에 관하여 의견을 발표하도록 한 다음, 준비도 · 이해력 · 표현력 · 판단력 · 발표태도 등을 평가하는 방법이다.

면접    평가자가 학생과 대화를 통해 정보를 수집하는 방법이다. 구술시험은 주로 인지적 영역을 평가대상으로 하지만, 면접은 정의적 영역과 심동적 영역을 평가대상으로 한다는 점에서 구분된다.

관찰   관찰은 관찰자가 직접 평가대상을 평가하는 방법으로, 학생의 작품이나 행동을 평가하는 방법으로 유용하다.

연구보고서법   능력이나 흥미에 적합한 주제에 관한 자료를 수집·분석·종합하여 작성한 연구보고서를 평가하는 방법이다.

PMR(Plus Minus Reconstruction)   특정 주제에 대한 긍정적인 측면과 부정적인 측면을 비교한 뒤, 창의적으로 결합하도록 하는 방법이다. 예를 들어, 인터넷의 장점과 단점을 찾아보고 단점을 최소화하기 위한 방안을 찾아보도록 하는 방식이 이에 해당된다.

완성형   미완성의 이야기, 만화, 대본, 소설 등을 완성하도록 하는 방법이다.

평가보고서법   평가보고서법은 특정 주제나 교과영역에서 학습과정과 결과에 관한 보고서를 작성하도록 한 다음 평가하는 방법이다.


## 제3절 ⚓ 수행평가의 절차

수행평가는 학생들에게 반응이나 산출물을 만들어 내도록 요구하는 평가활동이다. 수행평가의 단계를 (1) 평가목적 결정, (2) 학습성과 확인, (3) 평가과제 제작, (4) 채점절차 개발, (5) 수행평가과제의 채점으로 나누어 소개한다.


### 1. 제1단계: 평가목적 결정

수행평가의 첫 단계는 수행평가의 목적을 결정하는 것이다. 평가의 목적은 매우 다양하다. 정치평가는 수업을 하기 전에 선수능력을 구비하고 있는지를 확인하기 위해 실시되고, 진단평가는 지속적인 학습실패의 원인을 규명하기 위한 목적으로 실시된다. 형성평가는 수업 중에 교수-학습을 개선하기 위한 피드백을 제공하려는 목적을 갖고 있다. 총괄평가는 교육목표의 달성 여부를 확인하고 성적의 판정이나 자격부여 등을 목적으로 한다.

## 2. 제2단계: 학습성과 확인

수행평가를 하는 목적이 결정되면 수행평가를 통해 평가하려고 하는 학습성과, 즉 행동이나 기능을 구체화해야 한다. 수행평가는 기능이나 작품을 평가하는 방법으로 적절하다. 그러나 사실적 지식을 평가하는 데는 선택형 시험이 적절하고, 정의적 특성을 평가하는 데는 척도나 설문지가 적절하다. 따라서 평가하고자 하는 학습성과에 비추어 수행평가가 가장 적절한 방법인지 숙고해 보아야 한다.

수행평가로 평가하기 적합한 학습성과는 (1) 고차적 사고(추리), (2) 의사소통 기능, (3) 심동적 기능, (4) 작품/성과로 구분할 수 있다. 이 특성들은 선택형으로 평가하기가 사실상 불가능하므로 수행평가로 평가해야 한다.

### 1) 고차적 사고(추리)

고차적 사고는 문제를 해석하고, 문제를 해결하며, 판단을 내리기 위하여 기존의 지식을 활용하는 과정을 말한다. 고차적 사고를 세분하면 다음과 같다.

(1) 비교: 2개 이상의 항목 사이의 유사성과 차이점을 기술하기

   (예: 대통령제와 내각책임제의 유사성과 차이점을 기술하라)
(2) 분류: 항목을 특정 기준에 따라 조직하기

   (예: 쓰레기를 냄새, 크기, 처리방식에 따라 분류하라)
(3) 귀납: 주어진 정보에 근거하여 일반화하기

   (예: 여섯 사람의 행동을 관찰한 다음 행동경향을 두세 가지로 정리하라)
(4) 연역: 원리나 법칙의 논리적 귀결을 기술하기

   (예: 새로운 식물을 보고 그것이 변종(變種)에 해당되는지를 판단하라)
(5) 오류분석: 정보 혹은 과정의 구체적 오류를 확인 및 기술하기

   (예: 연구보고서를 보고 부정확한 부분을 지적하라)
(6) 지지: 특정 주장에 찬성 또는 반대하는 주장을 펴기

   (예: 농촌 사람들은 수질오염을 이유로 쓰레기 매립장 건설을 반대하고 있다. 이 주장에 대해 찬성하는가 아니면 반대하는가? 그 이유는 무엇인가?)

(7) 추상화: 상황이나 정보에서 기저원리를 도출하기

   (예: 병원에서 환자가 경험하는 주요 사건을 기술하라. 치과에서도 동일한 사건을 경험할 수 있는가?)

(8) 관점분석: 반대입장을 고려한 다음 각 입장을 지지하는 추리를 하기

   (예: 체벌을 찬성하는 주장에 반대하는 논설문을 작성하라)

(9) 의사결정: 대안 중에서 적절한 것을 선택하기

   (예: 당신이 대통령이라면 북한을 경제적으로 지원하겠는가? 그 결정에 중요한 영향을 미친 요인은 무엇인가?)

(10) 탐구: 어떤 현상을 체계적으로 검토 및 조사하기

   (예: 미국이 월남전에 개입하게 된 주요한 요인은 무엇인가?)

(11) 문제해결: 바람직한 결과를 달성하는 데 장애가 되는 요인을 극복하기 위한 방안을 개발하고 검증하기

   (예: 지역불균형을 극복하기 위한 방안을 제안하라)

(12) 실험: 현상을 설명하기 위한 가설을 검증하기

   (예: 인구가 감소할 때 나타날 것이라고 예상되는 사회적 변화를 설명하라)

(13) 발명: 기발한 제품이나 과정을 개발하기

   (예: 국회 운영을 효율화하기 위한 방안을 제시하라)

## 2) 의사소통 기능

### ① 읽기 기능

(1) 책을 제대로 다루기(책을 바로 펴기, 페이지를 넘기기)

(2) 단어분석기능[소문자 및 대문자 변별, 부호해(符號解, decoding), 음운인식]

(3) 이해기능(변별, 단서파악, 주제파악, 주인공 확인, 추론하기)

### ② 글쓰기 기능

(1) 목적(명료성)

(2) 조직(통일성과 일관성)

(3) 세부사항(목적 및 주제에 관련된 정도)

(4) 용법 등(시제, 용어, 철자, 구두점, 문법 등의 정확성)

### ③ 말하기 기능

(1) 신체적 표현(시선, 자세, 안면표정, 제스처, 신체동작)

(2) 음성적 표현(조음, 명료성, 음성변화, 크기, 속도)

(3) 언어적 표현(반복, 조직, 요약, 추리, 사고의 완전성, 용어의 적절성)

## 3) 심동적 기능

### ① 신체적 행위의 종류

(1) 정교한 운동기능(연필 쥐기, 현미경 초점 맞추기, 가위질하기)

(2) 전체적 운동기능(점프하기, 걷기, 던지기)

(3) 복잡한 운동기능(농구 슛하기, 골프 스윙하기, 개구리 해부하기)

(4) 시각기능(단어 찾기, 숨은그림찾기, 변별하기)

(5) 언어-청각 기능(소리 변별하기, 소리 모방하기, 정확하게 발음하기)

### ② 신체적 행위의 수준

(1) 지각(교사의 발음에 해당되는 철자 고르기, 음악과 댄스동작 관련짓기)

(2) 태세(정확한 타격 자세 보이기, 피아노를 치려는 욕구를 나타내기)

(3) 인도된 반응(시범을 보고 농구 자유투를 하기, 배운 대로 응급조치를 하기)

(4) 기계화(슬라이드를 효율적으로 다루기, 댄스스텝을 우아하게 취하기)

(5) 복합외현반응(전기톱을 숙련되게 조작하기, 바이올린을 연주하기)

(6) 적응(물살에 따라 수영 동작을 수정하기, 수비수의 동작을 보고 동작 바꾸기)

(7) 창안(새로운 댄스스텝 개발하기, 기계를 조작하는 새로운 절차 창안하기)

## 4) 작품/성과

작품/성과는 학습활동을 통해서 만든 최종적인 작품(소설, 조각, 작곡 등), 프로젝트, 연구보고서 등을 말한다.

작품을 평가할 경우에는 학생들이 작품의 구체적인 내용을 쉽게 이해할 수 있도록 작품이 갖추어야 할 요건들을 상세하게 서술해야 한다. 그렇게 하는 가장 좋은 방법은 완성된 작품의 사례를 학생에게 보여 주는 것인데, 질적으로 수준이 다른 다양한 작품을 보여 주면 더욱 좋다.

## 3. 제3단계: 평가과제 제작

수행평가에서 평가하려고 하는 학습성과를 확인한 다음에는 수행평가과제를 제
작해야 한다. 수행평가과제(遂行評價課題, performance task)란 학생들에게 반응을 하
거나 활동에 참여하거나 작품을 만들도록 요구하는 평가활동을 말한다(Nitko, 2001).
수행평가의 성패는 수행평가과제의 질에 의해 결정되므로 수행평가과제의 질이 제
대로 확보되지 않으면 수행평가가 의도하는 효과를 거두기 어렵다. 수행평가과제를
제작할 때 고려해야 할 사항들을 간단히 설명한다.

### 1) 수행평가과제의 요건

수행평가과제가 갖추어야 할 요건들을 제시하면 다음과 같다.

(1) 수행평가과제는 핵심적인 학습성과(개념, 원리, 법칙, 과정 등)를 측정해야 한
다. 수행평가는 시간과 노력이 많이 소요되는데, 수행평가과제가 지엽적이고
단편적인 내용이나 기능을 측정할 경우 수행평가의 의도가 훼손된다.

(2) 교육목표 달성도를 실제 상황에서 직접 평가할 수 있도록 수행평가과제를 제
작해야 한다. 그러므로 수행평가에서는 학생들이 일상생활에서 당면할 수 있
는 상황에서 수행평가과제를 제시해야 한다.

(3) 평가결과의 일반화가능성이 높도록 수행평가과제를 제작해야 한다. 수행평
가의 결과는 일반화가능성이 제약된다는 제한점이 있다. 이러한 제한점을 극
복하려면 수행평가결과를 유사한 평가과제에 대한 수행으로 일반화할 수 있
도록 평가과제를 제작해야 한다.

(4) 다양한 학습성과 혹은 교육목표의 달성도를 평가할 수 있도록 수행평가과제
를 제작해야 한다. 수행평가는 시간과 노력이 많이 소요되므로 수행평가과제
가 다양한 학습성과나 교육목표의 달성도를 동시에 평가할수록 바람직하다.

(5) 수업을 통해서 가르칠 수 있는 지식과 기능을 측정할 수 있도록 수행평가과제
를 제작해야 한다. 수행평가는 수업과 평가를 통합하려는 접근이므로 교사가
수업활동을 통해 과제수행을 조력할 수 있도록 수행평가과제를 제작해야
한다.

(6) 수행평가과제는 다양한 해결책이나 정답이 가능하도록 제작해야 한다. 해결

책이나 정답이 다양한 수행평가과제는 학생들의 창의적인 반응을 측정할 수 있다.

(7) 수행평가과제는 실현성이 높아야 한다. 구체적으로 수행평가과제는 비용, 시간(개발, 실시, 채점에 소요되는 시간), 시설 및 설비 등에 비추어 실현가능해야 한다.

(8) 수행평가과제는 명료해야 한다. 수행평가과제가 모호할 경우 무엇을 해야 하는지 알 수 없다. 예컨대, '미국에 대한 보고서를 작성하라.'는 수행평가과제는 너무 모호하다.

(9) 수행평가과제는 흥미를 유발할 수 있어야 하고, 학생들의 수준에 비추어 적절해야 한다. 그래야 수행평가과제가 학습동기를 유발할 수 있다.

(10) 수행평가과제는 의도하는 과정 혹은 산출물을 평가할 수 있도록 제작해야 한다. 수행평가에서는 과정을 평가할 수도 있고, 산출물을 평가할 수도 있으며, 과정과 산출물을 모두 평가할 수도 있다. 산출물이 존재하지 않는 상황에서는 과정만 평가해야 한다. 즉, 음악연주, 연설, 토론과 같은 것을 대상으로 하는 수행평가는 과정만 평가해야 한다. 과정을 평가하려는 수행평가과제는 ① 산출물이 존재하지 않거나, ② 수행의 단계나 절차를 평가하고자 하거나, ③ 과정을 관찰할 수 있는 경우에 적합하다. 반면 조각, 그림, 대본, 보고서 등과 같이 최종 산출물을 평가하려는 수행평가과제는 ① 과정을 직접 관찰할 수 없거나, ② 산출물이 과정보다 더 중요하거나, ③ 산출물의 질을 객관적으로 판단할 수 있는 경우에 적합하다.

(11) 수행평가과제는 신뢰할 수 있고 정확하게 채점할 수 있도록 제작해야 하며, 채점준거를 명시해야 한다. 채점준거를 명시하면 수행평가과제에서 학생들이 무엇을 어떻게 해야 하는지 명확하게 이해하게 된다. 또 정확하게 채점하는 데도 도움을 준다.

(12) 수행평가과제는 성별이나 계층과 같은 학생의 배경특성에 따라 편향되지 않고 공정해야 한다.

(13) 수행평가과제는 지필검사로 평가할 수 없는 교육목표 달성도를 평가해야 한다. 수행평가로 측정하려는 내용이나 기능을 선택형으로 측정할 수 있는가를 검토해 보고, 선택형으로 평가할 수 있으면 구태여 수행평가를 실시할 필요가 없다.

수행평가과제의 적합성을 판단하기 위한 준거들을 요약해서 제시하면 〈표 11-2〉와 같다(Popham, 1995).

**표 11-2** 수행평가과제의 적합성을 판단하기 위한 준거

| 준 거 | 내 용 |
|---|---|
| 일반화가능성<br>(generalizability) | 수행평가의 결과를 비슷한 과제의 수행으로 일반화할 수 있는 정도 |
| 실제성<br>(authenticity) | 수행평가과제가 실제 상황에서 당면하는 과제와 유사한 정도 |
| 중다초점<br>(multiple foci) | 수행평가과제가 다양한 학습성과를 측정하는 정도 |
| 교수가능성<br>(teachability) | 수행평가에 포함된 과제를 실제 수업을 통해 가르칠 수 있는 정도 |
| 공정성<br>(fairness) | 수행평가과제가 성별, 사회경제적 지위 등과 같은 학생의 개인적 특성에 따라 편향되지 않는 정도 |
| 실현성<br>(feasibility) | 수행평가과제가 비용, 시간, 공간, 설비 등의 측면에 비추어 실행가능한 정도 |
| 채점가능성<br>(scorability) | 수행평가과제를 신뢰할 수 있고 정확하게 채점할 수 있는 정도 |

## 2) 수행평가과제의 형태

수행평가는 소수의(경우에 따라 하나의) 유의미한 수행평가과제를 사용한다는 점에서 유의미성이 낮은 다수의 문항들을 제시하는 기존의 선택형 평가와 확연하게 구별된다. 수행평가과제의 구체적인 형태는 교과나 복잡성에 따라 다양한 형태로 구분할 수 있다. 수행평가과제는 특정 교과에 한정될 수도 있고, 통합교과의 성격을 가질 수도 있다. 수행평가과제는 복잡성의 수준에 따라 제한반응형 과제와 확대반응형 과제로 구분할 수 있다.

제한반응형 과제    제한반응형 과제(restricted-type task)는 구체적인 기능을 측정하기 위한 수행평가과제로, 비교적 짧은 반응을 요구한다. 따라서 제한반응형 과제는 실시하고 채점하는 데 시간이 적게 소요된다.

1. 다음 자료를 이용하여 막대그림을 그려라.
2. 메뉴를 보고 영어로 짤막한 대화를 하라.
3. 신문 사설을 읽고 다음 물음에 답하라.
4. 동전을 10회 던진 다음 다시 10회 던졌을 때 어떤 결과가 나타날지 예측하라.
5. 노래를 부르라.
6. 1분에 적어도 25단어 이상을 타자하라. 단, 오타는 6단어 이내라야 한다.

확대반응형 과제    확대반응형 과제(extended-type task)는 제한반응형에 비해 더 복잡하고 정교한 반응을 요구하는 수행평가과제를 말한다. 확대반응형 과제는 과제를 완성하는 데 며칠에서 몇 주가 소요될 수도 있으며, 학생들에게 수정 및 보완의 기회를 줄 수도 있다.

1. 여행계획을 세워라. 그 계획에는 예산과 일정을 포함하여 작성하되, 왜 특정 지역을 방문하려고 하는가에 대한 정당한 근거를 제시하라.
2. 자동차의 문제를 진단하고 수리하라.
3. 가족신문을 발간하라.
4. 광고방송을 제작하라.
5. 노래를 작곡하고 연주하라.
6. 쓰레기를 처리하기 위한 방안을 수립하라.

## 3) 수행평가과제의 지시사항 작성

수행평가는 상당히 복잡한 구성반응을 요구하므로 명료한 지시사항을 작성하여 요구하는 반응과 기대수준을 학생들에게 분명하게 전달해야 한다. 선택형 평가에 비해 수행평가는 학생들에게 반응의 자유를 상당한 정도로 허용하지만, 이것이 교사가 아무것도 하지 않고 방임하거나 지시사항이 모호해도 된다는 것은 아니다. 지시사항이 불명료하면 수행평가를 그르칠 수도 있다. 다른 평가와 마찬가지로 수행평가에서는 지시사항을 명료하게 작성하여 학생들이 교사의 출제의도를 추리하지 않도록 해야 한다. 수행평가과제의 지시사항에는 다음과 같은 사항들을 포함해야 한다.

(1) 요구하는 반응

(2) 시간 제한, 시설 및 장비의 활용 여부, 자료의 활용 여부

(3) 채점준거

## 4. 제4단계: 채점절차 개발

수행평가는 상당히 복잡한 구성반응을 요구하기 때문에 체계적이고 객관적이며 신뢰할 수 있는 채점절차를 개발하는 작업이 매우 중요하다. 수행평가를 채점할 때 사용되는 채점기준표, 평정척도, 체크리스트에 관해 설명한다.

### 1) 채점기준표

채점기준표(採點基準表, scoring rubrics)는 수행평가과제를 채점하기 위한 지침으로 채점지침(scoring guidelines), 채점차원(scoring dimensions)과 같은 명칭으로 불리고 있다. 일반적으로 채점기준표를 개발하기 위한 작업은 (1) 채점준거 결정, (2) 채점표준 명세화, (3) 채점방식 결정으로 구성된다(Popham, 1995). 흔히 말하는 채점기준은 채점준거와 채점표준을 결합한 것이다.

#### ① 채점준거 결정

채점준거(採點準據, scoring criteria)는 행동 혹은 작품의 적절성을 판단하기 위한 기준이 되는 특성 혹은 차원을 말한다. 다시 말하면, 채점준거는 우수한 행동 혹은 작품과 우수하지 않은 행동 혹은 작품을 구분해 주는 특성이나 차원이다. 수행평가의 대상이 되는 행동이나 작품은 상당히 복잡하므로 수행평가를 채점하는 데는 여러 개의 채점준거가 사용된다. 가령, 작문을 평가할 때는 조직력, 표현력, 명료성 등과 같은 채점준거가 사용되고, 자동차를 평가할 경우에는 안전성, 편의성, 경제성, 내구성 등과 같은 채점준거가 사용된다. 동양에서 인재를 판별하기 위한 기준으로 널리 활용된 신언서판(身言書判, 신수, 말씨, 문필, 판단력)도 채점준거의 하나라고 할 수 있다.

수행평가에서는 어떤 채점준거에 비추어 채점하는가에 따라 채점결과가 확연히 달라진다는 사실에 유의해야 한다. 예를 들어, 작문을 문법, 구두점, 철자 등을 준거로 하여 채점하느냐 아니면 조직력, 용어선택, 명료성 등을 준거로 하여 채점하느냐에 따라 채점결과가 완전히 달라진다. 이것은 수행평가에서는 채점준거를 결정하는 작업이 매우 중요하다는 것을 나타낸다.

수행평가에서 채점준거를 구체적으로 정의하는 것은 채점기준표 개발에서 가장 중요한 작업이다. 왜냐하면 채점준거는 우수한 수행과 그렇지 않은 수행을 구분하는 기능을 하는데, 채점준거가 없거나 모호하면 수행의 적절성을 제대로 평가할 수 없기 때문이다. 채점준거를 결정할 때는 모든 학생에게 보편적인 채점준거를 사용할 것인가 아니면 학생에 따라 개별적인 채점준거를 사용할 것인가도 결정해야 한다. 수행평가의 채점준거가 갖추어야 할 요건들은 다음과 같다.

(1) 채점준거는 수행이나 작품의 핵심측면과 관련되어야 하고, 교육목표를 반영해야 한다. 다음과 같은 질문을 해 보면 채점준거를 결정하는 데 도움이 된다.

> 1. 우수한 작품이나 수행과 그렇지 않은 것을 어떤 측면에서 구분할 수 있는가?
> 2. 우수한 수행(작품, 과학적 사고, 협동작업과정, 연설)의 특성은 무엇인가?
> 3. 평가과제에 대한 수행의 우수성을 어떤 기준이나 자질에 비추어 판단할 수 있는가?
> 4. 우수한 작품, 보통 수준의 작품, 미흡한 작품에서 기대하는 것은 무엇인가?

(2) 채점준거는 매우 구체적이어야 한다. 채점준거가 모호하면 채점에 오류를 범할 소지가 높다. 그러므로 태도, 흥미, 노력과 같이 추상적인 준거를 사용하지 말아야 한다.

(3) 채점준거는 학생이나 학부모 등이 쉽게 이해할 수 있도록 명료해야 한다. 그리고 채점준거는 수업을 하기 전에 학생들과 공유해야 한다. 그래야 학생들이 수행을 하거나 작품을 제작할 때 채점준거를 표준으로 활용할 수 있다. 채점준거가 불명료하면 수행이나 작품제작의 표준으로 활용할 수 없을 뿐만 아니라 피드백의 유용성도 낮아지기 때문에 명료하게 서술해야 한다.

(4) 채점준거의 수는 적당해야 한다. 수행평가에서는 여러 개의 채점준거를 사용하는데, 채점준거는 수가 적고 단순할수록 바람직하다. 작품평가의 경우 채점준거를 개발하고 채점을 하는 데 소요되는 시간을 감안할 때 채점준거는 5~8개 정도가 적당하다. 채점준거가 너무 많으면 채점자가 모든 준거를 기억하기도 어렵고, 평가결과를 종합하기도 어렵다.

**표 11-3** 말하기 영역의 수행평가 채점기준표 예시(백순근, 1999)

| 수준<br>소영역 | 1 수준(0점) | 2 수준(1점) | 3 수준(2점) | 4 수준(3점) | 5 수준(4점) |
|---|---|---|---|---|---|
| 발음 | 무슨 말인지 이해가 불가능하다. | 틀리게 발음하는 경우가 잦다. 영어를 모국어로 사용하지 않는 사람들과 접촉이 잦은 모국어 사용자만이 이해할 수 있다. | 가끔 틀리게 발음하는 경우도 있으나 노력하면 이해할 수 있을 정도다. | 악센트가 어색하기는 하지만 알아듣는 데 무리가 없다. 모국어 사용자와 거의 비슷하게 발음한다. | 잘못 발음하는 경우가 거의 없다. |
| 유창성 | 너무 더듬거려서 대화가 불가능하다. | 일상적인 표현을 빼고는 느리고 부자연스럽게 말한다. | 유창하지는 않으나 자신 있게 말한다. 주저하며 말한다. 약간의 바꿔 쓰기를 한다. 문체가 고르지 못하다. | 어느 정도 유창하게 말한다. 거의 더듬지 않는다. 바꿔 쓰거나 완곡한 표현을 쉽게 한다. | 상당히 유창하게 말한다. 별로 힘들이지 않고 부드럽게 말한다. |
| 문법 | 전혀 문법에 따르지 않는다. | 자주 문법상의 실수를 한다; 영어를 모국어로 사용하지 않는 사람들과 접촉이 잦은 모국어 사용자만이 이해할 수 있다. | 단순한 문장으로는 의미 전달이 정확하다. 복잡한 문법의 사용은 피하거나 잘못 표현된다. | 모든 기본 구조를 사용하여 말한다. 복잡한 구조도 사용한다. 종종 틀린 유형을 사용하기도 하지만 의미 전달은 정확하다. | 아주 드물게 문법상 실수를 한다. 잘못된 유형을 사용하지 않는다. 어려운 수준의 문장 구조를 사용한다. |
| 어휘 | 단순한 말조차도 부적절한 어휘를 사용한다. | 특정한 일을 표현하기에 필요한 어휘가 부족하다. | 특정한 일에 대해 완곡하고 간단하게 표현하기에 충분한 어휘를 사용한다. | 특정한 일에 대해 적당한 어휘를 사용한다. 문장에서 중요하지 않은 어휘를 가끔 틀리게 사용한다. | 광범위하게 적절한 어휘를 사용한다. 세세한 어휘를 사용하여 구체적인 일을 표현한다. 정확한 의사 전달을 위해 어휘를 부연 설명한다. |
| 조직 | 설명을 이해하기가 불가능하다. | 전체적인 설명 구조가 불명확하다. 사고의 과정을 이해하는 데 어려움이 있다. | 단순하고 명확하게 설명한다. 전환상의 어색함이 있다. 부연하는 예가 부족하다. 꼭 필요한 부연 설명이 부족한 감이 있다. | 충분히 자세하고 명확하게 설명하나, 때때로 주제에서 벗어나기도 한다. | 논리적 설명이 완벽하고, 명확하며, 잘 조직되어 있고, 명확한 표현을 사용하여 말한다. 부연 설명이 충분하다. |
| 듣고 이해하기 | 단순한 일대일 상황에서도 듣고 이해하는 데 문제가 있다. | 설명이나 반복에도 불구하고 오해의 소지가 있다. | 친숙한 주제로 일대일 의사소통을 할 때는 별 문제가 없다. 잦은 부연 설명이 필요하다. | 대부분의 이야기를 이해할 수 있다. 때때로 설명이나 반복이 필요하다. | 행정가나 대학생들의 이야기를 완전히 이해한다. |
| 질의 응답 | 질문을 이해하지 못한다. 오해를 해명하기 위한 아무런 시도도 하지 않는다. | 종종 질문을 이해하지 못한다. 비논리적으로 응답한다. | 응답하는 데 어려움이 있다. 불명확하게 진술된 질문은 잘 다루지 못한다. | 명확하게 응답한다. 반응할 때 약간 지체하기도 한다. 불명확하게 진술된 질문에 대해서 혼돈을 일으킨다. | 질문을 명확하게 이해한다. 오해가 생기면 쉽게 해명한다. 지체없이 응답한다. |

### ② 채점표준 명세화

채점표준(採點標準, scoring standard)이란 채점준거의 수행수준을 말한다. 따라서 채점표준을 명세화한다는 것은 채점준거마다 다양한 질적 수준(매우 우수, 우수, 보통, 미흡, 매우 미흡)을 구체적으로 서술하는 것을 뜻한다. 즉, 특정 채점준거에서 '매우 우수'한 수준은 어떤 것이고, '보통' 수준은 어떤 것인지 명시하는 작업이다.

채점표준은 학생의 수행이나 작품이 우수한 수준인지, 보통 수준인지 아니면 미흡한 수준인지를 구분하는 기능을 한다. 그러므로 채점표준이 명세화되면 채점준거에서 우수한 수행과 우수하지 않은 수행을 쉽게 구분할 수 있다. 반면 채점표준이 제대로 명세화되지 않으면 수행이나 작품의 수준을 구분하기가 어렵다(〈표 11-3〉 참조). 채점표준을 명세화한 다음에는 각 수준에 해당하는 보기를 예시하면 좋다.

### ③ 채점방식 결정

수행평가의 채점방식은 개괄적 채점과 분석적 채점으로 대별된다. 개괄적 채점(槪括的 採點, global scoring)은 수행이나 산출물 전체를 채점단위로 하여 총체적인 관점에서 판단하는 방법이다. 연구보고서나 발표를 전반적으로 판단하여 점수를 주었다면 개괄적 채점을 한 것이다. 개괄적 채점은 수행의 질을 전반적으로 판단하려고 할 경우에 적합한 방법이다. 개괄적 채점은 시간 및 노력이 적게 소요되나, 학생들에게 강점 및 약점에 관해 구체적인 피드백을 줄 수 없다는 제한점이 있다.

분석적 채점(分析的 採點, analytic scoring)은 과정이나 산출물을 채점준거별로 채점한 후 합산하는 방법이다. 실험보고서를 사실의 정확성, 분석의 타당성, 결론의 정당성을 기준으로 채점하거나 논설문을 아이디어의 질, 표현의 명료성, 문법의 정확성을 기준으로 채점하는 것이 분석적 채점이다. 분석적 채점은 수행이나 작품의 여러 측면을 일일이 확인하려고 할 경우에 적절하다. 분석적 채점은 학생들의 수행이나 작품의 강점 및 약점에 관한 피드백을 제공할 수 있다는 장점이 있으나, 시간과 노력이 많이 소요된다.

## 2) 채점기준표의 대안: 평정척도와 체크리스트

채점기준표의 대안으로는 평정척도와 체크리스트를 사용할 수 있다(Linn & Gronlund, 2000).

## 1 평정척도

평정척도(評定尺度, rating scale)는 채점준거 하나하나의 수준 혹은 정도를 질적으로 판단(예: 매우 우수, 우수, 보통, 미흡, 매우 미흡)하는 방법이다. 일반적으로 평정척도는 채점준거별로 질적 판단을 하는 반면, 채점기준표는 채점준거별로 표준을 언어적으로 매우 상세하게 서술한다는 차이가 있다. 평정척도와 채점기준표를 구분하기가 힘든 경우가 있다. 가령, 평정척도의 질적 판단에 상세한 언어적 설명을 부가한 경우 채점기준표와 평정척도를 구분하기가 쉽지 않다.

수행평가과제를 채점하기 위한 평정척도로는 숫자평정척도, 도식평정척도, 기술식 도식평정척도를 사용할 수 있다.

숫자평정척도(numerical rating scale)는 수행의 수준을 질적으로 판단하여 해당되는 숫자에 표시하도록 한 척도를 말하는데, 숫자평정척도를 사용할 때는 3단계척도에서 7단계척도를 이용하는 것이 좋다. 테니스 기능을 평가하기 위한 숫자평정척도를 예시하면 다음과 같다.

---

**보기**

다음에 제시된 행동을 아래와 같은 기준에 따라 표시하시오.

'매우 우수'하면 ······················································· ①②③④❺
'상당히 우수'하면 ··················································· ①②③❹⑤
'보통 수준'이면 ······················································ ①②❸④⑤
'다소 미흡'하면 ······················································ ①❷③④⑤
'매우 미흡'하면 ······················································ ❶②③④⑤

1. 서브를 정확하게 넣을 수 있는 능력 ·················· ①②③④⑤
2. 서브를 정확하게 받을 수 있는 능력 ·················· ①②③④⑤
3. 포핸드를 구사할 수 있는 능력 ························· ①②③④⑤
4. 백핸드를 구사할 수 있는 능력 ························· ①②③④⑤

---

도식평정척도(圖式評定尺度, graphic rating scale)는 구조적으로 숫자평정척도와 사실상 동일하지만, 평정하고자 하는 특성 밑에 직선을 제시한 다음 평정치마다 구체적인 설명을 붙여 놓고 적당한 위치에 표시하도록 하는 척도다. 숫자평정척도와 달리 도식평정척도는 평정치 중간에 표시할 수도 있다. 도식평정척도를 예시하면 다음과 같다.

보기

다음 제시된 행동을 관찰한 후 해당하는 위치에 √를 표시하시오.

　　1. 테니스에서 서브를 넣을 수 있는 능력

　　매우 낮다　　　약간 낮다　　　보통이다　　　약간 높다　　　매우 높다

　　2. 테니스에서 백핸드를 구사할 수 있는 능력

　　매우 낮다　　　약간 낮다　　　보통이다　　　약간 높다　　　매우 높다

　　기술식 도식평정척도(記述式 圖式評定尺度, descriptive graphic rating scale)는 도식평정척도보다 더 정확하게 평정하기 위해 평정치마다 상세한 언어적 설명을 부가한 형식이다. 기술식 도식평정척도를 예시하면 다음과 같다.

보기

김영길 학생의 테니스 서브를 보고 해당하는 위치에 √를 표시하시오.

서브를 넣을 수 있는 능력

폼이 엉성하고　　　　폼과 정확도가　　　　폼과 정확도가
정확도가 낮다.　　　　보통 수준이다.　　　　탁월한 수준이다.

 ② 체크리스트

　　체크리스트(checklist)는 행동 혹은 특성의 목록을 보고 특정 행동 혹은 특성의 존재 유무를 체크하는 방법이다. 행동 혹은 특성의 수준이나 빈도를 평가할 수 있는 평정척도와 달리, 체크리스트는 행동이나 특성의 존재 여부나 적절성 여부에 관한 이분적 판단(yes/no judgment)만 할 수 있다.

　　체크리스트는 행동이나 특성의 존재 유무를 표시할 수 있으므로 동작을 수행하는 절차가 하위단계로 구성되어 있어 각 단계의 행동을 적절하게 수행하는가를 평가할 때 특히 적합하다. 예컨대, 개구리를 해부하는 행동은 일련의 단계로 구분할 수 있으므로 체크리스트로 평가하는 것이 바람직하다. 체크리스트를 작성하려면 각 단계의 행동을 구체적으로 열거한 목록을 작성한 다음, 각 단계의 행동이 적절하다고 판단

되거나 행동이 나타날 경우 표시하면 된다.

작문을 평가하기 위한 체크리스트(왼쪽)와 과학교과에서 실험기자재를 적절하게 활용하는 기능을 측정하기 위한 체크리스트(오른쪽)를 예시하면 다음과 같다.

---

**보기**

| 작문평가 체크리스트 예시 | 실험기자재 활용능력평가 체크리스트 예시 |
|---|---|
| 예 아니요 | 예 아니요 |
| □ □ 1. 아이디어를 명료하게 표현했다. | □ □ 1. 특정 실험에 적합한 기자재를 선택했다. |
| □ □ 2. 아이디어를 논리적으로 전달했다. | □ □ 2. 실험기자재를 정확하게 조립했다. |
| □ □ 3. 아이디어를 주제에 적절히 관련지었다. | □ □ 3. 실험기자재를 적절하게 조작했다. |
| □ □ 4. 주제를 조직화하여 제시했다. | □ □ 4. 측정도구를 이용하여 정확하게 측정했다. |
| □ □ 5. 문단을 구조화시켜 작성했다. | □ □ 5. 실험 중 안전규칙을 준수했다. |
| □ □ 6. 적절한 어휘를 효과적으로 사용했다. | □ □ 6. 재료를 낭비하지 않고 사용했다. |
| □ □ 7. 철자법이 정확했다. | □ □ 7. 정해진 시간 내에 실험을 끝냈다. |
| □ □ 8. 구두점을 정확하게 사용했다. | □ □ 8. 실험 후 기자재를 정리정돈했다. |

---

## 5. 제5단계: 수행평가과제의 채점

수행평가는 복잡한 반응을 요구하고 채점이 채점자의 주관적인 판단에 의존하므로 채점에 오류가 개입될 소지가 상당히 높다. 그러므로 수행평가과제를 채점할 때는 채점오류를 줄이기 위해 각별히 노력해야 한다. 수행평가과제를 채점할 때 유의해야 할 사항들은 다음과 같다.

(1) 채점을 하기 전에 채점기준표를 작성한 다음 채점기준표가 적절한지 따져 보고, 문제점이 있으면 보완해야 한다. 채점기준표가 없거나 부적절하면 채점에 오류가 개입될 소지가 높다.

(2) 가급적이면 학생들의 인적 사항을 모르는 상태에서 채점하는 것이 좋다. 그렇게 하면 후광효과와 논리적 오차를 배제할 수 있다.

(3) 학생별로 채점하지 말고 평가과제별로 채점해야 한다. 그래야 채점기준을 균일하게 적용할 수 있다.

(4) 가급적이면 학생들의 수행평가과제를 무작위로 뒤섞은 다음 채점하는 것이

바람직하다. 그렇게 하면 순서효과를 배제하는 데 도움이 된다.

(5) 가급적이면 여러 채점자가 여러 차례 채점한 결과를 평균하는 것이 바람직하다.

(6) 채점이 끝난 후에는 제삼자로 하여금 채점의 정확성을 검토하도록 하는 것이 좋다.

## 제4절 ◉ 수행평가의 신뢰도와 문항분석

수행평가의 경우 평가과제(문항)의 수가 적고(극단적인 경우에는 1개의 평가과제를 사용한다) 평가절차가 복잡하기 때문에 선택형 검사에 적용되는 신뢰도 추정방법이나 문항분석방법을 그대로 적용하기가 어렵지만 앞에서 다룬 방법을 적용하면 수행평가의 신뢰도를 구하고, 문항분석을 할 수 있다. 이 절에서는 제4장과 제10장에서 다룬 내용을 활용하여 수행평가의 신뢰도를 구하고 문항분석을 하는 방법을 간략하게 소개한다.

### 1. 수행평가의 신뢰도

수행평가의 신뢰도를 구하는 방법으로 채점자(평정자) 신뢰도(kappa 계수)를 소개한다.

수행평가과제는 채점자의 관찰과 판단을 통해 채점되므로 수행평가의 신뢰도는 채점자들의 채점결과가 일치하는 정도로 정의할 수 있다. Cohen(1960)이 개발한 kappa 계수($k$)는 수행평가과제에 대한 두 사람의 채점결과가 일치하는 비율을 우연적인 요인에 의해 채점결과가 일치하는 비율을 감안해서 교정한 것이다. 그 공식은 다음과 같다.

$$k = \frac{P_o - P_c}{1 - P_c}$$

$P_o$는 2명의 채점결과가 일치하는 비율이고, $P_c$는 우연적인 요인에 의해 채점결과가 일치하는 비율이다.

2명의 채점자가 10명의 학생들이 작성한 수행평가과제를 4단계척도에서 채점한 결과가 다음과 같다고 할 때 kappa 계수는 다음과 같다(표 안의 숫자는 학생수).

|  |  | 채점자 A |  |  |  |  |
|---|---|---|---|---|---|---|
|  |  | 1 | 2 | 3 | 4 | 비율 |
| 채점자 B | 1 | 2 | 1 | 0 | 0 | .30 |
|  | 2 | 0 | 3 | 0 | 0 | .30 |
|  | 3 | 0 | 1 | 1 | 0 | .20 |
|  | 4 | 0 | 1 | 0 | 1 | .20 |
|  | 비율 | .20 | .60 | .10 | .10 |  |

(1) $P_o = \dfrac{2+3+1+1}{10} = .70$

(2) $P_c = (.20 \times .30) + (.60 \times .30) + (.10 \times .20) + (.10 \times .20) = .28$

(3) $k = \dfrac{.70 - .28}{1 - .28} = .58$

수행평가의 과제를 2명의 채점자가 이분적으로 채점(예컨대, 적합, 부적합)할 경우 kappa 계수는 다음과 같은 방식으로 구할 수 있다.

|  |  | 채점자 A |  |  |
|---|---|---|---|---|
|  |  | 적 합 | 부적합 | 비율 |
| 채점자 B | 적 합 | 5 | 1 | .60 |
|  | 부적합 | 2 | 2 | .40 |
|  | 비율 | .70 | .30 |  |

(1) $P_o = \dfrac{5+2}{10} = .70$

(2) $P_c = (.70 \times .60) + (.30 \times .40) = .54$

(3) $k = \dfrac{.70 - .54}{1 - .54} = .35$

## 2. 수행평가의 문항분석

선택형 문항과 달리 수행평가는 소수의 평가과제(극단적인 경우에는 1개의 평가과제를 사용한다)만 사용하기 때문에 제10장에서 다룬 선택형 문항에 적용되는 문항분석방법을 수행평가에 그대로 적용하기는 어렵지만 수행평가가 여러 평가과제를 포함할 경우 전통적인 문항분석방법을 그대로 적용할 수 있다. 예컨대, 수행평가에서 2개의 평가과제를 각각 최하 0점에서 최고 5점으로 채점할 경우 문항곤란도와 문항변별도는 다음과 같이 구할 수 있다.

| 평가과제 | 집 단 | 점 수 | | | | | | |
|---|---|---|---|---|---|---|---|---|
| | | 0 | 1 | 2 | 3 | 4 | 5 | 평 균 |
| 평가과제 1 | 상위집단(10명) | 0 | 0 | 0 | 1 | 4 | 5 | 4.4 |
| | 하위집단(10명) | 1 | 3 | 5 | 1 | 0 | 0 | 1.6 |
| 평가과제 2 | 상위집단(10명) | 0 | 2 | 3 | 3 | 1 | 1 | 2.6 |
| | 하위집단(10명) | 0 | 2 | 4 | 3 | 1 | 0 | 2.3 |

### (1) 문항곤란도

문항곤란도를 구하려면 평가과제의 평균점수를 만점으로 나누면 된다. 평가과제 1의 평균점수는 3.0이므로 문항곤란도는 .60(3/5＝.60)이고, 평가과제 2의 평균점수는 약 2.45이므로 문항곤란도는 약 .50(2.45/5≒.50)이다. 그러므로 평가과제 1이 평가과제 2보다 더 쉽다고 할 수 있다.

### (2) 문항변별도

문항변별도를 구하려면 총점이 높은 상위집단 10명과 총점이 낮은 하위집단 10명의 득점비율 차이를 구하면 된다. 그러므로 평가과제 1의 문항변별도는 상위집단의 득점비율 4.4/5에서 하위집단의 득점비율 1.6/5를 뺀 값이므로 .56이다. 평가과제 2의 문항변별도는 상위집단의 득점비율 2.6/5에서 하위집단의 득점비율 2.3/5를 뺀 값이므로 .06이다. 결국 평가과제 1이 평가과제 2보다 문항변별도가 더 높다고 할 수 있다.

## 제5절 수행평가의 장점과 단점

### 1. 수행평가의 장점

(1) 수행평가는 전통적인 지필검사로는 측정할 수 없거나 측정하기 어려운 능력이나 기능을 측정할 수 있다. 예컨대, 토론능력, 그림 그리는 기능, 현미경 조작능력은 지필검사로 평가할 수 없지만, 수행평가로는 평가할 수 있다.

(2) 수행평가는 선택형 평가에서는 간접적으로 측정할 수 있는 능력이나 기능을 직접 측정할 수 있다.

(3) 수행평가는 인지이론이나 구성주의와 같은 현대 학습이론의 원리에 부합된다. 학습이론에 따르면 학습은 새로운 정보를 기존 지식에 통합하고, 학생들이 실제 상황과 관련된 과제에 능동적으로 참여할 때 극대화된다.

(4) 수행평가는 실제 상황에서 복잡한 사고기능을 측정하는 데 주안을 둠으로써 교수-학습의 질을 개선한다.

(5) 수행평가는 주로 실제 상황에서 이루어지므로 유의미학습을 촉진하고, 학생들의 동기를 높인다.

(6) 수행평가는 산출물은 물론 과정도 평가할 수 있다.

### 2. 수행평가의 단점

(1) 수행평가는 수행평가과제가 복잡하고 채점이 주관적이어서 평가결과에 측정오차가 포함될 소지가 크고, 그 결과 신뢰도가 낮다.

(2) 수행평가에서는 전형적으로 수행평가과제의 수가 제한되어 있으므로 평가결과의 대표성이 낮고, 평가결과의 일반화가능성이 낮다. 극단적으로 단 1개의 수행평가과제만 사용할 경우 평가결과에 근거하여 측정하려고 의도한 능력을 추론하기가 어렵다. 이러한 문제점을 해결하기 위해서는 수행평가과제의 수를 늘리면 되는데, 그렇게 하면 시간과 노력이 많이 소요되므로 현실적으로 가능하지 않다.

(3) 수행평가과제를 제작하고 실시하고 채점하는 데 시간, 비용, 노력이 많이 소요된다.

(4) 수행평가를 하자면 특별한 공간, 장비, 설비 등이 필요하다.

## 제6절 포트폴리오 평가

최근 교육현장에서는 전통적인 선택형 평가의 대안으로 포트폴리오 평가가 폭넓게 활용되고 있다. 포트폴리오 평가는 오랜 역사를 갖고 있는 평가방법이다. 오래전부터 화가, 건축가, 패션 디자이너, 모델, 작가, 사진작가와 같이 전문직에 종사하는 사람들은 자신의 역량과 업적을 고객이나 고용주에게 보여 주기 위한 목적으로 포트폴리오를 활용해 왔다. 이 절에서는 포트폴리오 평가에 관한 기본적인 사항들을 간략하게 소개한다.

### 1. 포트폴리오 평가의 의미

포트폴리오 평가(portfolio assessment)는 학생들의 작품모음집을 대상으로 하는 평가로, 수행평가의 특수한 유형에 속한다. 여기서 포트폴리오(portfolio)는 구체적인 지침에 따라 학생들이 일정 기간 동안 만든 작품을 체계적으로 선정해 놓은 작품모음집을 뜻한다. 포트폴리오는 학생들의 모든 작품을 포함하는 것이 아니라 포트폴리오의 목적을 달성하는 데 가장 적합하다고 판단되는 작품을 의도적으로 선정해 놓은 것이다. 포트폴리오는 흔히 학생의 성취를 나타내 주는 자화상에 비유되기도 한다.

학생 포트폴리오는 전문가 포트폴리오와 구분된다. 전문가 포트폴리오는 개발자가 아니라 고객이나 경영자가 평가하지만, 학생 포트폴리오는 교사와 학생이 공동으로 평가한다. 또 전문가 포트폴리오는 총괄평가를 강조하지만, 학생 포트폴리오는 형성평가를 강조한다. 즉, 학생 포트폴리오는 강점과 약점에 관한 피드백 정보를 제공하는 데 주안을 둔다. 학생 포트폴리오가 이러한 형성적 역할을 수행하려면 포트폴리오에 대한 평가가 자주 실시되어야 하고, 구체적인 작품사례를 포함해야 한다.

일반적으로 포트폴리오의 내용은 작품, 교육목표, 논평으로 구성된다.

작품　작품은 포트폴리오 평가가 이루어지는 대상이다. 포트폴리오는 특정 교육목표를 성취했다는 것을 입증하기 위해 학생이 선정한 작품으로 구성되므로 작품은 교육목표와 일치해야 한다.

　　**교육목표**　　교육목표는 작품을 선정·평가하는 기준이 된다. 그러므로 교육목표에는 학생들이 달성해야 할 학습성과를 명시해야 하며, 포트폴리오를 통해 나타내야 할 기능을 적시(摘示)해야 한다. 포트폴리오는 다양한 기능을 포함하고 있어 매우 복잡하기 때문에 포트폴리오 평가에서는 명세목표보다 일반목표를 사용하는 것이 더 바람직하다. 일반목표를 사용하면 목표의 수가 적어도 되므로 훨씬 간결하고, 평가준거를 융통성 있게 적용할 수 있다. 단, 일반목표의 달성 여부를 평가하는 데는 추론과정이 개입되므로 평가가 주관적이고 측정오차가 개입될 소지가 있다. 교육목표는 학생이 쉽게 인지할 수 있도록 앞부분에 배치하는 것이 좋다. 그렇게 하면 학생이나 교사가 포트폴리오를 개봉할 때마다 목표를 볼 수 있게 된다.

　　**논평**　　논평(annotation) 혹은 주석이란 작품에 관한 교사와 학생의 평가기록을 말한다. 논평은 포트폴리오의 일정한 위치에 배치해야 한다. 목표마다 여백을 두어 논평을 기록하도록 하는 것이 좋다. 마지막으로 총괄적인 논평을 달 수 있는 여백을 별도로 마련하는 것이 좋다.

## 2. 포트폴리오 평가의 특징

　　최근 포트폴리오 평가는 우리 학교현장에서 널리 활용되고 있다. 포트폴리오 평가의 특징은 다음과 같다.

(1) 포트폴리오 평가는 수업과 평가를 유기적으로 관련짓는다. 포트폴리오는 평가도구인 동시에 수업도구이기도 하다. 평가가 수업의 일부가 되어야 한다는 것은 포트폴리오 평가를 지지하는 사람들이 견지하고 있는 중심명제다.
(2) 포트폴리오는 개별화 수업에 적절하다. 그 이유는 학생마다 별도의 포트폴리오를 구성해야 하기 때문이다. 학생집단에 동시에 실시하는 지필검사는 개별화가 불가능하지만, 포트폴리오는 특정 학생의 고유한 학습목표에 부합되므로 완전히 개별화할 수 있다.
(3) 포트폴리오는 작품 또는 성과물로 구성되므로 과정보다 성과를 평가하는 데

주안을 둔다. 포트폴리오에 포함된 작품을 평가할 때는 작품을 제작하는 절차와 과정을 직접 관찰할 수 없고 추론할 수밖에 없다. 과정은 다른 평가방법(비형식 관찰, 면담)을 통해서 관찰할 수 있다.

(4) 포트폴리오 평가는 학생의 약점이 아니라 강점을 확인하는 데 주안을 둔다. 대부분의 형식적인 평가방법은 학생의 강점보다는 실수를 확인하는 데 주안을 둔다. 반면 포트폴리오 평가는 학생의 잘할 수 있는 부분에 주안을 두므로 학생은 가장 우수한 작품을 선정하여 제출한다.

(5) 포트폴리오 평가는 평가과정에 학생들을 적극적으로 참여시켜 학생들이 스스로 강점과 약점을 평가하도록 한다. 교사가 학생들이 포트폴리오를 작성하는 데 도움을 줄 수는 있지만 궁극적으로 포트폴리오는 학생의 몫이다. 포트폴리오 평가는 학생주도적이므로 학생들이 자율적으로 학습하고 평가하도록 조력한다.

(6) 포트폴리오는 학생의 성취도를 다른 사람들에게 효과적으로 전달한다. 포트폴리오의 목적은 학생이 무엇을 잘할 수 있는가를 다른 사람들에게 전달하기 위한 것이다. 포트폴리오는 교육목표, 작품, 교사와 학생의 평가를 포함하고 있으므로 일정 기간 동안에 학생이 진보한 상황을 학부모나 행정가에게 효과적으로 전달하는 수단이 된다.

## 3. 포트폴리오 평가의 절차

포트폴리오 평가의 절차를 (1) 포트폴리오의 목적 결정, (2) 학습성과 결정, (3) 포트폴리오 내용선정 혹은 제작, (4) 채점준거 결정 및 채점으로 나누어 간단하게 소개한다.

### 1) 포트폴리오의 목적 결정

다른 평가방법과 마찬가지로 포트폴리오 평가를 실시할 때는 가장 먼저 포트폴리오의 목적을 분명하게 결정해야 한다. 포트폴리오의 구체적인 내용은 평가목적에 따라 결정된다. 평가목적이 분명하지 않으면 포트폴리오는 작품들의 무분별한 집합에 지나지 않는다. 포트폴리오 평가의 목적은 일반적으로 세 가지 차원에 따라 구분할 수 있다.

학습 대 평가    포트폴리오는 학습을 위한 포트폴리오와 평가를 위한 포트폴리오로 구분할 수 있다. 학습을 위한 포트폴리오의 목적은 학생들의 자기평가능력을 신장시키는 데 있다. 포트폴리오의 목적이 학생들의 작품 선정 및 평가능력을 기르는 데 있다면, 학생들이 작품을 현명하게 선정하고 평가하도록 하는 데 주안을 두면 되므로 포트폴리오에 포함된 학생들의 작품을 상호비교하지 않아도 무방하다. 반면 성취도를 평가하기 위한 평가 포트폴리오(evaluation portfolio)의 경우에는 포트폴리오 내용을 표준화시켜 학생들의 작품을 비교할 수 있도록 해야 한다.

성취도 대 진전도    포트폴리오는 현재 시점의 성취도를 나타내는 데 목적을 둔 포트폴리오와 일정 기간 동안에 성장하고 진보한 정도를 나타내는 데 목적을 둔 포트폴리오로 구분된다. 현재 시점의 성취도를 나타내는 데 목적을 둔 포트폴리오는 가장 우수한 작품만 포함한다. 이러한 포트폴리오를 전시용 포트폴리오(best work showcase portfolio)라고 한다. 이 포트폴리오는 일반적으로 완성된 작품만 포함한다. 반면에 일정 기간 동안 성장하고 진보한 정도를 나타내기 위한 성장 포트폴리오(growth portfolio)는 전자보다 더 포괄적인 작품으로 구성되고, 우수한 작품은 물론 다소 미흡하다고 생각하는 작품도 포함한다.

완성작품 대 미완성작품    완성작품으로 구성된 포트폴리오는 일반적으로 총괄평가의 용도로 활용된다. 반면에 미완성작품으로 구성된 포트폴리오는 학생들의 학습 진전도를 점검하기 위한 형성평가에 활용된다.

## 2) 학습성과 결정

포트폴리오 평가의 목적을 결정한 다음에는 포트폴리오를 통해 어떤 학습성과를 평가할 것인지를 결정해야 한다. 포트폴리오는 지식, 인지전략, 절차적 기능(의사전달, 편집하기, 그리기, 말하기, 제작하기 등), 메타인지기능(자기점검, 자기성찰), 성향(융통성, 지속성, 비판수용성, 협력 등) 등을 평가하는 데 적용될 수 있다.

## 3) 포트폴리오 내용선정 혹은 제작

포트폴리오 평가의 성패는 포트폴리오에 포함된 내용(작품)에 따라 결정되므로 포트폴리오의 목적을 분명하게 설정한 다음에는 평가목적에 부합되는 작품을 선정하거나 제작해야 한다. 포트폴리오 내용은 기본적으로 평가목적에 근거하여 선정된다. 포트폴리오의 목적이 재학기간 중에 어느 정도 진보했는가를 평가하는 데 있다면 재학 중에 완성한 작품으로 포트폴리오를 구성해야 한다. 반면에 학생의 성취도를 평가하는 데 포트폴리오의 목적이 있다면 가장 우수한 작품으로 포트폴리오를 구성해야 한다.

포트폴리오를 선정하거나 제작하려면 포트폴리오 선정 및 제작 지침을 작성해야 한다. 포트폴리오 선정 및 제작 지침은 학생들이 충분히 이해할 수 있도록 작성해야 한다. 포트폴리오 선정 및 제작 지침이 모호하면 학생들이 어떤 내용을 선정해야 할지 전혀 모르게 된다. 반대로 포트폴리오 선정 및 제작 지침이 너무 구체적이면 학생들의 창의성과 자기반성능력을 위축시킬 수 있다. 포트폴리오 내용선정 및 제작 지침에는 다음 사항들을 명시해야 한다.

(1) 목적 및 용도(포트폴리오를 어떤 목적과 용도로 활용할 것인가?)

(2) 표적대상[포트폴리오를 누구(학부모, 행정가, 교사 등)에게 보여 주려고 하는가?]

(3) 작품형태(가장 우수한 작품만 포함해야 하는가? 대표적인 작품을 포함해야 하는가? 혹은 성장을 보여 줄 수 있는 작품을 모두 포함해야 하는가?)

(4) 작품의 완성도(완성된 작품만 포함해야 하는가? 아니면 계획단계의 초안, 초기단계의 작품, 중간단계의 작품도 포함해야 하는가?)

(5) 평가준거(포트폴리오를 어떤 준거에 따라 평가할 것인가?)

(6) 협력관계(작품을 혼자 제작해야 하는가? 아니면 다른 사람과 협력하여 작품을 제작해야 하는가?)

(7) 선정주체(포트폴리오를 누가 선정할 것인가? 즉, 학생이 선정할 것인가, 교사가 선정할 것인가 아니면 학생과 교사가 협력해서 선정할 것인가? 전문가들은 학생의 참여도를 높이기 위해 교사와 학생이 협력해서 선정할 것을 권장하고 있다)

(8) 작품의 수(포트폴리오에 최소 몇 개 작품에서 최대 몇 개 작품을 포함해야 하는가?)

(9) 제작기간(포트폴리오를 언제까지 제작 혹은 선정해야 하는가?)

(10) 작품의 물리적 구조(포트폴리오를 바인더에 보관해야 하는가? 혹은 CD에 저장해야 하는가? 바인더와 폴더의 크기는 어느 정도가 되어야 하는가?)

(11) 성적반영비율(포트폴리오 평가결과는 성적에 어느 정도 반영되는가?)

### 4) 채점준거 결정 및 채점

포트폴리오는 수행평가와 마찬가지로 채점기준표, 평정척도, 체크리스트를 이용하여 채점한다. 따라서 이에 관한 사항은 수행평가에서 다룬 내용과 사실상 같다. 포트폴리오를 채점할 때 고려해야 할 사항들은 다음과 같다.

(1) 포트폴리오 채점준거를 구체화한다. 채점준거는 포트폴리오의 질을 판단하기 위한 근거가 되므로 채점준거를 결정하는 것은 포트폴리오 채점에서 가장 중요한 작업이다. 일반적으로 채점준거의 수는 3~4개가 적당하다. 채점준거는 직접 관찰하고 판단할 수 있도록 매우 구체적이어야 한다. 태도, 흥미, 노력과 같은 준거는 직접 관찰할 수 없으므로 채점준거로 적절하지 않다.

(2) 채점준거별로 질적 수준(예: 우수, 보통, 미흡)을 구체적으로 명시한 표준을 작성해야 한다. 즉, 특정 채점준거에서 '우수'하다고 판단하기 위한 특성과 '미흡'하다고 판단하기 위한 특성을 구체적으로 기술해야 한다. 그래야 표준에 비추어 채점준거의 질적 수준을 판정할 수 있다.

(3) 각 채점준거를 분석적으로 채점할 것인지 개괄적으로 채점할 것인지 결정해야 한다. 필요할 경우 평정척도 혹은 체크리스트를 개발해야 한다.

## 4. 포트폴리오 평가의 유의사항

포트폴리오 평가는 전통적인 평가방식의 대안으로 간주되고 있으므로 비교적 최근에 소개되었음에도 불구하고 폭넓게 수용되고 있다. 포트폴리오 평가를 할 때 유의할 사항들은 다음과 같다.

(1) 학생에게 포트폴리오가 '자기 자신의 작품'이라는 사실을 확신시켜야 한다. 포트폴리오가 학생의 성장과정을 정확하게 나타내고 자기평가능력을 신장시키는 데 기여하려면 학생이 포트폴리오가 자신의 작품모음집이라는 사실을 분명하게 인식해야 한다.

(2) 포트폴리오는 다양한 작품을 포함해야 한다. 포트폴리오는 다양한 작품을 포함할수록 바람직하다. 교사와 학생은 포트폴리오에 어떤 작품을 포함시킬 것인지에 대해 협의하는 것이 좋다.

(3) 학생은 소정의 작품을 선정하고 적당한 노트나 폴더에 담아 파일함이나 상자와 같은 안전한 장소에 보관해야 한다. 교사는 학생이 작품을 적절하게 보관하도록 도와주어야 한다.

(4) 포트폴리오에 포함된 작품의 질을 판단하기 위한 채점준거를 학생과 공동으로 설정해야 한다. 포트폴리오의 내용은 학생에 따라 다르기 때문에 채점준거를 확인하는 일은 상당히 복잡하다. 그렇다고 해서 공통적인 채점준거를 설정하지 않으면 학생이 자신의 작품을 평가하는 데 어려움을 겪게 되고 작품을 개선하려는 노력을 하지 않게 된다. 일단 채점준거를 설정한 다음에는 그것을 매우 구체적으로 기술해야 한다.

(5) 학생에게 자신의 포트폴리오를 지속적으로 평가하도록 권장해야 한다. 일단 학생으로 하여금 평가준거에 따라 자신의 작품을 평가해 보도록 격려해야 한다. 또 학생에게 특정 작품의 강점과 약점을 기록하고, 앞으로 작품을 어떻게 보완할 것인가에 대해 서술하도록 할 수도 있다. 포트폴리오 평가표에는 날짜를 정확하게 기입하도록 해야 한다. 완성된 평가표는 해당 작품에 부착해 두어야 한다.

(6) 포트폴리오 협의회를 계획·실행하는 것이 좋다. 교사–학생 협의회는 포트폴리오 평가가 잠재력을 발휘하도록 하는 데 중요한 역할을 한다. 이 협의회는 학생의 작품을 평가할 뿐만 아니라 학생의 자기평가능력을 신장시킨다. 가능하면 협의회는 자주 갖는 것이 좋다.

(7) 포트폴리오 평가과정에 학부모를 포함시키는 것이 좋다. 가능하면 보호자에게 학생의 작품과 그 작품에 대한 자기평가결과를 정기적으로 검토하도록 하는 것이 좋다.

## 5. 포트폴리오 평가의 장단점

포트폴리오 평가는 비교적 새로운 평가방법이지만 최근 급속도로 유행하고 있어 무분별하게 수용되는 경향이 없지 않다. 그러나 다른 평가방법과 마찬가지로 포트폴리오 평가 역시 특유의 장점과 단점을 가지고 있다. 포트폴리오 평가의 장점과 단점은 다음과 같다.

## 1) 포트폴리오 평가의 장점

(1) 장기간에 걸친 학생의 성장과 발달을 나타내 준다.

(2) 포트폴리오는 수업의 산출물로 구성되므로 수업과 평가를 적절하게 통합할 수 있다.

(3) 학생들이 자신이 만든 작품 혹은 산출물의 강점과 약점을 평가할 수 있는 기능을 향상시킨다.

(4) 작품을 선정·평가하는 과정에서 학생들이 주도적인 역할을 하므로 학습동기를 높여 준다.

(5) 교사와 학생이 협력하고, 평가할 수 있는 기회를 제공한다.

(6) 학생의 구체적인 작품과 진전상황을 통해 학부모와 효과적으로 의사소통할 수 있도록 도움을 준다.


## 2) 포트폴리오 평가의 단점

(1) 시간과 노력이 많이 소요된다.

(2) 평가결과의 신뢰도가 낮고 불공정할 소지가 많다.

(3) 채점 및 평가가 어렵다.

(4) 교육책무성을 판단하기 위해 필요한 정보를 제공하는 데 무리가 있다.


### 주요개념

| | | | |
|---|---|---|---|
| 수행평가 | 대안적 평가 | 실제 상황평가 | 직접적 평가 |
| 수행평가과제 | 채점기준표 | 채점준거 | 채점표준 |
| 개괄적 채점 | 분석적 채점 | 평정척도 | 체크리스트 |
| kappa 계수 | 포트폴리오 평가 | | |


### 요약정리

1. 수행평가는 실제로 행동을 하는 과정이나 행동의 결과를 관찰해서 판단하는 평가를 말한다. 전통적 선택형 평가의 대안으로 대두된 수행평가는 인지심리학과 구성주의 학습원리에 부합된다.

2. 수업과 평가를 통합함으로써 유의미한 학습을 촉진하려고 하는 수행평가는 선택형 평가와 여러 가지 측면에서 대비된다.

3. 수행평가와 비슷한 의미로 사용되고 있는 용어로는 대안적 평가, 직접적 평가, 실제 상황평가, 포트폴리오 평가를 들 수 있다.

4. 수행평가의 방법으로는 (1) 서술형 및 논술형 시험, (2) 실기시험, (3) 실험 · 실습법, (4) 토론법, (5) 발표법, (6) 구술시험, (7) 면접, (8) 관찰, (9) 연구보고서법, (10) PMR, (11) 완성형, (12) 평가보고서법 등이 사용된다.

5. 수행평가과제의 제작절차는 (1) 평가목적 결정, (2) 학습성과 확인, (3) 평가과제 제작, (4) 채점절차 개발, (5) 수행평가과제의 채점으로 구분된다.

6. 수행평가과제를 제작할 때는 학습성과를 수행평가로 측정할 수 있는가에 대해 숙고해 보아야 한다. 수행평가로 측정하기 적합한 학습성과로는 (1) 고차적 사고(추리), (2) 의사소통 기능, (3) 심동적 기능, (4) 작품/성과 등이 있다.

7. 수행평가가 고등정신능력을 측정하려면 여러 요건을 갖추어야 한다. 수행평가과제는 제한반응형 과제와 확대반응형 과제로 구분된다.

8. 수행평가는 채점절차가 복잡하므로 채점준거를 개발하는 일이 매우 중요하다. 수행평가를 채점할 때는 채점기준표, 평정척도, 체크리스트를 활용할 수 있다. 수행평가에서는 채점의 일관성과 객관성을 유지하기 위해 각별히 유의해야 한다.

9. 수행평가에서 신뢰도는 여러 채점자의 채점결과가 일치하는 정도를 의미하며, 이를 kappa 계수로 추정할 수 있다.

10. 수행평가는 선택형 평가로는 측정하기 곤란한 능력이나 기능을 실제 상황에서 평가할 수 있다는 장점이 있다. 반면 수행평가는 (1) 채점이 주관적이어서 객관도와 신뢰도가 낮고, (2) 평가결과의 일반화가능성이 낮으며, (3) 효율성이 낮다는 문제점이 있다.

11. 포트폴리오 평가는 학생들의 작품모음집에 대한 평가를 말한다. 포트폴리오 평가는 수업과 평가를 유기적으로 통합하려는 접근으로, 학생들의 강점을 확인하는 데 주안을 두고, 평가과정에 학생을 적극적으로 참여시킨다.

12. 포트폴리오 평가는 수업과 평가를 통합하고, 학생의 장기간에 걸친 성장을 나타내며, 자기주도적인 학습능력을 개발하고, 자신의 강점과 약점을 평가할 수 있는 기능을 개발하는 데 도움을 준다. 반면 시간과 노력이 많이 소요되고, 신뢰도가 낮다는 제한점이 있다.

제**12**장

# 성적판정

성적
판정

| | |
|---|---|
| 제1절 | 성적의 의미 |
| 제2절 | 성적평가방법 |
| 제3절 | 성적표기방식 |

 **학습목표**

- 성적을 정의한다.
- 성적의 기능을 기술한다.
- 상대적 성적평가방법을 열거, 설명한다.
- 절대적 성적평가방법을 열거, 설명한다.
- 성취평가제를 설명한다.
- 성적을 표기하는 방식을 열거한다.

성적은 교육현장에서 학생들의 학업성취도를 보고하는 수단으로 보편적으로 활용되고 있다. 성적은 매우 중요한 기능을 하므로 교사는 타당하고 신뢰할 수 있는 방식으로 성적을 평가해야 한다. 지금까지 살펴본 평가의 과정과 방법은 타당하고 신뢰할 수 있는 성적을 평가하기 위한 기초작업이라고 해도 과언이 아니다. 따라서 타당하고 신뢰로운 방식으로 성적이 평가되지 않는다면 앞에서 다룬 내용들은 아무 쓸모가 없다.

성적을 평가하는 작업은 교사가 수행해야 할 가장 중요한 책무에 속한다. 그런데 성적을 평가하는 것은 매우 힘들고 고통스러운 작업이다. 학기말이 되면 각급 학교 교사들은 학생들의 성취도에 관한 다양한 자료를 종합하여 성적을 평가하느라 홍역을 치르고 있다.

성적에 관한 태도와 견해는 사람에 따라 큰 차이가 있다. 혹자는 성적 자체보다는 진정으로 무엇을 아는 것이 훨씬 더 중요하다고 주장하면서 성적의 중요성을 평가절하한다. 이러한 주장을 하는 사람들은 진정으로 아는 것은 성적과 아무 관련이 없다는 논리를 편다. 심지어 성적은 학생들에게 부정적인 영향을 미치고, 유용한 정보를 제공하지 못하므로 성적을 아예 폐지해야 한다고 주장을 하기도 한다(Glasser, 1969). 그러나 성적은 교육의 필요 불가결한 측면으로 학업성취도를 타당하게 반영하고, 순기능을 수행하기 때문에 가치가 있다는 주장이 더 많다. 성적에 관한 일부의 비판적인 견해에도 불구하고 성적은 여전히 교육의 핵심적인 부분을 차지하고 있으며, 앞으로도 그럴 것이라고 생각된다.

우리 교육에서 성적이 차지하는 위상은 가히 절대적이다. 성적에 관한 학생과 학부모의 관심은 너무나 뜨겁다. 학생들이 밤새워 공부하는 것은 결국 좋은 성적을 받기 위함이다. 우리나라 학부모들은 자녀들의 성적을 높이기 위해 무슨 일이든 감행할 준비가 되어 있고, 실제 엄청난 희생을 감수하고 있다. 사교육이 공교육을 위협하고 있는 현실이나 되풀이되고 있는 시험부정행위는 우리 사회에서 성적이 얼마나 중요한 위상을 차지하고 있는가를 극명하게 나타내 준다.

성적은 순기능을 할 수도 있고, 역기능을 할 수도 있다. 성적의 순기능을 극대화하고 역기능을 최소화하려면 타당하고 공정한 방식으로 성적을 평가해야 한다. 이 장에서는 먼저 성적의 의미를 살펴본 다음, 성적평가방법과 성적을 표기하는 방식을 소개한다.

# 제1절 🔅 성적의 의미

## 1. 성적의 개념

성적(成績, grade)은 특정 영역에서의 성취도를 총체적으로 평가한 것이다. 따라서 성적은 학생의 성취에 관한 수많은 정보(시험성적, 과제물, 발표, 출석상황 등)를 하나의 숫자나 문자로 간결하게 요약한다.

성적의 구체적인 의미는 평가유형에 따라 큰 차이가 있다. 준거지향평가(절대평가)에서 성적은 교육목표를 달성한 정도(즉, 수업내용을 이해한 정도)를 가리킨다. 최근 중학교와 고등학교에 도입된 성취평가제는 성적을 성취기준에 도달한 수준이라고 정의한다. 따라서 절대평가에서 성적이 높다는 것은 교육목표를 도달한 정도가 높다는 것을 뜻한다. 이에 반해 규준지향평가(상대평가)에서 성적은 소속집단에서의 상대적 위치에 비추어 정의된다. 따라서 상대평가에서 높은 성적을 받았다는 것은 자신이 속한 집단에서 다른 학생들보다 더 높은 점수를 받았다는 것을 나타낸다.

## 2. 성적의 기능과 용도

성적이 수행하는 다양한 기능과 용도는 다음과 같이 요약할 수 있다.

우선 성적은 당사자인 학생들에게 큰 영향을 준다. 성적은 보상과 강화의 역할을 하므로 학습동기를 높이는 기능을 한다. 학생들은 좋은 성적을 받으려 하고, 낮은 성적과 그에 수반되는 부정적인 결과를 회피하려고 한다. 학교에서 성적을 평가하지 않으면 아마 상당수의 학생들은 공부를 제대로 하지 않을 것이다. 성적이 학습동기를 효과적으로 유발하려면 성취도가 높은 학생에게 좋은 성적을 주어야 하고, 합리적이고 타당한 방식으로 성적을 평가해야 한다. 또 성적은 자기를 객관적으로 평가하고, 강점 및 약점을 분석하는 데 도움을 주는 피드백을 학생들에게 제공한다. 성적은 또한 학구적인 기대를 형성하고, 나아가 진학이나 진로결정과 같은 중요한 의사결정을 하는 데 필요한 정보를 학생들에게 제공한다. 즉, 성적은 학생들이 졸업 후의 인생을 설계하는 데 필요한 기초정보를 제공한다(예: Warren, 1971).

성적은 교사 및 학부모에게도 유용한 정보를 제공한다. 성적은 학생들의 성취도에 관한 정보와 수업의 효과를 판단할 수 있는 근거자료를 교사에게 제공한다. 학부모에게 성적은 학생의 전반적인 학업성취도와 적응상태에 관한 정보를 제공한다.

성적은 또한 미래의 성취도를 예언한다. 중학교 성적은 고등학교 성적을 잘 예측하며, 고등학교 성적은 대학성적을 잘 예측하는 것으로 알려져 있다. 입학시험에서 성적을 기준으로 신입생을 선발하고, 기업체에서 성적을 기준으로 신입사원을 선발하는 가장 주요한 이유는 성적이 미래 성취와 성공을 잘 예언하기 때문이다.

## 3. 성적의 문제점

성적은 앞에서 언급한 순기능도 갖고 있지만 적지 않은 문제점도 있다. 성적에 관한 비판적인 견해는 다음과 같다.

첫째, 성적은 의미가 불명료하다. 다시 말하면 성적의 개념과 성적평가방법이 교사, 과목, 학교에 따라 다르기 때문에 성적의 가비교성(可比較性)이 없다는 것이다.

둘째, 성적에는 성취도 이외의 외재적 요인들이 영향을 미친다. 예를 들어, 교사의 편견과 선호도는 성적에 영향을 준다. 교사들은 좋아하는 학생에게 높은 점수를 주는 경향이 있다(Baird & Feister, 1972). 학생의 성별, 성격, 품행과 같은 요인도 성적에 영향을 준다. 능력이 동일할 경우 여학생이 남학생보다 더 좋은 성적을 받는 경향이 있다(Caldwell & Hartnett, 1967).

셋째, 성적은 신뢰도가 낮다. 그 결과 성적이 실제 성취수준보다 높게(혹은 낮게) 표시되는 경우가 많다. Starch와 Elliot(1912)의 고전적인 연구는 성적의 신뢰도가 낮다는 사실을 단적으로 보여 준다. 그들은 동일한 영어시험 답안지를 142명의 교사들에게 나눠 준 다음 100점 만점으로 채점하도록 했을 때, 채점결과가 최저 52점에서 최고 98점에 이를 정도로 큰 차이를 보인다는 사실을 발견했다.

넷째, 성적은 능력이 낮은 학생들에게 불안, 실패감, 적대감, 부정적 자기개념, 무력감, 학교에 대한 부정적 태도 등을 유발한다. 그러나 성적이 부정적인 영향을 미치는 것은 사실이지만, 이 주장은 "온도계 때문에 날씨가 나쁘다."라고 주장하는 것과 같다는 지적을 받고 있다(Ebel, 1972).

다섯째, 성적은 부정행위를 조장한다. 그러나 이러한 비판은 "돈은 도둑질을 조장하기 때문에 나쁘다."라고 하는 것과 같다는 지적을 받고 있다(Ebel, 1972). 평가를 전혀 하지 않는다면 부정행위를 줄일 수 있지만 학습도 저하될 것이 자명하므로 이 주장은 설득력이 약하다.

여섯째, 성적은 주로 피상적인 교육성과를 반영하고 있을 뿐 진정으로 중요한 교육성과를 나타내지 못하고 있다. 학교성적이 인지적 목표의 성취도는 반영하고 있으나 정의적 목표의 성취도는 제대로 반영하지 못하고, 인지적 영역 중에서도 고차적인 교육목표의 도달도를 도외시하고 있다는 지적이다. 그러나 이러한 문제점은 성적 자체가 아니라 부적절한 평가절차에서 기인한다. 이러한 문제를 해결하려면 성적을 폐지할 것이 아니라 평가절차를 개선해야 한다.

## 4. 성적평가절차

학교에서 성적을 평가하는 절차는 대체로 다음과 같다.

### (1) 제1단계 성적평가지침 확인

교육부, 교육청, 학교의 성적평가지침을 확인한다. 성적평가지침은 성적을 평가하는 데 관련된 각종 사항을 규정하고 있으므로 성적평가는 성적평가지침을 준수해야 한다.

### (2) 제2단계 성적의 개념 정의

성적평가방식은 성적을 어떻게 정의하는가에 따라 달라진다. 그러므로 성적을 평가하기 전에 성적의 의미를 명료하게 정의해야 한다. 현재 중학교와 고등학교에서 실시되고 있는 성취평가제는 성적을 성취기준에 도달한 정도라고 하여 절대적인 측면에서 정의하고 있다.

### (3) 제3단계 성적의 구성요소 결정

성적의 의미와 성적평가방식이 결정되면 성적에 어떤 요소(예컨대, 지필검사 점수, 수행평가 점수, 과제물 점수, 발표 점수, 학습태도, 노력)를 반영하고, 요소별로 가중치를 어떻게 부여할 것인지를 결정해야 한다. 성취평가제의 경우 지필평가 결과와 수행평가 결과를 성적에 반영하고 있다. 성적을 타당하게 평가하려면 성적을 구성하는 요소별로 최적의 가중치를 주어야 한다. 성적을 평가할 때 교육목표를 달성한 정도 이외의 요소(예컨대, 태도, 출석, 노력)를 반영하는 경우도 있으나, 그러한 요소들을 반영하면 성적의 의미가 왜곡될 수 있으므로 반영하지 않는 것이 원칙이다. 따라서 수업

태도를 개선하거나 학습동기를 유발하는 것이 수업이 지향하고 있는 목표가 아닐 경우에는 교육목표 달성도 이외의 요소들은 성적에 반영하지 않는 것이 좋다.

---

 **성적 구성요소에 대한 가중치 부여 방법**

1. 성적을 평가할 때는 하나의 지표만 사용하는 것보다 여러 지표를 사용하는 것이 좋다. 여러 지표를 사용할 경우 가장 신뢰도가 높은 요소에 최대의 가중치를 주어야 한다.
2. 성적을 구성하는 요소 사이에 상관이 높을 때는 상관이 낮을 때보다 가중치의 중요성이 낮아진다.
3. 규준지향평가에서 성적의 구성요소별 가중치는 표준편차와 상관의 크기를 고려해서 부여해야 한다. 가중치는 구성요소의 표준편차에 비례하는 것이 좋다.

---

(4) 제4단계 성적표기방식 결정

어떤 방식으로 성적을 표기할 것인지를 결정한다. 최근 중등학교 성적표기방식은 수, 우, 미, 양, 가에서 A, B, C, D, E, F로 바뀌었다.


# 제2절 성적평가방법

교육현장에서 가장 보편적인 성적평가방법은 상대평가방법과 절대평가방법이다. 상대평가(규준지향평가)는 다른 학생들의 점수와 비교하여 성적을 평가하는 방법이고, 절대평가(준거지향평가)는 교육목표 달성도에 비추어 성적을 평가하는 방법이다.


## 1. 상대적 성적평가방법

상대적 기준에 따라 성적을 평가하는 방법은 원칙적으로 성적이 정규분포를 이룬다고 가정하고, 정규분포를 일정 백분율로 나누어 성적을 평가한다. 상대적 기준에 따라 성적을 평가하는 구체적인 방법을 소개한다.

5단계 상대평가　5단계 상대평가는 성적분포를 [그림 12-1]과 같이 미리 정해 놓은 백분율에 따라 다섯 부분으로 나눈 다음 성적을 평가하는 방법이다. 이 방법으로 성적을 평가했을 때 A를 받았다는 것은 전체 집단에서 상위 10% 이내에 해당된다는 것을 나타낸다.

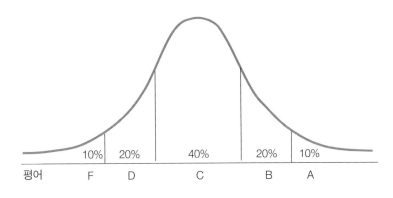

[그림 12-1] 🌲 전통적인 5단계 상대평가방법

5단계 상대평가는 과거 학교에서 가장 널리 적용된 상대평가방법으로 단순하고 이해하기가 쉽다는 장점이 있다. 그러나 이 평가방법은 실제 성취수준을 전혀 고려하지 않고 임의로 정해 놓은 백분율에 따라 획일적으로 성적을 부여한다는 문제점이 있다. 예를 들어, 10%의 학생에게만 A학점을 주기로 결정했다면 전체 집단에서 상위 20%의 점수가 사실상 같을 경우에도 10%의 학생에게만 A학점을 주어야 한다.

9단계 상대평가(스테나인)    9단계 상대평가는 [그림 12-2]에 제시된 것처럼 스테나인을 이용하여 전체 집단을 9개 부분으로 나눈 다음 1에서 9까지 등급을 부여하는 평가방법이다. 이 성적평가방법은 상대적 위치를 5단계 상대평가방법보다 더 정확하게 변별하기 위한 목적으로 사용되고 있다.

단, 원래 스테나인에서는 1점이 가장 낮고 9점이 가장 높지만, 9단계 상대평가에서는 [그림12-2]와 같이 1점이 가장 높고 9점이 가장 낮은 방식으로 바꾸어 성적을 부여한다. 그러므로 9단계 성적평가에서 1점을 받았다는 것은 전체 집단에서 상위 4% 이내에 해당된다는 것을 나타낸다. 수능시험의 등급은 이 방법으로 성적을 부여하고 있다.

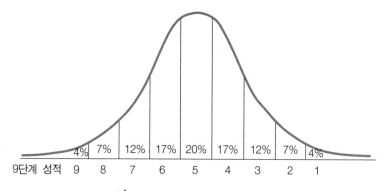

[그림 12-2] 스테나인을 이용한 9단계 상대평가방법

**표준점수와 백분위** 표준점수(Z 점수와 T 점수)와 백분위로 성적을 표기하는 방법이다. 표준점수와 백분위는 상대적 위치를 정확하게 나타낸다는 장점이 있다(제3장 참조).

**상대적 성적평가방법의 장단점** 상대적 기준에 따라 성적을 평가하는 방법은 성적을 평가하는 기준이 명료하므로 쉽게 이해할 수 있고, 성적 인플레이션을 효과적으로 방지한다는 장점이 있다. 상대적 성적평가방법의 단점은 다음과 같다.

첫째, 성적이 절대적인 성취수준과 합치되지 않는다. 상대평가(5단계 상대평가와 9단계 상대평가)는 상대적 서열만 평가할 수 있을 뿐 무엇을 어느 정도 알고 있는지는 평가할 수 없다.

둘째, 성적을 부여하는 백분율이 기계적으로 결정되어 있다. 그 결과 절대적인 성취수준과 관계없이 우수반에서도 일부 학생들에게 반드시 낮은 성적을 주어야 하고, 열등반에서도 일부 학생들에게 반드시 높은 성적을 주어야 한다.

셋째, 원점수가 같더라도 소속된 집단에 따라 성적이 달라진다. 따라서 원점수가 같아도 우수한 집단에 소속되면 낮은 성적을, 열등한 집단에 소속되면 높은 성적을 받게 된다.

넷째, 성적을 부여하는 기준이 임의적이어서 합리성이 없다. 즉, 5단계 상대평가에서 A를 10%, B를 20%로 부여해야 한다는 타당한 근거가 없다.

다섯째, 학생수가 적을 경우 평가에 문제가 있다. 가령, 고등학교 석차 9등급제의 경우 13명 미만의 소인수 교과에서는 1등급이 나오지 않는다.

## 2. 절대적 성적평가방법

절대적 기준에 따라 성적을 평가하는 방법은 학생의 점수를 상대적으로 해석하지 않고 절대적으로 해석한다. 절대적 기준에 따라 성적을 평가하기 위한 방법을 몇 가지 소개한다.

백분율 성적    성취한 지식 혹은 기능의 수준에 따라 100을 만점으로 하여 성적을 주는 방법이다. 백분율 성적은 학생이 달성한 교육목표 백분율을 나타내는 것으로 해석한다. 따라서 백분율 성적이 80이라고 하면 교육목표의 80%에 도달했다고 해석한다. 백분율은 특정 성적을 부여하는 학생들의 백분율(%)을 제한하지 않으므로 대부분의 학생에게 A를 줄 수도 있고, 반대로 대부분의 학생에게 D를 줄 수도 있다. 이 방법은 이해하기 쉽고 적용하기 쉽다는 장점도 있다.

성취표준과 비교한 절대평가    백분율을 다음과 같은 성취표준과 비교하여 평어(評語)로 변환하는 방법으로, 학교에서 많이 적용하고 있는 절대평가방법이다.

| 교육목표 도달도(정답률) | 성 적 |
|---|---|
| 90% 이상 | A |
| 80~89% | B |
| 70~79% | C |
| 60~69% | D |
| 59% 이하 | F |

성취표준과 비교하여 성적을 평가하는 방법은 성적을 부여하는 표준이 임의적이라는 단점이 있다. 다시 말하면 90% 이상을 A를 준다고 할 때 90%는 임의적인 성질을 갖고 있다. 또 다른 제한점은 성적의 최저점수가 일반적으로 60~70%이므로 교육목표 달성도를 측정하는 동시에 점수가 60~70점에서 100점의 범위에 분포되도록 하려면 문항작성에 상당한 숙련도가 요구된다는 점이다. 마지막으로 이 평가방법은 학생의 성취도를 총체적으로 나타낼 뿐 하위영역별 성취도에 관한 정보는 제공하지 못한다는 단점이 있다.

합격-불합격 평가(pass-fail grading) 분할점수를 기준으로 하여 합격 혹은 불합격으로 평가하는 방법이다. 운전면허시험에서 70점 이상이면 합격, 70점 미만이면 불합격으로 평가하는 방법이 이에 해당된다.

## 3. 성취평가제

현재 중학교와 고등학교에서는 성취평가제가 실시되고 있다. 상대평가(내신 9등급제)의 문제점을 해결하기 위해 도입된 성취평가제는 성취기준에 도달한 정도에 비추어 성적을 평가하는 준거지향평가를 가리킨다.

성취평가제의 가장 중요한 특징은 성적을 정의하는 방식과 성적표기방식이 전면적으로 바뀌었다는 점이다. 과거에는 성적을 상대적 위치에 따라 스테나인을 이용하여 9단계로 평가했으나, 성취평가제에서는 성적을 성취기준에 도달한 정도 혹은 성취율에 비추어 절대적으로 정의하고, 성적을 A, B, C, D, E, F로 표기하고 있다.

성취평가제의 절차는 (1) 평가계획 수립, (2) 성취기준 및 성취수준 설정, (3) 이원분류표 작성, (4) 평가도구 제작, (5) 평가실시 및 결과처리 단계로 나뉜다. 이 중에서 성취기준 및 성취수준과 성적표기방식을 소개한다(한국교육과정평가원, 2012).

### 1) 성취기준

성취기준이란 각 교과목에서 학생들이 성취해야 할 지식, 기능, 태도를 진술한 것을 말한다. 그러므로 성취기준은 사실상 교육목표와 같다. 성취기준을 예시하면 다음과 같다.

- 집합의 개념을 이해한다.
- 어조나 억양을 통해 화자의 심정을 파악한다.
- 물질의 상태에 따른 분자배열의 차이를 비교한다.
- 후기 문화의 새로운 변화를 사례 중심으로 파악한다.

성취기준은 국가수준에서 제공하는 성취기준을 참고하여 설정해야 하며, 국가수준에서 제공하는 성취기준을 활용할 수 없는 경우 교육과정의 교과목별 목표 및 내용을 토대로 개발해야 한다.

## 2) 성취수준

성취수준이란 학생들이 성취기준에 도달한 정도를 몇 개 수준으로 구분한 다음, 각 수준별 지식 · 기능 · 태도의 특성을 설명한 것이다. 성취수준은 성적을 판정하는 잣대가 된다. 성취평가제는 학생이 성취기준에 도달한 정도에 따라 성적을 A, B, C, D, E, F로 표기하는데, 각 수준의 정의는 다음과 같다.

**표 12-1** 성취평가제의 성취수준에 관한 정의

| 성취수준 | 정 의 | 성취율(점수) |
|---|---|---|
| A | 내용영역에 대한 지식습득과 이해가 매우 우수한 수준이며 새로운 상황에 일반화할 수 있음 | 90% 이상 |
| B | 내용영역에 대한 지식습득과 이해가 우수한 수준이며 새로운 상황에 대부분 일반화할 수 있음 | 90% 미만~ 80% 이상 |
| C | 내용영역에 대한 지식습득과 이해가 만족할 만한 수준이며 새로운 상황에 어느 정도 일반화할 수 있음 | 80% 미만~ 70% 이상 |
| D | 내용영역에 대한 지식습득과 이해가 다소 미흡한 수준이며 새로운 상황에 제한적으로 일반화할 수 있음 | 70% 미만~ 60% 이상 |
| E | 내용영역에 대한 지식습득과 이해가 미흡한 수준이며 새로운 상황에 거의 일반화할 수 없음 | 60% 미만~ 40% 이상 |
| F | 내용영역에 대한 지식습득과 이해가 최소 학업성취 수준에 미달하여 별도의 보정 교육 없이는 다음 단계의 교수-학습 활동을 정상적으로 수행하기 어려움 | 40% 미만 |

## 3) 성적표기방식

중학교의 경우 성적은 A, B, C, D, E, F로 표기하고 원점수/과목평균(표준편차)을 병기한다. 석차는 기재하지 않는다. 체육 · 예술교과는 성적만 A, B, C로 기재한다. 고등학교에서는 성적을 A, B, C, D, E, (F)로 기재하고 원점수/과목평균(표준편차)을 병기한다. 단, 교양교과 및 기초교과의 기본과목은 단위수와 이수 여부만 기재하고, 체육 · 예술교과는 성적만 A, B, C로 기재한다.

# 제3절 ✍ 성적표기방식

성적은 다양한 방식으로 표기할 수 있다. 성적을 표기하는 방식으로 (1) 원점수, (2) 석차(등위점수), (3) 백분위, (4) 백분율 성적, (5) 표준점수, (6) 평어, (7) 합격-불합격 평가, (8) 서술식 평가를 소개한다.

## 1. 원점수

원점수(raw score)는 시험에서 받은 점수를 말한다. 대학수능시험에서 어떤 학생이 320점을 받았다고 할 때 320점이 원점수다. 원점수는 해석되지 않은 점수이므로 그 자체로는 아무런 의미가 없다.

## 2. 석차(등위점수)

석차(rank)는 원점수의 크기에 따라 부여한 서열 혹은 순위(1등, 2등, 3등, ……)를 말한다. 일반적으로 석차는 전체 학생수를 분모로 하고 순위를 분자로 하여 표기한다. 그러므로 158명 중에서 6등을 했을 경우 6/158으로 표기한다.

석차의 가장 큰 단점은 동점자가 많을 때 계산이 복잡하다는 점이다. 동점자가 많을 때는 다음 공식으로 석차를 매기면 된다.

$$석차 = \frac{T+B}{2}$$

앞의 공식에서 T는 동점의 등위범위에서 최고등위를, B는 최하등위를 의미한다. 수학시험에서 71점 이상의 점수를 받은 학생이 모두 4명이고, 70점을 받은 학생이 7명이라고 할 때 70점을 받은 학생들이 받을 수 있는 등위는 5등, 6등, 7등, 8등, 9등, 10등, 11등이므로, 최고등위는 5등이고 최하등위는 11등이다. 따라서 70점을 받은 학생의 석차는 다음과 같이 8등이 된다.

$$석차 = \frac{5+11}{2} = 8$$

석차는 전체 집단에서의 순위를 표기하고 있으므로 상대적 위치를 정확하게 나타낸다. 그러나 집단의 사례수가 다르면 석차를 의미 있게 비교하기가 어렵다는 문제점이 있다. 이를테면 150명 중에서 3등을 한 경우와 20명 중에서 3등을 한 경우가 같다고 할 수 없다. 넓은 의미로 보면 백분위나 표준점수(Z 점수, T 점수, 스테나인)도 일종의 석차로 볼 수 있다.

## 3. 백분위

백분위(percentile rank: PR)는 전체 집단에서 특정 점수 이하의 점수를 얻은 사례들이 차지하는 백분율(%)을 의미한다. 백분위는 상대적 위치에 관한 정보를 갖고 있다. 예컨대, 수능시험에서 320점의 백분위가 75라고 하면 수능시험 응시자의 75%가 320점 이하의 점수를 받았음을 뜻한다. 백분위에 관한 자세한 설명은 제3장을 참조하기 바란다.

## 4. 백분율 성적

백분율 성적(percentage, %)은 정답률 혹은 교육목표를 도달한 정도에 따라 0에서 100 사이의 숫자로 성적을 표기한다. 단, 백분율은 백분위와 다른 개념이므로 혼동하지 말아야 한다.

백분율 성적은 성취도를 간결하게 요약하고, 기록 및 통계처리가 용이하다는 장점이 있다. 그렇지만 백분율 성적은 몇 가지 단점이 있다. 우선 백분율은 명칭 자체가 오해의 소지를 안고 있다. 즉, 백분율 성적에서 100점을 받은 학생은 수업내용을 완전히 이해했다는 것을 의미하는 것처럼 보이지만 사실은 그렇지 않다. 왜냐하면 시험을 어렵게 출제하면 백분율이 낮아질 수 있기 때문이다. 이것은 백분율이 수업내용을 이해한 정도를 제대로 나타내지 못한다는 것을 의미한다. 백분율 성적의 또 다른 단점은 학생들의 성취도 수준을 100점 척도에서 정밀하게 변별하는 것이 불가능하다는 점이다. 아무리 유능한 교사라고 하더라도 성취도가 80%인 학생과 성취도가 81%인 학생을 변별할 수 없다.

## 5. 표준점수

표준점수(standard score)는 원점수가 평균과 다른 정도를 표준편차 단위로 표기한 것으로, Z 점수, T 점수, 스테나인 등이 있다(제3장 참조). 표준점수는 상대적 위치에 관한 정보를 제공한다.

## 6. 평 어

평어(評語)는 성적을 문자로 표기하는 방식이다. 일반적으로 A, B, C, D, F로 표기한다. 최근 중학교와 고등학교에서는 평어를 수, 우, 미, 양, 가로 표기하던 전통적인 방식을 국제적인 표준에 맞추기 위해 A, B, C, D, E, F로 표기하는 방식으로 바꾸었다. 평어에는 평점이 부여되어 있다. 대학에서는 성적의 변별력을 높이기 위해 평어를 플러스(+)와 마이너스(−)로 세분하여 표기하기도 한다.

평어는 절대평가와 상대평가에서 공히 성적을 표기하는 방식으로 사용되고 있다. 그러므로 평어만 보고 그것이 절대평가의 성적인지 상대평가의 성적인지 알 수 없다.

평어는 성적을 몇 개 범주로 간결하게 분류하여 단순하게 표기하고 성적평가의 오류를 줄일 수 있다는 장점이 있다. 평어를 옹호하는 사람들은 교사가 정확하게 변별할 수 있는 성취도 수준은 기껏해야 5개 정도에 불과하므로 백분율과 같이 정밀한 성적을 평가하는 것은 신뢰할 수 없다고 주장한다. 평어는 많은 사람에게 친숙하다는 장점도 있다. 그러나 평어는 총체적인 성취도만 나타내고, 평어의 의미가 교사나 학생에 따라 다르다는 단점이 있다.

## 7. 합격−불합격 평가

합격−불합격 평가(pass−fail grading)는 성적을 2개 범주로 표기하는 방식이다. 일반적으로 D학점 이상의 성적은 합격으로 표기하고, F는 불합격으로 표기한다. 우리나라 대학에서 일부 과목의 성적은 이 방식으로 부여하고 있다. 운전면허시험의 성적도 이 방식으로 표기하고 있다.

합격−불합격으로 성적을 평가하는 방법은 1960년대 초반 미국의 다수 대학과 일부 고등학교에서 채택한 제도로 전통적인 성적제도에 대한 불신을 반영하고 있다. 즉, 성적은 학교 졸업 후에는 별로 중요하지 않으므로 강조할 필요가 없고, 성적을 중시하면 학생들이 좋은 성적을 얻기 위해 필수과목을 이수하지 않으려고 하며, 높은 성적을 얻기 위해 부정행위와 비효과적인 학습습관(벼락치기공부)을 조장한다는 것이다.

합격-불합격 평가는 성취도에 관한 구체적인 정보를 제공하지 못하므로 유용성이 낮다. 또 이 방식으로 성적을 평가하면 학습동기가 낮아지고(Ebel, 1972), 그 결과 성취도가 낮아진다. 이 방식은 신뢰도가 낮다는 단점도 있다. Ebel에 따르면 5개 범주로 표기한 성적의 신뢰도는 .83에 이르지만, 2개 범주로 표기한 성적의 신뢰도는 .63에 불과하다.

## 8. 서술식 평가

서술식 평가는 성적을 구체적으로 기술하는 방식이다. 이 방식의 장점은 교육목표별 성취도, 학습습관, 학생의 강점 및 약점을 구체적으로 기술하고 개선사항을 제안할 수 있다는 것이다. 서술식 평가를 할 때는 무엇을 어느 정도 학습했는가는 물론 어떻게 학습했는가에 관한 정보를 포함해야 한다.

서술식 평가는 시간과 노력이 많이 소요된다는 단점이 있다. 교사들은 서술식 평가를 할 때 성취보다는 인성(人性)에 주안을 두는 경향이 있다는 지적도 있다(Geisinger, 1982). 이러한 점을 고려하면 서술식 평가는 전통적 방법에 비해 매력이 낮기 때문에 성적에 대한 보조정보로 사용하는 것이 좋다.

### 주요개념

| | | | |
|---|---|---|---|
| 성적 | 상대적 성적평가 | 절대적 성적평가 | 성취평가제 |
| 성취기준 | 성취수준 | 원점수 | 석차 |
| 백분위 | 백분율 성적 | 표준점수 | 평어 |
| 합격-불합격 평가 | 서술식 평가 | | |

### 요약정리

1. 성적은 특정 영역에 대한 성취도를 간결하게 요약한 것으로, 각급 학교에서 널리 활용되고 있다. 성적은 순기능도 갖고 있지만 역기능도 갖고 있다.
2. 성적의 의미는 평가유형에 따라 다르다. 준거지향평가(절대평가)에서 성적은 교육목표를 달성한 정도를 뜻한다. 규준지향평가(상대평가)에서 성적은 소속집단에서의 상대적 위치를 말한다.
3. 상대적 기준에 따라 성적을 평가하는 방법으로는 (1) 5단계 상대평가, (2) 9단계 상대평가(스테나인), (3) 백분위와 표준점수 등이 있다.

4. 절대적 기준에 따라 성적을 평가하는 방법으로는 (1) 백분율 성적, (2) 성취표준과 비교한 절대평가, (3) 합격-불합격 평가 등이 있다.

5. 성취평가제는 성취기준에 도달한 정도에 비추어 성적을 평가하는 소위 준거지향평가방식이다.

6. 성적을 표기하는 방식은 (1) 원점수, (2) 석차(등위점수), (3) 백분위, (4) 백분율 성적, (5) 표준점수, (6) 평어, (7) 합격-불합격 평가, (8) 서술식 평가 등이 있다.

# 정의적 특성의 평가

| 정의적 특성의 평가 | 제1절 | 정의적 특성의 성격 |
| | 제2절 | 관 찰 |
| | 제3절 | 자기보고법 |
| | 제4절 | 사회성측정 |

 **학습목표**

- 정의(情意)의 개념을 설명하고, 정의적 특성의 종류를 열거한다.
- 정의적 특성의 교육적 의의를 설명한다.
- 정의적 특성에 관한 교육 및 평가가 등한시된 이유를 지적한다.
- 자기보고법을 정의한다.
- 일화기록, 체크리스트, 평정척도의 특징을 비교한다.
- 평정오차의 종류를 열거, 설명한다.
- 관찰의 형태를 분류한다.
- 자유반응형 설문지와 구조화 설문지를 비교한다.
- 설문지를 작성할 때 유의해야 할 사항들을 기술한다.
- Likert 척도와 의미변별척도의 특징을 비교한다.
- 구조화 면접, 반구조화 면접, 비구조화 면접을 비교한다.
- 사회성측정의 의미와 용도를 설명한다.
- 사회성측정의 결과를 제시하는 방법을 설명한다.

인간이 갖고 있는 다양한 특성은 일반적으로 세 범주로 분류된다. 즉, 사고방식을 나타내는 특성은 인지적 특성으로, 행동방식을 나타내는 특성은 운동기능특성 혹은 심동적 특성으로, 감정의 방식을 나타내는 특성은 정의적 특성으로 분류된다.

전통적으로 교육에서는 학업성취를 성공의 지표로 간주하여 인지적 성과를 평가하는 데 주안을 두고 정의적 특성에 관한 평가는 상대적으로 등한시하고 있다. 그렇지만 정의적 특성은 교육목표, 즉 교육활동을 통해서 달성하고자 하는 성과로서 타당할 뿐만 아니라 인지적 학습에 영향을 미치는 수단적인 기능을 갖고 있으므로 학교교육에서 마땅히 가르치고 평가해야 한다.

이 장에서는 먼저 정의적 특성의 개념과 교육적 의의를 살펴본 다음 정의적 특성을 평가하기 위한 방법으로 (1) 관찰, (2) 자기보고법(설문지, 척도, 면접), (3) 사회성 측정을 소개한다. 단, 이 장에 제시된 평가방법이 정의적 특성을 평가하는 데 한정되는 것은 아니라는 사실에 유념해야 한다. 예를 들어, 관찰이나 면접은 정의적 특성을 평가하는 데도 사용될 수 있지만 인지적 특성이나 심동적 특성을 평가하는 데도 적용될 수 있다.


## 제1절 ◈ 정의적 특성의 성격

이 절에서는 정의적 특성의 개념과 종류, 교육적 의의를 살펴본 다음 정의적 특성에 관한 교육 및 평가의 문제점을 논의한다(권대훈, 2006).


### 1. 정의의 개념

정의(情意, affect) 혹은 정의적 특성은 인간의 전형적인 감정이나 정서의 표현방식을 나타내는 특성을 가리킨다(Anderson, 1981). 정의의 개념을 구체적으로 설명하면 다음과 같다.

(1) 정의적 특성은 감정과 정서를 포함하는 특성이다. 이러한 점에서 정의적 특성은 인지적 특성이나 심동적 특성과 본질적으로 구분된다.

(2) 정의적 특성은 '전형적인(typical)' 감정이나 정서를 뜻한다. 즉, 정의는 감정이

나 정서 중에서도 상당한 정도로 일관성이 있고 안정된 특성을 지칭하므로 순간적인 감정이나 정서는 정의에 포함되지 않는다.

(3) 정의는 구체적인 대상·활동·장면·아이디어·경험·사람과 관련된다. 불안을 예로 들면, 시험불안은 시험상황과 관련되고, 대인불안은 인간관계상황과 관련된다.

(4) 정의는 특정 대상에 대한 접근-회피 경향을 나타낸다. 그러므로 정적 정의(正的 情意, positive affect)는 접근하는 경향을, 부적 정의(負的 情意, negative affect)는 회피하는 경향을 나타낸다. 학교를 좋아하는 감정은 정적 정의에 해당되고, 학교를 싫어하는 감정은 부적 정의가 된다.

(5) 정의적 특성은 종류에 따라 감정 혹은 정서의 강도나 세기가 다르다. 또한 같은 감정이라고 하더라도 사람에 따라 강도가 다르다.

## 2. 정의적 특성의 종류

정의적 특성의 종류는 매우 다양하다. 학교교육과 관련이 있는 대표적인 정의적 특성으로 태도, 흥미, 불안, 동기, 가치관, 성격에 관해 간단히 살펴본다.

### 1) 태 도

태도(態度, attitude)는 일반적으로 특정 사물·활동·사람에 관한 반응에 영향을 주는 지속적인 신념 및 감정의 체계를 말한다. 태도는 인지적 요소, 정의적 요소, 행동적 요소로 구분된다. 인지적 요소는 특정 대상에 관한 신념, 정의적 요소는 특정 대상에 관한 감정, 행동적 요소는 특정 대상을 지향한 행동(접근행동 혹은 회피행동)을 가리킨다. 학교에 대한 태도를 예로 들어 보자. 학교에 대해 부정적 태도를 갖고 있는 학생은 학교를 시간낭비라고 생각하고(인지적 요소), 학교에 대해 부정적 감정을 갖고 있으며(정의적 요소), 결석을 하거나 교사에게 반항한다(행동적 요소).

태도의 대상은 사람·사물·사건·조직·활동과 같이 개인과 직접·간접으로 관련된 모든 것을 망라한다. 태도는 특정 대상에 대한 느낌이나 감정을 포함하는데, 이러한 감정은 긍정적 감정과 부정적 감정을 두 극단으로 하는 연속선 위의 특정 위치에 나타낼 수 있다. 그러므로 어떤 학생이 수학수업을 좋아한다면 수업에 대해 긍정적인 태도를 갖고 있는 것이 되고, 그 수업을 싫어한다면 수업에 대해 부정적인 태도를 갖고 있는 것이 된다. 태도는 특정 대상에 대해서 행위를 하려는 의도나 준비성에 영향을 준다. 즉, 특정 대상에 대한 행위 의도는 그 대상에 접근하려는 경향 혹은 회피하려는 경향으로 나타난다.

### 2) 흥 미

일반적으로 흥미(興味, interest)는 어떤 현상이나 사물에 관한 관심 또는 특정 활동에 참여하려는 경향성을 뜻한다. 흥미는 어떤 사물이나 활동에 대한 선택적 경향성이므로 영역에 따라 학교 교과영역에 대한 학습흥미와 직업영역에 대한 직업흥미로 구분할 수 있다. 학습흥미의 하위영역은 교과영역에 따라 어문학적 흥미, 수학적 흥미, 사회학적 흥미, 물상과학적 흥미, 미술적 흥미, 음악적 흥미, 실과적 흥미, 운동적 흥미, 기술적 흥미 등으로 구분할 수 있다. 직업흥미의 하위영역은 학자에 따라 다르게 분류되고 있다. 이상로와 변창진(1991)이 개발한 직업흥미진단검사에서는 종합흥미영역을 문학적 흥미, 과학적 흥미, 설득적 흥미, 실무적 흥미, 옥외적 흥미, 예술적 흥미, 사회봉사적 흥미로 구분하고 있다.

### 3) 불 안

일반적으로 불안(不安, anxiety)이란 개체가 위협에 처하거나 자존심의 손상을 경험할 때 주관적으로 지각하는 부정적인 정서를 뜻한다. 불안은 안정성을 기준으로 할 때 특성불안과 상태불안으로 구분된다. 특성불안(特性不安, trait anxiety)은 광범위한 상황에서 불안을 경험하는 비교적 지속적인 경향성을, 상태불안(狀態不安, state anxiety)은 특정 상황이나 장면에서만 경험하는 일시적인 정서적 긴장을 의미한다. 교육장면에서 가장 큰 관심을 끌고 있는 시험불안(검사불안, test anxiety)은 상태불안의 일종으로, 각종 평가장면에서 경험하는 인지적·정서적 반응을 가리킨다. 시험불안은 시험을 치는 도중에는 물론 시험을 예상하는 장면이나 시험공부를 하는 장면에서도 경험할 수 있고, 시험을 치고 난 후에도 경험할 수 있다.

### 4) 동 기

동기(動機, motivation)는 행동의 각성, 강도, 방향에 영향을 주는 과정을 지칭한다.

동기는 행동의 강도와 지속성에 영향을 준다. 일반적으로 동기가 높을수록 더 열정적으로 행동을 하고 지속성이 높다. 또 동기가 높을수록 효과적인 인지전략을 구사하고 긍정적인 정의를 갖고 있다. 학습동기가 높은 학생들은 학습활동에 몰입하고, 적극적인 문제해결전략을 사용하며, 지속성이 높고, 열정적이고, 낙관적이며, 학습활동에서 기쁨을 느끼고, 성취결과에 자부심을 갖는다. 반면 학습동기가 낮은 학생들은 수동적이고, 노력을 거의 하지 않으며, 어려움에 당면하면 쉽게 포기한다. 또 그들은 비효과적인 인지전략을 사용하고, 부정적인 정의를 갖고 있으며, 학습에 몰입하지 않는다.

### 5) 가치관

가치관(價値觀, value)은 매우 다양하게 정의되고 있다. Kluckhohn과 Strodtbeck (1961)은 가치관을 자연 속의 인간의 위치, 인간 대 인간의 관계, 인간 대 자연의 관계에 있어서 바람직한 것과 바람직하지 않은 것에 관한 일반화되고 조직화된 개념이라고 정의했다. 정범모(1973)는 가치관을 여러 가지 인간문제에 대해 바람직한 것 혹은 해야 할 것에 관한 일반적인 생각 또는 개념이라고 정의했다.

가치관은 어떤 것이 '좋고 바람직하다' 혹은 '나쁘고 바람직하지 않다'고 판단하는 평가적인 요소를 포함하고 있다. 정범모에 따르면 가치관은 다음과 같은 역할을 수행한다.

(1) 가치관은 동기와 포부를 결정한다. 즉, 가치관은 무엇을 원하고, 어디로 가야 할지를 결정한다.

(2) 가치관은 지각과 해석을 좌우한다. 즉, 가치관은 사물, 장면, 상황을 인식하는 관점을 형성한다.

(3) 가치관은 삶의 의미와 삶에 대한 만족과 관련된다. 가치관에 따라 돈이나 재산에 의미를 부여하는 사람이 있는가 하면, 정신이나 도덕에 의미를 부여하는 사람도 있다.

(4) 가치관은 일상적으로 당면하는 문제가 좋은지 아니면 나쁜지를 판단하기 위한 기준을 제공한다.

## 6) 성 격

성격(性格, personality)은 개인이 갖고 있는 지속적이고 특징적인 행동·사고·동기·정서의 복합체로, 다양한 상황에서 어떻게 반응하고 행동할 것인지를 결정한다. Allport(1937)는 성격을 개인의 특징적 행동과 사고를 결정하는 개인 내부의 정신·신체적 체계(psycho-physical systems, 혹은 心體的 體系)라고 정의했다. 또 Gary(1999)는 성격을 특정 개인을 독특한 사람으로 특징짓는 상대적으로 일관성이 있는 사고·감정·행동의 패턴이라고 정의했고, Pervin(1980)은 성격을 상황에 대한 일관성 있는 행동패턴을 설명하는 개인의 특성의 집합으로 정의했다.

이와 같이 성격은 이론이나 학자에 따라 다르게 정의되고 있어 한마디로 정의하기가 쉽지 않지만 성격을 정의할 때는 다음 사항을 고려해야 한다. 첫째, 사람들은 독특하기 때문에 똑같은 사람은 존재하지 않는다. 둘째, 같은 사람이라도 상황에 따라 다르게 행동한다. 셋째, 사람들이 독특하고 같은 사람의 행동이 상황에 따라 다름에도 불구하고 인간행동에는 상당한 정도의 공통점과 유사점이 존재한다.

## 3. 정의적 특성의 교육적 의의

정의적 특성이 학교교육에서 차지하는 일차적 중요성은 인지적 학습에 영향을 미치는 수단 역할을 한다는 데 있다. 정의적 특성은 인지적 학습을 촉진할 수도 있고, 방해할 수도 있다. 긍정적인 정의는 인지적 학습을 촉진한다. 학습흥미가 높고 학습태도가 긍정적인 학생은 학습활동에 적극적으로 참여하고, 당연히 학업성취가 높다. 이에 반해 부정적인 정의는 인지적 학습을 방해한다. 학습흥미가 낮거나 학습태도가 부정적인 학생은 학습활동에 소극적으로 참여하거나 학습활동 자체를 아예 회피하므로 결국 학업성취가 낮아진다.

자동차에 비유하면 인지적 능력이나 심동적 특성은 엔진이고, 정의적 특성은 에너지에 해당된다. 성능이 아무리 좋은 자동차라도 에너지가 없으면 제 성능을 발휘하지 못하듯, 능력이 아무리 높아도 부정적인 정의적 특성을 갖고 있으면 능력을 십분 발휘할 수 없다. 반대로 능력이 다소 떨어지더라도 긍정적인 정의적 특성을 갖고 있으면 능력의 결손을 상당 부분 보완할 수 있다.

정의적 특성의 가치는 단순히 지적 학습의 수단 역할을 하는 데 그치지 않는다. 정의적 특성이 진정 중요한 이유는 교육을 통해 달성할 만한 성과로서 타당하기 때문이다. 정의적 특성이 교육목적으로 타당하다는 주장을 찾기는 그렇게 어렵지 않다. 지능검사를 개발한 Binet는 정의적 특성을 교육의 중요한 성과로 간주했고, Tyler(1973) 또한 정의적 특성이 교육목적으로 중요하다는 점을 역설했다. Klausmeier와 Goodwin (1975)은 정의적 특성이란 어떤 상황에서 어떻게 행동하고 인생에서 무엇을 추구할 것인가를 결정하는 가장 중요한 요인이므로 중요한 교육목표로 간주해야 한다고 주장했다. 교육목표분류학에서도 정의적 영역을 인지적 및 심동적 영역과 함께 중시하고 있다. 제6장에서 살펴본 바와 같이 Krathwohl 등(1964)은 교육목표분류학에서 정의적 영역의 행동을 내면화의 원칙에 따라 5개 수준(수용, 반응, 가치화, 조직화, 인격화)으로 구분했다.

## 4. 정의적 특성에 관한 교육 및 평가의 문제점

정의적 특성이 학습에 영향을 미치는 수단이 될 뿐만 아니라 교육성과로서 중요하다면 정의적 특성을 교육하고 평가하는 것은 지극히 당연하다. 전인교육(全人教育)의 핵심은 정의적 교육에 있다고 해도 과언이 아니다. 그러나 정의적 특성의 중요성에는 모든 사람이 공감하고 있지만 실제 학교교육은 정의적 특성에 관한 교육 및 평가를 회피하거나 소홀히 하고 있다. 정의적 특성에 관한 교육 및 평가를 회피하거나 소홀히 하는 데 영향을 미친 요인들을 지적하면 다음과 같다.

(1) 정의적 특성에 대한 학생, 교사, 학부모의 관심이 매우 낮다. 정의적 특성에 관심이 낮은 것은 지식 일변도의 입시교육에서 기인한다고 볼 수 있다. 현재 학교교육은 교과별로 이루어지고 있으며, 각 교과에서는 정의적 목표가 부수적인 것으로 다루어지고 있거나, 아예 무시되고 있다.

(2) 정의적 특성에 관한 교육의 책임은 학교에 있는 것이 아니라 가정이나 사회에 있으므로 학교에서 구태여 정의적 특성을 교육할 필요가 없다고 주장하는 사람들이 많다.

(3) 정의적 특성을 교육할 때 교화, 주입, 세뇌의 위험이 수반될 수 있다. 정의적 교육에서는 교사가 바람직하다고 생각하는 특정 가치를 학생들에게 일방적으로 주입할 개연성이 있다. 그런데 교사가 바람직하다고 생각하는 가치를 다른 사람들은 바람직하지 않은 것으로 생각할 수도 있다.

(4) 정의적 특성은 인지적 특성이나 심동적 특성에 비해 개념적으로 모호하므로 가르치고 평가하기가 어렵다. 예컨대, 성격이나 가치관과 같은 개념은 매우 복잡하고 추상적이므로 단기간의 교육으로 변화시키기도 어렵고 평가하기도 어렵다.

(5) 정의적 특성은 개인의 심층에 자리 잡고 있는 특성으로 프라이버시와 같은 것이어서 정의적 특성의 교육 및 평가가 개인의 프라이버시를 침해할 소지가 있다는 우려가 존재하고 있다.

(6) 정의적 특성을 평가할 때는 자신의 정의적 특성을 솔직하게 나타내지 않고 사회적으로 바람직한 방향으로 반응하려는 경향성(사회적 바람직성, social desirability)이 작용할 소지가 있다. 예를 들어, '나는 거짓말을 한 적이 없다.'라는 문항에 실제로는 정직하지 않으면서도 다른 사람들의 비난을 피하기 위해 '예'라고 답할 수 있다.

(7) 사람들은 일반적으로 학업성취도나 능력에 대한 평가결과는 곧잘 수긍하지만 정의적 특성에 관한 평가결과를 쉽게 수용하지 않는 경향이 있다. 예를 들어, 수학성적이 70점 혹은 'C'라는 평가결과는 쉽게 수용하지만, 성실성이나 정직성과 같은 정의적 특성에 관한 평가결과는 쉽사리 수긍하지 않고 민감하게 반응한다.

(8) 정의적 특성에 관한 평가는 인지적 영역의 평가에 비해 전반적으로 신뢰도와 타당도가 낮다.

## 제2절 관 찰

관찰(觀察, observation)은 관찰자가 피관찰자의 언어나 행동 등에 관한 자료를 직접 수집하는 방법이다. 관찰은 가장 기본적이고 전통적인 자료수집방법으로, 관찰에서는 관찰자가 측정도구의 역할을 한다. 관찰은 관찰자가 직접 행동에 관한 자료를 수집하려고 할 경우 적합하다. '백문이불여일견(百聞而不如一見)'이라는 말은 관찰의 장점을 잘 나타내고 있다. 관찰은 운동기능특성을 평가하는 데 적절하지만, 정의적 특성의 행동적 요소를 평가하는 데도 사용될 수 있다.

## 1. 관찰의 형태

관찰형태는 관찰을 조직적으로 수행하는가의 여부에 따라 자연적 관찰과 체계적 관찰로, 피관찰자가 관찰되고 있다는 사실을 인지하는가의 여부에 따라 개입적 관찰과 비개입적 관찰로 구분할 수 있다.

### 1) 자연적 관찰과 체계적 관찰

자연적 관찰(naturalistic observation)은 관찰목적, 관찰하려고 하는 행동, 관찰결과의 기록방법을 미리 계획하지 않은 채 이루어지는 우연적 관찰(naturalistic or incidental observation)을 말한다. 즉, 자연적 관찰은 일상적인 상황에서 나타나는 자연스러운 행동을 관찰하는 방법이다. 자연적 관찰은 동일한 행동을 반복해서 관찰하기 어렵고, 본질적인 행동보다는 단편적이고 피상적인 행동을 관찰하는 데 치우칠 개연성이 있으며, 관찰자의 편견과 선입견이 개입되기 쉽다는 단점이 있다.

체계적 관찰(systematic observation)은 관찰목적, 관찰하려고 하는 행동, 관찰결과의 기록방법을 미리 계획한 후 이루어지는 관찰을 말한다. 대부분의 연구상황에서는 체계적 관찰을 통해 자료를 수집한다.

### 2) 개입적 관찰과 비개입적 관찰

개입적 관찰(obtrusive observation)은 피관찰자가 관찰되고 있다는 사실을 분명하게 아는 상황에서 이루어지는 관찰을 말한다. 연구수업을 할 때 교사나 학생들은 다른 사람들이 자신들의 행동을 관찰하고 있다는 사실을 잘 알고 있다. 이러한 상황에서 장학사가 교사나 학생들의 행동을 관찰하는 것이 개입적 관찰이다.

비개입적 관찰(非介入的 觀察, unobtrusive observation, 비간섭적 관찰)은 피관찰자가 관찰되고 있다는 사실을 모르는 상황에서 이루어지는 관찰을 말한다. 참여관찰은 일종의 비개입적 관찰이다. 참여관찰(participant observation)은 관찰자가 관찰하고자 하는 조직의 구성원이 되어 공동생활을 하면서 관찰대상을 '있는 그대로' 관찰하는 방법이다. 여기서 '있는 그대로' 관찰한다는 것은 피관찰자가 관찰되고 있다는 사실을 알아차리지 못하도록 한 상태에서 관찰한다는 것을 의미한다.

비개입적 관찰을 하는 이유는 첫째, 사람들은 일반적으로 다른 사람이 관찰하고 있을 때 특정 행동을 하지 않거나 솔직하게 반응하지 않으려고 하고(반작용 효과,

reactive effect), 둘째 관찰자의 존재 자체가 피관찰자의 행동에 영향을 주기 때문이다 (관찰자 효과, observer effect: 예를 들어, 교장이 교실 뒤에 서 있으면 교사 및 학생의 행동이 영향을 받는다). 개입적 관찰에서는 피관찰자의 이러한 반응경향을 배제하기 위해 관찰자가 아무리 조심하더라도 피관찰자가 관찰장면의 다양한 단서에서 관찰의 목적과 기대를 추론한 다음 반응을 하지 않거나 반응을 왜곡하기 때문에 자연스러운 행동을 관찰하기가 어렵다. 비개입적 관찰은 개입적 관찰의 내재적인 제한점을 극복할 수 있다. 그렇지만 비개입적 관찰을 하려면 시간과 노력이 많이 소요된다는 문제점이 있다.

## 2. 관찰결과의 기록방법

관찰결과는 쉽게 분석하고 활용할 수 있도록 체계적으로 기록·정리하는 것이 좋다. 관찰결과를 기록하는 방법으로 흔히 사용되는 일화기록, 체크리스트, 평정척도를 소개한다.

### 1) 일화기록

일화기록(逸話記錄, anecdotal record)은 학생의 특성을 이해하기 위해 자연스러운 장면에서 유의미한 행동사례를 구체적으로 기록하는 방법이다. 일화기록을 작성할 때는 (1) 어떤 행동이 언제, 어떤 조건에서 나타났는가를 사실적이고 구체적으로 기록하고, (2) 하나의 일화기록에는 한 사건만 기록하며, (3) 학생의 성장과 발달을 이해하는 데 도움을 주는 유의미한 행동만 기록하고, (4) 관찰 즉시 기록하며, (5) 가장 전형적인 행동을 기록하고, (6) 행동에 대한 기술과 그 행동에 대한 해석 및 대처방안을 별도로 기록해야 한다.

일화기록은 자연적인 장면에서 나타나는 실제 행동을 기술할 수 있고, 특이하고 유의미한 사건을 관찰해서 기록할 수 있으며, 어린 아동이나 장애아의 행동을 관찰하는 도구로 적합하다. 반면 일화기록은 관찰결과를 기록하고 조직하는 데 시간과 노력이 많이 소요되며, 전형적인 행동을 관찰하지 못하고 단편적이고 피상적인 행동을 기록하는 데 그칠 소지가 크고, 관찰 및 기록의 객관성을 유지하기가 어렵다는 단점이 있다. 그러므로 일화기록은 지필검사와 같이 객관적인 방법으로는 평가하기 어려운 행동에 대한 자료를 수집하는 방법으로만 사용하는 것이 바람직하다. 일화기록을 예시하면 다음과 같다.

**수업 중의 일화기록**

학    생: 김영호                         일    시: 2004년 10월 4일
장    소: 국어수업시간                  관 찰 자: 이대수

사건: 국어시간에 영호에게 자작시(自作詩)를 낭독하도록 했다. 영호는 얼굴을 붉힌 채
      작고 떨리는 목소리로 시를 낭독했다. 그때 뒷줄에 앉아 있던 태수가 "잘 들리지 않
      으니, 큰 소리로 한 번 더 읽어 달라."고 요구했다. 그렇지만 영호는 대꾸도 하지 않
      고 그대로 자리에 앉아 버렸다.
해석: 영호는 시작(詩作)에 상당한 관심과 재능을 갖고 있는 것으로 사료된다. 그렇지만
      발표불안이 매우 심한 것 같다. 시를 다시 낭독하지 않은 것은 아마도 발표불안 때
      문인 것 같다.

## 2) 체크리스트

체크리스트(checklist)는 관찰하려는 행동 또는 특성을 열거한 목록(list)을 보고 행
동이나 특성의 존재 여부 혹은 출현 여부를 체크하도록 하는 방법이다. 체크리스트
는 관찰결과를 쉽게 기록할 수 있고, 결과분석이 용이하다는 장점이 있어 널리 활용
되고 있다. 그렇지만 체크리스트를 제작할 때 관찰하려는 행동을 의미가 있고 상호
배타적이면서도 포괄적인 단위로 구체화하기가 어렵다는 단점이 있다.

체크리스트를 이용해서 관찰할 때는 행동이나 특성을 열거한 목록을 보고 일치한
다고 생각되는 항목에 √를 표시하면 된다. 체크리스트를 예시하면 다음과 같다.

**성격특성을 재기 위한 체크리스트**

다음 중에서 A 학생의 성격특성에 해당된다고 생각하는 항목에 √를 표시하시오.

____ 친절하다.              ____ 참을성이 많다.
____ 동정심이 많다.         ____ 이타적이다.
____ 명랑하다.              ____ 냉담하다.
____ 정직하다.              ____ 충동적이다.
____ 성실하다.              ____ 호기심이 많다.
____ 사교적이다.            ____ 예민하다.

### 3) 평정척도

평정척도(評定尺度, rating scale)는 행동이나 특성의 정도·수준·빈도를 평가할 수 있는 방법이다. 그래서 평정척도는 정의적 특성은 물론 악기연주나 실험도구 조작과 같이 일련의 행동을 수행하는 절차, 그리고 그림이나 서예와 같은 작품을 평정하기 위한 도구로 많이 활용되고 있다. 평정척도는 양식에 따라 숫자평정척도, 도식평정척도, 기술식 도식평정척도로 나눌 수 있다.

숫자평정척도　　숫자평정척도(numerical rating scale)는 특성이나 행동의 정도나 빈도 (양)를 나타낸다고 생각되는 숫자(평정치)에 표시하도록 하는 척도다. 숫자평정척도의 단계는 3단계와 5단계가 가장 많이 사용되고 있다. 숫자평정척도를 예시하면 다음과 같다.

---

**보기**

학급 내에서 이영필 학생의 행동을 관찰한 다음, 그의 행동이 진술문과 일치하는 정도를 다음과 같은 기준에 따라 표시하시오.

'매우 그렇다'고 생각하면 ································· ①②③④**❺**
'상당히 그렇다'고 생각하면 ······························· ①②③**❹**⑤
'보통 그렇다'고 생각하면 ································· ①②**❸**④⑤
'거의 그렇지 않다'고 생각하면 ·························· ①**❷**③④⑤
'전혀 그렇지 않다'고 생각하면 ·························· **❶**②③④⑤

1. 교사의 지시를 잘 따른다. ······························· ①②③④⑤
2. 어려운 친구를 기꺼이 도와준다. ······················· ①②③④⑤
3. 친구들과 사이좋게 지낸다. ····························· ①②③④⑤
4. 학급활동에 적극적으로 참여한다. ······················ ①②③④⑤
5. 교실을 깨끗하게 정돈한다. ····························· ①②③④⑤

---

도식평정척도　　도식평정척도(圖式評定尺度, graphic rating scale)는 평정하고자 하는 특성 밑에 직선을 제시한 다음 그 특성을 가장 잘 나타낸다고 생각하는 직선의 위치에 표시하도록 하는 척도다. 도식평정척도의 직선은 특성의 연속선을 나타내므로 평정치 중간에 표시할 수도 있다. 도식평정척도는 숫자평정척도의 문제점을 보완하기 위해 개발된 것이다. 숫자평정척도는 평정자마다 숫자에 관한 해석이 다르다는 문제점이 있다. 예컨대, 학급회의에 참여한 정도를 숫자평정척도로 평정할 경우 평

정자의 기준이나 주관에 따라 평정치(1, 2, 3, 4, 5)에 관한 해석이 다를 수 있다. 도식평정척도는 숫자평정척도의 이러한 문제를 해결하기 위해 평정치별로 '매우 소극적이다' '다소 소극적이다' '보통이다' '다소 적극적이다' '매우 적극적이다'와 같이 구체적인 설명을 붙여 놓아, 좀 더 객관적으로 평정할 수 있도록 개발된 것이다. 도식평정척도를 예시하면 다음과 같다.

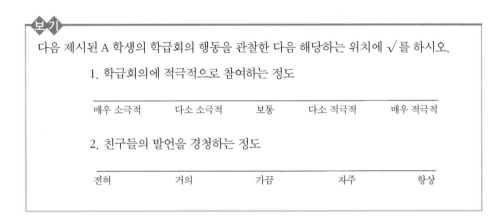

기술식 도식평정척도(記述式 圖式評定尺度, descriptive graphic rating scale)는 더 정확하게 평정하기 위해 도식평정척도의 평정치마다 상세한 언어적 설명을 부가한 형식이다. 기술식 도식평정척도를 예시하면 다음과 같다.

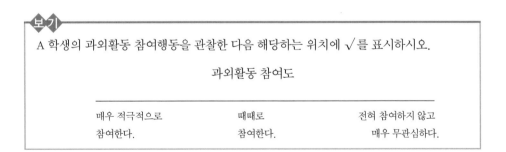

## 3. 평정의 오차

이 세상에 다른 사람을 완벽하게 평가할 수 있는 사람은 아무도 없다. 평정과정에서 평정자가 범하기 쉬운 오차를 소개한다.

**후광효과**(後光效果, halo effect)    평정자가 피평정자에 관해 갖고 있는 전반적인 인상이나 선입견이 평정결과에 무의식적으로 영향을 주는 현상으로, 인상의 오차라고 부르기도 한다. 교사를 좋아하는 학생이 교사의 수업방식이 우수하다고 평정할 때 후광효과가 작용하고 있다. 이와 반대로 교사를 싫어하는 학생이 교사의 수업방식에 문제가 있다고 평정할 때도 후광효과가 작용한다.

**논리적 오차**(logical error)    두 특성이 논리적으로 관련되어 있다고 가정함으로써 범하는 오차를 말한다. 지능이 높을수록 학업성적이 높다고 생각하는 교사가 지능지수가 140인 학생의 학업성적이 높을 것이라고 평정하면 논리적 오차를 범하고 있다. 반대로 지능지수가 70인 학생은 학업성적이 낮을 것이라고 평정할 경우에도 논리적 오차를 범한다. 천재는 사회성이 낮다고 평정하는 경우에도 논리적 오차가 작용한다. 후광효과와 달리, 논리적 오차는 특정 사람에 대한 인상이나 편견 때문에 발생하는 것이 아니라 특성들이 논리적으로 관련된다고 가정하는 데서 기인한다.

**관용의 오차**(generosity error)    전반적으로 높은 점수를 주는 평정자의 반응경향을 가리킨다. 반대로 평정자가 전반적으로 낮은 점수를 주는 경향을 인색의 오차(severity error)라고 한다. 한편, 극단적인 점수를 피하고 중간점수를 주는 평정자의 경향은 집중경향의 오차(集中傾向의 誤差, error of central tendency)라고 한다. 집중경향의 오차는 평정자가 평정하려는 특성의 수준을 정확하게 변별하지 못하는 데서 기인한다. 이 세 가지 오차는 모든 피평정자에게 비슷한 점수를 주려는 경향을 나타내므로 개인적 편향성 오차(個人的 偏向性 誤差, personal bias error)라고 부른다.

**대비의 오차**(contrast error)    평정하려는 특성이 평정자 자신에게 있으면 낮은 점수를 주고, 그 특성이 자신에게 없으면 높은 점수를 주는 현상을 가리킨다. 즉, 대비의 오차는 자신과 비슷한 사람에게 낮은 점수를 주는 경향을 말한다. 반대로 자기와 비슷하면 높은 점수를 주고, 자기와 다르면 낮은 점수를 주는 사람도 대비의 오차를 범하고 있다. 대비의 오차는 평정자가 피평정자에게 자신을 투사시켜 평정하기 때문에 나타난다.

**근접의 오차**(proximity error)    평정하려는 특성들이 시간적으로 혹은 공간적으로 근접해 있을수록 비슷한 점수를 주는 현상을 가리킨다. 이 오차를 감소시키려면 비슷한 특성들이 시간적으로 혹은 공간적으로 멀리 떨어지도록 해야 한다.

표준의 오차(standard error)    점수를 주는 표준이 평정자마다 다른 데서 기인하는 오차를 말한다. 즉, 이 오차는 어떤 평정자는 표준이 높고, 어떤 평정자는 표준이 낮기 때문에 발생한다. 이 오차를 감소시키려면 어떤 행동을 어떤 기준에 따라 평정해야 하는가를 구체적으로 명시해야 한다.

## 4. 관찰의 장점 및 단점

### 1) 관찰의 장점

(1) 정의적 특성이나 운동기능에 관한 정보를 수집하는 방법으로 매우 적합하다.

(2) 피관찰자가 정확하게 인식하지 못하는 무의식적 행동 혹은 말이나 글로 표현하기 어려운 행동에 관한 자료를 수집할 수 있다.

(3) 연령, 배경, 지적 수준에 관계없이 다양한 상황에서 융통성 있게 적용할 수 있는 방법이다.

(4) 말이나 글이 아니라 행동을 측정단위로 하므로 피관찰자가 반응을 왜곡할 소지가 낮고, 따라서 객관적인 측정의 개연성이 높다.

(5) 지필검사를 통해서 수집한 자료를 보완할 수 있는 방법으로 유용하다.

### 2) 관찰의 단점

(1) 개인적으로 드러내기를 꺼리는 사적(私的) 행동에 관한 자료를 수집하는 데는 한계가 있다.

(2) 피관찰자가 관찰되고 있다는 사실을 인식할 경우 아예 행동을 하지 않거나 의도적으로 행동을 변화시키기 때문에 관찰결과가 왜곡될 소지가 많다.

(3) 관찰하려는 행동을 미리 구체적으로 결정하지 않으면 피상적인 행동의 관찰에 치우치게 되어 오류를 범할 수 있다.

(4) 행동이 나타나는 상황이나 조건을 감안하지 못하고 관찰된 사실이나 행동을 중심으로 해석하거나 관찰결과를 해석하기 위한 기준이나 방법이 불명료할

경우 오류를 범할 수 있다.

(5) 행동을 관찰하고 기록·분석하는 과정에 시간과 비용이 많이 소요된다.

## 5. 관찰의 유의사항

관찰의 성패는 관찰자의 자질과 기술에 따라 좌우된다. 관찰 시 유의해야 할 일반적인 사항들을 열거하면 다음과 같다.

(1) 관찰하려는 행동의 종류, 관찰방법, 관찰시간, 기록방법 등에 관한 관찰계획을 구체적으로 수립해야 한다. 구체적인 관찰계획은 객관적이고 체계적인 관찰에 도움을 준다.

(2) 관찰자의 선입견이나 편견이 개입되지 않도록 될 수 있으면 객관적으로 관찰해야 하며, 관찰한 행동에 관해 해석이나 판단을 하지 않아야 한다. 행동에 관해 해석이나 판단을 하면 편견 혹은 주관이 개입될 소지가 많아진다.

(3) 가능한 한 자연스러운 상황에서 관찰해야 한다. 또 사람의 행동은 상황에 따라 달라질 수 있기 때문에 특정 상황이나 시점에 국한하지 말고 다양한 상황과 시점에서 반복 관찰하는 것이 좋다.

(4) 가급적이면 관찰에서 오차를 줄일 수 있는 관찰도구를 사용해야 한다. 또 한 가지 관찰도구만 이용할 것이 아니라 여러 가지 관찰도구를 종합적으로 사용하는 것이 좋다.

(5) 한 번에 하나의 행동만을 관찰·기록해야 한다. 여러 행동을 동시에 관찰할 경우 일반적으로 신뢰도가 낮아진다.

(6) 행동을 관찰하는 즉시 적절한 방법으로 기록·요약해야 한다. 기억은 한계가 있으며, 더구나 기억내용은 시간경과에 따라 왜곡되는 경우가 많다.

## 제3절　자기보고법

자기보고법(自己報告法, self-reporting method)은 자신의 감정·태도·신념·가치·신체상태를 스스로 표현하거나 기술하도록 하는 방법을 말한다. 성격검사, 태도

검사, 흥미검사와 같은 대부분의 심리검사는 자기보고법을 주로 사용하고 있다.

정의적 특성의 행동적 요소에 주안을 두는 관찰은 시간과 노력이 많이 소요된다는 단점이 있다. 이에 비해 자기보고법은 정의적 특성의 인지적 요소 및 정의적 요소를 효율적으로 평가할 수 있고, 직접 관찰할 수 없는 감정이나 신념을 측정할 수 있다는 장점이 있다. 자기보고법에서는 설문지나 면접을 통해 응답자에게 질문을 한 다음 그 질문에 대한 반응에 근거하여 태도를 추론한다.

자기보고법은 첫째, 응답자들이 자신의 태도·감정·상태를 정확하게 알고 있고, 둘째, 응답자들이 자신의 태도·감정·상태를 설문지나 면접과정에서 솔직하게 표현하며, 셋째, 응답자들이 과거 사건을 정확하게 기억한다고 가정한다.

자기보고법을 이용하여 정의적 특성을 평가하기 위한 방법으로는 설문지, 척도, 면접을 들 수 있다. 척도를 이용한 방법은 형용사를 이용한 방법과 진술문을 이용한 방법으로 구분된다.

## 1. 설문지(질문지)

설문지(設問紙, questionnaire) 혹은 질문지는 일련의 질문에 응답하도록 하는 자기보고식 측정도구를 말한다. 설문지는 비교적 짧은 시간에 많은 대상에게 실시할 수 있고, 응답결과를 신속하게 처리할 수 있다는 장점이 있기 때문에 널리 사용되고 있다. 설문지를 사용하려면 응답자들이 (1) 질문의 내용을 충분하게 이해할 수 있는 언어능력을 구비하고 있고, (2) 자기의 신념과 감정을 정확하게 인식하고 그것을 제대로 표현할 수 있으며, (3) 질문에 답하는 데 필요한 정보를 갖고 있고, (4) 솔직하고 성실하게 응답할 것이라고 가정할 수 있어야 한다.

### 1) 설문지의 형식

설문지의 형식은 응답자의 반응을 구조화하는 정도에 따라 자유반응형(개방형)과 구조화 설문지(폐쇄형)로 구분된다.

#### ① 자유반응형 설문지(개방형)

자유반응형 설문지(自由反應型 設問紙, open-ended questionnaire)는 질문에 자유로운 반응을 허용하는 형식으로, 비구조화 설문지(unstructured questionnaire) 또는 개방형 설문지로 불린다. 이 형식을 사용하려면 응답자가 질문을 정확하게 이해하고 응답할 수 있는 언어능력을 갖추고 있어야 한다.

　자유반응형 설문지는 응답하는 데 시간과 노력이 많이 요구되므로 자칫하면 무성의한 응답이나 무응답을 초래할 개연성이 높고, 응답결과를 처리하는 과정에서 시간과 노력이 많이 소요되며, 응답결과를 분석하는 데 채점자의 주관이 개입될 소지가 크다는 단점이 있다.

　자유반응형은 반응의 자유를 충분하게 허용할 수도 있고, 반응의 자유를 상당히 제한할 수도 있다. 반응의 자유를 충분하게 허용한 형식과 반응의 자유를 제한한 형식을 예시하면 다음과 같다.

---

**보기**

**자유반응형(반응의 자유를 충분하게 허용한 형식)**

학교에서 배우는 과목 중에서 가장 좋아하는 과목과 싫어하는 과목을 하나씩 들고 그 이유를 쓰시오.

1. 좋아하는 과목: (　　　　)

　　이유: _____

　　　　 _____

　　　　 _____

2. 싫어하는 과목: (　　　　)

　　이유: _____

　　　　 _____

　　　　 _____

---

**보기**

**자유반응형(반응의 자유를 제한한 형식)**

학교에서 배우는 과목 중에서 가장 좋아하는 과목과 싫어하는 과목을 각각 하나씩 기입하시오.

　1. 좋아하는 과목: (　　　　)

　2. 싫어하는 과목: (　　　　)

### ② 구조화 설문지(폐쇄형)

구조화 설문지(structured questionnaire)는 여러 개의 선택지 중에서 자신의 의견과 일치하는 선택지를 고르도록 하는 형식으로, 폐쇄형 설문지(閉鎖型 設問紙, closed questionnaire) 혹은 선택형이라고 불린다.

구조화 설문지는 신속하고 객관적으로 결과를 처리할 수 있다는 장점이 있다. 반면 구조화 설문지는 선택지들의 완전성·포괄성·상호배타성을 충족시켜야 한다는 어려움이 있고, 특정 선택지가 더 바람직하다는 것을 암시하는 단서가 포함될 소지가 있으며, 응답자 고유의 반응을 측정하기가 어렵다는 단점이 있다.

구조화 설문지의 구체적인 형식은 매우 다양하다. 앞에서 소개한 체크리스트와 평정척도도 구조화 설문지의 특수한 형식이다. 구조화 설문지의 구체적인 형식을 소개한다.

선택형    선택형(選擇型, selection type)은 여러 항목 중에서 조건에 맞는 항목을 선택하도록 하는 형식이다.

> **보기**
>
> 학교에서 배우고 있는 다음 과목 중에서 가장 좋아하는 과목을 하나만 골라 괄호 속에 √를 표시하시오.
>
>      ( ) 국어    ( ) 수학    ( ) 도덕    ( ) 사회
>      ( ) 과학    ( ) 미술    ( ) 음악    ( ) 체육

등위형    등위형(等位型, ranking type)은 항목들을 기준에 따라 순서대로 서열을 매기도록 하는 형식이다.

> **보기**
>
> 다음에 제시되어 있는 것을 중요하다고 생각하는 순서대로 ①에서 ⑥까지 번호를 매기시오.
>
>      ( ) 돈      ( ) 명예      ( ) 건강
>      ( ) 권력      ( ) 지식      ( ) 인간관계

강제선택형　강제선택형(强制選擇型, forced-choice type)은 후광효과를 통제하기 위해 모두 바람직한 행동을 나타내는 2개의 진술문(혹은 모두 바람직하지 않은 행동을 나타내는 2개의 진술문) 중에서 반드시 하나를 선택하도록 하는 방법이다. 진술문은 여러 개로 할 수도 있는데, 그 경우 조건에 가장 적절한 진술문과 가장 부적절한 진술문을 선택하도록 하면 된다. 강제선택형을 예시하면 다음과 같다.

---

**보기**

다음에는 여러 가지 생각을 표현한 글이 2개씩 짝지어져 있습니다. 2개의 글 중에서 자신의 생각을 가장 잘 나타낸 글을 골라 □에 √를 표시하시오.

1. □ A. 남들이 어려워하는 문제일수록 더욱 풀어 보고 싶다.
　　□ B. 집안 어른들의 뜻에 어긋나지 않게 행동하고 싶다.
2. □ A. 사람들의 시선을 끌 수 있는 옷을 입고 싶다.
　　□ B. 훌륭한 사람의 전기나 자서전을 읽고 싶다.

---

## 2) 설문지의 장점 및 단점

### ① 설문지의 장점

(1) 연령·성별·지역 등 사실적인 정보에서부터 태도·의견·가치 등 다양한 특성에 관한 자료를 수집할 수 있으며, 시간차원에서는 현재는 물론 과거나 미래에 대한 정보를 수집할 수 있는 융통성이 있다.

(2) 익명으로 응답하도록 함으로써 솔직하고 성실한 자료를 수집할 수 있다.

(3) 짧은 시간에 많은 사람을 대상으로 하여 자료를 수집할 수 있는 간편하고 경제적인 방법이다.

(4) 많은 사람에게 똑같은 질문을 함으로써 같은 조건에서 조사를 할 수 있다.

(5) 관찰이나 면접을 통해서 수집한 자료에 비해 자료 분석 및 해석이 쉽다.

(6) 설문지는 직접 실시할 수도 있고, 우송으로 실시할 수 있으며, 인터넷으로도 실시할 수 있는 융통성이 있는 방법이다.

### ② 설문지의 단점

(1) 설문지의 표현이 응답자에 따라 다르게 해석될 소지가 있다.

(2) 일정 수준의 언어능력과 표현능력을 구비하고 있을 경우에만 실시할 수 있다.

(3) 면접과 달리 질문에 대한 응답에 따라 질문의 내용과 순서를 융통성 있게 조정할 수 없다.

(4) 우송설문지를 사용할 경우 응답률이 낮고, 허위반응을 통제할 수 없다.

(5) 반응태세(反應態勢, response set)[1]가 작용할 수 있다. 또 문항에 대해 기계적으로 반응(예컨대, 모든 문항에 3번을 표시하는 것)할 소지가 있다.

## 3) 설문지 작성의 유의사항

(1) 설문조사의 구체적 목적을 결정해야 한다. 설문조사의 구체적 목적이란 설문조사를 통해서 수집하려고 하는 정보를 의미한다. 설문조사의 목적이 수업만족도를 조사하는 데 있다면 수업만족도를 잴 수 있는 문항으로 설문지를 구성해야 한다. 조사의 구체적인 목적을 결정하지 않으면 어떤 정보를 수집해야 하는지 불분명하고, 그 결과 문항을 제대로 작성할 수 없으며, 필요하지 않은 문항들이 포함될 개연성이 높아진다.

(2) 문항을 간단명료하게 진술해야 한다. 문항이 복잡하거나 어려우면 피로감, 짜증, 긴장을 유발하므로 솔직하고 성실하게 응답하지 않을 소지가 있다. 또 문항에는 정확하게 이해할 수 없는 용어나 정보가 포함되지 않아야 하며, '보통' '일반적으로' '가끔' 등과 같은 모호한 표현이 포함되지 않도록 해야 한다.

(3) 선택형은 선택지들의 상호배타성과 포괄성이 충족될 수 있도록 해야 한다. 상호배타성(exclusiveness)이란 응답자가 반드시 한 선택지에만 응답하도록 선택지를 제작해야 함을 뜻한다. 포괄성(exhaustiveness)이란 선택지들이 모든 가능한 응답을 망라해야 함을 의미한다. 예컨대, "남북 분단의 책임은 어느 나라에 있다고 생각합니까? ① 미국 ② 중국 ③ 일본 ④ 러시아"라는 질문에 대해 우리나라가 궁극적인 책임이 있다고 생각할 경우 선택할 수 있는 선택지가 없으므로 포괄성을 충족시키지 못하고 있다.

(4) 선택형의 선택지는 내용이나 범위가 중복되지 않아야 한다. 이 조건이 제대로

---

[1] 대표적인 반응태세로는 사회적으로 바람직하다고 생각하는 선택지에 반응하는 경향성(사회적 바람직성), 모든 문항에 긍정반응을 하는 경향성(묵종반응, acquiescence response), 특이한 방식으로 반응하는 경향성(특이반응, deviation response)을 들 수 있다.

충족되지 않으면 1개 이상의 반응을 할 소지가 있다.

(5) 문항을 작성할 때는 응답자들의 응답 차이가 있을 것이라고 예상되는 내용으로 문항을 구성해야 한다. 모든 응답자가 똑같은 응답을 할 것이라고 예상되는 문항은 문항으로서 가치가 전혀 없다.

(6) 설문조사를 통해 수집하려는 정보를 응답자가 알고 있고, 또 그 정보를 기꺼이 제공할 의사가 있는가를 충분히 검토해야 한다. 설문지를 제작하는 사람은 일반적으로 응답자가 필요한 정보를 알고 있고 그 정보를 기꺼이 제공할 것이라고 가정하는 경우가 많지만, 실제로 응답자가 정보를 갖고 있지 않거나 정보를 갖고 있더라도 응답하기 어려운(혹은 응답하지 않으려는) 경우가 있을 수 있다.

(7) 연령과 능력에 비추어 적절한 형식의 문항을 사용해야 한다. 연령이 어리거나 학력이 낮으면 선택형을 사용하는 것이 좋다. 자유반응형은 질문에 응답하는 데 필요한 언어능력을 갖추고 있을 때만 사용해야 한다.

(8) 특정 응답이 바람직하다는 것을 시사하는 유도질문(誘導質問, leading question)을 포함하지 않아야 한다. "올림픽을 개최하면 큰 경제적 이익을 얻을 수 있다고 합니다. 그렇다면 2020년 올림픽을 우리나라에서 개최하는 데 찬성하십니까? 아니면 반대하십니까?"와 같은 문항은 은연중에 찬성하는 응답을 유도하고 있다.

(9) 응답자들이 난처하게 생각할 수 있는 미묘한 문항을 포함하지 않아야 한다. 처녀에게 몸무게를 묻거나 성적(性的) 문제에 대한 응답을 요구하는 문항에는 솔직하게 응답하지 않거나 응답 자체를 회피할 수 있다.

(10) 문항에 반응태세가 작용할 여지가 있는가를 면밀하게 검토해야 한다. 반응태세가 작용할 소지가 있는 문항은 응답의 진실성을 체크하기 위한 용도가 아니라면 포함시키지 않는 것이 좋다.

(11) 응답시간을 감안해서 문항수를 조정해야 한다. 문항수가 많으면 피로감과 짜증을 유발하여 응답의 정확도가 떨어지고 불성실하게 응답하게 된다. 일반적으로 문항수는 집단으로 실시하는 경우 30분 이내에 마칠 수 있어야 하며, 우송설문지의 경우 15분 이내에 마칠 수 있도록 하는 것이 좋다.

(12) 한 문항에 여러 내용이 포함되지 않도록 해야 한다. "전지현과 이영애가 출연하는 프로그램을 자주 시청하십니까?"라는 문항의 경우 '전지현'은 좋아하지만 '이영애'를 싫어하는 응답자는 제대로 응답할 수 없다. 이러한 경우에는 두

문항으로 분리하는 것이 바람직하다.

(13) 정확한 문법과 표현을 사용해야 한다. 설문지는 모든 사람이 쉽게 이해할 수 있어야 하고, 문법·철자·구두점이 정확해야 한다. 문법이나 표현은 설문지에 대한 전반적인 인상을 결정하는 데 큰 영향을 준다. 일단 문항을 작성한 다음에는 언어능력이 뛰어난 사람 또는 전문가나 응답자에게 검토하도록 한 다음 미비한 점을 수정·보완해야 한다.

(14) 생략된 표현을 사용하지 말고 완전한 문장을 사용해야 한다. 불완전한 문장은 모호하고 불완전한 의미를 갖고 있으므로 혼란을 유발할 수 있다. 특히, 생략된 표현(예컨대, 대검 중수부, 특감, NATO, CAI, USA, FIFA, WBA 등)은 응답자들이 충분히 이해하고 있다고 확신할 수 없다면 사용하지 말아야 한다.

(15) 가급적이면 부정문을 사용하지 않아야 한다. 부정문으로 진술된 문항은 응답과정에 논리적 사고를 요구하기 때문에 과도한 부담을 준다. 또한 부정문은 실수를 유발할 개연성이 높다. 특히 이중부정문은 사용하지 말아야 한다.

(16) 편향된 용어나 표현을 사용하지 않아야 한다. 편향된 용어나 표현은 부정적인 정서나 편견을 유발할 수 있다. 이러한 용어와 표현은 응답자의 정서적인 반응을 유발할 수 있다. 미국의 경우 '낙태' '임신중절' '창조설' 등은 편향된 용어로 알려져 있다.

(17) 자유반응형 문항에서는 응답의 범위와 내용을 제한해야 한다. 자유반응형은 질문에 폭넓게 응답할 수 있도록 충분한 자유를 허용한다는 장점이 있지만, 조사결과를 분석하는 데는 문제점이 있다. 자유반응형 문항에서 이러한 문제점을 최소화하려면 응답의 범위와 내용을 적당하게 제한하는 것이 좋다. 너무 자세하거나 어려운 응답을 요구하면 응답 자체를 아예 회피하게 된다.

(18) 무의식적 가정에 근거하여 문항을 작성하지 말아야 한다. "인터넷을 어떤 용도로 활용하십니까?"라는 질문은 조사대상이 인터넷을 이용한다는 가정에 근거하여 작성했으므로 인터넷을 이용하지 않는 조사대상은 응답할 수 없다.

(19) 지나치게 구체적이고 자세한 응답을 요구하지 않아야 한다. 조사를 실시하는 사람은 가능하면 구체적이고 정확한 정보를 얻으려고 하기 때문에 문항을 매우 구체적으로 작성하는 경우가 많다. 그러나 응답할 수 있는 정보의 구체성이나 정확도에는 한계가 있으므로 너무 상세한 질문은 아무런 의미가 없다. 오히려 지나치게 자세한 정보를 묻는 문항은 조사대상의 반감을 유발할

수 있다.

(20) 문항은 깔끔하면서도 응답하기 쉽도록 작성해야 한다. 응답요령을 분명하게 제시하되, 문항에서 특별히 중요한 부분은 고딕으로 하거나 밑줄을 그어 강조해야 한다.

## 2. 척 도

척도(尺度, scale)는 태도와 같은 정의적 특성을 측정하기 위한 방법으로 널리 사용되고 있다. 척도는 일련의 상호관련된 진술문이나 형용사쌍으로 구성된다. 태도를 측정하기 위한 척도로는 Likert 척도, Thurstone 척도, Guttman 척도, 의미변별척도(semantic differential scale)가 많이 사용되고 있다. Likert 척도와 의미변별척도는 긍정-부정의 연속선에서 양극단에 해당되는 진술문이나 형용사쌍으로만 구성된다. 반면에 Thurstone 척도와 Guttman 척도는 연속선의 각 위치에 해당되는 진술문을 모두 포함한다. Likert 척도와 의미변별척도를 소개한다.

### 1) Likert 척도

Likert 척도는 특정 대상(사람, 사물, 제도 등)에 관해 작성된 모든 진술문에 동의하는 정도를 표시하도록 한 다음, 모든 진술문의 평정점수를 합산하기 때문에 **종합평정법**(綜合評定法, summated rating method)이라고 부른다.

Likert 척도는 특정 대상에 대해 긍정적인 태도를 나타내는 긍정적인 진술문과 부정적인 태도를 나타내는 부정적인 진술문으로 구성되며, 중립적인 진술문은 포함하지 않는다. 수업태도를 측정하기 위한 긍정적 진술문, 부정적 진술문, 중립적 진술문을 예시하면 다음과 같다.

- 수업시간이 재미있다(긍정적 진술문).
- 나는 수업을 좋아한다(긍정적 진술문).
- 수업시간은 시간낭비에 불과하다(부정적 진술문).
- 나는 수학수업이 싫다(부정적 진술문).
- 나는 수학수업을 좋아하지도 싫어하지도 않는다(중립적 진술문).

Likert 척도는 반응태세를 방지하기 위해 긍정적인 진술문의 수와 부정적인 진술문의 수가 비슷하도록 구성하는 것이 원칙이다(사회과학연구에서는 실제로 Likert 척도가 아닌 것을 Likert 척도라고 부르는 경우가 있다. 예를 들어, 진술문에 동의하는 정도를 5단계 숫자평정척도에서 표시하도록 하면 Likert 척도라고 부르는 경우가 많다. 그런데 진정한 Likert 척도는 총점과 상관이 높은 진술문으로 구성된다). 최종 척도에는 긍정적인 진술문과 부정적인 진술문을 무작위 순서로 배열해야 한다. 진술문들을 무작위로 섞어서 배열하면 응답자들이 진술문에 반응할 때 다음 진술문이 긍정적인지 부정적인지 예측할 수 없으므로 진술문을 읽은 후 반응하게 된다. 반면 긍정적인 진술문과 부정적인 진술문을 별도로 제시하면 반응태세가 작용하여 모든 진술문에 같은 반응을 할 소지가 있다.

Likert 척도에서 선택지의 수는 5개로 하는 것이 원칙이나, 중립적인 반응을 배제하고 강제로 긍정 혹은 부정적으로 반응하도록 하기 위하여 짝수로 하는 경우도 있다. 일반적으로 선택지의 수가 많을수록 척도의 신뢰도($\alpha$계수)가 높다. Likert 척도에서 선택지의 평정치를 결정하는 방법으로는 선택지별로 각각 1, 2, 3, 4, 5(또는 0, 1, 2, 3, 4)를 부여하는 방법이 간단하기 때문에 널리 이용되고 있다.

Likert 척도를 실시할 때는 모든 진술문에 대해 동의하는 정도를 일일이 표시하도록 하면 된다. 모든 진술문에 동의하는 정도를 표시하도록 하는 점이 Likert 척도의 전형적인 특징이다.

Likert 척도의 채점은 긍정적인 진술문의 경우 '매우 찬성'하면 5점, '찬성'하면 4점, '모르겠다'면 3점, '반대'하면 2점, '매우 반대'하면 1점으로 채점한다. 단, 부정적으로 진술된 진술문은 역순으로 채점해야 한다. 개인의 태도점수는 모든 진술문의 평정치를 합한 값이다. 그래서 Likert 척도를 종합평정법이라고 한다. Likert 척도가 몇 개의 하위척도로 구성되었을 경우에는 하위척도별 점수도 구할 수 있다.

Likert 척도는 Thurstone 척도와 Guttman 척도에 비해 제작이 쉽고 다양한 대상, 장면, 상황에 융통성 있게 적용될 수 있다는 장점이 있기 때문에 널리 사용되고 있다. 반면 Likert 척도는 응답자의 정직성과 성실성에 좌우되며 반응경향이 작용할 개연성이 높다는 단점이 있다. 예를 들어, 모든 진술문에 기계적으로 '3'을 선택할 소지가 있다. 수업 내용 및 방법에 대한 학생들의 태도를 측정하기 위한 Likert 척도를 예시하면 다음과 같다.

**수업내용 및 방법에 대한 설문지(Likert 척도 예시)**

이 설문지는 선생님의 수업내용과 방법에 대해 여러분이 어떻게 생각하고 있는지를 조사하여 장차 수업을 개선하기 위한 기초정보를 얻기 위한 것입니다. 이 설문지에 대한 응답내용과 성적은 아무런 관계가 없으며, 응답결과에 대한 비밀이 철저히 보장됩니다. 그러므로 한 문항도 빠짐없이 솔직하고 정확하게 답해 주기 바랍니다.

---

1. 진술내용이 자신의 생각과 '매우 일치'하면 ·············· ① ② ③ ④ ❺
2. 진술내용이 자신의 생각과 '다소 일치'하면 ·············· ① ② ③ ❹ ⑤
3. '일치하지도 불일치하지도' 않으면 ························· ① ② ❸ ④ ⑤
4. 진술내용이 자신의 생각과 '약간 불일치'하면 ··········· ① ❷ ③ ④ ⑤
5. 진술내용이 자신의 생각과 '매우 불일치'하면 ··········· ❶ ② ③ ④ ⑤

---

*1. 선생님은 수업에 대한 성의가 부족했다. ···················· ① ② ③ ④ ⑤
2. 수업내용과 방법이 매우 재미가 있었다. ···················· ① ② ③ ④ ⑤
3. 이 과목의 수업에서 중요한 내용을 배웠다고 생각한다. ········· ① ② ③ ④ ⑤
*4. 어려운 용어와 표현이 많아 수업이 어려웠다. ··············· ① ② ③ ④ ⑤
*5. 선생님은 수업내용을 정확하게 이해하지 못하는 것 같았다. ····· ① ② ③ ④ ⑤
6. 선생님은 수업내용을 쉽게 설명했다. ······················· ① ② ③ ④ ⑤
7. 수업 도중에 학생들의 이해 여부를 수시로 점검했다. ·········· ① ② ③ ④ ⑤
8. 수업속도가 적절했다(너무 빠르지도 느리지도 않음). ·········· ① ② ③ ④ ⑤
*9. 유머가 부족하여 수업이 지루하고 답답했다. ················ ① ② ③ ④ ⑤
10. 선생님의 말의 속도와 크기는 적당했다. ···················· ① ② ③ ④ ⑤
*11. 질문의 내용이 너무 어려웠다. ····························· ① ② ③ ④ ⑤
*12. 수업 중에 특정 학생만 칭찬했다. ·························· ① ② ③ ④ ⑤
13. 수업내용을 일상생활과 적절하게 관련지어 설명했다. ········· ① ② ③ ④ ⑤
14. 수업내용의 중요성을 학생들에게 매우 강조했다. ············· ① ② ③ ④ ⑤
15. 핵심적인 내용을 요약·정리해 주었다. ····················· ① ② ③ ④ ⑤
16. 새로운 개념이나 용어를 분명하게 정의해 주었다. ············ ① ② ③ ④ ⑤
17. 구체적이고 적절한 보기를 들어 수업내용을 설명했다. ········· ① ② ③ ④ ⑤
18. 학생들의 학습동기를 높이려고 노력했다. ··················· ① ② ③ ④ ⑤
19. 나는 선생님이 수업한 내용을 대체로 이해했다. ············· ① ② ③ ④ ⑤
20. 나는 선생님의 수업에 대해서 상당히 만족한다. ············· ① ② ③ ④ ⑤

주: * 표시가 된 문항은 부정문으로 진술된 문항임.

### 2) 의미변별척도(의미분석법)

의미변별척도(意味辯別尺度, semantic differential scale)는 Osgood 등(1957)이 발전시킨 방법으로 사람, 사물, 사상(事象) 등의 의미를 3차원의 의미공간(semantic space)에서 측정하는 방법이다. 이 방법은 양극적인 의미를 갖는 형용사군(群)으로 측정한 개념의 의미를 의미공간에 배치할 수 있다고 가정한다. 의미공간은 평가(evaluation, 좋은-나쁜), 능력(potency, 강한-약한), 활동(activity, 빠른-느린)의 3차원으로 구성된다. 평가 및 능력 차원에 따른 2차원 의미공간은 [그림 13-1]과 같다.

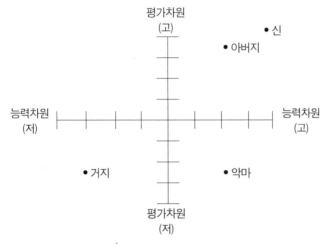

[그림 13-1] 2차원 의미공간에서 개념의 의미

[그림 13-1]에서 보면 '신'은 좋은 존재인 동시에 능력이 높은 것으로 지각되고 있고, '악마'는 능력은 높으나 나쁜 존재로 지각되고 있다. '거지'는 능력도 낮고 좋지도 않은 존재로 지각되고 있다. 실제 상황에서 의미변별척도는 3차원적 접근이 아니라 대상에 관해 갖고 있는 가치-그 대상을 좋아하고, 관심을 가지고, 바람직하고, 중요하다고 생각하는 정도-를 측정하기 위해 널리 사용되고 있다.

의미변별척도에 포함되는 형용사쌍은 측정하려고 하는 의미차원에 따라 결정된다. 어떤 사물이나 사람에 관해 갖고 있는 평가차원의 의미를 측정하려면 '좋은-나쁜' '불쾌한-유쾌한' '공정한-불공정한'과 같은 형용사쌍을 사용하면 된다. 활동차원의 의미를 측정하려면 '느린-빠른' '수동적인-능동적인'과 같은 형용사쌍을, 능력차원의 의미를 측정하려면 '약한-강한' '작은-큰' '가벼운-무거운'과 같은 형용사쌍을 사용하면 된다. 의미변별척도를 구성하는 절차는 다음과 같다.

### 의미변별척도의 제작절차

1. 제1단계: 태도를 측정하려는 대상을 결정한다.
2. 제2단계: 의미가 상반되는 양극적 형용사쌍을 선택한다.
   (예: 좋은-나쁜, 용감한-소심한)
3. 제3단계: 선택지를 작성한다. 선택지는 일반적으로 7단계로 작성한다.
   (예: 좋은__:__:__:__:__:__:__나쁜)
4. 제4단계: 학생에게 양극 형용사쌍마다 자신의 느낌이나 감정에 해당되는 위치에 각각 표시하도록 한다.
5. 제5단계: 양극 형용사쌍의 점수와 척도총점 간의 상관계수를 계산한다.
6. 제6단계: 척도점수와 상관이 높지 않은 형용사쌍을 제외하고 척도를 완성한다.

수학선생님에 관한 태도를 재기 위한 의미변별척도를 예시하면 다음과 같다.

### 수학선생님에 대한 태도(의미변별척도 예시)

평소 수학선생님에 관해 갖고 있는 느낌이나 생각과 일치하는 정도를 다음의 각 형용사쌍에서 해당되는 위치에 √를 표시하시오.

|  |  |
|---|---|
| 좋은 __ __ __ __ __ __ __ | 나쁜 |
| 느린 __ __ __ __ __ __ __ | 빠른 |
| 추한 __ __ __ __ __ __ __ | 아름다운 |
| 큰 __ __ __ __ __ __ __ | 작은 |
| 약한 __ __ __ __ __ __ __ | 강한 |
| 가치 있는 __ __ __ __ __ __ __ | 가치 없는 |

의미변별척도를 실시할 때는 특정 사물이나 사람에 관해 갖고 있는 의견이나 감정이 7단계 척도에서 어느 위치에 해당하는지를 표시하도록 하면 된다. 의미변별척도를 채점하는 절차는 다음과 같다.

(1) 각 형용사쌍의 어느 위치에 반응했는가에 따라 1점에서 7점으로 채점한다(다음 예시 ①). 단, 형용사쌍의 방향이 역순으로 된 것은 반대로 채점한다(다음 예

시 ②).

① 느린 1 : 2 : 3 : 4 : 5 : 6 : 7 빠른

② 능동적인 7 : 6 : 5 : 4 : 3 : 2 : 1 수동적인

(2) 모든 형용사쌍에 표시한 점수들을 합산한다. 이것이 척도점수가 된다.

의미변별척도는 제작하고 실시하기가 쉽다는 장점이 있어 개념, 사물, 사람 등에 대한 태도를 측정하기 위한 방법으로 널리 활용되고 있다.

## 3. 면 접

일반적으로 **면접**(面接, interview)은 특정 목적을 달성하기 위한 언어적 상호작용의 특수한 형태로, 면접자와 피면접자의 대화를 통해서 정보를 수집하는 방법이다. 면접에서는 질문을 하는 사람을 면접자(interviewer), 질문에 응답을 하는 사람을 피면접자(interviewee)라고 한다.

면접은 개인으로부터 직접 정보를 수집하는 방법으로 가장 긴 역사를 갖고 있다. 면접은 면접자와 피면접자의 면대면 관계에서 이루어지는 것이 원칙이지만, 최근에는 전화면접이나 화상면접도 실시되고 있다.

면접은 관찰이나 검사와는 다른 특징을 지니고 있어 다양한 상황에 융통성 있게 적용할 수 있으며, 특히 정교한 **면접항목표**(面接項目表, interview schedule)를 사용하면 다양한 정보를 수집할 수 있다. 면접은 다른 평가방법을 통해서 수집한 자료를 보완할 수 있는 방법으로도 유용하다. 그렇지만 면접은 일반적으로 시간과 노력이 많이 소요되고, 신뢰도가 낮으며, 수집된 정보가 면접자에 따라 다르기 때문에 가비교성이 낮다는 문제점이 있다.

### 1) 면접의 형태

면접의 형태는 면접과정의 구조화 정도에 따라 구조화 면접 · 비구조화 면접 · 반구조화 면접으로 구분된다.

**구조화 면접**(structured interview)은 질문의 형태 · 내용 · 순서 등이 엄격하게 고정되어 있어 면접자가 융통성을 발휘할 수 없는 면접형태로, 흔히 **표준화 면접**(standardized interview)이라고 한다. 구조화 면접은 모든 피면접자에게 동일한 질문을 같은 순서로 제시하여 응답 차이를 분석하는 데 목적이 있다. 대부분의 여론조사는 구조화 면접의 형태를 취한다. 구조화 면접에서는 면접자가 질문의 형태·내용·순서를 마음대로 바꿀 수 없다. 구조화 면접을 할 때는 일반적으로 구체적인 면접항목표를 사용한다.

반면 비구조화 면접(unstructured interview)은 질문의 형태·내용·순서를 면접자의 재량에 따라 결정하는 개방적이고 융통성 있는 면접형식이므로 비표준화 면접(non-standardized interview)이라고 한다. 구조화 면접과 달리 비구조화 면접은 상황에 따라 융통성 있게 면접을 할 수 있는 방법이다.

반구조화 면접(semi-structured interview)은 구조화 면접과 비구조화 면접을 절충한 방식으로, 체계적인 면접계획에 따라 면접을 하되 실제 면접상황에서 융통성을 발휘하여 면접을 하는 방법이다. 반구조화 면접은 일련의 구조화 질문을 한 다음 추가적인 정보를 수집하기 위해 개방형 질문을 통해 심층적으로 탐색한다.

## 2) 면접의 장점 및 단점

### (1) 면접의 장점
① 직접적인 대화와 접촉을 통해 다양하고 심층적인 정보를 수집할 수 있다.
② 평가대상의 연령이 어릴 경우 적합한 자료수집방법이다.
③ 면접과정에서 질문순서를 적절하게 통제할 수 있으므로 피면접자가 일련의 질문에 순서대로 응답하도록 해야 할 경우 적합하다. 설문지의 경우 순서대로 응답하도록 하면 뒤에 있는 문항의 내용을 보고 앞의 응답을 바꿀 소지가 있지만, 면접에서는 그러한 소지를 배제할 수 있다.
④ 면접과정에서 질의응답이나 보충설명을 통해서 피면접자에게 질문의 의미를 충분하게 이해시킬 수 있으므로 정확한 정보를 수집할 수 있다.
⑤ 경제적인 문제나 성문제 등과 같이 개인적으로 민감한 문제에 대해 정보를 수집하고자 할 경우 적합한 방법이다.

### (2) 면접의 단점
① 면접과정에 시간과 노력이 많이 소요된다. 그러므로 피면접자의 수가 많거나

시간이 제한되어 있을 때는 적용하기 곤란하다.

② 면접자의 태도와 행동이 피면접자에게 영향을 미치기 때문에 응답이 왜곡될 소지가 있다.

③ 일반적으로 면접결과의 신뢰도와 객관도가 낮고, 통계적인 분석에도 제약을 받는다.

④ 면접과정에서는 면접자가 측정도구의 역할을 하기 때문에 면접자의 기술과 자질이 미흡하면 좋은 자료를 수집할 수 없다.

### 3) 면접의 유의사항

(1) 면접의 목적을 분명하게 설정하고 면접계획을 체계적으로 수립해야 한다. 면접의 목적을 분명하게 설정하면 면접을 통해서 어떤 정보를 수집할 것인가를 구체화하는 데 도움을 준다.

(2) 피면접자가 자신의 의견과 느낌을 솔직하게 표현할 수 있도록 허용적인 분위기를 조성해야 한다.

(3) 질문은 조사목적에 적합해야 하고, 명료해야 하며, 적절한 형태를 사용해야 한다. 면접에서 일반적으로 사용되는 질문형태는 선택지를 고르도록 하는 선택형 질문, 응답의 형식이나 내용에 제한을 가하지 않는 개방형 질문(자유반응형 질문, open-ended question), 폐쇄형 질문의 일종인 척도 등이 있다.

(4) 가급적이면 '예' 혹은 '아니요'라는 피상적이고 단편적인 대답이 아니라 자신의 동기와 생각을 충분하게 표현할 수 있는 질문을 해야 한다.

(5) 특정 응답이 바람직하다는 것을 암시하는 유도질문은 면접결과를 왜곡할 수 있으므로 사용하지 말아야 한다.

(6) 면접결과를 즉시 기록하고, 면접결과에 대해 비밀을 지켜야 한다.

(7) 면접과정에서 사용하는 표현과 어휘가 피면접자의 수준에 적합해야 한다. 면접과정에서는 전문용어의 사용을 피해야 하며, 모든 사람이 똑같은 의미로 해석할 수 있는 용어를 사용해야 한다.

(8) 피면접자가 응답하기를 꺼리는 개인적인 문제를 다루지 않아야 한다. 또 피면접자가 사회적으로 바람직한 방향으로 응답할 소지가 있는 질문은 하지 않아야 한다.

## 제4절 사회성측정

사회성측정(社會性測定, sociometry)은 Moreno(1953)가 발전시킨 방법으로 집단구성원 간의 상호관계, 즉 상호 수용하거나 배척하는가를 측정하고 집단의 사회적 구조를 확인하기 위한 방법이다. 학교에서는 이를 교우관계조사라고 부른다.

앞에서 다룬 평가방법과 달리 사회성측정은 학생이 다른 학생들을 평가하는 소위 동료평정방법이다. 학생들은 평소에도 일종의 사회성측정을 하고 있다. 좋아하는 친구와 함께 점심을 먹고, 축구팀을 짜고, 학급회장 선거를 하고, 인기투표를 하는 것은 일종의 사회성측정이다. 사회성측정에서는 주로 설문지나 평정척도를 이용한다.

사람이 어울려 사는 곳이면 어디에서나 서로 좋아하는 감정이나 싫어하는 감정에 따라 비형식적인 조직이 형성되기 마련이고, 또 그에 따라 집단의 사기와 효율성이 결정된다. 이러한 점에서 사회성측정은 집단의 구조를 개선하는 데 필요한 정보를 수집할 수 있는 유용한 방법이다. 사회성측정을 통해서 수집된 정보는 구체적으로 (1) 집단조직을 재구성하고(분단편성 등), (2) 도움을 필요로 하는 학생의 사회적 적응을 개선하며, (3) 집단의 사회적 구조를 발전적으로 변용하고, (4) 학교교육활동이 학생들의 사회적 관계에 미친 영향을 분석하기 위한 정보로 활용된다(Linn & Gronlund, 1995).

### 1. 사회성측정의 방법

집단구성원 간에 상호 수용하거나 배척하는 관계는 동료평정방법, 추인법, 지명법으로 측정할 수 있다.

### 1) 동료평정방법

동료평정방법(同僚評定方法, peer-appraisal method)은 학생들로 하여금 학생을 평가하게 하는 방법이다. 학생에게 전체 학생명단을 나누어 준 다음 모든 학생을 평가하도록 하는 방법이 동료평정방법이다. 학생들은 교사가 보고 있는 상황에서는 평소와 다르게 행동할 소지가 있으므로 학생에 관한 교사의 평가는 한계가 있다. 이러한 상황에서 동료평정방법을 사용하면 교사가 직접 평가하기 어려운 행동특성에 대한 정보를 얻을 수 있다는 장점이 있다. 지도성, 협동성, 배려, 인기, 사회성, 준법성 등과 같은 특성은 교사보다 동료 학생들이 더 정확하게 평가할 수 있다.

동료평정방법을 이용해서 자료를 수집하는 도구로는 앞에서 다룬 평정척도(3단계 척도에서 7단계 척도)를 사용할 수 있다. 동료평정방법은 학생 각자로 하여금 모든 학생을 평가하도록 함으로써 상당히 많은 자료를 수집할 수 있다. 반면 동료평정방법은 평정하려는 학생들이 많을 때는 평정자에게 부담을 주어 타당하고 신뢰로운 결과를 얻기가 어렵다. 이러한 경우에는 추인법이나 지명법을 이용하는 것이 바람직하다.

동료평정방법을 이용하려면 평정하고자 하는 특성을 학생이 쉽게 이해할 수 있도록 구체화하고, 익명성을 유지하며, 비밀을 보장해야 한다.

### 2) 추인법

추인법(推人法, guess-who technique)은 어떤 특성이나 행동을 표현한 진술문의 설명에 가장 잘 해당되는 학생의 이름을 적도록 하는 방법이다. 추인법은 가장 간편한 동료평정방법이다. 추인법을 예시하면 다음과 같다.

---

**보기**

2학년 3반 학생들 중에서 다음 진술문에 가장 잘 해당된다고 생각하는 학생의 이름을 쓰시오. 하나의 진술문에 여러 사람의 이름을 적어도 되며, 같은 사람의 이름을 여러 번 적어도 됩니다.

1. 다른 친구들의 이야기를 열심히 듣는 학생: _____
2. 이야기를 유창하게 하는 학생: _____
3. 다른 사람의 이야기를 요약하는 학생: _____
4. 이야기를 재미있게 하는 학생: _____
5. 다른 친구가 어려울 때 기꺼이 도와주는 학생: _____

---

추인법에서 진술문은 긍정적인 진술문만으로 할 수도 있고, 부정적인 진술문을 포함할 수도 있다. 긍정적인 진술문과 부정적인 진술문을 예시하면 다음과 같다.

(1) 항상 예의가 바른 학생(긍정적인 진술문)
(2) 항상 예의를 지키지 않는 학생(부정적인 진술문)

추인법에서는 선택할 학생의 수를 제한할 수도 있고, 제한하지 않을 수도 있다. 동료평정방법과 달리 추인법을 이용하면 평정자에게 큰 부담을 주지 않고 유의미한 정보를 수집할 수 있다. 추인법은 짧은 시간에 실시할 수 있으며, 채점은 각 진술문별로 기록된 학생의 빈도만 계산하면 되므로 편리하다. 그러나 추인법은 집단에서 소외되어 있는 구성원에 대한 정보를 얻기가 어렵다는 단점이 있다.

### 3) 지명법

지명법(指名法, nominating method)은 사회적 수용도와 집단의 구조를 평가하기 위한 방법으로, 구체적으로 특정 상황이나 활동에서 함께하기를 원하는 학생의 이름을 적도록 하는 방법이다(지명법을 사회성측정이라고 부르는 경우도 많다). 옆자리에 앉고 싶은 친구, 함께 공부하고 싶은 친구, 쉬는 시간에 같이 놀고 싶은 친구를 지명하도록 하는 방법이 지명법이다. 지명법을 간단하게 예시하면 다음과 같다.

---

**보기**

우리 반의 학생들 중에서 다음에 해당되는 친구의 이름을 괄호 속에 적으시오.

1. 옆자리에 같이 앉고 싶은 친구     (          )
2. 같이 공부하고 싶은 친구        (          )
3. 같이 놀고 싶은 친구            (          )

---

## 2. 사회성측정결과의 조직방법

사회성측정의 결과는 사회성측정 행렬이나 사회도로 조직할 수 있다.

### 1) 사회성측정 행렬

사회성측정 행렬(社會性測定 行列, sociometric matrix)은 집단 내 구성원 사이의 상호 수용-거부관계를 N×N(N, 구성원의 수) 행렬로 표시하는 방법이다.

〈표 13-1〉은 5명으로 구성된 집단에서 구성원에게 각각 2명을 선택하라고 했을 경우 한 구성원이 다른 구성원을 선택한 경우를 1로 표시하고, 선택하지 않은 경우를

0으로 표시한 사회성측정 행렬을 예시하고 있다. 이 표에서 i는 선택한 사람이고, j는 선택받은 사람이다. 그러므로 A는 B와 E를 선택했고, B는 A와 E를 선택했다. 한편, A는 B와 E에게 선택되었고, B는 A, D, E에게 선택되었다. 사회성측정 행렬에서 특정 개인이 구성원들에게 선택된 수는 집단 내에서 수용되고 있는 정도를 나타낸다. 이 자료에 의하면 구성원들은 E를 가장 널리 수용하고 있다. 이 표에는 제시되지 않았지만 배척된 수는 반대로 해석하면 된다.

사회성측정 행렬에서 가장 많이 선택된 사람은 스타(star), 전혀 선택되지 못한 사람은 외톨박이(isolate), 자신이 선택한 수보다 선택받은 수가 적은 사람은 소외자(neglectee)라고 부른다.

**표 13-1** 5명이 2명을 선택한 경우의 사회성측정 행렬

| | | j | | | | |
|---|---|---|---|---|---|---|
| | | A | B | C | D | E |
| i | A | 0 | 1 | 0 | 0 | 1 |
| | B | 1 | 0 | 0 | 0 | 1 |
| | C | 0 | 0 | 0 | 1 | 1 |
| | D | 0 | 1 | 0 | 0 | 1 |
| | E | 1 | 1 | 0 | 0 | 0 |
| | Σ | 2 | 3 | 0 | 1 | 4 |

## 2) 사회도

사회도(社會圖, sociogram)는 집단구성원 상호 간의 수용−거부에 대한 관계를 그림으로 표시하는 방법으로 Moreno(1953)가 처음으로 고안했다. 학교에서는 사회도를 교우도(交友圖)라고 부르고 있다.

사회도는 도형과 도형을 연결하는 선을 이용해서 집단 내의 역동적인 인간관계를 시각적으로 표현한다. 사회도에서 도형은 개인을, 선은 선택 혹은 배척 여부를 나타낸다. 이때 실선은 선택을 나타내고, 점선은 배척을 나타낸다. 일반적으로 사회도를 작성할 때는 스타를 중앙에 배치시키고 외톨박이를 주변에 배치한 다음, 남은 사람들을 선택된 횟수에 따라 중간에 배치하면 된다.

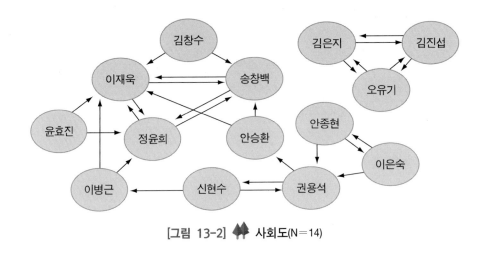

[그림 13-2]   사회도(N=14)

[그림 13-2]는 14명으로 구성된 집단에서 구성원에게 각각 두 명을 선택하도록 했을 때의 사회도를 예시하고 있다. 사회도에서 일반적으로 나타나는 유형은 다음과 같다.

(1) 인기형(star type): 여러 구성원이 한 명을 선택하는 유형(가)

(2) 연쇄형(chain type): 구성원 간의 선택방향이 일방적인 유형(나)

(3) 삼각형(triangle type): 3명의 구성원이 상호선택을 하거나 선택이 연쇄형으로 이루어진 유형(다)

(4) 단짝형(pair or mutual type): 두 사람이 상호선택하는 유형(라)

(5) 배척형(rejection type): 여러 구성원이 한 명을 배척하는 유형(마)

(6) 고립형(isolation type): 특정 구성원이 다른 구성원을 선택하거나 배척하지도 않고 다른 구성원에게 선택되거나 배척되지도 않은 유형(바)

(7) 소외형(neglectee type): 자신이 다른 구성원을 선택한 것만큼 다른 구성원에게 선택받지 못하는 유형(소외형은 다른 유형에 포함되어 있음)

사회도의 다양한 유형을 그림으로 나타내면 [그림 13-3]과 같다. 이 그림에서 실선은 수용(선택)을, 점선은 거부(배척)를 나타낸다.

사회도는 집단구성원 간의 사회구조를 직관적으로 이해하는 데 도움을 준다는 장점이 있다. 그렇지만 동일한 반응자료에서도 서로 다른 사회도를 작성할 수 있고, 집단구성원의 수가 많을수록 사회도 작성이 복잡해진다는 단점이 있다.

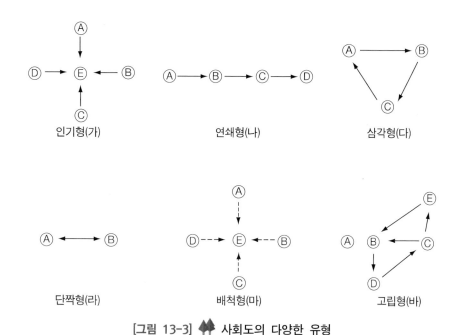

[그림 13-3] 🌲 사회도의 다양한 유형

🔍 **주요개념**

| | | | |
|---|---|---|---|
| 정의(情意) | 자연적 관찰 | 체계적 관찰 | 개입적 관찰 |
| 비개입적 관찰 | 참여관찰 | 일화기록 | 체크리스트 |
| 평정척도 | 숫자평정척도 | 도식평정척도 | 기술식 도식평정척도 |
| 후광효과 | 논리적 오차 | 대비의 오차 | 근접의 오차 |
| 구조적 설문지(폐쇄형) | 등위형 | 비구조적 설문지 | Likert 척도 |
| 의미변별척도 | 면접 | 구조화 면접 | 비구조화 면접 |
| 반구조화 면접 | 사회성측정 | 동료평정방법 | 추인법 |
| 지명법 | 사회성측정 행렬 | 사회도 | |

**요약정리**

1. 정의적 특성이란 개인의 지속적이고 전형적인 감정이나 정서의 표현방식을 말한다. 정의는 특정 대상에 대한 접근경향성 혹은 회피경향성을 나타낸다. 정의적 특성의 종류는 태도, 흥미, 불안, 동기, 가치관, 성격 등 매우 다양하다.

2. 정의적 특성은 인지적 학습의 수단 역할을 하는 동시에 교육성과로서도 타당한 근거를 갖고 있으므로 마땅히 교육하고 평가해야 한다. 그러나 교육현장에서 정의적 특성에 관한 교육과 평가는 등한시되고 있다.

3. 관찰이란 관찰자가 직접 피관찰자의 언어나 행동에 관한 자료를 수집하는 방법이다.

4. 자연적 관찰은 일상적인 상황에서 나타나는 행동을 관찰하는 방법을, 체계적 관찰은 체계적인 방법으로 관찰하는 방법을 말한다. 개입적 관찰이란 피관찰자가 관찰되고 있다는 사실을 인식하는 상황에서 이루어지는 관찰을 의미한다. 반면 비개입적 관찰은 피관찰자가 관찰되고 있다는 사실을 인식하지 못하는 상황에서 이루어지는 관찰을 말한다.

5. 관찰결과를 기록할 때는 일화기록, 체크리스트, 평정척도 등이 사용된다. (1) 일화기록은 특정 행동이 일어난 상황, 방식, 순서를 서술적으로 기록하는 방식이다. (2) 체크리스트는 행동이나 특성의 유무를 표시하는 방법이다. (3) 평정척도는 행동의 수준이나 정도를 표시하는 방법이다.

6. 관찰은 고유의 장단점이 있으므로 관찰을 할 때는 유의사항을 준수해야 한다.

7. 평정과정에서는 평정자에서 기인하는 후광효과, 논리적 오차, 집중경향의 오차, 관용의 오차, 대비의 오차, 근접의 오차, 표준의 오차 등이 개입된다.

8. 자기보고법은 자신의 감정·신념·신체상태를 스스로 표현·기술하도록 하는 방법을 말한다. 설문지, 척도, 면접은 자기보고법을 활용하여 정의적 특성을 평가하는 방법이다.

9. 설문지는 자기보고식 측정도구로 자유반응형 설문지와 구조화 설문지로 구분된다. 자유반응형 설문지와 구조화 설문지는 각기 장단점이 있으므로 설문지 형식을 선택할 때는 이를 충분히 고려해야 한다.

10. 설문지는 융통성이 높고 효율적이지만, 허위반응을 통제하기 어렵고 응답률이 낮다는 단점이 있다. 설문지를 작성할 때는 작성요령을 숙지해야 한다.

11. Likert 척도는 모든 진술문에 반응하도록 한 다음 모든 진술문의 평정점수를 합산하여 태도점수로 간주하는 종합평정법이다. 의미변별척도는 대상의 의미를 양극 형용사군을 이용하여 3차원의 의미공간에서 측정하는 방법이다.

12. 면접은 면접자가 피면접자와 대화를 통해 정보를 수집하는 방법으로 심층적인 정보를 수집할 수 있는 장점이 있지만, 신뢰도가 낮고 시간과 노력이 많이 소요된다는 단점이 있다. 최근에는 컴퓨터나 전화를 이용한 면접도 널리 활용되고 있다.

13. 구조화 면접은 질문의 형태·내용·순서 등이 엄격하게 고정된 표준화 면접을, 비구조화 면접은 면접자의 재량에 따라 질문의 형태·내용·순서를 조정할 수 있는 비표준화 면접을 말한다. 반구조화 면접은 구조화 면접과 비구조화 면접을 절충한 방식이다.

14. 사회성측정은 집단구성원 간의 상호관계를 확인하기 위한 방법이다. 사회성측정의 방법으로는 동료평정방법, 추인법, 지명법 등이 있다.

15. 사회성측정의 결과는 사회성측정 행렬이나 사회도로 요약할 수 있다.

제**14**장

# 평가모형

평가
모형

| 제1절 | 목표달성모형 |
| 제2절 | 의사결정모형 |
| 제3절 | 판단중심모형 |
| 제4절 | 참여자중심평가 |
| 제5절 | 재판평가모형 |
| 제6절 | 소비자지향평가(고객중심평가) |

 **학습목표**

- 목표달성모형, 의사결정모형, 판단중심모형, 참여자중심평가, 재판평가모형, 소비자지향평가의 평가목적을 비교한다.
- 목표달성모형, 의사결정모형, 판단중심모형, 참여자중심평가, 재판평가모형, 소비자지향평가가 적용될 수 있는 상황을 각각 예시한다.

최근 교육평가 영역에서는 프로그램평가에 관한 관심이 높아지고 있다. 프로그램평가는 말 그대로 프로그램을 표적으로 하는 평가를 말하며, 학생을 대상으로 하는 학생중심평가와 대비된다.

평가모형(評價模型, evaluation models)이란 평가를 개념화하는 방식을 말한다. 지금까지 제안되어 있는 평가모형의 수는 무려 60개 이상에 달하는 것으로 알려져 있다. 평가모형이 다양하다는 것은 평가에 관한 관심이 높다는 사실을 나타낸다. 그러나 대부분의 평가모형은 평가의 성격과 방법에 관한 학자들의 개인적인 견해를 일반적인 수준에서 피력하고 있을 뿐 평가활동을 수행할 때 따라야 할 분명한 지침을 제시하지 못하고 있으므로 평가를 개념화하는 방식을 모형이라는 용어로 부르는 것이 적절하지 않다는 지적도 없지 않다. 그렇지만 이 장에서는 평가에 관한 접근을 어떤 용어로 부르는 것이 더 적절한가에 대한 문제는 논외(論外)로 하고, 모형이라는 용어를 그대로 사용한다.

다양한 평가모형을 고찰하는 것은 평가의 개념을 이해하고 평가를 실행하는 데 도움을 줄 뿐만 아니라 평가의 이론을 발전시키는 데도 기여한다. 따라서 평가의 본질을 정확하게 파악하려면 평가에 관한 기본 관점을 제시하고 있는 평가모형을 살펴볼 필요가 있다.

이 장에서는 프로그램평가의 대표적인 모형으로 (1) 목표달성모형, (2) 의사결정모형, (3) 판단중심모형, (4) 참여자중심평가, (5) 재판평가모형, (6) 소비자지향평가(고객중심평가)를 소개한다.

## 제1절 🌸 목표달성모형

목표달성모형(目標達成模型, goal attainment model)에 따르면 평가란 본질적으로 프로그램에 의해 교육목표가 달성된 정도를 밝히는 과정이다. 목표달성모형에 따른 평가절차는 대체로 (1) 프로그램 목표 확인, (2) 목표의 명세적 진술, (3) 측정도구의 개발 및 실시, (4) 목표와 측정결과 비교, (5) 프로그램에 관한 결정으로 구성된다. Tyler의 모형에 근원을 두고 있는 목표달성모형은 Provus의 괴리모형으로 계승·발전되었다.

## 1. Tyler의 모형

Tyler(1949)는 평가를 "프로그램에 의해 교육목표가 실제로 어느 정도 달성되었는가를 결정하는 과정"이라고 정의했다. 교육목표는 교육을 통해 변화시키려고 하는 학생의 지식·태도·기능을 지향하고 있으므로 결국 평가는 교육활동을 통해 의도했던 학생들의 지식·태도·기능이 실제로 변화되었는가를 확인하는 과정으로 귀결된다. Tyler의 평가모형은 목표달성모형의 효시로 평가 분야에서 지금까지도 커다란 영향력을 행사하고 있다. Tyler의 모형의 평가절차는 다음과 같다.

1. 일반교육목표를 설정한다.
2. 교육목표를 분류한다.
3. 교육목표를 행동용어로 진술한다.
4. 교육목표의 달성 여부를 확인할 수 있는 장면이나 조건을 확인한다.
5. 측정도구를 선정 또는 개발한다.
6. 측정자료를 수집한다.
7. 측정자료를 행동목표와 비교한다.

이 모형에서는 교육목표가 핵심을 차지하고 있다. 교육목표는 교육과정 계획, 수업자료 선정, 수업절차 개발, 검사제작의 지침과 준거 역할을 한다. 교육목표를 설정할 때는 학생특성, 사회의 특징, 교과특성을 체계적으로 분석해야 한다. 교육목표를 설정한 다음에는 학습심리학의 원리와 법칙에 비추어 교육목표의 달성가능성을 면밀하게 검토하고, 교육철학에 비추어 타당성을 점검해야 한다. 그다음에는 교육목표를 행동목표로 명세화해야 한다. 교육 프로그램이 종료되면 목표달성 여부를 확인할 수 있는 자료를 수집하기 위해 검사 또는 시험을 실시한다. 교육목표가 달성되었음을 나타내는 검사결과는 프로그램이 효과가 있다는 긍정적인 증거로 간주된다. 반면 교육목표를 달성하지 못했을 경우에는 프로그램이 부적합하다는 증거가 된다. 목표와 실제 수행 사이에 괴리가 발생할 경우 목표나 프로그램 또는 측정방법에 대한 수정작업이 수반되며, 평가활동이 반복된다. 프로그램을 수정·보완하더라도 목표를 달성할 수 없다고 판단되면 프로그램을 폐지하거나 다른 프로그램으로 대치하는 결정을 내리게 된다.

Tyler는 당시 주류를 이루고 있던 학생중심평가와 측정중심평가에서 탈피하여 프로그램평가라는 새로운 영역을 개척했다. 뚜렷한 평가이론이나 방법이 존재하지 않았던 당시 교육목표의 달성 정도를 결정하는 과정을 평가로 간주한 그의 모형은 교육계에 전폭적으로 수용되었다. 그의 모형은 체계적이고 단순하다는 장점이 있기 때문에 교육평가 분야의 주류를 형성하여 교육과정 개발과 평가의 토대를 제공했다. 평가에 관한 Tyler의 철학과 방법론은 행동목표, 교육목표분류학, 교육의 책무성 운동, 최저능력검사(minimum competency testing), 준거지향검사 개발의 이론적 토대를 제공했다. 또 목표달성도 측정과 목표기준경영(Management By Objectives: MBO)의 토대가 되었다.

## 2. 괴리모형

Provus(1973)의 **괴리모형**(乖離模型, discrepancy model)은 프로그램이 달성하려고 하는 표준과 실제 수행 사이의 괴리를 분석하는 데 주안을 두는 모형이다. 이 모형은 격차모형(隔差模型), 간극모형(間隙模型) 또는 불일치모형으로 불리고 있다. 그에 따르면 평가는 (1) 프로그램의 표준, 즉 목표를 설정하고(엄밀한 의미에서 표준과 목표는 다른 개념이지만 Provus는 같은 의미로 사용하고 있다), (2) 프로그램의 표준과 실제 수행 사이에 괴리가 있는지를 확인하며, (3) 프로그램의 전체 또는 일부를 개선·존속·종결하는 결정을 내리기 위해 괴리정보를 활용하는 과정이다.

괴리모형에 따라 프로그램을 평가하려면 실제 수행을 표준에 비추어 비교해야 한다. 표준(Standard: S)이란 평가대상이 갖추어야 할 자질 혹은 특성을 지칭하고, 수행측정(Performance measure: P)은 평가대상의 실제 특성을 말한다. 표준과 수행을 비교하면 괴리정보(Discrepancy information: $D=S-P$)가 도출된다. 괴리정보는 프로그램의 전체 또는 일부를 개선·존속·종결하기 위한 정보로 활용된다. 결국 괴리모형에서 평가는 'S'와 'P'의 괴리에 근거하여 프로그램의 가치와 적합성을 판단하는 과정이다.

평가활동을 수행하는 각 단계에서는 (1) 프로그램의 표준(목표)과 실제 프로그램의 일치도 확인, (2) 프로그램 구성요소 사이의 합치 여부 확인, (3) 프로그램의 약점을 수정하기 위한 괴리정보 활용과 같은 활동이 수행된다. 각 단계에서 수집된 괴리정보는 (1) 프로그램을 종료하거나, (2) 다음 단계로 진행하거나, (3) 프로그램의 과정을 변경하거나, (4) 프로그램의 표준을 수정하기 위한 의사결정을 내리기 위한 기초정보로 활용된다.

Provus의 괴리모형은 목표를 평가의 준거로 삼고 있다는 점에서 목표달성모형에 속하지만 프로그램을 통해 목표가 달성된 정도의 측정을 강조한 Tyler의 평가모형과는 달리 목표와 수행성과 사이의 불일치 정도를 확인하는 데 주안을 둔다는 것에서 차이가 있다. Provus의 괴리모형은 프로그램 개발 단계별로 평가를 강조하고 있기 때문에 2절에 소개되어 있는 CIPP 모형과 비슷한 측면이 있다. 요컨대, 괴리모형은 Tyler의 목표달성모형에 근원을 두고 있으면서도 의사결정을 촉진하는 평가의 기능을 강조하고 있다.

## 제2절 의사결정모형

의사결정모형(意思決定模型, decision-oriented model)에서는 평가를 의사결정자에게 필요한 정보를 제공하여 합리적 의사결정을 촉진시키는 과정으로 간주한다. 관리지향모형(management-oriented model)이라고 부르기도 하는 의사결정모형의 전형적인 특징은 합리적인 의사결정을 조력하는 것을 평가의 기본 목적으로 삼고, 프로그램 개발의 모든 단계를 포괄적으로 평가한다는 데 있다.

의사결정모형에 따른 평가단계는 크게 (1) 의사결정자의 정보요구 확인, (2) 적합한 정보수집, (3) 의사결정자에 대한 정보제공 등으로 이루어진다. 대표적인 의사결정모형으로 CIPP 모형과 CSE 모형을 살펴본다.

### 1. CIPP 모형

Stufflebeam(1971)이 제안한 CIPP 모형의 전형적인 특징은 "평가의 가장 중요한 목적은 입증하는 것이 아니라 개선하는 것"이라는 주장에 잘 반영되어 있다. 즉, 평가란 프로그램의 성장과 발달을 촉진하고 프로그램을 개선함으로써 프로그램이 지향하고 있는 사람들의 요구를 충족시키고, 가용자원을 최대한 활용하도록 도움을 주기 위한 도구라는 것이다. 이러한 입장에 근거하여 그는 평가를 의사결정 대안들을 판단하는 데 도움을 줄 수 있는 정보를 서술(delineating), 획득(obtaining), 제공(providing)하는 과정이라고 정의했다. 이 정의에서 '서술한다'는 것은 의사결정자와 접촉해서 요구하는 정보를 확인하는 것을 의미한다. '획득한다'는 것은 정보를 수집·처리하는 과정을 가리킨다. '제공한다'는 것은 수집하여 처리한 정보를 합리적인 의사결정이 가능하도록 의사결정자에게 보고한다는 것을 뜻한다.

평가를 의사결정에 도움을 줄 수 있는 정보를 수집·제공하는 과정이라고 간주한 Stufflebeam은 전형적인 의사결정유형을 확인한 다음 각 유형별로 평가전략을 도출했다. 의사결정유형은 (1) 의도하는 목적을 선정하려는 계획 의사결정(planning decisions), (2) 의도하는 수단, 즉 선정된 목표를 달성하는 데 적합한 전략과 절차를 설계하려는 구조 의사결정(structuring decisions), (3) 실제적 수단, 즉 수립된 전략과 설계를 행동으로 옮기려는 실행 의사결정(implementing decisions), (4) 실제적 목적, 즉 목표달성 정도를 평가하고 프로그램의 존속 혹은 변경 여부를 판단하려는 순환 의사결정(recycling decisions)으로 대별된다. 이러한 의사결정유형에는 각각 상황평가, 투입평가, 과정평가, 산출평가가 필요하다. CIPP는 네 가지 유형의 평가의 머리글자를 따서 붙인 명칭이다. 네 가지 유형의 평가를 소개하면 다음과 같다.

(1) **상황평가**(context evaluation): 계획 의사결정에 도움을 주기 위해 실시되는 상황평가 혹은 맥락평가는 프로그램의 문제와 요구를 확인하여 목표를 설정하는 데 도움을 주기 위한 평가를 말한다.

(2) **투입평가**(input evaluation): 구조 의사결정에 도움을 주기 위한 투입평가는 프로그램 목표를 달성하는 데 활용될 수 있는 전략과 자원에 관한 정보를 수집하여 최적의 전략과 자원을 선정하기 위해 수행된다.

(3) **과정평가**(process evaluation): 실행 의사결정에 도움을 주려는 과정평가는 프로그램이 계획한 대로 실행되고 있는지에 관한 피드백을 제공하고, 절차설계 혹은 실행상의 결함을 확인하며, 계획이 부적합하다고 판명될 경우 그것을 수정하는 데 필요한 정보를 수집하기 위해 실시된다.

(4) **산출평가**(product evaluation): 성과평가 또는 출력평가라고 부르기도 하는 산출평가는 프로그램의 성과를 결정하여 순환 의사결정에 도움을 주기 위해 실시된다. 이 평가는 프로그램 목표를 달성한 정도를 결정하고 성과정보를 목표, 상황, 투입정보, 과정정보와 관련지어 궁극적으로 프로그램에 관한 결정(프로그램의 종결, 수정, 재순환)에 도움을 주려는 것이다.

[그림 14-1] CIPP 모형

Stufflebeam은 CIPP 모형을 형성평가 및 총괄평가와 관련지어 의사결정을 위한 평가와 책무성을 위한 평가로 구분했다. 그에 따르면 형성적 역할을 수행하는 평가는 전향적 평가(proactive evaluation)로, 의사결정자를 도와주기 위한 목적을 갖고 있다. 반면 총괄적 역할을 수행하는 평가는 소급적 평가(retroactive evaluation)로, 책무성을 판단하는 데 필요한 정보를 제공하기 위한 목적을 갖고 있다. 평가유형과 평가역할의 관계를 그림으로 나타내면 [그림 14-2]와 같다.

| | | 평가유형 | | | |
|---|---|---|---|---|---|
| | | 상황평가 | 투입평가 | 과정평가 | 산출평가 |
| 평가역할 | 의사결정 | 전 향 적 ( 형 | | 성 적 ) 평 | 가 |
| | 책무성 | 소 급 적 ( 총 | | 괄 적 ) 평 | 가 |

[그림 14-2] CIPP 모형에서 평가유형과 평가역할의 관계

CIPP 모형은 조직의 관리과정 및 의사결정을 중심으로 평가활동을 수행해야 한다는 점을 강조함으로써 프로그램평가의 새로운 지평을 열었다. 이 모형은 평가가 진공상태에서 수행되는 것이 아니라 다양한 상황요인의 영향을 받기 때문에 평가에서 상황요인을 감안할 필요성을 역설했다. 나아가 CIPP 모형은 프로그램평가의 기술(記述)적 측면을 강조하고, 프로그램 개발 단계별로 평가를 실시해야 한다고 하여 프

로그램평가의 영역을 확대했으며, 모든 영역의 평가활동에 적용될 수 있는 평가지침을 제공했다는 점에서 긍정적인 평가를 받고 있다.

## 2. CSE 모형

Alkin(1969)이 제안한 CSE 모형 혹은 UCLA 모형에서는 평가를 "의사결정에 필요한 정보를 선택 · 수집 · 분석하여 보고하는 과정"이라고 정의했다. CSE는 Alkin이 근무하고 있는 대학의 평가연구소(UCLA Center for the Study of Evaluation)의 머리글자를 따서 모은 두문자(acronym)다. 이 모형은 다음과 같은 다섯 가지 평가유형을 포함하고 있다.

(1) 체제사정(system assessment): 체제의 상태에 관한 정보를 제공하기 위해 실시되는 평가를 말한다. 체제사정은 CIPP 모형의 상황평가와 유사한 기능을 한다. 체제사정은 특정 상황에 적합한 목표의 범위와 명세성을 결정하기 위해 수행된다.

(2) 프로그램 계획(program planning): 체제사정에서 확인된 교육적 요구를 효과적으로 충족시킬 수 있는 프로그램을 선정하는 데 도움을 주기 위한 평가로, CIPP 모형의 투입평가에 대응된다.

(3) 실행평가(implementation evaluation): 프로그램이 계획단계에서 의도했던 표적집단에 제대로 도입되었는가에 관한 정보를 수집하기 위해 실시되는 평가유형이다. 즉, 실행평가는 프로그램이 계획단계에서 규정한 사항을 어느 정도 충족시키고 있는가를 결정하기 위한 평가를 의미한다.

(4) 개선평가(improvement evaluation): 프로그램이 어떻게 운영되고 있는지, 중도점목표를 달성하고 있는지, 의도하지 않은 성과가 나타나고 있는가에 관한 정보를 수집하려는 평가로, CIPP 모형의 과정평가와 유사한 기능을 한다.

(5) 프로그램 승인(program certification): 프로그램의 가치와 유용성에 관한 정보를 수집하기 위해 수행되는 평가로, CIPP 모형의 산출평가와 유사한 기능을 한다. 기존 프로그램의 존속 · 수정 · 폐기에 대한 결정을 하려면 프로그램의 질을 평가해야 한다.

# 제3절 ✐ 판단중심모형

판단중심모형(判斷中心模型, judgment-oriented model)은 평가를 평가자의 전문성을 이용하여 평가대상의 가치와 장점을 체계적으로 판단하는 활동이라고 보는 입장이다. 이 모형은 평가자의 전문적 판단(professional judgment)을 강조한다. 모든 평가모형은 가치판단의 측면을 어느 정도 포함하고 있지만, 판단중심모형은 평가자의 주관적인 전문성을 가장 중요한 평가전략으로 간주한다는 점에서 다른 평가모형들과 구분된다.

판단중심모형은 가치를 중심으로 평가를 해야 한다는 점에서 일치하고 있으나, 가치판단의 주체와 방법에 관한 견해에 따라 몇 가지 입장으로 나뉜다. Eisner(1985)는 평가자의 개인적인 경험, 지식, 전문성을 기준으로 가치판단을 해야 한다고 주장했다. 반면에 Wolf(1979)는 평가자 개인이 모든 관점을 폭넓게 감안해서 판단할 수 없으므로 상반된 관점을 견지하고 있는 평가자 또는 평가팀을 통해 가치를 판단해야 한다고 주장했다. 이 절에서는 판단중심모형으로 (1) 평가인정모형, (2) 안면모형, (3) 탈목표평가, (4) 감정술 및 비평 모형을 소개한다.

## 1. 평가인정모형

평가인정(accreditation)이란 교육기관이나 프로그램이 일정한 표준이나 자격요건을 충족시키고 있는가를 전문가들이 평가하여 인정하는 과정을 의미하는데, 이러한 제도와 방법을 평가에 적용하려는 접근이 평가인정모형이다. 다시 말하면 평가인정모형은 평가자들의 주관적인 전문성에 입각해서 기관, 조직, 프로그램, 성과, 활동 등을 판단하려는 관점이다.

평가인정과정에서는 특정 기관이 최소한의 표준을 충족시킨다고 판단되면 인정하고, 표준에 미달한다고 판단되면 인정하지 않는다. 학교를 비롯한 대부분의 기관과 조직은 평가인정의 대상이 되며, 교육자들도 직위에 요구되는 일정 요건을 충족시켜야 한다는 점에서 평가인정의 대상이 될 수 있다.

평가인정의 목적은 (1) 교육기관, 프로그램, 관련인사들이 최소한의 표준을 충족시키고 있는지를 결정하고, (2) 프로그램의 구성, 실행, 효과 등에 대한 자체평가를 실시하여 미비점을 보완·개선하도록 유도하며, (3) 기관 내외의 부당한 압력으로부

터 우수한 기관을 보호하고, (4) 교육의 질에 관한 정보를 학생, 부모, 대중에게 공표
(公表)하려는 것이다.

1800년대부터 시작된 평가인정제도는 1930년대에 이르러 교육계에 커다란 영향
력을 행사했으며, 그 후 의학계와 법조계 등을 비롯한 전문영역으로 급속히 확산되
었다. 평가인정의 가장 유명한 사례는 미국 및 캐나다의 의과대학에 대한 평가인정
과정을 통해 요건에 미달하는 대학들을 대거 폐교시킨 「플렉스너 보고서」(Flexner,
1910)를 들 수 있다.

전통적으로 평가인정과정은 프로그램의 성과보다는 시설의 적합성, 조직구성원
의 자격, 운영과정의 적합성 등에 주안을 두었으나, 최근에는 졸업률, 취업률, 중도탈
락률과 같은 성과관련지표를 강조하는 추세에 있다. 최근의 평가인정모형은 전문가
만이 동료들의 활동을 판단할 수 있는 자격을 갖추고 있다고 가정한다. 따라서 평가
인정 현장방문평가자는 전문가로 구성되며, 평가의 표준과 준거 역시 전문가집단이
설정한다. 평가인정모형의 일반적인 평가절차는 다음과 같다.

1. 특정 기관 혹은 프로그램이 충족시켜야 할 표준을 설정한다.
2. 기관은 자체평가를 통해 표준을 충족시키고 있는가를 확인한다.
3. 전문가의 현장방문평가(on-site evaluation)를 통해 기관의 자체평가 보고서를 검토
   하고 교육실천과정을 관찰·확인한다.
4. 결과를 보고하고 최종적으로 인정 여부를 확정한다.

미국의 경우 NCA(National Council for Accreditation), NCATE(National Council for
Accreditation of Teacher Education), AACTE(American Association of Colleges for
Teacher Education) 등이 대표적인 평가인정기관으로 활약하고 있다. 우리나라의 경
우 한국대학교육협의회에서 대학교육의 질적 향상을 도모하기 위해 주기적으로 평
가인정제(대학종합평가라고 부른다)를 실시하고 있다.

## 2. 안면모형

Stake(1967)는 프로그램 평가에서 프로그램의 모든 측면을 두루 고려해야 한다는
사실을 부각시키기 위해 그의 모형을 **안면모형**(顔面模型, countenance model)이라고

불렀다. 국내의 평가문헌에서 이 모형은 종합실상모형 혹은 안모모형(顔貌模型)으로 불리고 있다.

Stake는 평가를 공식적 평가(formal evaluation, 객관적 평가)와 비공식적 평가(informal evaluation, 주관적 평가)로 구분한 다음, 프로그램에 관해 합리적인 판단을 하려면 비공식적 평가를 버리고 공식적 평가를 실시해야 한다고 주장했다. 그에 따르면 공식적 평가의 기본 활동(즉, 평가의 두 얼굴)은 기술(description)과 판단(judgment)으로 구성된다. 따라서 그는 프로그램에 관한 판단을 회피하고 기술만 하는 평가나, 반대로 프로그램을 기술하지 않고 판단만 하는 평가를 모두 불완전한 평가로 간주한다. 그에 따르면 완전한 평가는 평가대상을 기술하는 동시에 그에 관해 판단을 해야 한다.

프로그램을 기술하거나 판단할 때는 프로그램에 관한 다양한 자료를 수집해야 한다. 프로그램 평가에서 수집해야 할 자료는 선행요건(antecedents), 실행과정(transaction), 성과(outcomes)로 구분할 수 있다. 선행요건은 프로그램이 투입되기 전에 존재하는 학생 및 교사의 특성, 교육과정, 시설 및 환경 등을 지칭한다. 실행과정은 교사와 학생, 학생과 학생, 교사와 학부모 사이에 이루어지는 교호작용을 말한다. 구체적으로 질의, 설명, 토론, 시험, 과제와 같이 교육의 과정을 구성하는 상호작용을 의미한다. 성과는 프로그램의 영향을 받은 학생들의 학업성취, 능력, 동기, 태도의 변화는 물론 교사, 학교, 학부모, 지역사회의 변화를 포함한다. 선행요건과 성과는 정적(靜的)인 성질을 갖고 있고, 실행과정은 동적(動的)인 성질을 갖고 있다.

프로그램에 관한 기술적 자료는 의도한 사항(intents)과 실제 관찰한 사항(observations)으로 구분된다. 따라서 평가자는 의도한 사항과 실제로 관찰한 사항을 충분히 기술해야 한다. 판단적 행위는 판단을 내리기 위한 표준(standard)과 실제 판단(judgments)으로 구분된다.

프로그램 평가에서 수집한 자료를 선행요건, 실행과정, 성과로 나눈 다음, 기술행렬을 의도와 관찰로 구분하고 판단행렬을 표준과 판단으로 구분하면 [그림 14-3]과 같이 프로그램 평가에서 수집해야 할 자료행렬이 완성된다. Stake는 프로그램 평가에서 자료수집 및 해석을 체계화하기 위하여 이와 같은 자료행렬을 활용할 것을 권장하고 있다.

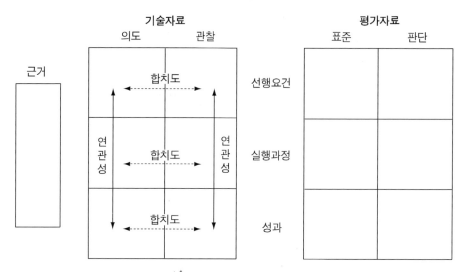

[그림 14-3] 프로그램 평가의 차원과 처리과정

평가자는 이 행렬을 활용하여 다음과 같은 작업을 할 수 있다.

(1) 프로그램의 근거(요구를 포함하여)를 정당화하고 기술한다.
(2) 의도차원에서 선행요건, 실행과정, 성과별로 목표를 검토ㆍ확정한다.
(3) 관찰차원에서 선행요건, 실행과정, 성과에 관한 자료를 수집한다.
(4) 선행요건, 실행과정, 성과를 판단하기 위한 표준(준거, 기대, 대안 프로그램의 수행)을 진술한다.
(5) 선행요건, 실행과정, 성과에 관해 판단을 한다. 판단을 하려면 기술적 자료에 표준을 적용하면 된다. 기술적 자료를 판단하는 방식은 선행요건, 실행과정, 성과 간의 연관성(contingency)을 검토하는 방법과 합치도(congruence)를 검토하는 방식으로 구분된다. 연관성은 두 측면에서 검토할 수 있다. 우선 의도했던 선행요건과 의도했던 실행과정, 의도했던 실행과정과 의도했던 성과가 논리적으로 관련성이 있는가를 분석할 수 있다. 또 관찰된 선행요건과 관찰된 실행과정, 관찰된 실행과정과 관찰된 성과가 경험적으로 관련되는가를 분석할 수 있다. 합치도는 ① 의도했던 선행요건과 관찰된 선행요건, ② 의도했던 실행과정과 관찰된 실행과정, ③ 의도했던 성과와 관찰된 성과가 일치하는 정도를 말한다.

(6) 판단단계에서는 기술적인 자료를 표준에 비추어 비교한다. 프로그램에 대해 판단을 내리는 데 사용할 수 있는 표준은 절대적 표준(absolute standard)과 상대적 표준(relative standard)으로 구분된다. 절대적 표준은 프로그램이 구비해야 할 조건이나 상태 혹은 목표에 관한 이상적인 표준을 의미하며, 이러한 표준에 따른 평가를 절대평가라고 한다. 상대적 표준은 유사한 프로그램의 특성이나 결과를 근거로 하여 설정되며, 이러한 표준에 입각하여 수행되는 평가를 상대평가라고 한다.

Tyler의 목표달성모형이 평가의 주류를 형성하고 있던 시기에 제안된 안면모형은 평가에 대한 다각적인 논의를 촉발시킴으로써 다양한 평가모형이 태동할 수 있는 계기를 제공했다. 이 모형은 프로그램평가를 성과는 물론 선행요건과 실행과정까지 포함하는 개념으로 확대시켰고, 판단행위를 평가의 핵심적 측면으로 간주했으며, 평가의 상대적 표준과 절대적 표준을 구분하여 평가이론의 발전에 커다란 공헌을 했다는 평가를 받고 있다.

### 3. 탈목표평가

평가과정에서 목표를 지나치게 의식하면 시야가 좁아져 실제로는 매우 중요하지만 목표에 반영되어 있지 않은 프로그램 효과를 간과할 수 있다. 목표의 부정적인 기능은 평가자의 시야를 제약한다는 것이다. 목표는 흡사 창문의 블라인드와 같이 목표에 직접 관련되지 않지만 진정으로 중요한 성과를 간과하도록 하는 역기능을 갖고 있다. Scriven(1972)은 목표에 근거하여 프로그램 효과를 분석하는 목표기준평가(goal-based evaluation)가 의도했던 효과에만 집착하기 때문에 의도하지 않은 효과를 간과할 수 있는 개연성이 있다고 주장하고, 목표를 중심으로 평가활동을 수행할 때 야기될 수 있는 부작용을 해결하기 위한 목적으로 탈목표평가를 제안했다. 그에 따르면 탈목표평가는 평가의 편향성을 감소시켜 객관성을 높인다.

탈목표평가(脫目標評價, goal-free evaluation)는 목표를 전혀 인식하지 않은 상태에서 프로그램의 효과를 포괄적으로 검토하려는 접근이다. 탈목표평가는 프로그램의 모든 측면을 면밀하게 검토하여 프로그램의 모든 효과, 즉 바람직한 효과와 의도했던 효과는 물론 바람직하지 못한 효과와 예기치 않았던 효과를 표적집단의 요구에 비추어 판단한다. 탈목표평가에서는 프로그램의 가치와 장점을 프로그램이 목표를 달성한 정도를 기준으로 하여 판단하는 것이 아니라 표적집단의 요구를 어느 정도 충족시키는가를 기준으로 하여 판단한다. 따라서 이 평가에서는 프로그램의 효과를 관찰하고 프로그램의 가치를 판단하기 위해 표적집단의 요구를 확인하는 작업을 중시한다. 이러한 측면에서 Scriven은 탈목표평가를 요구기준평가(needs-based evaluation)라고 불렀다. 탈목표평가의 주요 특징은 다음과 같다(Fitzpatrick, Sanders, & Worthen, 2004).

(1) 평가자는 프로그램의 목표를 의도적으로 인식하지 않는다.
(2) 사전에 설정된 목표가 평가의 초점을 제약하지 않도록 한다.
(3) 의도한 성과보다는 실제 성과에 주안을 둔다.
(4) 프로그램 관리자 및 직원과의 접촉을 최소화한다.
(5) 예기치 않은 부수효과를 확인할 수 있는 개연성이 높다.

탈목표평가는 목표에 관한 정보가 전혀 없는 상황에서도 평가를 수행할 수 있다는 것을 입증했고, 프로그램의 모든 효과를 포괄적인 입장에서 검토할 필요성을 역설했으며, 목표기준평가를 실시할 때도 목표 자체의 가치를 판단할 필요성을 강조함으로써 평가의 이론과 실제에 큰 영향을 미쳤다. 이 모형의 영향을 받아 평가자들은 프로그램의 부수효과(side effects)를 탐색하는 데도 관심을 기울이게 되었다.

## 4. 감정술 및 비평 모형

Eisner(1985)가 제안한 **감정술 및 비평 모형**(鑑定術 및 批評 模型, connoisseurship and criticism model)은 평가자의 주관적인 전문성에 입각하여 프로그램, 조직, 성과, 활동을 판단하고자 하는 접근이다. 즉, 이 모형은 예술작품을 감정하고 비평할 때 사계(斯界)의 전문가가 사용하는 방법과 절차를 교육평가에 원용(援用)하려는 접근이다.

감정술 및 비평 모형의 목적은 평가대상의 장점 혹은 단점을 전문가의 입장에서 비판적으로 기술·사정·조명하는 데 있다. 이 모형은 평가자의 전문성이나 경험에 입각한 질적 평가를 중시한다. 즉, 평가자의 지각적 민감성, 풍부한 경험, 세련된 통찰, 전문적인 판단을 토대로 하는 평가활동을 강조한다. 소믈리에가 와인의 질을 감

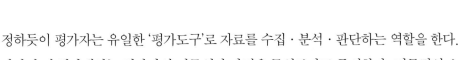

정하듯이 평가자는 유일한 '평가도구'로 자료를 수집·분석·판단하는 역할을 한다. 따라서 이 평가에서는 평가자의 전문성과 자질을 무엇보다도 중시한다. 전문적인 소양을 갖춘 평가자의 판단결과는 평가대상의 미묘하고 섬세한 측면을 감상하고 이해할 수 있는 방식으로 일반대중에게 전달된다.

이 평가모형은 감정술과 교육비평으로 구성된다. 감정술(감식안, connoisseurship)은 평가대상의 미묘하면서도 중요한 자질을 인식하는 능력이다. 교육감정가의 지각활동은 지극히 사적(私的)인 과정이므로 감정술은 곧 감상의 예술이다. 교육비평(educational criticism)은 감정가의 인식을 비판적인 글로 표현하는 과정을 의미한다. 즉, 교육비평은 감정가의 세련된 인식을 문서화하여 공개하는 표출의 예술이다. 효과적인 비평은 감정술을 바탕으로 하고 있으므로 감정술은 비평의 재료를 제공한다. 영화비평가가 영화평을 쓰고 음악평론가가 음악평을 하듯이 교육비평가는 수업·학급·교재·학생과 같이 교육적으로 중요한 현상에 관해 글을 쓰는 사람이다. 비평에는 주로 은유(metaphor), 비유(analogy), 제안(suggestion), 암시(implication)와 같은 방법을 사용한다. 비평은 부정적인 평가의 과정이 아니라 일반인이 알아차리기 어려운 현상의 질과 특성을 인식하도록 도와주는 과정이다. 교육비평은 기술, 해석, 평가로 구성된다. 기술(description)은 작품이나 현상에 내포되어 있는 특징을 흡사 사진과 같이 생생하게 서술하거나 부각시키는 과정이다. 해석(interpretation)은 현상의 심층적 의미와 중요성을 부여하려는 노력이고, 평가(evaluation)는 교육적 중요성에 비추어 가치를 판단하는 과정이다. 교육비평의 궁극적인 목적은 평가적 판단에 있으므로 비평가는 중립적인 관찰이나 공정한 해석에 머무르지 말고, 관찰하고 해석한 사실에 기초하여 교육현상과 그것을 개선할 수 있는 결론에 도달해야 한다. 이러한 점에서 프로그램평가는 프로그램 비평과 같다.

감정술 및 비평 모형은 평가의 새로운 조망을 제공했다. Eisner의 표현에 따르면 이 모형은 교육현상을 연구하고 기술할 수 있는 '새로운 창문'을 열었다. 이 모형은 평가과정에서 전문가의 자질과 통찰력을 충분히 활용한다는 장점이 있다. 그 결과 일반인들이 자칫하면 간과할 수 있는 교육현상의 특성과 질을 인식하는 데 도움을 주고 있다. 그러나 이 모형은 평가활동을 어떻게 수행해야 하는가에 관한 구체적인 지침을 제공하지 못한다는 제한점이 있다. 또 평가과정이 전문가의 자질에 전적으로 좌우되므로 엘리트주의에 빠질 소지가 있으며, 주관성을 배제하기가 어렵고, 편견과 부정이 개입될 개연성이 있다.

## 제4절 참여자중심평가

참여자중심평가(參與者中心評價, participant-oriented evaluation)는 자연주의 탐구방법을 이용하여 프로그램 참여자들의 중추적인 관심사, 쟁점, 결과 등에 관한 정보를 체계적으로 수집하려는 접근이다.

참여자중심평가는 개방적이고 융통성 있는 자연주의 탐구방법을 근간으로 한다. 자연주의 탐구방법은 평가자가 평가장면을 있는 그대로 대면하고, 평가장면에서 의미와 가치가 충분히 발현되도록 하며, 가능하면 선입견을 배제하는 것을 특징으로 한다(Guba & Lincoln, 1981). 인류학이나 사회학 분야의 현장연구, 질적 연구, 인구학적 연구, 사례연구, 생태학 및 해석적 연구가 자연주의 탐구방법에 해당된다. 자연주의 탐구방법은 계량적 연구, 과학적 연구, 변수, 가설검증, 통계방법 등의 방법을 사용하는 실험적 평가방식이나 측정중심 탐구방법과 근본적으로 다르다.

참여자중심평가는 (1) 프로그램 관련인사들의 다양한 가치와 관점을 우선적으로 고려하고, (2) 프로그램이 진행되는 상황과 맥락 속에서 사상(事象)을 이해하고 서술하려는 총체적인 입장을 취하며, (3) 평가자를 주요 자료 수집 및 분석 도구로 간주한다. Worthen 등(1997)에 따르면 참여자중심평가의 특징은 (1) 인간성을 단순화시키려는 시도를 배격하고 총체적인 관점에서 접근하고, (2) 가치다원론(value pluralism)에 근거하고 있으며, (3) 관찰이나 발견을 통해 문제, 사건 혹은 과정을 이해하려는 귀납적 추리방법을 채택하고, (4) 주관적 자료와 객관적 자료, 양적 자료와 질적 자료 등 다양한 원천의 자료를 통합하며, (5) 표준화된 평가절차를 따르지 않고 평가활동을 수행하는 과정에서 평가절차를 신축성 있게 조정하며, (6) 사람들의 관점이 상이하다는 점을 고려하여 단일한 실체가 아니라 복수의 실체에 관심을 갖는다.

참여자중심평가는 평가에 관한 다양한 관점을 포괄하므로 특정 관점만을 나타내는 것은 아니다. 이 절에서는 대표적인 참여자중심평가의 접근인 자연주의적 평가를 소개한다.

Guba와 Lincoln(1981)이 제안한 자연주의적 평가(naturalistic evaluation)에서는 평가를 평가대상을 기술하고 그것의 가치(worth)와 장점(merit)을 판단하는 과정으로 정의했다. 자연주의적 평가의 가장 중요한 목적은 교육활동의 복잡성을 이해하고, 관련 인사들의 정보요구에 부응하여 개인 및 집단의 다양한 주장·관심·쟁점을 확인하는 데 있다. 따라서 자연주의적 평가의 주요 역할은 프로그램 관련 인사들의 다양한 가치관점을 고려하여 그들의 정보요구를 충족시키려는 것이다.

자연주의적 평가는 프로그램 관련 인사들을 확인하는 데서 출발한다. 이 평가에서 평가자는 학습자의 역할을 수행하는 반면, 프로그램 관련 인사들은 평가자를 '지도하는' 주도적인 역할을 한다. 프로그램 관련 인사들의 관심사와 쟁점은 면접이나 평가자의 자연주의적 관찰을 통해서 확인된다.

자연주의적 패러다임과 전통적인 과학적 패러다임의 특징을 비교한 Guba와 Lincoln(1981)의 논의는 자연주의적 평가를 이해하는 데 도움을 주고 있으므로 요약해서 소개한다.

탐구방법　자연주의적 평가는 평가자가 자신을 주요한 자료수집도구로 간주하고 면접, 관찰, 비언어적 단서의 분석, 비개입적 측정(nonreactive measure, 행동이 아니라 행동이 남긴 흔적을 관찰하는 방법), 문서 및 기록 분석과 같은 질적 평가방법을 선호한다. 그렇다고 해서 양적 평가방법을 무조건 배격하는 것은 아니고 관련 인사들의 정보요구에 적합한 자료를 수집할 수 있다고 판단되면 융통성 있게 사용한다.

이론의 원천　과학적 패러다임에 근거한 평가는 선험적 이론(priori theory)을 선호하고 이론이 없으면 탐구가 불가능하다고 주장한다. 반면에 자연주의적 평가는 탐구를 진행시키는 것은 이론이 아니라 탐구문제라고 본다. 심지어 자연주의적 평가는 이론이 탐구를 제약하며, 편견을 유발하는 역기능을 한다고 가정한다. 또 이론이란 자료에 부과될 때보다 자료에서 도출될 때 더 강력해진다고 본다. 따라서 자연주의적 평가에서는 탐구과정에서 이론을 개발하려고 한다.

지식의 유형　과학적 패러다임에 근거한 평가는 선험적 이론에서 도출된 평가문제와 가설에 따라 탐구를 진행하므로 언어적인 형식으로 표현할 수 있는 명제적 지식을 주로 사용한다. 반면 자연주의적 평가는 인간을 주요 측정도구로 사용하여 탐구과정에서 인간의 능력을 최대한 활용하려고 하기 때문에 직관과 같은 묵시지(黙示知, tacit knowledge)에 주로 근거하고 있다.

평가도구　과학적 패러다임에 근거한 평가는 효율적이고 객관적이며 체계적으로 자료를 수집할 수 있는 도구를 선호한다. 반면에 자연주의적 평가는 인간 자체를 도구로 사용한다. 왜냐하면 인간은 통찰력이 있고, 융통성과 대응성이 높으며, 기존지식을 활용할 수 있는 능력이 있고, 자료수집과 동시에 자료에 의미를 부여할 수 있는 능력을 갖추고 있기 때문이다.

**평가설계**    과학적 패러다임에 근거한 평가는 평가문제와 방법을 미리 결정해 놓고 평가를 수행하는 선결적 설계(先決的 設計, preordinate design)를 선호하지만, 자연주의적 평가는 평가과정에서 적합한 방법을 결정하여 융통성 있게 적용하는 생성적 설계(生成的 設計, emergent design)를 채택한다.

**탐구상황**    전통적으로 평가는 탐구과정에서 외재변수(confounding variable, 종속 변수에 영향을 미치는 통제되지 않은 변수)의 효과를 엄격하게 통제하기 위하여 실험조건에서 탐구를 수행한다. 이에 반해 자연주의적 평가는 프로그램의 활동을 제한하거나 조작 또는 통제하지 않고 '있는 그대로의 자연적인 상태'에서 프로그램 활동을 탐구한다.

## 제5절 ⬧ 재판평가모형

Wolf(1979)가 제안한 **재판평가모형**(裁判評價模型, judicial evaluation model)은 재판절차를 평가에 원용(援用)하여 프로그램을 옹호하는 평가자에게는 긍정적인 견해를 피력하도록 하고 반대론자에게는 부정적인 견해를 피력하도록 한 후, 중립적인 인물이 양측의 논쟁을 검토하여 최종적인 결론을 내리도록 함으로써 평가의 공정성을 확보하려는 접근이다. 재판과정에서는 원고와 피고가 치열한 공방을 벌이며, 판사(및 배심원)는 원고와 피고의 상반되는 주장을 청취한 다음 최종 판결을 내린다. 이 접근은 대립평가(adversary-oriented evaluation) 혹은 옹호-반론평가(advocate-adversary evaluation)로 불리고 있다.

재판평가모형은 프로그램에 관해 상반된 견해를 갖고 있는 평가자들을 의도적으로 포함시켜 평가의 공정성을 확보하는 데 일차적인 목적이 있다. 평가에서는 평가자가 아무리 노력하더라도 개인적 편견이나 주관이 평가결과에 작용할 여지를 완전히 배제할 수 없다. 예를 들어, 수집하고자 하는 자료결정, 측정도구 제작 또는 선택,

평가대상 표집, 결과해석, 결론도출, 가치판단 등 평가과정에서 평가자의 주관이 개입될 소지는 얼마든지 존재한다. 그러므로 엄밀한 의미에서 보면 그 누구도 완벽한 평가자는 아니다. 평가자의 주관과 편견을 직접 감소시키려는 대부분의 평가접근과 달리, 이 접근은 평가대상에 대한 긍정적 견해와 부정적 견해를 모두 포함시켜 각자의 견해가 합당하다는 주장을 피력하고, 상대편 견해의 부당성을 반박하는 과정에서 편향성을 드러내도록 함으로써 공정성을 확보하려고 한다.

재판평가모형은 소송과 공청회 절차를 통해 프로그램에 관해 상반되는 두 관점을 제시함으로써 의사결정자가 충분한 정보에 근거해서 결정을 내리도록 도움을 주려고 한다. 전통적인 과학적 평가모형과 달리, 이 모형은 평가의 공정성과 객관성을 확보하기 위해 증언, 반대심문, 배심원 협의 등을 강조한다.

재판평가모형은 교육장면에서 의사결정을 내릴 권한이 있는 사람을 조력하기 위한 방법으로 고안되었다. 이 모형의 궁극적인 목적은 논쟁에서 승소하는 데 있는 것이 아니라 프로그램을 폭넓게 이해하고, 교육쟁점을 명료화하며, 조직의 성장과 실제를 개선할 수 있는 제안 및 정책지침을 제공하는 데 있다. 즉, 이 모형은 좀 더 공정하고 현명한 평가를 하기 위해 재판절차를 활용하기 때문에 최종평결이 목적은 아니다.

재판평가모형의 성패는 일차적으로 평가자의 능력과 자질에 따라 좌우된다. 평가자들이 심층적인 조사연구를 수행하고 완벽한 소송절차를 진행하려면 자연주의 탐구방법에 정통해야 한다. 즉, 평가자는 심층면접, 관찰, 현장분석, 문헌검토, 자료분석 등 다양한 자연주의 탐구방법을 시의적절하게 적용할 수 있는 능력을 구비해야 한다.

전반적인 측면에서 볼 때 재판평가모형은 평가대상에 관한 자료를 수집·분석하고 증거를 해석·통합·보고하는 대안적인 방식을 제공함으로써 의사결정자, 교육자, 시민의 요구에 부응할 수 있는 정책을 수립하는 데 기여했다는 평가를 받고 있다. 이 모형은 평가대상이 많은 사람에게 영향을 미치거나 평가대상이 논쟁거리가 될 경우 매우 유용하게 적용될 수 있는 모형이다.


## 제6절 🔹 소비자지향평가(고객중심평가)

오늘날 교육상품 및 서비스의 종류는 열거할 수 없을 정도로 다양하다. 교육상품과 서비스는 교육과정, 수업매체, 교육 프로그램, 직원평가제도, 소프트웨어, 설비, 교육자료를 망라한다. 교육상품을 생산하는 기업체들은 기발한 판매전략을 총동원해서 상품을 판매하기 위해 열을 올리고 있다. 그러나 기업체가 제공하는 상품정보는 정확하지 않거나 과장된 경우가 많아, 소비자들이 상품을 현명하게 선택하는 데 큰 도움을 주지 못하고 있다.

소비자지향평가(消費者指向評價, consumer-oriented evaluation)는 교육과정, 프로그램, 소프트웨어, 하드웨어와 같은 교육상품과 서비스의 상대적 장점을 평가하여 교육자, 학부모, 학생들이 현명하게 상품을 선택·구입하는 데 도움을 주기 위한 접근이다. 그래서 이를 고객중심평가라고 부르기도 한다. 소비자지향평가는 소기의 목적을 달성하기 위해 비용, 소비자의 요구, 사회적 가치 등을 고려하여 상품에 관한 최선의 정보를 제공하려고 한다.

소비자지향평가의 전형적인 특징은 총괄평가 접근을 취하고, 상품을 분석하기 위한 체크리스트를 개발하며, 상품에 관한 평가보고서를 소비자에게 제공하는 데 있다. 이러한 목적을 달성하기 위해 이 평가는 요구사정(needs assessment: 요구, 즉 현재 상태와 바람직한 상태 사이의 격차를 확인하고, 요구의 우선순위를 결정하려는 방법), 탈목표평가, 인과관계 확인방법(modus operandi analysis), 비용분석과 같은 다양한 방법을 활용한다.

소비자지향평가의 출현에 산파 역할을 한 인물은 Scriven(1967)이다. 그는 교육상품을 판단하기 위해 사용될 수 있는 준거로 (1) 중요한 교육목표의 달성 증거, (2) 교육목표 이외의 중요한 목표(예컨대, 사회적 목표)의 달성 증거, (3) 추수결과(follow results), (4) 이차적 및 부수적 효과, (5) 활용범위, (6) 도덕적 고려사항, (7) 비용을 제시했다.

조잡한 교육상품이나 서비스로부터 소비자를 보호하기 위한 적극적 의미의 평가접근인 소비자지향평가는 다음과 같은 장점이 있다. 첫째, 교육상품과 서비스에 관한 객관적인 평가정보를 제공하여 상품에 대한 정보요구를 충족시켜 준다. 둘째, 교육상품과 서비스를 평가할 수 있는 체크리스트를 통해 교육상품과 서비스를 선정할 때 고려해야 할 기준을 분명하게 밝혀 준다. 셋째, 교육상품과 서비스에 대한 평가결과를 생산자에게 피드백하여 더 우수한 상품을 개발하도록 자극한다.

**주요개념**

| | | | |
|---|---|---|---|
| 평가모형 | 목표달성모형 | 괴리모형 | 의사결정모형 |
| CIPP 모형 | 상황평가 | 투입평가 | 과정평가 |
| 산출평가 | CSE 모형 | 판단중심모형 | 평가인정모형 |
| 안면모형 | 탈목표평가 | 감정술 및 비평 모형 | 참여자중심평가 |
| 자연주의적 평가 | 재판평가모형 | 소비자지향평가(고객중심평가) | |

**요약정리**

1. 평가모형은 평가를 개념화하는 방식을 의미한다. 평가모형은 평가의 개념을 이해하고 평가를 실행하는 데 도움을 준다.

2. 목표달성모형은 평가를 프로그램에 의해 교육목표가 달성된 정도를 결정하는 과정이라고 정의한다. 목표달성모형의 효시는 Tyler의 모형이다. Provus의 괴리모형도 목표달성모형에 속한다.

3. 의사결정모형은 평가를 의사결정자에게 합리적인 의사결정을 내리는 데 필요한 정보를 수집하여 제공하는 과정이라고 정의한다. CIPP 모형과 CSE 모형이 대표적인 의사결정모형으로 꼽는다. CIPP는 상황평가, 투입평가, 과정평가, 산출평가로 구성된다.

4. 판단중심모형은 평가를 평가자의 전문성을 이용해서 평가대상의 가치와 장점을 체계적으로 판단하는 활동이라고 정의한다. 평가인정모형, 안면모형, 탈목표평가, 감정술 및 비평 모형이 판단중심모형에 속한다. (1) 평가인정모형은 기관이나 프로그램이 일정 요건을 충족시키고 있는가를 판단하여 인정 여부를 결정하기 위한 접근을 말한다. (2) 안면모형은 프로그램의 선행요건, 실행과정, 성과를 기술하고 판단하려는 접근이다. (3) 탈목표평가는 목표를 전혀 인식하지 않은 상태에서 프로그램의 효과를 총체적으로 확인하려는 접근이다. (4) 감정술 및 비평 모형은 평가자의 주관적인 전문성을 활용하여 평가대상을 판단하려는 접근이다.

5. 참여자중심평가는 자연주의 탐구방법으로 프로그램 참여자들의 주요 관심사, 쟁점, 결과 등을 체계적으로 기술하려는 접근이다.

6. 재판평가모형은 재판절차를 평가에 원용하려는 접근으로 프로그램에 관한 견해가 상반된 평가자들을 의도적으로 포함시켜 평가의 공정성을 확보하려고 한다.

7. 소비자지향평가는 소비자들이 교육상품을 현명하게 선택·구입하는 데 도움을 주기 위해 중립적인 입장에서 상품을 평가하여 객관적인 정보를 제공하려는 고객중심평가를 말한다.

# ▌참고문헌 ▌

교육과학기술부(2008a). 중학교 교육과정 해설(Ⅰ): 총론, 특별활동.

교육과학기술부(2008b). 중학교 교육과정 해설(Ⅲ): 수학, 과학, 기술ㆍ가정.

교육과학기술부(2011). 창의ㆍ인성교육 강화를 위한 중등학교 학사관리 선진화 방안 발표: 고교 석차 9등급제 평가를 성취평가제로 전환(보도자료).

권대훈(2006). 교육심리학의 이론과 실제. 서울: 학지사.

권대훈(2008). 교육평가(2판). 서울: 학지사.

김호권, 임인재, 변창진, 김영채(1978). 현대교육평가론. 서울: 교육출판사.

백순근 편(1999). 중학교 각 교과별 수행평가의 이론과 실제. 서울: 원미사.

변창진, 최진승, 문수백, 김진규, 권대훈(1996). 교육평가. 서울: 학지사.

성태제(2006). 현대교육평가(2판). 서울: 학지사.

이상로, 변창진(1991). 직업흥미검사 실시요강. 서울: 중앙적성출판부.

정범모(1973). 가치관과 교육. 서울: 배영사.

한국교육과정평가원(2012). 2012학년도 성취평가제 운영 매뉴얼: 고교 보통교과 시범학교용.

한국대학교육협의회(2006). 2006년도 대학종합평가인정제 시행을 위한 대학종합평가 편람. 자료 RM 2006−7−300호.

황정규(1998). 학교학습과 교육평가(개정판). 서울: 교육과학사.

Alkin, M. C. (1969). Educational theory development. *Educational Comment, 2*, 2−7.

Alkin, M. C. (1990). Curriculum evaluation models. In H. J. Walberg & G. D. Haertel (Eds.), *The International Encyclopedia of Educational Evaluation*. New York: Pergamon Press.

Allport, G. W. (1937). *Personality: A Psychological Interpretation*. New York: Holt.

American Educational Research Association, American Psychological Association, & National Council on Measurement in Education. (1999). *Standards for Educational and Psychological Testing*. Washington, DC: American Educational Research Association.

American Federation of Teachers, National Council on Measurement in Education, & National Education Association. (1990). *Standards for Teacher Competence in Educational Assessment of Students*. Washington, DC: American Federation of Teachers.

Angoff, W. H. (1971). Norms, scale, and equivalent scores. In R. L. Thorndike (Ed.), *Educational Measurement* (2nd ed.). Washington, DC: American Council on Education.

Anastasi, A. (1998). *Psychological Testing* (6th ed.). New York: Macmillan.

Anderson, L. W. (1981). *Assessing Affective Characteristics in the Schools*. Boston, MA: Allyn & Bacon.

Baird, L. L., & Feister, W. J. (1972). Grading standards: The relation of changes in average student ability to the average grades awarded. *American Educational Research Journal, 9*(3), 431–442.

Birnbaum, M., & Dochy, F. J. R. C. (1996). *Alternatives in Assessment of Achievements, Learning Processes and Prior Knowledge.* Boston, MA: Kluwer Academic Publishers.

Bloom, B. S., Engelhart, M. D., Furst, E. J., Hill, W. H., & Krathwohl, D. R. (1956). *Taxonomy of Educational Objectives: Handbook I Cognitive Domain.* New York: David McKay.

Bloom, B. S., Hastings. J. T., & Madaus, G. F. (1971). *Handbook of Formative & Summative Evaluation of Student Learning.* New York: McGraw–Hill.

Bloom, B. S., Madaus, G. F., & Hasting, J. T. (1981). *Evaluation to Improve Learning.* New York: McGraw–Hill.

Bormuth, J. R. (1970). *On the Theory of Achievement Test Items.* Chicago, IL: University of Chicago Press.

Brennan, R. L. (1972). A generalized upper–lower discrimination index. *Educational and Psychological Measurement, 32,* 289–303.

Brown, F. G. (1983). *Principles of Educational and Psychological Testing* (3rd ed.). New York: CBS College Publishing.

Bunderson, C. V., Inouye, D. K., & Olsen, J. B. (1989). The four generations of computerized educational measurement. In R. L. Linn (Ed.), *Educational Measurement* (3rd ed.). Washington, DC: American Council on Education.

Caldwell, E., & Hartnett, R. (1967). Sex bias in college grading? *Journal of Educational Measurement, 4,* 129–132.

Campbell, D. T., & Fiske, D. W. (1959). Convergent and discriminant validation by the multitrait–multimethod matrix. *Psychological Bulletin, 56,* 81–105.

Cohen, J. (1960). A coefficient of agreement for nominal scales. *Educational and Psychological Measurement, 20,* 37–46.

Cohen, R. J., Swerdlik, M. E., & Smith, D. K. (1992). *Psychological Testing and Assessment: An Introduction to Tests and Measurement* (2nd ed.). Mountain view, CA: Mayfield.

Crocker, L., & Algina, J. (1986). *Introduction to Classical and Modern Test Theory.* New York: Holt, Rinehart and Winston.

Cronbach, L. J. (1951). Coefficient alpha and the internal structure of tests. *Psychometrika, 16,* 297–334.

Cronbach, L. J. (1984). *Essentials of Psychological Testing* (4th ed.). New York: Harper & Row.

Cronbach, L. J. (1990). *Essentials of Psychological Testing* (5th ed.). New York: Harper & Row.

D'Agnostino, R. B., & Cureton, E. F. (1975). The 27 percent rule revisitted. *Educational and Psychological Measurement, 35,* 47–50.

Ebel, R. L. (1972). *Essentials of Educational Measurement* (2nd ed.). Englewood Cliffs, NJ: Prentice–Hall.

Ebel, R. L., & Frisbie, D. A. (1991). *Essentials of Educational Measurement* (5th ed.). Englewood Cliffs, NJ: Prentice–Hall.

Edwards, A. L. (1957). *Techniques of Attitude Scale Construction.* New York: Appleton–Century–Crofts.

Eisner, E. W. (1967). Educational objectives: Helps or hindrance? *School View, LXXV. 3.*

Eisner, E. W. (1985). *The Art of Educational Evaluation: A Personal View.* Philadelphia, PA: The Falmer Press.

Fitzpatrick, J. L., Sanders, J. R., & Worthen, B. R. (2004). *Program Evaluation: Alternative Approaches and*

*Practical Guidelines* (3rd ed.). Boston, MA: Pearson.

Flexner, A. (1910). *Medical Education in the United States and Canada* (Bulletin No. 4). New York: Carneigie Foundation for the Advancement of Teaching.

Gary, P. (1999). *Psychology*. New York: Worth.

Geisinger, K. F. (1982). Marking systems. In H. E. Mitzel (Ed.), *Encyclopedia of Educational Research* (5th ed., vol. 3). New York: The Free Press.

Ghiselli, E. E., Campbell, J. P., & Zedeck, S. (1981). *Measurement Theory for the Behavioral Sciences*. San Francisco, CA: W. H. Freeman and Company.

Glaser, R., & Nitko, A. J. (1971). Measurement in learning and instruction. In R. L. Thorndike, (Ed.), *Educational Measurement* (2nd ed.). Washington, DC: American Council on Education.

Glasman, N. S., & Nevo, D. (1988). *Evaluation in Decision Making*. Boston, MA: Kluwer Acdemic Press.

Glasser, W. (1969). *Schools without Failure*. New York: Harper & Row.

Gleser, G. C., Cronbach, L. J., & Rajatatnam, N. (1965). Generalizability of scores influenced by multiple sources of variance. *Psychometrika, 18,* 519-521.

Gregory, R. J. (2004). *Psychological Tesing: History, Principles, and Applications* (4th ed.). Boston, MA: Pearson.

Gronlund, N. E. (1973). *Preparing Criterion-referenced Tests for Classroom Instruction*. New York: MacMillan.

Gronlund, N. E. (1981). *Measurement and Evaluation in Teaching* (4th ed.). New York: Macmillan.

Gronlund, N. E. (1989). *How to Construct Achievement Tests*. Englewood Cliffs, NJ: Prentice-Hall.

Gronlund, N. E. (2000). *How to Write and Use Instructional Objectives* (6th ed.). Upper Saddle River, NJ: Merrill/Prentice Hall.

Guba, E. G. (1978). *Toward a Methodology of Naturalistic Inquiry in Educational Evaluation* (Monograph Series No. 8). Los Angeles, CA: University of California-Center for the Study of Evaluation.

Guba, E. G., & Lincoln, Y. S. (1981). *Effective Evaluation*. San Francisco, CA: Jossey-Bass.

Haertel, E. (1985). Construct validity and criterion-referenced testing. *Review of Educational Research, 55* (1), 23-46.

Haladyna, T. M., & Downing, S. M. (1989). A taxonomy of multiple-choice item-writing rules. *Applied Measurement in Education, 2,* 37-50.

Hambleton, R. K. (1989). Principles and selected applications of item response theory. In R. L. Linn (Ed.), *Educational Measurement* (3rd ed., pp. 147-200). Washington, DC: American Council on Education.

Hambleton, R. K., & de Gruijter, D. N. M. (1983). Applications of item response models to criterion-referenced test item selection. *Journal of Educational Measurement, 20,* 355-367.

Hambleton, R. K., & Swaminathan, H. (1985). *Item Response Theory: Principles and Applications*. Hignham, MA: Kluwer-Nijhoff.

Hanna, G. S., & Dettmer, P. A. (2004). *Assessment for Effective Teaching: Using Context-Adaptive Planning*. Boston: Pearson.

Harris, D., & Bell, C. (1986). *Evaluating and Assessing for Learning*. London: Kogan Page.

Harrow, A. (1972). *A Taxonomy of the Psychomotor Domain: A Guide for Developing Behavioral Objectives*. New York: David McKay.

Hartman, D. E. (1986). Artificial intelligence or artificial psychologist? Conceptual issues in clinical microcomputer use. *Professional Psychology: Research and Practice, 17*, 528–534.

Henryssen, S. (1971). Gathering, analyzing, and using data on test items. In R. L. Thorndike (Ed.), *Educational Measurement* (2nd ed.). Washington, DC: American Council on Education.

Hogan, T. P. (2007). *Educational Assessment: A Practical Introduction.* Hoboken, NJ: Wiley.

Hopkin, C. D., & Antes, R. L. (1985). *Classroom Measurement & Evaluation* (2nd ed.). Itasca, IL: F. E. Peacock.

Hopkins, K. D., Stanley, J. C., & Hopkins, B. R. (1990). *Educational and Psychological Measurement and Evaluation* (7th ed.). Englewood Cliffs, NJ: Prentice–Hall.

Hulin, C. L., Drasgow, F., & Parsons, C. K. (1983). *Item Response Theory: Application to Psychological Measurement.* Homewood, IL: Dow Jones–Irwin.

Hughes, H. H., & Trimble, W. E. (1965). The use of complex alternatives in multiple choice items. *Educational and Psychological Measurement, 21*, 117–126.

Kelly, T. L. (1939). Selection of upper and lower groups for the validation of test items. *Journal of Educational Psychology, 30*, 17–24.

Klausmeier, H. J., & Goodwin, J. (1975). *Learning and Human Abilities: Educational Psychology* (4th ed.). New York: Harper & Row.

Kluckhohn, F. R., & Strodtbeck, F. L. (1961). *Variations in Value Orientations.* New York: Row Peterson.

Krathwohl, D. R., Bloom, B. S., & Masia, B. B. (1964). *Taxonomy of Educational Objectives: Handbook II Affective Domain.* New York: David McKay.

Kubiszyn T., & Borich, G. (2007). *Educational Testing and Measurement: Classroom Application and Practice* (8th ed.). Hoboken, NJ: John Wiley & Sons.

Kuder, G. F., & Richardson, M. W. (1937). The theory of estimation of test reliability. *Psychometrika, 2*, 151–160.

Lavin, D. E. (1965). *The Prediction of Academic Performance.* New York: Wiley.

Lawshe, C. H. (1975). A quantitative approach to content validity. *Personnel Psychology, 28*, 563–575.

Likert, R. A. (1932). A technique for the measurement of attitudes. *Archives of Psychology, 22*(140), 1–55.

Linn, R. L., & Gronlund, N. E. (1995). *Measurement and Assessment in Teaching* (7th ed.). Englewood Cliffs, NJ: Prentice–Hall.

Linn, R. L., & Gronlund, N. E. (2000). *Measurement and Assessment in Teaching* (8th ed.). Upper Saddle River, NJ: Prentice–Hall.

Lord, F. M. (1980). *Applications of Item Response Theory to Practical Testing Problems.* Hillsdale, NJ: Lawrence Erlbaum Associates.

Madaus, G. F., Scriven, M. S., & Stufflebeam, D. L. (1983). *Evaluation Models: Viewpoints on Educational and Human Service Evaluation.* Boston, MA: Kluwer–Nijhoff.

Maeroff, G. I. (1991). Assessing alternative assessment. *Phi Delta Kappan, 73*, 272–281.

Mager, R. F. (1962). *Preparing Objectives for Programmed Instruction.* Belmont, CA: Fearon.

McBride, J. R., & Martin, J. T. (1983). Reliability and validity of adaptive tests in military setting. In D. J. Weiss (Ed.), *New Horizons in Testing.* Orlando, FI: Academic Press.

McMillan, J. H. (1997). *Classroom Assessment: Principles and Practice of Effective Instruction.* Boston, MA:

Allyn & Bacon.

Mehrens, W. A., & Lehman, I. J. (1984). *Measurement and Evaluation in Education and Psychology* (3rd ed.). New York: Holt, Rinehart and Winston.

Messick, S. (1989). Validity. In R. L. Linn (Ed.), *Educational Measurement* (3rd ed.). Washington, DC: American Council on Education.

Messick, S. (1994). The interplay of evidence and consequences in the validation of performance assessments. *Educational Researcher, 23*(2), 13-23.

Millman, J. (1979). Reliability and validity of criterion-referenced test scores. *New Directions for Testing and Measurement, 4,* 75-92.

Millman, J., & Greene, J. (1989). The specification and development of tests of achievement and ability. In R. L. Linn (Ed.), *Educational Measurement* (3rd ed.). Washington, DC: American Council on Education.

Moreno, J. L. (1953). *Who Shall Survive?* New York: Beacon.

Morrisett, I., & Stevens, W. W. (1967). *Steps in Curriculum Analysis Outline.* Boulder, CO: University of Colorado, Social Science Education Consortium.

Murphy, K. R., & Davidshofer, C. O. (2005). *Psychological Testing: Principles and Applications* (6th ed.). Upper Saddle River, NJ: Pearson.

Nevo, D. (1983). The conceptualization of educational evaluation: An analytical review of the literature. *Review of Educational Research, 53*(19), 117-128.

Nitko, A. J. (1989). Designing tests that are integrated with instruction. In R. L. Linn (Ed.), *Educational Measurement* (3rd ed.), American Council on Education, 447-474.

Nitko, A. J. (2001). *Educational Assessment of Students.* Upper Saddle River, NJ: Merrill/Prentice Hall.

Novick, M. R., & Lewis, C. (1967). Coefficient alpha and the reliability of composite measurements. *Psychometrika, 32,* 1-13.

Nunnally, J. C. (1967). *Psychometric Theory* (2nd ed.). New York: McGraw-Hill.

Oosterhof, A. (2001). *Classroom Applications of Educational Measurement* (3rd ed.). Upper Saddle River, NJ: Prentice-Hall.

Osgood, C. E., Suci, G., & Tannenbaum, P. (1957). *The Measurement of Meaning.* Urbana, IL: University of Illinois Press.

Osterlind, S. J. (1989). *Constructing Test Items.* Boston, MA: Kluwer Academic Publishers.

Pervin, L. A. (1980). *Personality Theory and Assessment.* New York: Wiley.

Phye, G. D. (1997). *Handbook of Classroom Assessment: Learning, Achievement, and Adjustment.* San Diego, CA: Academic Press.

Popham, W. J. (1975). *Educational Evaluation.* Englewood Cliffs, NJ: Prentice-Hall.

Popham, W. J. (1981). *Modern Educational Measurement.* Englewood Cliffs, NJ: Prentice-Hall.

Popham, W. J. (1995). *Classroom Assessment: What Teachers Need to Know.* Boston, MA: Allyn & Bacon.

Popham, W. J. (1997). Consequential validity: Right concern-wrong concept. *Educational Measurement: Issues and Practice, 16*(2), 9-13.

Proctor, C. H., & Loomis, C. P. (1951). Analysis of sociometric data. In M. Jahoda, M. Deutch, & S. W. Cook (Eds.), *Research Methods in Social Relations.* New York: Dryden.

Provus, M. M. (1973). Evaluation of ongoing programs in the public school system. In B. R. Worthen & J. R. Sanders (Eds.), *Educational Evaluation: Theory and Practice*. Belmont, CA: Wadsworth.

Rasch, G. (1966). An item analysis which takes individual differences into account. *British Journal of Mathematical and Statistical Psychology, 19*, 49–57.

Reynolds, C. R., Livingston, R. B., & Willson, V. (2005). *Measurement and Assessment in Education*. Boston, MA: Pearson.

Rogers, R. B. (1995). *The Psychological Testing Enterprise: An Introduction*. Pacific Grove, CA: Brooks/Cole.

Roid, G. H. (1984). Generating the test items. In R. A. Berk (Ed.), *A Guide to Criterion−referenced Test Construction*. Baltimore, MD: Johns Hopkins University Press.

Roid, G. H., & Haladyna, T. M. (1980). The emergence of an item writing technology. *Review of Educational Research, 50*, 293–314.

Sax, G. (1974). *Principles of Educational Measurement and Evaluation*. Belmont, CA: Wadsworth.

Schmidt, F. L., & Hunter, J. E. (1977). Development and a general solution to the problem of generalization. *Journal of Applied Psychology, 62*, 529–540.

Scriven, M. (1967). The methodology of evaluation. In R. Tyler, R. Gagne, & M. Scriven (Eds.), *Perspectives on Curricular Evaluation*. AERA Monograph Series on Curriculum Evaluation, 1.

Scriven, M. (1972). Pros and cons about goal−free evaluation. *Evaluation Comment, 3*, 1–7.

Scriven, M. (1973). The methodology of evaluation. In B. R. Worthen & J. R. Sanders (Eds.), *Educational Evaluation: Theory and Practice*. Belmont, CA: Wadsworth.

Scriven, M. (1984). Evaluation ideologies. In R. F. Connor, D. G. Altman, & C. Jackson (Eds.), *Evaluation Studies Review Annual, 9*. Beverly Hills, CA: Sage.

Scriven, M. (2003a). Evaluation theory and metatheory. In T. Kellaghan, D. L. Stufflebeam, & L. A. Wingate (Eds.), *International Handbook of Educational Evaluation. Part 1: Perspectives*. Dordrecht: Kluwer.

Scriven, M. (2003b). Evaluation theory and metatheory. In T. Kellaghan, D. L. Stufflebeam, & L. A. Wingate (Eds.), *International Handbook of Educational Evaluation. Part 2: Practice*. Dordrecht: Kluwer.

Shepard, L. A. (1997). The centrality of test use and consequences for test validity. *Educational Measurement: Issues and Pracices, 16*(2), 5–8.

Simpson, E. J. (1972). *The Classifications of Educational Objectives: Psychomotor Domain, 3*. Washington, DC: Gry−phon House.

Stake, R. E. (1967). The countenance of educational evaluation. *Teachers College Record, 68*, 523–540.

Stake, R. E. (1980). Program evaluation, particularly responsive evaluation. In W. B. Dockrell & D. Hamilton (Eds.), *Rethinking Educational Research*. London: Hodeder & Stoughton.

Starch, D., & Elliot, E. C. (1912). Reliability of grading of high−school work in English. *School Review, 20*, 442–457.

Stevens, S. S. (1946). On the theory of scales measurement. *Science, 103*, 677–680.

Sttigins, R. J. (1991). Facing the challenges of a new era of educational measurement. *Applied Measurement in Education, 4*, 263–273.

Stufflebeam, D. L. (1971). *Educational Evaluation and Decision Making*. Ithaca, IL: Peacock.

Stufflebeam, D. L., & Shinkfield, A. J. (1985). *Systematic Evaluation*. Boston, MA: Kluwer, Nijhoff

Publishing.

Thorndike, R. (2005). *Measurement and Evaluation in Education* (7th ed.). Upper Saddle River, NJ: Pearson.

Tyler, R. W. (1949). *Basic Principles of Curriculum and Instruction.* Chicago, IL: University of Chicago Press.

Tyler, R. W. (1973). Assessing educational achievement in the affective domain. *Measurement in Education, 4*(3), 1–8.

Walberg, H. J., & Haertel, G. D. (1990). *The International Encyclopedia of Educational Evaluation.* Elmsford, New York: Pergamon Press.

Warren, J. R. (1971). *College Grading Practices: An Overview* (Report No. 9). Washington, DC: ERIC Clearinghouse on Higher Education. (ERIC Document Reproduction Service No. ED 047 164).

Wesman, A. G. (1971). Writing the test item. In R. L. Thorndike (Ed.), *Educational Measurement* (2nd ed.). Washington, DC: American Council on Education.

Wiersma, W., & Jurs, S. G. (1990). *Educational Measurement and Testing* (2nd ed.). Boston, MA: Allyn & Bacon.

Wolf, R. L. (1975). Trial by jury: A new evaluation model. *Phi Delta Kappan, 57,* 185–187.

Wolf, R. L. (1979). The use of judicial evaluation methods in the formulation of educational policy. *Educational Evaluation and Policy Analysis, 1*(3), 19–28.

Worthen, B. R., Borg, W. R., & White, K. R. (1993). *Measurement and Evaluation in the Schools.* New York: Longman.

Worthen, B. R., & Sanders, J. R. (1973). *Educational Evaluation: Theory and Practice.* Belmont, CA: Wadsworth.

Worthen, B. R., Sanders, J. R., & Fitzpatrick, J. L. (1997). *Program Evaluation: Alternative Approaches and Practical Guidelines.* New York: Longman.

# ▌찾아보기 ▌

## 인 명

## 내 용

## ▌저자 소개 ▌

**권대훈**(Kwon Dae Hoon)

경북대학교 사범대학 교육학과 졸업
경북대학교 대학원 교육학과 교육심리 전공(석사)
경북대학교 대학원 교육학과 교육심리 전공(박사)
현 안동대학교 사범대학 교육공학과 교수

[저서 및 역서]
교육심리학의 이론과 실제(저, 3판, 학지사, 2015)
교직실무의 이해(저, 도서출판 신정, 2013)
사회과학연구를 위한 통계학(저, 학지사, 2011)
교육과정 수업 평가를 위한 새로운 분류학: Bloom 교육목표분류학의 개정
　　(공역, 아카데미프레스, 2005)
신 교육목표분류학의 설계(공역, 아카데미프레스, 2005)

교육평가(3판)

**Educational Evaluation (3rd ed.)**

2005년 2월 10일 1판 1쇄 발행
2008년 4월 20일 1판 2쇄 발행
2008년 10월 30일 2판 1쇄 발행
2013년 3월 15일 2판 3쇄 발행
2016년 2월 25일 3판 1쇄 발행
2019년 7월 10일 3판 3쇄 발행

지은이 • 권 대 훈
펴낸이 • 김 진 환
펴낸곳 • (주) **학지사**

　　　　04031 서울특별시 마포구 양화로 15길 20 마인드월드빌딩 5층

대표전화 • 02) 330-5114　　　팩스 • 02) 324-2345

등록번호 • 제313-2006-000265호

홈페이지 • http://www.hakjisa.co.kr
페이스북 • https://www.facebook.com/hakjisabook

ISBN 978-89-997-0908-1 93370

정가 **20,000**원

이 도서의 국립중앙도서관 출판시도서목록(CIP)은 서지정보유통지원시스템
홈페이지(http://seoji.nl.go.kr)와 국가자료공동목록시스템(http://www.nl.go.kr/kolisnet)
에서 이용하실 수 있습니다.
(CIP제어번호: CIP2016004126)

출판 · 교육 · 미디어기업 **학지사**

간호보건의학출판 **학지사메디컬** www.hakjisamd.co.kr
심리검사연구소 **인싸이트** www.inpsyt.co.kr
학술논문서비스 **뉴논문** www.newnonmun.com
원격교육연수원 **카운피아** www.counpia.com